Klaus Schaefer

So schaffen Sie
den Englischunterricht

Menüs
für Fremdsprachenlehrer

Aschendorff Münster

2., verbesserte Auflage

Einbandgestaltung Gerd Mattheis

Gesamtherstellung: Druckhaus Aschendorff, Münster, 1997

ISBN 3–402–04331–9

Inhalt

IV

Vorwort

Rasch nachschlagbare Tips möchte Ihnen dieses Buch bieten – konkrete, detaillierte, verständliche Antworten auf praktische Fragen zu den verschiedensten Gebieten des Fremdsprachenunterrichts. Die Erfahrung zeigt nämlich, daß die in der Ausbildung vermittelten theoretischen Grundlagen und allgemeinen Empfehlungen noch keineswegs dazu befähigen, das Aufgenommene in kleine, handliche Häppchen Unterricht umzusetzen.

Der Untertitel **„Menüs für Fremdsprachenlehrer"**[1] hat zum einen etwas mit der Speisekarte in einem Restaurant zu tun (man sucht sich aus, worauf man Appetit hat); zum anderen spielt er auf die „Menüs" in modernen Computerprogrammen an, mit deren Hilfe man schnell und eindeutig den Weg gezeigt bekommt, der mit wenigen Tastenanschlägen zur Lösung der jeweiligen Teilaufgabe führt.

So ähnlich können Sie auch mit diesem Buch umgehen. Sie wählen im „Hauptmenü" (dem Inhaltsverzeichnis) jenes Teilgebiet des Fremdsprachenunterrichts aus, zu dem Sie eine Anregung brauchen. Wenn Sie das passende Kapitel gefunden haben, suchen Sie dort den Block, in dem die Antwort auf Ihre Frage zu finden sein müßte, und wählen schließlich unter den verschiedenen Varianten, in die sich die Antworten verzweigen (gekennzeichnet durch auf gleicher Höhe stehende Spiegelstriche), die geeignete aus.

Ein anschauliches Layout, bei dem die fortschreitende Untergliederung durch immer weitere Einrückungen gekennzeichnet ist, erleichtert die Übersicht und motiviert zum zügig-effektiven Vergleichen alternativer Verfahren oder Denkansätze.

Wenn es Ihnen nicht aufs schnelle Nachschlagen, sondern auf die gründliche Auseinandersetzung ankommt, können Sie zusätzlich das „Kleingedruckte" lesen: zu vielen Punkten finden Sie detaillierte Anmerkungen (in Form von Fußnoten) sowie Hinweise auf weiterführende Literatur,[2] die am Ende des Buches noch einmal in einem ausführlichen Literaturverzeichnis zusammengefaßt ist.

Es wird Ihnen auffallen, daß in vielen Kapiteln dieses Buches mehrere Möglichkeiten ohne eindeutige Bewertung nebeneinandergestellt werden. Gelegentlich werden Vorlieben oder Abneigungen des Verfassers sichtbar; manchmal wird das Für und Wider bestimmter Verfahren kurz erläutert – aber meistens werden Sie den Eindruck bekommen, daß man es so oder so oder noch anders machen kann.

„Die" richtige Methode gibt es nicht – zu viele veränderliche Faktoren bestimmen die jeweilige Unterrichtssituation –, und selbst wenn es sie gäbe, würde ein geschickter Lehrer gelegentlich um der Abwechslung willen von ihr abweichen.

Drei weitere Gründe sprechen dafür, der Lehrkraft ein vernünftiges Maß von Freiheit[3] bei der Wahl der einzelnen Schritte einzuräumen:
- Der Erfolg eines Lehrers (d. h. der Lernfortschritt seiner Schüler) hängt vermutlich mehr von seiner menschlichen Ausstrahlung ab als von der Korrektheit seiner Methoden.
- Ohnehin liegt soviel am Schüler – seiner Lernwilligkeit und seiner Lernfähigkeit –, daß die Bedeutung des Faktors „Lehrer" daneben stärker verblaßt, als manchem von uns lieb ist.
- Das Erlernen einer Sprache ist ein komplizierter Prozeß, über den wir weniger wissen und den wir weniger beeinflussen können, als manche Methodiker uns glauben machen wollen. Er verläuft nicht geradlinig und ist kaum vorhersagbar.[4]

Natürlich gibt es Verfahren, die so offensichtlich vernünftig sind und sich – unabhängig von allen Modeströmungen und Wellenbewegungen in der Fremdsprachendidaktik – so oft bewährt haben, daß sie nahezu immer angewendet werden können. Es ist das Ziel dieses Buches, Ihnen möglichst viele solcher Mosaiksteinchen vorzustellen, die sich in die verschiedensten (Unterrichts-)Bilder einfügen lassen.

Andererseits haben manche Methoden deutliche Nachteile, so daß man schon gute Gründe haben sollte, um sie trotzdem zu benutzen. Ob in Ihrer konkreten Situation solche Gründe vorliegen, können nur Sie selbst wissen.

Hier sind einige Fragen, die Sie sich jeweils stellen können, bevor Sie sich für einen bestimmten Weg entscheiden:
- Ist das Verfahren effektiv im Hinblick auf den fachspezifischen Lernerfolg der Schüler – *meiner* Schüler?
- Ist es effektiv im Hinblick auf die fachübergreifende Erziehung der Schüler (z. B. in Arbeitsstrategie und -technik)?
- Wie problematisch ist das Verfahren im Hinblick auf die augenblickliche Disziplinsituation im Klassenraum?
- Ist es motivierend?

- Ist das Verfahren zeiteffektiv im Klassenraum, bezogen auf die Ausnutzung der Unterrichtszeit?
- Sind die Schüler mit diesem Verfahren vertraut? Wieviel Zeit müßte ggf. darauf verwendet werden, es zu erklären und einzuüben?
- Kostet es *mich* viel Zeit (bei der Vorbereitung)?
- Werde ich das Material, das ich für dieses Verfahren herstellen müßte (Folien, Kopien, Umdrucke, Ton- oder Videoaufnahmen, Zeichnungen, Spielmaterial usw.), mehrmals benutzen können?

Daß neben diesen mehr oder weniger sachlich-objektiven Erwägungen auch noch andere, völlig subjektive Gesichtspunkte eine Rolle spielen mögen („So etwas liegt mir einfach nicht", „Dazu bin ich heute zu müde" o. ä.), sei gern zugegeben; aber darauf brauchen wir hier nicht weiter einzugehen.

„**So schaffen Sie den Englischunterricht**" ist für alle Lehrkräfte gedacht, die eine moderne Fremdsprache unterrichten. Beispiele fremdsprachlicher Arbeitsanweisungen für die Schüler sind zwar dem Englischunterricht entnommen, lassen sich aber ohne weiteres auf andere Sprachen übertragen.
Die meisten vorgestellten Verfahren sind an allen Schularten einzusetzen; einige setzen allerdings Kenntnisse und Fertigkeiten bei den Schülern voraus, die im allgemeinen erst in der späten Mittelstufe oder der gymnasialen Oberstufe erwartet werden können. –
Für erfahrene Praktiker wird manches selbstverständlich sein; aber auch sie werden noch etliche Anregungen finden, die sie vielleicht einmal ausprobieren möchten.

So, damit ist alles gesagt, was Sie wissen müssen, um sinnvoll mit den folgenden Kapiteln arbeiten zu können!

---

[1] Natürlich sind auch die Fremdsprachenlehrer<u>innen</u> gemeint! Da ich die Neuprägungen „LehrerInnen" und „SchülerInnen" als unschön und gekünstelt empfinde und das umständliche „Lehrer und Lehrerinnen" und „Schüler und Schülerinnen" auch nicht für eine befriedigende Dauerlösung halte, habe ich mich in diesem Buch für „der Lehrer" und „der Schüler" als geschlechtsneutral gemeinte Oberbegriffe entschieden.

[2] Die Anregungen und Gedanken, die in diesem Buch zusammengestellt sind, haben unterschiedliche Wurzeln: eigene Erfahrungen mischen sich mit Beobachtetem, Gehörtem (z. B. in Fortbildungskursen und in vielen Gesprächen mit Kollegen) und Gelesenem. Quellen, aus denen ich geschöpft habe, habe ich nach Möglichkeit angegeben – aber manchmal verlor sich die Spur im Nebel. Das Prinzip der Fairneß gegenüber anderen Autoren ist, so hoffe ich, gewahrt wor-

VIII

den; aber auf „Wissenschaftlichkeit" und die häufig damit verknüpfte Inflation von Belegzitaten und fremdwortüberfrachtetem Fachjargon habe ich wenig Wert gelegt. Lesbarkeit war mir wichtiger.

³ Gar so groß ist die Freiheit ohnehin nicht, denn es gibt immer schon eine Reihe von Vorgaben: die gerade gültigen Rahmenrichtlinien, Art und Form der Prüfungen, das Lehrwerk; den Zwang zum Beurteilen und Zensieren (der einem stärkeren Eingehen auf die Bedürfnisse der Lernenden manchmal im Wege steht). Wir sind in das Schulsystem unseres Landes eingebunden – und manche reizvolle Anregung, die sich z. B. in methodologischen Werken englischer oder amerikanischer Autoren findet, läßt sich einfach nicht in unseren Unterricht integrieren. Das ist mir bei der Arbeit an diesem Buch immer wieder deutlich geworden.

⁴ Vgl. dazu H. Winitz, *"Nonlinear learning and language teaching"*, in: H. Winitz (Hsg.), *The Comprehension Approach to Foreign Language Instruction*, Newbury House, Rowley (Massachusetts) 1981.

Vorspeisen:
Allgemeines und Übergreifendes

Welche Ziele kann eine Unterrichtsstunde in einer modernen Fremdsprache haben?

- Man unterscheidet drei verschiedene **Lernzielebenen**. Demgemäß können die Ziele der Stunde in folgenden Bereichen liegen:
  - im *kognitiven* Bereich: dann geht es um Kenntnisse, Erkenntnisse, Einsichten;
  - im *instrumentellen* Bereich (auch *pragmatischer* oder *psychomotorischer* Bereich genannt): dann geht es um praktische Fertigkeiten;
  - im *affektiven* Bereich: dann geht es um Einstellungen, Gefühle, Verhaltensweisen.

- **Inhaltlich** gesehen, können die Lernziele in einer Vielzahl von Bereichen angesiedelt sein:
  - Wortschatz
  - Wortbildung
  - Grammatik
  - „Redemittel" (sprachliche Mittel zum Ausdruck bestimmter Absichten; z. B. Informationen einholen, Zustimmung oder Widerspruch ausdrücken, usw.; angemessene Berücksichtigung der Situation und des/der Adressaten bei der Wahl der sprachlichen Mittel)
  - Aussprache
  - Intonation
  - Benutzung von Hilfsmitteln (z. B. Wörterbüchern oder Grammatiken)
  - Arbeitstechniken (z. B. Informationsentnahme, 'note taking' etc.)
  - Textanalyse:
    - Analyse von Sachtexten (Untersuchung der Absichten des Autors und der von ihm benutzten Mittel)
    - Literarische Interpretation
  - Textproduktion (Übung bestimmter Formen der – vorwiegend schriftlichen – Texterstellung): Überschriften oder Teilüberschriften finden / Abstract / Outline / Summary / Précis / Nacherzählung / Comment / usw.
  - Gesprächstraining; Bewältigung von Kommunikationssituationen
  - Leseverstehen:

- intensives Lesen (= es kommt auf jedes Wort an)
- extensives Lesen (= zügige Bewältigung größerer Textmengen)
- Hörverstehen:
  - Detailverständnis, mit Vorgaben
  - Detailverständnis, ohne Vorgaben
  - Globalverständnis, mit Vorgaben
  - Globalverständnis, ohne Vorgaben
- Landes- und Kulturkunde

- Unabhängig von den **Lernzielebenen** und den **Inhalten** kann der Akzent jeweils auf einer der folgenden **Abfolgestufen** liegen:
  - Neuerwerb,
  - Wiederholung,
  - Vertiefung.

Lernzielebenen, Inhalte und Abfolgestufen sind bei der kurz-, mittel- und langfristigen Unterrichtsplanung so zu berücksichtigen, daß Abwechslung, aber auch Ausgewogenheit garantiert sind.
Die jeweiligen offiziellen Richtlinien sollten dabei als Orientierungshilfe herangezogen werden.

Motivation

Viele Bücher und unzählige Aufsätze in Fachzeitschriften sind über dieses Thema geschrieben worden:[1] Motivation ist offenbar etwas überaus Wichtiges. Es heißt sogar, daß für das erfolgreiche Lernen einer Fremdsprache die Motivation des Lernenden eine wesentlich größere Rolle spiele als seine allgemeine Intelligenz.[2] Das mag sein – nur: von welcher Art Motivation ist dabei die Rede? Und: Können wir sie beeinflussen? Die Antwort auf diese Frage ist zwar zumindest teilweise positiv – es gibt in der Tat motivierende Faktoren, auf die wir einen Einfluß haben –, aber leider hat die Forschung auch gezeigt, daß es keinen Unterrichtsstil gibt, der die Lernmotivierung *aller* Schüler fördert: Was den einen anspornt, hat auf einen anderen möglicherweise eine eher negative Wirkung. – Bevor wir zu praktischen Empfehlungen kommen, sollten wir uns einen kurzen theoretischen Überblick über einige allgemeine Aspekte des Begriffs „Motivation" verschaffen, die – wenn auch in sehr unterschiedlichem Maße – für das Lernen einer Fremdsprache von Bedeutung sein können.

Einige Möglichkeiten zur Klassifizierung verschiedener Arten von Motivation

Angeborene / anerzogene Motivation:

Vgl. z. B. einerseits das Bedürfnis nach Nahrung, Schlaf etc. und andererseits das Interesse an klassischer Musik.

Primäre / sekundäre Motivation:

Vgl. „Ich esse, weil ich Hunger habe" mit „Ich esse, weil ich nicht den Eindruck erwecken möchte, es habe mir nicht geschmeckt"; oder: „Ich lese einen Roman von Dickens, weil es mir Spaß macht" und „Ich lese einen Roman von Dickens, weil ich im Examen darüber geprüft werde".

Intrinsische / extrinsische Motivation:

Dieses Begriffspaar ist weitgehend deckungsgleich mit dem Begriffspaar „primäre und sekundäre Motivation". Bei intrinsischer Motivation liegt

die Motivation in der Sache selbst; bei extrinsischer Motivation ist sie
sachfremd und wird von außen herangetragen.

Zuwendungsmotivation / Abwendungsmotivation:

Man strebt etwas an, hofft auf etwas, freut sich auf etwas. Oder: Man
fürchtet etwas, möchte es vermeiden, ihm aus dem Wege gehen.

Innere Antriebe / äußere Antriebe:

Im einen Falle ist die Triebfeder eines bestimmten Verhaltens in der Persönlichkeit des Handelnden zu suchen, im anderen Falle wird es durch
die äußere Situation verursacht.

Individuumszentrierte / sozial zentrierte Motive:

Ein individuumszentriertes Motiv wäre z. B. das Interesse an einem
Buch; ein sozial zentriertes Motiv wäre der Wunsch nach Anerkennung
durch die Klassenkameraden oder der Wunsch, in einem anderen Lande
nicht mehr als „Ausländer" empfunden zu werden (vgl. auch „integrative
Motivation").

Instrumentale / integrative Motivation:

Fremdsprachenerwerb aus Nützlichkeitserwägungen, z. B. aus berufsbe-
zogenen Gründen, ist „instrumental" motiviert; wenn starkes Interesse an
der fremden Lebensweise und Kultur vorliegt und der Wunsch besteht,
als potentielles Mitglied der anderen Sprachgemeinschaft angenommen
und integriert zu werden, spricht man von „integrativer" Motivation.

Die genannten Gegensatzpaare sind nicht immer völlig trennscharf; und
natürlich überschneiden sich die verschiedenen Klassifizierungsansätze
zum Teil.
Das braucht uns hier nicht weiter zu kümmern. Wichtiger ist es, daß wir
uns die Frage stellen, inwieweit wir die Motivation unserer Schüler fördern können.
Unser Einfluß ist begrenzt, denn:
*"Half the battle for the language-learner's interest and attention has been
won or lost before the teacher enters the classroom: the other half remains for
the winning or losing."*[3]
Werfen wir also zunächst einen kurzen Blick auf jene Hälfte der
Schlacht, die bereits gewonnen oder verloren ist – und danach einen
(wesentlich ausführlicheren) Blick auf den Teil des Schlachtfeldes, auf
dem es sich noch zu kämpfen lohnt!

**Faktoren, auf die der Lehrer keinen oder nur geringen Einfluß hat
(deren Bedeutung ihm aber trotzdem bewußt sein sollte!):**

- Persönlichkeitsfaktoren des Schülers (scheu oder kontaktfreudig, ängstlich oder erfolgsgewohnt, auf Korrektheit bedacht oder oberflächlich-großzügig, usw.).
- Kommunikationsfähigkeit des Schülers in seiner Muttersprache.
- Einstellungen, die der Schüler bereits mitbringt (z. B. zum Lernen überhaupt, zu Ausländern, zum Lernen von Fremdsprachen allgemein, zum Lernen einer bestimmten Fremdsprache).
- Einstellung und Verhalten der Eltern und anderer Familienmitglieder.
- Einstellung und Verhalten der Freunde.
- Erwiesene oder mutmaßliche Nützlichkeit der Fremdsprache für das Studium oder für den späteren Beruf.
- Welche Möglichkeiten bieten sich, die Fremdsprache auch außerhalb des Unterrichts zu nutzen (produktiv oder rezeptiv)?
  - Urlaubs- oder sonstige Auslandsaufenthalte,
  - Radio- und Fernsehsendungen,
  - Zeitungen und Zeitschriften,
  - Brieffreundschaften.
  (Diese Punkte werden wir weiter unten mit positivem Vorzeichen noch einmal aufgreifen, da der Lehrer hier möglicherweise doch einen gewissen Einfluß hat – je nachdem in welchem Land er unterrichtet. Ein Schüler, der in Neuseeland Deutsch lernt, ist sicher anders – und wahrscheinlich insgesamt weniger – motiviert als einer, der in Holland oder Schweden Englisch lernt!)
- Welches Gewicht hat die Fremdsprache im Vergleich zu anderen Fächern im Stundenplan des Schultyps, den der Schüler besucht? Gilt sie als „Hauptfach" oder „Nebenfach"?
- Welche Atmosphäre herrscht an der Schule? (Gilt es unter den Schülern als anerkennenswert, wenn man etwas leistet – oder ist es „in", daß man Faulheit und Gleichgültigkeit zeigt?)
- Ist die Lerngruppe (bezogen auf die Leistungsfähigkeit der Schüler in der Fremdsprache) einigermaßen homogen oder sehr heterogen?
- Art und Aufbau des Lehrgangs:
  - Kurzer Intensivkurs oder langjähriger Unterricht?
  - Betonen die jeweils gültigen offiziellen Richtlinien mehr praktische, alltagsorientierte Ziele, oder richten sie sich an literarischen, landes- und kulturkundlichen, sprachvergleichenden o. ä. Zielen aus?
- Lehrwerk und Unterrichtsmaterialien (soweit vorgeschrieben und nicht ins Ermessen des Lehrers gestellt):

- reizvoll oder langweilig?
- schnell oder langsam vorgehend?
- leicht oder anspruchsvoll?
- inhaltlich dem Alter der Lernenden angemessen?
- Prüfungssystem; vorgeschriebene Formen der Leistungsmessung und -bewertung:
  - Art der vorgeschriebenen Klassenarbeiten und Klausuren.
  - Zentral gestellte oder schulinterne Aufgaben bei der Abschlußprüfung (z. B. beim Abitur)?
  - Art der Anforderungen im schriftlichen und mündlichen Abitur.
- Welche „Berechtigungen", „Scheine" o. ä. kann oder will der Lernende erwerben?
- Momentane Stimmungslage und allgemeine psychologische Situation des Lernenden.
- Punktuelle Störfaktoren:
  - Liegt die Stunde günstig (z. B. 1. oder 2. Stunde) oder ungünstig (z. B. 6. Stunde am Freitag)?
  - Was hatten die Schüler in der vorigen Stunde?
  - Wie ist das Wetter?

Faktoren, auf die der Lehrer Einfluß hat (und etliche praktische Empfehlungen dazu):

Aspekte der Unterrichtsgestaltung

- Erleben die Schüler den Unterricht als gut geplant, zielstrebig und sinnvoll?
- Gelingt es dem Lehrer, den Unterrichtsstoff anschaulich zu erklären, zu strukturieren und durchschaubar zu machen?
- Sind die Arbeitsanweisungen, die die Schüler bekommen, klar, verständlich und ausreichend?
- Ist das Unterrichtstempo angemessen (zügig und lebendig – aber ohne nervöse Hektik; ruhig und gründlich, wo angebracht – aber nicht schleppend)?
- Beherrscht der Lehrer die Fremdsprache so souverän, daß er den Schülern ein überzeugendes und anregendes sprachliches Vorbild ist?
- Können die Schüler die gestellten Leistungsanforderungen in der Regel als angemessen empfinden? Schafft es der Lehrer, daß kein Schüler sich dauernd über- oder unterfordert fühlt? (Aufgaben, die weder zu schwer noch zu leicht sind, haben erfahrungsgemäß den höchsten Motivierungswert.)
- Gibt es genügend Abwechslung?

- im Unterrichtsstoff
- in der Akzentuierung der verschiedenen Ziele des Fremdsprachenunterrichts (vgl. das Kapitel „Welche Ziele kann eine Unterrichtsstunde in einer modernen Fremdsprache haben?")
- in den Methoden der Darbietung
  Jede Methode, auch wenn sie an sich hervorragend ist, wird langweilig und verliert an Wirkung, wenn sie nicht gelegentlich durch
  eine andere abgelöst wird!
- in der Strukturierung der Einzelstunden
- in den Aufgaben und Übungsformen
  Manche Schüler wollen von Anfang an genau verstehen, was sie
  tun sollen und warum sie es tun sollen; andere sind froh, wenn
  sie zunächst vorwiegend mechanische Übungen erledigen dürfen
  und sich auf diese Weise allmählich an das zugrundeliegende
  Prinzip herantasten können. Es ist günstig, wenn der Lehrer –
  durch Abwechslung in Art und Anspruchsniveau der Aufgaben –
  die Bedürfnisse beider Lerntypen berücksichtigt.
- in der Art und der Reihenfolge, in der die Schüler zur Beteiligung
  herangezogen werden
  Das Aufrufen in einer genau voraussagbaren Reihenfolge sollte
  auf jeden Fall vermieden werden. Außerdem sollten nicht immer
  nur diejenigen berücksichtigt werden, die sich gemeldet haben.
  Fragen an die ganze Klasse können abwechseln mit Fragen an
  direkt angesprochene Einzelschüler oder an eine bestimmte
  Gruppe.
- in den Sozialformen des Übens
  Nicht nur aus sachlich-praktischen Gründen (z. B. zur Reduzierung der Lehrersprechzeit), sondern auch aus psychologischen
  Gründen ist es wichtig, außer dem Schema „Lehreräußerung/
  Schülerantwort" auch andere Interaktionsformen (wie Kettenfragen, Partnerarbeit, Gruppenarbeit, Rollenspiel) zu benutzen.
- in den Formen der Leistungskontrolle
  Die meisten unserer Schüler dürften eher extrinsisch als intrin-
  sisch und eher instrumental als integrativ (s. o.) motiviert sein,
  und Zensuren spielen in diesem Zusammenhang nun einmal eine
  große Rolle – auch wenn wir das eigentlich bedauern. Um so
  wichtiger ist es, durch die Einbeziehung anderer, traditionell
  weniger häufig berücksichtigter Leistungsaspekte (z. B. des Hörverstehens oder Leseverstehens) in die Benotung auch einmal
  jenen Schülern Erfolgserlebnisse zu ermöglichen, die in den produktiven Fertigkeiten und im Punkt „grammatische Korrektheit"

fast immer Mißerfolge erleben! Die Erfahrung zeigt, daß dies möglich ist.[4]
- Wird der Unterricht hin und wieder[5] durch Spiele, Lieder und Gedichte, durch Wettbewerbe, durch das Vorlesen spannender Geschichten u. ä. aufgelockert?
- Gelingt es dem Lehrer häufig, sinnvolle und überzeugende Sprechanlässe für die Schüler zu schaffen, so daß fremdsprachliche Aktivitäten nicht immer nur auf den festgelegten Schienen des offiziellen Unterrichtsstoffes ablaufen, sondern wirklicher Kommunikation (auch über die Dinge, die *den Schülern* wichtig sind) dienen?

Aspekte der menschlichen Beziehung

- Zeigt der Lehrer, daß er sich für seine Schüler als Menschen interessiert?[6]
  - Kennt er die Namen aller seiner Schüler?
  Wenn er ein ausgesprochen schlechtes Namengedächtnis hat und ihm trotz aller Bemühungen nach einiger Zeit immer noch nicht alle Namen einfallen, ist es besser, er fragt die betreffenden Schüler erneut, anstatt einfach auf die Anrede zu verzichten. Für die Schüler ist es wichtig, daß der Lehrer sich für diese Schwäche entschuldigt, so daß sie nicht den Eindruck bekommen, ihre Namen seien ihm gleichgültig.
- Nutzt er die vielen Gelegenheiten innerhalb und außerhalb des Unterrichts, mehr über sie zu erfahren – über ihre Interessen, ihre Hobbys, ihre Reaktionen auf seinen Unterricht, ihre Hoffnungen und Schwierigkeiten in der Schule und in anderen Lebensbereichen?
  - Ist der Lehrer ein guter Zuhörer?
  Die Reduzierung der Lehrersprechzeit zugunsten der Schülersprechzeit ist im Fremdsprachenunterricht schon deshalb wichtig, weil die Schüler genügend Zeit zum aktiven Sprechen bekommen müssen. Aber hier geht es um mehr als das. Ein Lehrer, der fast immer auf „Senden" eingestellt ist und zu selten auf „Empfangen", beraubt sich selbst der Möglichkeit, wichtiges (direktes oder indirekt-atmosphärisches) ‚Feedback' aufzunehmen und aus den feineren Nuancen der Schülerreaktionen wichtige Konsequenzen für seine Unterrichtsmethoden und sein Verhalten vor der Klasse zu ziehen.
  Vieles spricht dafür, das Thema „Motivation" bei Gelegenheit auch einmal in der Klasse zu besprechen – wenn nötig, auf deutsch. Man wird manches Nützliche dabei erfahren – wenn man nicht zu viel selbst redet!

– Zeigt der Lehrer allen seinen Schülern Verständnis und Zuwendung, auch den schwächeren und schwierigeren? Wird es deutlich, daß ihre Fortschritte ihm nicht gleichgültig sind?[7]
– Wie reagiert der Lehrer auf sprachliche Fehler, die die Schüler machen?
Gelingt es ihm, einen der jeweiligen Unterrichtsphase, der Lerngruppe und dem individuellen Schüler angemessenen Kompromiß zu schließen zwischen der nachdrücklichen Forderung nach dem Bemühen um sprachliche Korrektheit und dem Aussenden der ermutigenden Botschaft, daß fehlerhafte Äußerungen eine unvermeidbare und notwendige Zwischenstufe auf dem Wege zur Beherrschung der Fremdsprache darstellen und daß die Fähigkeit, sich auszudrücken, in vielen Fällen eine wichtigere Leistung darstellt als die Fähigkeit, Fehler zu vermeiden?
– Setzt der Lehrer Lob und Kritik psychologisch geschickt ein?
  – Einige wichtige Erkenntnisse der Verhaltenspsychologie:
    – „Verstärkungen" sind unerläßlich; sie dürfen aber weder regelmäßig noch fortlaufend gegeben werden, sie dürfen nicht genau vorausberechenbar sein.
    – Lob ist wirksamer als Tadel.
    – „Verstärkungen" sollten nicht immer auf die gleiche Weise gegeben werden. (Auch hier ist Abwechslung wichtig: mal verbal, mal non-verbal; nicht immer die gleichen Formulierungen benutzen!)
    – Die „Verstärkung" sollte möglichst sofort erfolgen. (Eine Klassenarbeit, die erst Wochen später zurückgegeben wird, nützt psychologisch kaum noch etwas.)
  – Lob und Kritik können oft ohne Worte gegeben werden: ein Lächeln, ein Kopfnicken; ein Stirnrunzeln, ein intensiver Blick sind oft ebenso wirksam. –
  – Wie sehr sich der Schüler über ein Lob freut, hängt zum einen davon ab, ob es leicht oder schwer zu erreichen ist: ein automatisches *"Good"* oder *"Correct"* bei jeder halbwegs richtigen Antwort hat kaum noch einen Wert. (Andererseits ist es natürlich besser, zu großzügig mit Lob zu sein, als überhaupt nicht zu loben!)
  – Je präziser das Lob ist, desto wirkungsvoller ist es: *"That was a very well-constructed sentence"* hilft dem Sprecher mehr als *"Good"*.
  – „Nichts ist so erfolgreich wie der Erfolg" (*"Nothing succeeds like success"*) heißt es mit Recht. Jeder Erfolg – und ein verdientes Lob ist zweifellos ein Erfolg – motiviert zu weiterer Anstrengung. Ein guter Lehrer sollte immer Möglichkeiten aufspüren, Schülern Erfolge zu verschaffen – auch jenen Schülern, denen das Lernen nicht leichtfällt.

- Hat der Lehrer Humor? Wird im Unterricht ab und zu fröhlich gelacht? *("Laughter lubricates learning"!)*
- Zeigt der Lehrer jene Eigenschaften, die bei Schülerbefragungen immer als besonders wichtig bezeichnet werden, also z. B. Geduld, Freundlichkeit, Gerechtigkeit, Hilfsbereitschaft, Zuverlässigkeit?
- Sorgt der Lehrer dafür, daß die Schüler miteinander gut auskommen? Nimmt er gruppendynamische Probleme innerhalb der Klasse wahr und bemüht sich, sie zu beheben?
- Können gehemmte und leistungsschwache Schüler zu Wort kommen, ohne daß sie von anderen ausgelacht werden? – Andererseits aber auch:
- Dürfen gute Schüler zeigen, daß sie Freude an der Leistung haben, ohne daß sie von ihren Mitschülern „Sanktionen" befürchten müssen?

(In „schwierigen" Klassen kann der Gruppendruck sich ganz erheblich auf die Qualität der fremdsprachlichen Leistungen auswirken: Schüler, die an sich zu korrekten Äußerungen und guter Aussprache und Intonation fähig und bereit wären, fühlen sich gezwungen, sich dem Verhalten und den ‚Leistungen' der anderen anzupassen, um nicht als Streber zu gelten.)

Stoffe, Medien, Unterrichtsmaterial

- Verwendet der Lehrer zusätzliches Unterrichtsmaterial, das die Schüler anspricht?
Es empfiehlt sich für den Lehrer, zumindest für sich persönlich eine oder mehrere jener hübsch bebilderten, pädagogisch gut durchdachten Sprachzeitschriften für Schüler zu abonnieren, die mittlerweile von etlichen Verlagen herausgegeben werden. Sie versorgen ihn mit aktuellem, reizvollem Material, das sich oft in den Unterricht mit einbringen läßt.
- Hilft er interessierten Schülern, zusätzliches Material zu finden?
  - Er sollte auf jeden Fall einmal mit ihnen in die Schülerbücherei gehen und ihnen zeigen, in welchem Regal sie zusätzlichen Lesestoff finden, der ihrem Alter und ihren Fremdsprachenkenntnissen angemessen ist.
  - Wenn er seine Schüler bereits etwas besser kennt, kann er auch auf ihre individuellen Neigungen und Interessen eingehen. Einer begeisterten Reiterin habe ich z. B. einmal einen langen illustrierten NEWSWEEK-Artikel über verschiedene Arten des Pferdesports ausgeschnitten; einem Schüler, der meine Begeisterung für „verrückte" humoristische englische Rundfunk- und Fernsehsendungen teilte, habe ich Aufnahmen von Sendungen geliehen, die er noch nicht

hatte (und umgekehrt); und eine englische Computerzeitschrift, die ich abonniert habe, gebe ich nach dem Lesen immer einem meiner „Computer-Freaks" weiter.

– Gibt er ihnen Anregungen, wie sie die Fremdsprache auch außerhalb des Unterrichts rezeptiv oder produktiv benutzen können?

– Er sollte sie auf geeignete Schulfunksendungen im Rundfunk und im Fernsehen hinweisen.

– Er kann ihnen möglicherweise helfen, Briefpartner im Ausland zu finden, und er wird ihnen Auskünfte über Feriensprachkurse, preiswerte Gruppenreisen u. ä. geben können.

– Setzt der Lehrer an der richtigen Stelle und in angemessenem Umfang Medien ein?

Gemeint sind hier nicht die „selbstverständlichen" Medien wie Lehrbuch und Tafel, sondern jene, deren Einsatz ein gewisses Maß von Planung und praktischer Vorbereitung erfordert. Die Darbietung einer Schulfunksendung vom Kassettenrecorder, das Vorspielen eines Films, der geschickte Einsatz des Tageslichtprojektors, die Gruppenarbeit am Computer – all das kann ganz erheblich zur Auffrischung der Motivation beitragen.

Der Medieneinsatz darf andererseits nicht zur „heiligen Kuh" werden. Auch eine Stunde, in der nur mit der Tafel gearbeitet wird und nicht mit dem Tageslichtprojektor, kann eine gute Stunde sein!

– Arbeitet der Lehrer so mit dem eingeführten Lehrwerk, daß die Bedürfnisse der Schüler angemessen berücksichtigt werden?

In diesem Zusammenhang ist der Hinweis wichtig, daß man große „Rückstände" im Lehrwerk vermeiden sollte. Wenn Schüler am Ende der Klasse 9 erst in der Mitte des für Klasse 8 bestimmten Buches sind, entsprechen die Texte großenteils nicht mehr ihrer Reife und ihrem Interessenhorizont und wirken deshalb wenig motivierend.

– Vermittelt der Lehrer den Eindruck, daß der zu unterrichtende Stoff mehr für ihn ist als eine staubige Notwendigkeit? Vermag er Schüler mit seinem Interesse für wichtige und schöne Unterrichtsinhalte anzustecken?

---

[1] Hier ist eine kleine Auswahl von Büchern, die Wichtiges und Hilfreiches zum Thema „Motivation" bieten:
Correll, W. / Schwarze, H.: *Pädagogische Psychologie – programmiert*, Auer, Donauwörth 1970. – Deutscher Bildungsrat, *Begabung und Lernen (Gutachten und Studien der Bildungskommission, Band 4)*, Klett, 9. Auflage 1974 (darin besonders der Beitrag von Heckhausen). – Reisener, H.: *Motivierungstechniken im Fremd-*

sprachenunterricht, Hueber, München 1989. – Rivers, Wilga M.: *The Psychologist and the Foreign-Language Teacher*, University of Chicago Press, Chicago and London, 7. Auflage 1967. – Solmecke, Gert (Hsg.): *Motivation und Motivieren im Fremdsprachenunterricht*, Schöningh, Paderborn 1983.

Aus der Fülle der Zeitschriftenaufsätze seien erwähnt: Freudenstein, R.: *Lernpsychologische Aspekte im neusprachlichen Unterricht*. FU 4/1970 (Heft 16). – Girard, D.: *Motivation: The Responsibility of the Teacher*. ELT Januar 1977. – Zimmermann, G.: *Motivation und Fremdsprachenunterricht*. FU 4/1970 (Heft 16). – Zimmermann, G.: *Personale Faktoren und Fremdsprachencurriculum*. PRAXIS 4/ 1973.

[2] Jacobovits; zitiert nach Girard (a.a.O.).

[3] So beginnt der Beitrag von William R. Lee, *External and Internal Motivation in the Foreign-Language Lesson*, in dem Sammelband *FOCUS '80 / Fremdsprachenunterricht in den siebziger Jahren*, hsg. v. R. Freudenstein, Cornelsen & O.U.P., Berlin 1972.

[4] Ich habe schon erlebt, daß Schüler, die sonst immer mangelhafte Arbeiten schrieben, in einer (keineswegs anspruchslosen) Hörverständnis-Klassenarbeit befriedigende, sogar gute Ergebnisse erzielten – und daß ihnen dieser Erfolg einen bemerkenswerten Motivationsschub gab.

[5] Man kann des Guten auch zuviel tun. Wenn die leistungsstärkeren Schüler den Eindruck haben, daß der Fremdsprachenunterricht zur freundlichen Beschäftigungstherapie oder zur läppischen Spielerei degradiert, läßt ihr Interesse deutlich nach. – Man kann es nicht jedem recht machen; aber man sollte auch diesen Gesichtspunkt im Auge haben, wenn man sich mit der folgenden semi-offiziellen (etwas angsteinflößenden, weil kaum realisierbaren) Definition des „effektiven Englischunterrichts" auseinandersetzt: „In jeder einzelnen Englischstunde müssen alle ihre Bedingungsvariablen so zum Zusammenwirken gebracht werden, daß jedem Beteiligten Befriedigung sowohl im Hinblick auf das Produkt als auch auf den Prozeß zuteil wird" (Hunfeld/Schröder, a.a.O. S. 151). – (Ich weiß nicht, ob ich dieses hehre Ziel in den Jahrzehnten meiner Unterrichtspraxis schon jemals erreicht habe . . .)

[6] *Caring and Sharing in the Foreign Language Class* heißt der Titel eines bekannten Buches von Gertrude Moskowitz, das – wenn auch zum Teil auf sehr amerikanische, für uns nicht ohne weiteres nachvollziehbare Weise – ein bedenkenswertes Grundprinzip des sogenannten humanistischen Fremdsprachenunterrichts deutlich macht.

[7] Als ich einmal an einer amerikanischen Schule hospitierte, zitierte eine Lehrerin im Gespräch einen Satz, der sich mir unauslöschlich eingeprägt hat: *"They don't care how much you know – unless they know that you c a r e . . ."*

Reduzierung der Lehrersprechzeit zugunsten der Schülersprechzeit

Nichts gegen den gelegentlichen klaren, präzisen und ökonomischen Lehrervortrag! Dennoch: Im Fremdsprachenunterricht reden viele Lehrer viel zuviel selbst. Natürlich ist auch Hörverstehenstraining eine wichtige Sache – aber das SPRECHEN, den Einsatz der Fremdsprache als Mittel zur Kommunikation, lernen die Schüler nur, indem sie möglichst häufig selbst sprechen.[1]

Ein Vergleich aus dem Bereich der Musik ist hilfreich: Der Lehrer sollte sich nicht als Solist, sondern als *Dirigent* des Orchesters oder Chores verstehen; sein Erfolg bemißt sich nicht an der Qualität seiner persönlichen Darbietung, sondern an der Qualität der Aufführung, die er aus den Musikern herausholt. Oder ein Vergleich aus der Chemie: Der Lehrer sollte hauptsächlich als *Katalysator* wirken; er sollte bewirken, daß die Schüler – aufeinander und miteinander – „reagieren". Demgemäß läßt sich der Erfolg des Fremdsprachenlehrers am Ende einer Unterrichtsstunde an der Zahl der richtigen (und sinnvollen) fremdsprachlichen Handlungen seiner Schüler messen.[2]

Dieses Prinzip läßt sich in eine Reihe von konkreten Warnungen und Empfehlungen umsetzen.

1) Was der Lehrer n i c h t tun sollte:

– Er sollte keine längeren Monologe halten. (Es gibt Ausnahmen – s. o.! –, aber sie sind selten.)
– Er sollte Schülerantworten und/oder Schülerfragen nicht wiederholen. Das berüchtigte „Lehrer-Echo" führt leicht dazu, daß Schüler sich abgewöhnen, ihren Klassenkameraden zuzuhören, weil sie sich auf den Lehrer als Zwischen-Interpreten verlassen; und dann ist echte fremdsprachliche Kommunikation zum Scheitern verurteilt. (Als Argument zur Verteidigung des Lehrer-Echos wird gern angeführt, daß Schüler häufig zu leise sprechen. Hier liegt in der Tat ein Problem; aber es sollte so gelöst werden, daß die Schüler immer wieder genötigt werden, deutlich genug zu sprechen.)

– Er sollte seine eigenen Fragen nicht wiederholen; es sei denn, er wird von Schülern ausdrücklich darum gebeten.
– Er sollte seine eigenen Fragen nicht mehrmals erläutern und in konzentrischen Kreisen umschreiben. (Es gibt Lehrer, die so lange erklären, was sie fragen wollen, bis die Schüler, die die Frage längst verstanden und sich bereits gemeldet hatten, gelangweilt ihre Arme wieder sinken lassen!)

2) Positive Möglichkeiten zur Erhöhung des Anteils der Schülersprechzeit:

– Die Schüler stellen „Kettenfragen".
Verfahren:
 – Ein Schüler (oder der Lehrer) stellt eine Frage zum Text. Die Schüler, die die Frage beantworten können, melden sich, und einer von ihnen wird aufgerufen. Wer die Antwort gegeben hat, stellt die nächste Frage, usw.
 – Variation: Wer geantwortet hat, braucht nicht selbst die nächste Frage zu stellen, sondern kann bestimmen, wer dies tun soll.
Kettenfragen sind universell einsetzbar – auf allen Klassenstufen, in unterschiedlichen Zusammenhängen:
 – zu einem Text, der von den Schülern zu Haus vorbereitet worden ist;
 – zu einem Text, der im Unterricht vorgelesen wird;
 – zu einem Film, den die Schüler gesehen haben;
 – nach dem Anhören einer Tonkassette.
– Nachbarn stellen sich gegenseitig in der Fremdsprache Fragen
 – zum Text, der geöffnet vor ihnen liegt;
 – bei geschlossenen Büchern zum zuhaus erarbeiteten Text;
 – zu privat Erlebtem, Gesehenem, Gelesenem (Wochenende, Film, Fernsehen, Buch usw.)
Natürlich braucht es sich dabei nicht immer um „Fragen" und „Antworten" zu handeln. Auch freiere Formen der Unterhaltung oder der gemeinsamen Besprechung eines Textes sind möglich.
– Nachbarn arbeiten einen vorgegebenen Dialog durch: erst spricht einer die Rolle A, der andere die Rolle B; später wechseln sie die Rollen. Dies kann nacheinander auf unterschiedlichen Schwierigkeitsstufen geschehen:
 – Der Dialog wird aus dem Buch vorgelesen.
 – Die Sprecher stützen sich nur auf Stichworte
 (Tafel oder Folie oder Arbeitsblatt!).

- Der Dialog wird frei gesprochen.

- Fragen, die von Schülern gestellt werden, werden nicht sofort vom Lehrer beantwortet: er versucht zunächst, einen anderen Schüler zu finden, der die Antwort geben kann.

- Die Verbesserung von Fehlern[3] wird soweit wie möglich an die Mitschüler delegiert.

- Je mehr die Schüler daran gewöhnt werden, alle kleinen Nebenbemerkungen („Darf ich das Fenster öffnen?", „Peter hat schon wieder mein Radiergummi durchgebrochen!", „Das verstehe ich nicht!", „Können Sie das noch mal wiederholen?", „Das sind aber viel zuviel Hausaufgaben; wir schreiben Mittwoch eine Erdkundearbeit!") in der Fremdsprache zu machen, desto höher wird die Schüler-Gesamtsprechzeit. Das Ausgeben einer Liste mit häufig benutzten Wendungen kann helfen.[4]

- Nicht nur im Anfangsunterricht, sondern sogar bis zur Oberstufe kann gelegentlicher Einsatz des Chorsprechens sinnvoll sein.

- Ab und zu kann der Lehrer alle Schüler auffordern, das zu Sprechende (sei es nun ein schlichter *pattern drill* oder etwas wesentlich Anspruchsvolleres, z. B. eine Zusammenfassung oder Nacherzählung) gleichzeitig leise vor sich hin zu murmeln oder zu flüstern. Das wird sicher nicht mit jeder Klasse möglich sein, denn es setzt ein gewisses Maß an Disziplin und ehrlicher Übungsbereitschaft voraus; aber wenn es sich durchführen läßt, bringt es – auch wenn eine Kontrolle der sprachlichen Richtigkeit dabei nicht möglich ist – doch immerhin eine spürbare Erhöhung der Schüler-Gesamtsprechzeit mit sich.

- Festgelegte Handzeichen des Lehrers – bei der Steuerung von Vorgängen, bei der Fehlerkorrektur, beim Aufrufen o. ä. – können die Lehrersprechzeit reduzieren und Schüler nötigen, sich stärker auf ihre eigenen Äußerungen zu konzentrieren.

- Schüler arbeiten in Gruppen
  - an der gleichen Aufgabe,
  - an unterschiedlichen Aufgaben,
  und werden ermutigt/aufgefordert/ermahnt (je nach Situation und Klassenstufe!), sich dabei ausschließlich der Fremdsprache zu bedienen. Der Lehrer geht in der Klasse umher, hört zu, hilft, spornt an, sorgt für angemessenes Arbeitsverhalten.[5]

- Ein Schüler wiederholt einen Satz, den ein anderer Schüler gerade vorher gesagt hat. (Am günstigsten ist es, wenn der Lehrer hierzu nicht durch Worte auffordert, sondern durch ein verabredetes Zeichen, z. B. indem er stumm mit dem Finger auf den Schüler zeigt.) – Anwendungsbereiche z. B.:

- bei *pattern drills* (zur ökonomischen Mehrfachnutzung eines Lehrer-Stimulus);
- im gewöhnlichen Unterrichtsgespräch: als gelegentlich einzusetzendes freundliches „Druckmittel" zum Aufrechterhalten von Aufmerksamkeit – und als sinnvoller Ersatz für das „Lehrer-Echo".

- Gegen Ende der Stunde wird ein Schüler aufgefordert, einen „Rückblick" zu geben und die Stunde oder einen bestimmten Teil der Stunde noch einmal zusammenzufassen. Eine solche Aufforderung kann entweder als objektive Aufgabe formuliert werden *("Sum up what we've done today")* oder als subjektive Frage, bei der auch eine völlig subjektive Antwort akzeptiert wird: *"Peter, what have you learnt today?"*.

- Ein Schüler spricht 5–10 Minuten über ein Thema, das er
  - sich selbst gestellt hat oder
  - aus einer vom Lehrer vervielfältigten längeren Liste ausgesucht hat. (Eine solche Liste kann durchaus auch Formulierungen enthalten, die dem Schüler viel Freiheit lassen: *"One of my hobbies"*, *"A film I saw"* o. ä.)
  Er darf einen Zettel mit Stichworten benutzen, jedoch keinen ausformulierten Text ablesen.
  (Im Laufe der Zeit kommen alle Schüler einmal mit dieser Aufgabe an die Reihe.)

- Ein Schüler übernimmt (für wenige Minuten, für einen Teil der Stunde oder – in der Oberstufe[6] – für eine ganze Stunde) die Rolle des Lehrers:
  - nach vorheriger Absprache (was soll in welcher Reihenfolge geschehen?) oder auch
  - in eigener Verantwortung (Vorbereitung auf den „eigenen Unterricht" wurde als individuelle, ggf. zensierbare Hausarbeit aufgegeben).

---

[1] „Sprechen" ist aber etwas anderes als „Vorlesen"! Vgl. dazu das Kapitel „Lesen – laut und leise".

[2] Bei dieser Formulierung ist bereits ein wichtiger Gesichtspunkt mit berücksichtigt, der nicht unterschlagen werden darf: Selbstverständlich geht es nicht nur um die Quantität, sondern auch um die Qualität der Schülerbeiträge! – Vgl. dazu auch das Kapitel „Wechsel der sozialen Übungsformen".

18

[3] Detailliertere Ausführungen: siehe Kapitel „Umgang mit Schülerfehlern".

[4] Eine solche Liste findet sich z. B. in dem Beitrag „Checkst Du das?" / Schüler-redensarten von H. Weidemeyer (PRAXIS 4/1980).

[5] Daß Gruppenarbeit kein Allheilmittel ist, sondern ihre eigenen Probleme mit sich bringt, wird im Kapitel „Wechsel der sozialen Übungsformen" ausgeführt.

[6] Vgl. K. Schaefer, "Aspects of Education" / Bericht über einen von Schülern gestalte-ten Leistungskurs der Sekundarstufe II. PRAXIS 1/1978, S. 27ff.

Einsatz der Muttersprache

Einigkeit besteht darüber, daß im Fremdsprachenunterricht soviel wie möglich die Fremdsprache benutzt werden soll und daß die Muttersprache, sofern sie überhaupt eingesetzt wird, nur eine untergeordnete Rolle zu spielen hat.[1]
Wenig Einigkeit besteht jedoch darüber, von wem, aus welchen Gründen, bei welchen Gelegenheiten und in welchem Umfang die Muttersprache eingesetzt werden darf.

Bitte erwarten Sie in diesem Kapitel keine wasserdichten wissenschaftlichen Antworten auf schwierige Fragen, keine Zusammenfassung des Forschungsstandes, keine allgemeingültigen Rezepte!
Alles, was hier geboten werden kann, ist eine Liste von Bereichen oder Situationen, in denen die Verwendung der Muttersprache unter Umständen sinnvoll sein kann – und ein paar praktische Hinweise dazu.

Bedeutungsvermittlung

Wenn bei der Einführung neuer Vokabeln vorauszusehen ist, daß der Versuch, ihre Bedeutung in der Fremdsprache oder durch nichtverbale Veranschaulichung zu vermitteln,[2] erfolglos bleiben, unangemessen viel Zeit kosten oder bei etlichen Schülern zu Mißverständnissen führen würde, ist es vernünftiger und effektiver, sofort die deutsche Übersetzung zu geben – und zwar am besten die Übersetzung des ganzen Satzes, um die Gefahr zu verringern, daß die Schüler sich Wortgleichungen einprägen, die nur bedingt richtig sind. –
Wie schnell und wie oft man diese muttersprachliche Notbremse zieht, wird zum einen von den Lernenden abhängen:
- Handelt es sich um hinlänglich sprachbegabte und interessierte Schüler, die sich bereitwillig auf das Abenteuer einlassen, die Bedeutung neuer Wörter aus der ihnen angebotenen fremdsprachlichen Erklärung zu erschließen, auch wenn ein wenig Mitdenken und Ausprobieren und geistige Anstrengung damit verbunden ist?
- Handelt es sich um lernschwache und schwer motivierbare Schüler, die sofort frustriert „abschalten", wenn sie eine Erklärung nicht auf Anhieb verstehen?

- Handelt es sich um Erwachsene, die aufgrund ihrer Vorgeschichte
bestimmte Erwartungen an die Art des Unterrichts mitbringen und auf
die einsprachigen Erklärungsversuche des Lehrers mit gereizter Ableh-
nung reagieren, weil sie keine Lust zum Rätselraten haben und lieber
Vokabelgleichungen pauken möchten?

Zum anderen kommt es auf das sprachliche Material an. Als problema-
tisch oder auch schlechthin undurchführbar erweist sich einsprachige
Bedeutungserhellung oft in folgenden Fällen:
- Adverbien,
- Abstrakta,
- idiomatische Redewendungen,
- wissenschaftliche oder technische Begriffe,
- Synonyme mit komplexen Bedeutungsnuancen.

Wichtig ist auf jeden Fall, daß die Schüler das neue Wort, nachdem sie
seine Bedeutung klar erfaßt haben, mehrfach in sinnvollen Zusammenhängen in der Fremdsprache benutzen.[3]

Instruktionen

Komplizierte Arbeitsanweisungen in der Fremdsprache, Erläuterungen
von Spielregeln; Erklärungen, was die Schüler tun sollen oder was sie
gerade nicht tun sollen – dabei ergibt sich, wenn ein Teil der Klasse
sprachlich überfordert ist, leicht ein lautstarkes Durcheinander, das nur
mit einigem Zeit- und Stimmaufwand wieder geordnet und beruhigt
werden kann. Es ist eine Frage der realistischen Situationseinschätzung,
ob man lieber von vornherein die Muttersprache benutzt.

Man sollte sich diese Entscheidung aber nicht zu leicht machen. Es ist
wichtig, daß auch und gerade jene Wörter und Wendungen der Fremdsprache, die für die Regelung des gemeinsamen Tuns, für Klassengeschäfte u. ä. nötig sind, rechtzeitig vermittelt und konsequent benutzt
werden, denn hier geht es um echte, unmittelbare Kommunikation, nicht
um lehrwerkbezogene Pseudo-Gespräche, und wenn der Lehrer hier einfach den Weg des geringsten Widerstandes geht und deutsch spricht,
bekommen die Schüler den Eindruck, daß sie gar nicht ernsthaft den
Versuch zu machen brauchen, die Fremdsprache als Mittel zur Verstän-
digung einzusetzen.

Es kann sich lohnen, ziemlich früh eine zweisprachige Liste von Wendungen, die in der Klassenraumsituation immer wieder benötigt werden,
für die Schüler zusammenzustellen und darauf zu bestehen, daß die dort
aufgeführten fremdsprachlichen Ausdrücke bei jeder sich bietenden
Gelegenheit benutzt werden. Bei der Zusammenstellung dieser Liste
können die Schüler helfen, indem sie deutsche Sätze, Fragen oder Aus-

rufe nennen, deren fremdsprachliche Entsprechungen sie wissen möchten.
Andere Probleme bringt die fremdsprachliche **Formulierung der Aufgaben in Klassenarbeiten** mit sich.
Manche Schüler geraten bei Arbeiten so in Panik, daß sie selbst Aufforderungen, denen sie in Lehrbuch-Übungen schon Dutzende von Malen begegnet sind, auf einmal nicht mehr verstehen, und der Lehrer gerät nachher in Bewertungsschwierigkeiten: Verdient der Schüler, der in einem bestimmten Teil der Arbeit mehrere Aufgaben nicht richtig gelöst hat, weil er die Anleitung mißverstanden hat, die gleiche Zensur wie der, der die Aufgabe zwar verstanden hat, aber an ihr gescheitert ist?
Es ist verständlich, wenn in der Unter- und Mittelstufe Lehrer hier gelegentlich Kompromisse schließen und einige Aufgaben deutsch formulieren.
Wichtig ist auf jeden Fall, daß die Aufgaben absolut klar und eindeutig formuliert sind, ob nun in der Fremdsprache oder auf deutsch; und oft empfiehlt es sich, zusätzlich ein Beispiel zu geben.

Grammatische Erklärungen

Bei der Formulierung grammatischer Einsichten gesteht man den Schülern das Recht zu, die Muttersprache zu benutzen; auch der Lehrer wird eine Regel, die zum ersten Mal erarbeitet wird,[4] im allgemeinen auf deutsch geben. Das ist einzusehen, denn erstens ist die Bewußtmachung grammatischer Strukturen nicht gerade eine sonderlich kommunikationsrelevante Tätigkeit – so daß man nicht sagen kann, hier werde eine wertvolle Gelegenheit zum Benutzen der Fremdsprache in einer natürlichen Gesprächssituation verschenkt –, und zweitens ist eine wenn auch noch so ausgefeilte fremdsprachliche Erläuterung verlorene Liebesmüh, wenn sie nur von der Hälfte der Klasse verstanden wird – was häufig der Fall ist, wenn man es mit schwachen Schülern zu tun hat, denen schon das Reflektieren über ihre eigene Sprache große Mühe macht.
Es hat in der Vergangenheit nicht an Versuchen gefehlt, das Prinzip der Einsprachigkeit auch für die Grammatikbehandlung durchzusetzen;[5] aber mittlerweile ist man sich ziemlich einig, daß das eine unrealistische Forderung ist.
Fremdsprachenlehrer in Deutschland dürfen also mit dem offiziellen Segen der Verfasser von Zeitschriftenaufsätzen, Methodiken und Richtlinien grammatische Erkenntnisse auf deutsch vermitteln, ohne daß sie dafür getadelt werden.
(Ob das wohl der Grund dafür ist, daß viele von ihnen so gern und oft und ausgiebig „Grammatikunterricht" betreiben?)[6]

22

Zweisprachige Strukturübungen

Zweisprachige Strukturübungen sind flott durchgeführte mündliche *pattern drills*, bei denen der Lehrer kurze deutsche Sätze vorgibt und die Schüler sofort mit der englischen oder französischen Entsprechung antworten. (Auch der umgekehrte Weg ist möglich.) Sie können besonders dann nützlich sein, wenn es darum geht, strukturelle Unterschiede zwischen den beiden Sprachen wiederholend bewußtzumachen und die fremdsprachliche Struktur gezielt einzuschleifen.[7]

Verständnisüberprüfung

Wenn während des einsprachig geführten Unterrichtsgespräches – z. B. beim Beantworten von Fragen oder bei der Besprechung eines Textes – deutlich wird, daß Schüler eine Textstelle offensichtlich mißverstanden haben (oder sich gar nicht erst bemüht haben, sie zu verstehen), kann es angebracht sein, eine Übersetzung des betreffenden Satzes zu verlangen, um eine eindeutige Klärung zu erreichen.

Problemgespräche

Bei lernschwachen, wenig motivierten Schülern kann ein Gespräch in der Muttersprache über den Sinn und Nutzen des Fremdsprachenlernens ein guter Weg sein, um die nötige Arbeitsbereitschaft herzustellen.
Bei Schülern, die sich schon einigermaßen auf Englisch oder Französisch ausdrücken können, ist es natürlich wünschenswert, daß Auseinandersetzungen über Probleme, die der Lehrer und die Klasse miteinander haben, in der Fremdsprache geführt werden, denn gerade dann geht es um die Mitteilung dessen, was man wirklich sagen möchte, und nicht um lehrwerkgesteuertes „Unterrichtsgespräch". Aber nicht alles, was wünschenswert wäre, ist auch durchführbar, und besonders in Situationen, in denen sich bereits einiger Groll aufgestaut hat, ist es wichtig, daß der Lehrer, der die Fremdsprache so viel besser beherrscht, nicht durch das Ausspielen seiner Überlegenheit[8] die Aggressionen seiner Schüler weiter schürt, sondern ihnen Gelegenheit gibt, auf deutsch ihren Standpunkt zu vertreten. Wenn er nämlich auf der Benutzung der Fremdsprache besteht, steigt die Feindseligkeit der Schüler, weil sie spüren, daß sie durch diesen „Trick" in eine schwächere Position gedrängt werden und sich nicht so behaupten können, wie sie es sonst täten.

Dolmetschübungen

Viele Lehrwerke bieten Übungen an, bei denen der Schüler in die Rolle eines Gelegenheitsdolmetschers schlüpft. (Bei einem Familienurlaub in England soll er z. B. seinen Eltern – die kein Englisch sprechen – helfen,

indem er einem englischen Tankwart ihre Äußerungen und Fragen übersetzt und ihnen dann auf deutsch erklärt, was der Mann gesagt hat.)
Wichtig ist, daß es sich dabei nicht um ein konstruierendes, wörtliches
Übersetzen handelt, sondern darum, Inhalte in der jeweils anderen Spra-
che verständlich und angemessen auszudrücken. Schüler mögen solche Aufgaben im allgemeinen gern, denn sie erscheinen ihnen realistisch und nützlich.

Übersetzungen

Zur Begriffsklärung: Hier geht es nicht um das gelegentliche Heranziehen der Muttersprache bei der Erläuterung von Wortbedeutungen, nicht
um das Übersetzenlassen einzelner Sätze zur Verständnisüberprüfung,
nicht um die eben erwähnten Dolmetschübungen, sondern um die (im
allgemeinen schriftliche) möglichst genaue, sprachlich und stilistisch
angemessene Übertragung zusammenhängender Textpassagen – von der
Fremdsprache in die Muttersprache (Herübersetzung) oder umgekehrt
(Hinübersetzung).
Zu unterscheiden ist ferner zwischen der Übersetzung als Mittel und der
Übersetzung als Ziel.
– Daß die Übersetzung ein effektives Mittel zum Erwerb der fremdsprachlichen Grundfertigkeiten (Hören, Sprechen, Lesen und Schreiben) sei, wird heute kaum noch behauptet; dazu ist die Gefahr der
  Interferenz zu groß. Man mag darauf hinweisen, daß die Herübersetzung sich positiv auf die Ausbildung des Stilgefühls in der Muttersprache auswirkt; man mag auch argumentieren, daß bei der Hinübersetzung Vokabel- und Grammatikkenntnisse aktiviert und vertieft werden. Auf die aktive, spontane Benutzung der Fremdsprache wirkt sich
  das Übersetzen jedoch eher hemmend aus.
– Über die Frage, ob das Übersetzenkönnen ein wichtiges Ziel des
  Fremdsprachenunterrichts sei, gehen die Meinungen auseinander. Ein
  gewisses Maß von Einigkeit besteht allenfalls noch darüber, daß die
  Beherrschung der obengenannten fremdsprachlichen Grundfertigkeiten noch keineswegs die Fähigkeit zum angemessenen Übersetzen
  garantiert,[9] sowie darüber, daß systematisches Übersetzungstraining
  erst dann einsetzen sollte, wenn die anderen fremdsprachlichen Fertigkeiten bereits gut ausgeprägt sind. Im übrigen wird dem Übersetzen
  ein sehr unterschiedlicher Stellenwert zuerkannt,[10] was zum einen vor
  dem Hintergrund bestimmter schulformspezifischer Aufgaben gesehen werden muß (berechtigterweise erwarten die Schüler einer Han-
  delsschule, daß man ihnen beibringt, Geschäftsbriefe korrekt zu übersetzen!), zum anderen vor dem Hintergrund der allgemeinen Richt-
  ziele des Fremdsprachenunterrichts, die in einem Land verkündet wer-

den, und ihrer jeweiligen Rangordnung (die sich u. a. auch in den offiziell vorgeschriebenen oder empfohlenen Formen der schriftlichen
Leistungsmessung abzeichnet).

Als Empfehlung läßt sich deshalb nur sagen: Seien Sie pragmatisch; richten Sie Ihre Unterrichtspraxis danach aus, welcher Stellenwert dem
Übersetzen a) in den Rahmenrichtlinien Ihres Bundeslandes und b) in
dem von Ihnen benutzten Lehrwerk zugewiesen wird!

Besprechung der „letzten Feinheiten" bei der Literaturinterpretation

Gelegentlich findet sich noch die Meinung, daß es bei der Behandlung
sehr anspruchsvoller Literaturwerke auf der Oberstufe nötig sei, nicht
nur die eine oder andere schwierige Stelle ins Deutsche übertragen zu
lassen, nicht nur gelegentlich anhand eines Auszuges aus einer gedruckten Übersetzung vergleichende Sprachbetrachtung zu betreiben, sondern
auch noch die Interpretation streckenweise auf deutsch durchzuführen.
Wer diese Meinung vertritt, sollte sich fragen, ob es nicht vernünftiger
gewesen wäre, leichter erschließbare (aber nicht notwendig weniger
wertvolle!) Werke zu lesen.[11]

The floodgates open...

Am Anfang des Kapitels habe ich Ihnen eine Liste von Bereichen ver-
sprochen, in denen die Verwendung der Muttersprache unter Umständen sinnvoll sein k a n n. Am Schluß des Kapitels möchte ich den Satz
eines englischen Methodikers[12] zitieren, der anschaulich die Gefahr
beschreibt, in die man sich dabei sehr leicht begibt: *The floodgates open,
and the mother tongue pours in!*

---

[1] Dieser Formulierung würden auch Verfechter der *"bilingual method"* nicht
widersprechen, die zwar – im Gegensatz zu den Vertretern grundsätzlicher Einsprachigkeit – die Muttersprache bei der Bedeutungsvermittlung, bei Anweisungen und bei bestimmten Strukturübungen konsequent immer einsetzen, aber
dennoch der Ansicht sind, daß ihr Anteil an der gesamten Unterrichtszeit sehr
gering bleibe (vgl. Butzkamm, NM 1/1971, S. 45).

[2] Vgl. das Kapitel „Einführung eines Lehrbuchtextes".

[3] Auch diesem Satz würden sowohl die Vertreter der einsprachigen Bedeutungsvermittlung als auch die Vertreter der *"bilingual method"* zustimmen. Der Unterschied liegt darin, daß die letzteren davon ausgehen, daß es letztlich belanglos
sei, auf welche Weise der Schüler die Bedeutung des neuen Wortes erfährt, und
daß deshalb die sofortige Übersetzung, weil rationeller, grundsätzlich vorzuzie-
hen sei; während die Vertreter des einsprachigen Verfahrens davon überzeugt
sind, daß es aus linguistischen, aus lernpsychologischen und auch aus allge-

meinpsychologischen, pädagogischen Gründen eben doch wichtig ist, Erklärungen normalerweise in der Fremdsprache zu geben. – Wer sich über diese Kontroverse eingehender informieren und die z. T. sehr interessanten Argumente im einzelnen kennenlernen möchte, sollte die im Literaturverzeichnis angegebenen Aufsätze und Bücher von Arendt, Bolitho, Bol/Carpay, Butzkamm, Dodson, Freudenstein, Friederich, Göller, Gutschow, Hoffmann, Hohmann, Klaas, Loebner, Meyer, Piepho, Rattunde, Sauer, Schiffler, Schneider, Schulz und Taylor lesen.

4 Ob allerdings jedesmal eine Regel genannt werden muß, ist fraglich! Vgl. das Kapitel „Grammatik".

5 Z. B. Denninghaus, „Zur sogenannten induktiven Grammatik", PRAXIS 4/1959, besonders S. 144: „Ich finde, wir sollten Schluß machen mit dem Rest Zweisprachigkeit, welcher im modernen Unterricht im allgemeinen noch bei der Behandlung der Grammatik als notwendiges Übel geduldet wird."

6 „Die Beschäftigung mit (formaler) Grammatik ist der liebste Unterrichtsgegenstand von Real- und Gymnasialschullehrern in der Bundesrepublik", hat G. Zimmermann herausgefunden (Erkundungen zur Praxis des Grammatikunterrichts, 1984; hier zitiert nach dem Aufsatz Medien im Fremdsprachenunterricht von R. Freudenstein, PRAXIS 2/1990, S. 121).

7 Beispiele, Begründung und Erläuterungen: vgl. Butzkamm, Die aufgeklärte Einsprachigkeit (1973), S. 94ff.; oder, vom gleichen Verfasser, den Aufsatz „Über einsprachige und zweisprachige Strukturübungen" in FU 4/1976

8 Vgl. hierzu den Aufsatz „Pädagogische Implikationen der Einsprachigkeit" von Ingrid Dietrich, PRAXIS 4/1973 S. 356ff., und die relativierende Wiederaufnahme dieses Motivs bei Arendt (PRAXIS 2/1991, bes. S. 122).

9 Vgl. z. B. L. A. Hills Äußerungen in seinem der Zeitschrift ZIELSPRACHE ENGLISCH gegebenen Interview (ZE 4/1975, S. 10) oder Wolf Friederichs These „Übersetzen ist kein Weg, eine Sprache zu lernen, sondern eine Fertigkeit, die zusätzlich zur Kenntnis zweier Sprachen hinzuerworben werden muß" („Zehn Thesen zum Sprachenlernen und Übersetzen"; PRAXIS 1/1967 S. 48).

10 Wer sich in das Thema einarbeiten möchte, findet etliche interessante Aufsätze in dem Themenheft Die Übersetzung im neusprachlichen Unterricht, FU 4/1976 (= Heft 40). Wer auch wichtige Positionen der Vergangenheit kennenlernen möchte, sollte den Aufsatz „Die Rolle der Übersetzungsübung im neusprachlichen Unterricht der Oberstufe" von F.-R. Weller lesen (in: H. Christ, Schriftliche Arbeiten im Fremdsprachenunterricht der gymnasialen Oberstufe).

11 „Die Behandlung von Literatur im Fremdsprachenunterricht darf nicht zum Literaturunterricht neben dem Fremdsprachenunterricht werden." A.-R. Glaap, in: Hunfeld/Schröder (Hsg.), Grundkurs Didaktik Englisch, S. 94. – Vgl. auch Schubel, S. 277.

12 J. F. Green, "The Use of the Mother Tongue and the Teaching of Translation", Script eines Radiovortrages aus der Reihe LISTEN AND TEACH (British Broadcasting Corporation); bibliographische Einzelheiten nicht mehr feststellbar.

Effiziente Nutzung der Unterrichtszeit

In diesem Mini-Kapitel geht es nicht um schwergewichtige didaktische oder methodische Fragen wie z. B.
- „Verfolgt der Fremdsprachenunterricht angemessene Ziele? Befaßt er sich mit den richtigen Themen und Stoffen?"
- „Führt die Methode X langfristig zu besseren Ergebnissen als die Methode Y?"
- „Welche Schwierigkeiten stellen sich einer wissenschaftlichen Effizienzanalyse des Fremdsprachenunterrichts entgegen?"

Wir gehen, naiv[1] und brav, von der Voraussetzung aus, daß die erste dieser Fragen mit „Ja" beantwortet werden darf; daß wir uns bei der Antwort auf die zweite Frage[2] vertrauensvoll auf die jeweiligen Rahmenrichtlinien und auf unser Lehrwerk verlassen können und daß die dritte Frage[3] eher in den Bereich der universitären Forschung gehört.

Es geht nicht um Theorie, es geht um Praxis – um die alltägliche Unterrichtspraxis.

Schüler haben ein Recht darauf, daß wir ihre Zeit nicht verschwenden!

Unter diesem Leitgedanken sollen hier einige Ratschläge zur effizienten Nutzung der Unterrichtszeit aufgezählt werden, die wenig mit wissenschaftlichen Höhenflügen zu tun haben, aber um so mehr mit gesundem Menschenverstand und Selbstdisziplin (des Unterrichtenden!).

Leben Sie nicht von der Hand in den Mund

Es reicht nicht, nur die Unterrichtsstunden des nächsten Tages zu planen. Angemessene Unterrichtsvorbereitung umfaßt nicht nur die kurzfristige, sondern auch die mittel- und langfristige Planung.[4] Es ist z. B. unerläßlich, daß man am Anfang des Schuljahres mit Hilfe des Kalenders feststellt, wieviel Stunden man voraussichtlich zur Verfügung haben wird und bis zu welchem Datum man die einzelnen Units erarbeitet haben muß, um den jeweiligen Jahresband des Lehrwerks rechtzeitig abschließen zu können.

Lassen Sie sich nicht ablenken

Jede Stunde sollte klare Ziele[5] haben, die auch von den Schülern erkannt und angenommen werden können. Alles, was diesen Zielen nicht dient, ist – strenggenommen[6] – Zeitverschwendung.

Ablenkung *kann* von den Schülern ausgehen: manche Fragen oder Beiträge dürfen und müssen kurz, freundlich und taktvoll zurückgewiesen werden, weil ein ausführliches Aufgreifen den sinnvollen Ablauf der Stunde aufhalten würde. Aber viele Lehrer verlassen auch ohne solche Schüleräußerungen gern den vorgezeichneten Weg, um zwischendurch Blümchen zu pflücken. Sie verweilen bei Nebensächlichem, sprechen über ihr Lieblingsthema oder geraten ganz einfach ins Schwatzen. Am Ende des Schuljahres zeigt sich dann, wie wenig sie geschafft haben, oder besser gesagt, wie wenig ihre Schüler gelernt haben.[7]

Bemühen Sie sich um Klarheit

Klarheit – einer der wichtigsten Faktoren effizienten Unterrichts[8] – bezieht sich nicht nur auf die inhaltliche Zielsetzung der Stunde, sondern auch auf
– die Fähigkeit, Sachverhalte durchschaubar zu machen und gut zu strukturieren;
– die akustische Verständlichkeit und rhetorische Kompetenz des Lehrers (klarer, korrekter Satzbau; deutliches Hervortreten der Hauptaussage; unmittelbare Verständlichkeit der Formulierungen; wenig Verlegenheitslaute und -phrasen);
– die Eindeutigkeit der Arbeitsanweisungen.

Denken Sie daran, daß Sie Dirigent sein sollen, nicht Solist

Nur zu leicht erliegen Lehrer der Versuchung, zuviel selbst zu reden. Wenn das Verhältnis von Lehrersprechzeit zu Schülersprechzeit[9] ungünstig ist, k a n n Fremdsprachenunterricht nicht effizient sein. – Dabei darf man nicht vergessen, daß es nicht ausschließlich auf Quantität, sondern auch auf Qualität ankommt. Je mehr richtige und sinnvolle fremdsprachliche Äußerungen zu hören waren – und zwar von möglichst vielen Schülern, nicht nur von den zwei bis drei Spitzenkräften –, desto erfolgreicher war die Stunde.

Sorgen Sie dafür, daß meistens alle oder zumindest mehrere Schüler zur gleichen Zeit aktiv sind

„Aktiv sein" soll dabei im *weitesten* Sinne verstanden werden: die Schüler dürfen nicht „abschalten", träumen oder sich mit anderen Dingen beschäftigen können, sondern müssen genötigt werden, zumindest aufmerksam zuzuhören und mitzudenken, auch wenn sie gerade nicht zum Sprechen aufgefordert sind. (Sie sollten z. B. jederzeit in der Lage sein, das zu wiederholen, was ein Mitschüler oder der Lehrer gerade gesagt hat.)

Natürlich werden wir auch anstreben, daß möglichst oft möglichst viele Schüler im *engeren* Sinne „aktiv sind", d. h. daß sie sprechen oder schreiben. Möglichkeiten hierzu in Stichworten:
- Partner- und Gruppenarbeit,[10]
- Chorsprechen,
- Schüler-Schüler-Gespräche (statt Lehrer-Schüler-Gespräche),
- Übungsdiktat,
- schriftliche Stillarbeit.

Nutzen Sie jede Gelegenheit, auch jene Dinge in der Fremdsprache zu besprechen, die nicht zum Unterrichtsstoff im engeren Sinne gehören:

Klassengeschäfte, Organisationsfragen, Begründung des Zuspätkommens, kleine menschliche Probleme . . .

Langweilen Sie die Klasse nicht

- Sorgen Sie nach Möglichkeit dafür, daß jede Stunde sich aus mehreren unterschiedlichen Aktivitäten zusammensetzt.[11]
- Das Arbeitstempo muß, je nach Schwierigkeit der einzelnen unterrichtlichen Aktivitäten, flexibel gehalten werden. Zügiges (d. h. weder schleppendes noch gehetztes) Arbeiten sollte die Regel sein.
- Das Tempo sollte sich an den durchschnittlichen Schülern orientieren, nicht an den Langsamsten.[12]
- Verzichten Sie darauf, breit ausgewalzte Selbstverständlichkeiten vorzutragen.
- Lassen Sie die Klasse nicht ohne sinnvolle Aufgabe untätig warten, während Sie herumgehen, um einen Blick auf die Hausarbeiten zu werfen.
- Vermeiden Sie, längere Zeit mit der Besprechung der konfusen und fehlerhaften Hausaufgabe eines einzelnen Schülers zuzubringen. (Die anderen gähnen derweil und „schalten ab", und selbst der Betroffene hat vermutlich nicht viel davon. Lieber das Heft mitnehmen und mit einigen Anmerkungen versehen!)

Reduzieren Sie die „Rüstzeiten"[13]

- Zu Beginn der Stunde sollten alle Schüler die benötigten Bücher und Hefte unaufgefordert bereitlegen.
- Der „Tafeldienst" muß funktionieren. Der Lehrer muß sich darauf verlassen können, daß er Kreide und eine saubere Tafel vorfindet.
- Zeitraubende, rein mechanische An- und Abschreibvorgänge lassen sich oft dadurch vermeiden, daß der Lehrer die ihm zur Verfügung stehenden technischen Mittel sinnvoll nutzt. Stichworte hierzu:

- Verteilung von „Schnipseln", wenn eine komplizierte Hausaufgabe gestellt wird (Verfahren: siehe Kapitel „Hausaufgaben"!);
- Ausgabe von (immer wieder verwendbaren) Blättern mit Musterlösungen anstelle des Anschreibenlassens der Hausaufgabe, oder Projektion einer Folie (vgl. Kapitel „Kontrolle und Besprechung der Hausaufgaben").

(Last but not least:) Gehen Sie pünktlich in die Klasse!

Wenn Ihre Unterrichtsstunden immer nur 39 Minuten dauern anstatt 45, können Sie nur 86,7 % der möglichen Leistung erreichen.

---

[1] Daß dieser naive Optimismus in arge Bedrängnis gerät, wenn man sich mit der Sekundärliteratur der letzten Jahrzehnte auseinandersetzt, steht auf einem anderen Blatt!

[2] Ein interessanter Aufsatz dieser Art findet sich z. B. in ZE 3/1973: Kruppa, *Zur Effizienzbestimmung neusprachlicher Unterrichtsmethoden.* (Verglichen werden die Ergebnisse der audiolingualen und der kognitiven Methode.)

[3] Vgl. z. B. Arndt, *Fragen zur Effizienzanalyse des traditionellen Fremdsprachenunterrichts* (in: *Probleme, Prioritäten, Perspektiven des fremdsprachlichen Unterrichts*; hsg. vom Hessischen Institut für Lehrerfortbildung).

[4] Detaillierte konkret-handwerkliche Hinweise hierzu finden Sie im Kapitel „Unterrichtsvorbereitung" des Buches *So schaffen Sie den Schulalltag* (Schaefer, 1989).

[5] Siehe Kapitel 1 dieses Buches.

[6] Natürlich kann sich (auf der Sachebene) eine Änderung des ursprünglichen Plans als notwendig erweisen; und natürlich muß manchmal (auf der Ebene der emotionalen Beziehung oder der äußeren Organisation) erst eine Störung beseitigt werden, bevor man weiterarbeiten kann. Außerdem soll nicht geleugnet werden, daß sich gelegentlich ein unvorhergesehenes Gespräch (auf Englisch oder Französisch, versteht sich!) als mindestens ebenso nützlich im Hinblick auf die stundenübergreifenden Ziele des Fremdsprachenunterrichts erweisen kann wie das, was man eigentlich vorgehabt hatte. Aber es geht nicht um die Ausnahmen, es geht um die Regel!

[7] Vorsichtiger gesagt: es w ü r d e sich zeigen, wenn die Effizienz des Unterrichts objektiv gemessen würde. Aber im Lehrberuf kommt man, anders als in der freien Wirtschaft, mit manchem durch, ohne aufzufallen . . .

[8] Vgl. z. B. Bessoth (Abt. 35.04, S. 20); Geissler (S. 181f.); Bowley (S. 169); Marland (S. 72); Highet (S. 89f.).

[9] Vgl. die detaillierteren Ausführungen im Kapitel „Reduzierung der Lehrersprechzeit".

[10] Hierzu finden Sie detaillierte Ausführungen (und auch die nötigen Einschränkungen) im Kapitel „Sozialformen des Unterrichts".

[11] Weitere Ausfächerungen des Motivs „Abwechslung" finden sich im Kapitel „Motivation" unter den Überschriften ,Aspekte der Unterrichtsgestaltung' und ,Stoffe, Medien, Unterrichtsmaterial'.

30

„Effizienz bedeutet, daß man in der gegebenen Zeit die besten Leistungen bei allen Schülern erzielt, nicht nur oder vorwiegend bei den schwächeren" (Arndt a.a.O. S. 216).

In der Industrie versteht man unter Rüstzeit die Zeit, die zum Auf- und Abbauen der für den jeweiligen Arbeitsprozeß erforderlichen Geräte benötigt wird, zum Bereitlegen der Werkzeuge, zum Einstellen der Maschinen – eine relativ konstante Zeitspanne also, die auf jeden Fall aufgewandt werden muß und die unabhängig ist von der Dauer und dem Volumen der „eigentlichen", produktiven Arbeit (z. B. von der Stückzahl der hergestellten Güter). Je geringer der Anteil der Rüstzeit am gesamten Arbeitszeitaufwand ist, desto ökonomischer ist der jeweilige Arbeits- oder Fertigungsprozeß.

Hauptgerichte:
Einzelheiten der praktischen Unterrichtsarbeit

Womit kann eine Stunde anfangen?

Mit einer freundlichen Begrüßung natürlich. Und dann?
Suchen Sie sich aus der folgenden Liste eine Möglichkeit aus, die Ihnen
zusagt. (Es muß ja nicht jeden Tag die gleiche sein!)

- Der Lehrer fordert einen Schüler auf, zusammenzufassen, was in der
  vorigen Englischstunde geschah. *("What did we do on Tuesday?")* –
  SINN:
  - Ein Schüler erhält Gelegenheit zu einer längeren, mehrere Sätze
    umfassenden Äußerung in der Fremdsprache (Reduzierung der Leh-
    rersprechzeit!).
  - Deutsche Schüler neigen dazu, das *Present Perfect* für Berichte über
    Vergangenes zu benutzen. Durch konsequentes Bestehen auf dem
    Past Tense ("What did we do?") werden die wichtigen Unterschiede
    zwischen den beiden Zeiten immer wieder bewußtgemacht und
    geübt.
  - Der Lehrer erhält wertvolle Rückmeldungen darüber, wieweit der
    Stoff der vergangenen Stunde verstanden und behalten wurde.
  - Notizen über solche ausführlicheren Stundenzusammenfassungen
    können (besonders in der Mittel- und Oberstufe) dem Lehrer als
    Grundlage für mündliche Zensuren dienen.

- Der Lehrer beginnt die Stunde mit der Besprechung der Hausaufgabe
  (bei geöffneten Heften).

- Der Lehrer fragt nach der schriftlichen Hausaufgabe *("What did you
  have to do for today?")*, läßt aber die Hefte noch nicht öffnen, sondern
  bittet Schüler, sich an Sätze zu erinnern, die sie geschrieben haben,
  und Zusammenfassendes über die Hausaufgabe zu sagen *("What was
  the homework about?" "What was the situation?" "What was the grammatical problem?")*.
  SINN: Feststellen, ob die befragten Schüler nicht nur mechanisch
  etwas hingeschrieben (oder abgeschrieben!), sondern mit Einsicht
  gearbeitet haben.

- Die Stunde beginnt mit einer kleinen Wortschatzübung – z. B. wird an
  der Tafel ein Wortfeld entwickelt, das assoziativ auf irgendeine Weise

mit dem betreffenden Tage verknüpft ist (z. B. Wetter, Geburtstags-
feier, politische Ereignisse).

- Die Stunde beginnt mit einem mündlichen Mini-Drill (einer kleinen
  Grammatikübung, bei der der Hauptakzent auf Schnelligkeit und auf
  mehrfacher Wiederholung eines bestimmten Musters liegt).
- Die ersten Minuten werden einer Aktivität gewidmet, die mit dem
  „eigentlichen" Unterricht (sprich: der Lehrbucharbeit o. ä.) nichts zu
  tun hat.
  *(SINN: Immer wieder muß den Schülern deutlich gemacht werden, daß
  kommunikative Kompetenz mehr umfaßt als die Fähigkeit, über die Texte
  des Lehrbuchs zu reden!)*
  - Der Lehrer zeigt ein Bild; er läßt es beschreiben u. ä. (vgl. das Kapitel
    „Umgang mit Bildern").
  - Eine aktuelle Nachricht (aus der Zeitung, aus dem Fernsehen oder
    dem Radio) wird besprochen.
  - Der Lehrer erzählt etwas, worüber er sich gefreut oder geärgert hat
    (in der Schule oder auch außerhalb der Schule) und führt darüber
    mit den Schülern ein kurzes Gespräch.
    Hierzu eine zeitaufwendigere, aber lohnende Variante:
    Der Lehrer bittet die Schüler, kurz darüber nachzudenken, was
    ihnen an diesem Tage schon Angenehmes geschehen oder aufgefal-
    len ist. Nach einer Minute werden sie aufgefordert, ihrem Nachbarn
    davon zu erzählen. Anschließend werden einige Freiwillige gebeten,
    ihren Beitrag vor der Klasse zu wiederholen (oder: zu berichten, was
    ihr Nachbar ihnen gesagt hat). Schließlich sagt auch der Lehrer noch
    etwas Erfreuliches.
  - Die Tafel ist nicht abgewischt worden; sie weist noch Spuren einer
    anderen Stunde auf (z. B. Deutsch, Biologie, Gemeinschafts-
    kunde . . .). Der Lehrer fordert Schüler auf, ihm dieses Tafelbild auf
    Englisch zu erklären.
  - Die Klasse ist unruhig und erschöpft, weil sie in der vorhergehenden
    Stunde gerade eine Klassenarbeit (z. B. einen Deutschaufsatz)
    geschrieben hat. Der Lehrer läßt sich erzählen, welche Aufgaben zu
    bearbeiten waren, welcher Text vorlag, welche Schwierigkeiten die
    Schüler hatten usw.

- Der Lehrer beginnt sofort und ohne jede vorherige Ablenkung mit der
  Einführung eines neuen Textes oder mit der Fortsetzung der in der
  vorigen Stunde begonnenen Arbeit.

Einführung eines Lehrbuchtextes
(Vokabeleinführung usw.)

Je nach Länge, inhaltlicher und sprachlicher Schwierigkeit des Textes kommt jeweils eine der beiden folgenden Möglichkeiten in Frage:
- Die Einführung des Lesestückes wird auf zwei oder mehr Stunden verteilt (Akzent liegt auf Gründlichkeit, sprachlicher Genauigkeit, konsequenter übender Anwendung des neu eingeführten Wortschatzes).
- Das Lesestück wird als geschlossenes Ganzes eingeführt (Akzent liegt z. B. auf der Ausnutzung der Erzählspannung; auf der Berücksichtigung des „Kunstwerkcharakters" einer zusammenhängenden Geschichte; auf größerer „Natürlichkeit").

- **Traditionelle Einführungsmethoden** (vorwiegend Unterstufe):
  - Bei geschlossenen Büchern liest der Lehrer den neuen Text langsam vor (oder wandelt ihn etwas ab) und erklärt dabei, in der Regel einsprachig, die neuen Vokabeln:
    - durch „deiktische" (hinweisende) Verfahren, z. B.
      - indem er auf den Gegenstand zeigt (Beispiel: Vorhang);
      - indem er den Gegenstand hochhält (Beispiel: Lineal);
      - indem er den Gegenstand an die Tafel oder auf eine Folie zeichnet;
      - indem er auf eine Abbildung des Gegenstandes zeigt, die der Lehrwerksverlag geliefert hat (Bildfolie, Wandbild,[1] Haftelement auf Flanelltafel oder Magnettafel);
      - indem er eine Tätigkeit vormacht;
      - indem er eine Situation schafft, in der die Benutzung des neuen Wortes erforderlich und einleuchtend ist;
    - durch verbale Erklärungen, z. B.
      - indem er das Wort in einem Satz benutzt, der seine Bedeutung deutlich macht *(You must take this medicine three times a day);*
      - durch Synonyme *("to approach" means "to go up to");*
      - durch Antonyme *("narrow" is the opposite of "wide");*
      - durch eine Definition *(Chairs, tables, wardrobes etc. are furniture);*
      - durch morphologische Erklärungen *(to dream, a dream, dreamy: verb, noun, adjective)*

- oder (wenn eine einsprachige Erklärung sehr lange dauern würde, zu Mißverständnissen führen könnte oder nicht genau genug wäre) durch Angabe der deutschen Übersetzung (z. B. bei wenig bekannten Tier- oder Pflanzennamen, bei manchen abstrakten Begriffen u. ä.).[2]

Tafelanschrieb der neuen Vokabeln (soweit nötig, mit Lautschrift); Nachsprechen durch Schüler:
- einzelne Schüler sprechen die Wörter einzeln nach oder lesen die ganze Liste vor;
- die Wörter werden im Chor nachgesprochen.

Einbetten der neuen Wörter in einen Satz durch Schüler; dann erst Öffnen der Bücher, „Einlesen" usw.

- Bei geschlossenen Büchern erklärt der Lehrer z u e r s t (in ähnlicher Weise wie oben beschrieben) die neuen Wörter, ohne sich dabei auf den Text zu beziehen oder diesen schon vorzulesen. Erst nach dieser Vokabeleinführung liest er den Text vor. – Weiter wie oben.

- **Alternativen** (ab Mittelstufe; gelegentlich auch schon in der Unterstufe): Zusammenstellung einer Reihe von Möglichkeiten, ohne Werturteil (weder positiv noch negativ; welche dieser Möglichkeiten sich in einer konkreten Unterrichtssituation eignet, hängt von vielen Faktoren ab – s. u.!).
- Die Bücher sind geöffnet. Der Lehrer liest den Text (oder einen Textabschnitt) vor. Er fragt, welche Wörter unbekannt sind, und erklärt sie
  - auf englisch,
  - auf deutsch.

- Die Bücher sind geöffnet. Der Lehrer liest zunächst nicht vor, sondern gibt Auftrag zum stillen Durchlesen des Textes und Markieren der schwierigen Wörter. Nach einigen Minuten: weiter wie eben beschrieben.

- Die Bücher sind geöffnet. Der Lehrer gibt den Auftrag, im Text jene Vokabeln zu unterstreichen, welche hinten im Vokabelverzeichnis des Buches erläutert sind. Nach einigen Minuten fragt er: *"Are there any other words you find difficult, apart from those you have just underlined?"*
Oft ist es an dieser Stelle auch schon möglich – nunmehr bei geschlossenen Büchern –, erste Behaltens-Erfolge zu überprüfen: *"I'm going to give you the definitions of some of the new words, and you tell me which words I mean ..."*

– Die Bücher sind hinten, beim Vokabelverzeichnis, geöffnet. Die neuen Wörter, ihre Erläuterungen und Übersetzungen werden vorgelesen (z. B.: der Lehrer das neue Wort, eine gute Schülerin die englische Erläuterung, ein schwächerer Schüler das deutsche Wort . . .). Dann Beginn der Arbeit mit dem Text.

– Die Bücher sind geschlossen. Der Lehrer führt mit den Schülern ein einleitendes Gespräch, das die Klasse inhaltlich-atmosphärisch auf den zu erarbeitenden Text vorbereitet, wünschenswertes Hintergrundwissen bereitstellt und eine für die Aufnahme günstige Stimmung schafft. (Daran schließt sich dann eine der im folgenden genannten Arbeitsformen an.)

– Die Bücher sind geschlossen. Der Lehrer gibt in knappster Form (treffende englische Veranschaulichung oder deutsche Übersetzung) die wenigen Wörter an, die für das Verständnis des Textes unerläßlich sind; dann liest er den Text vor. – Anschließend, immer noch bei geschlossenen Büchern, werden erste Verständnisfragen gestellt. (Diese müssen nicht ausschließlich vom Lehrer kommen; auch „Kettenfragen"³ sind möglich.)

– Die Bücher sind geschlossen; der Text wird o h n e jede vorherige Hilfe vorgelesen. Anschließend erste Verständnisfragen (s. o.); danach dann „Nacharbeiten" (Wörter heraussuchen und unterstreichen) durch die Schüler.

– Die Bücher sind geöffnet oder (schwieriger!) geschlossen. Das Verfahren ist ähnlich wie in den beiden vorigen Absätzen; aber der Text wird nicht vom Lehrer vorgelesen, sondern die Schüler hören ihn von einer Kassette. Dabei empfiehlt es sich, die Darbietung mehrfach (z. B. nach jedem größeren Abschnitt) zu unterbrechen und das Verfahren der Verständnisüberprüfung immer wieder abzuwandeln. Denkbar ist z. B. eine Folge, bei der die Schwierigkeit ständig steigt:
  – Erster Abschnitt: Die Schüler dürfen beim Hören mitlesen; anschließend stellt der Lehrer einige Verständnisfragen.
  – Zweiter Abschnitt: Die Bücher sind geschlossen (wie auch bei den weiteren Abschnitten). Die Schüler stellen Kettenfragen.
  – Dritter Abschnitt: Nach dem Hören wird e i n Schüler aufgefordert, eine Reihe von Fragen zu stellen.
  – Vierter Abschnitt: Ein Schüler faßt das soeben Gehörte in freier Rede zusammen.

– Die Bücher sind geöffnet. Der Arbeitsauftrag kann etwa so lauten: *"You have ten minutes to acquaint yourselves with the text. Then I'll ask you questions on it."* (Den Schülern ist freigestellt, welche Erschließungsschritte sie unternehmen.)[4]

– Der Text ist von den Schülern zu Haus vorbereitet worden, und der Lehrer überprüft am Anfang der Stunde bei geschlossenen Büchern, ob die Hausaufgabe zufriedenstellend erledigt worden ist. Art und Umfang der häuslichen Vorbereitung
  – können von Fall zu Fall neu bestimmt werden;
  – können ein für allemal festgelegt werden, so daß keine Mißverständnisse möglich und keine Rückfragen nötig sind; der Lehrer kann zu diesem Zweck eine Definition der „Standard-Hausaufgabe zur Textvorbereitung" vervielfältigen und an die Schüler verteilen, die etwa so lauten kann:

Unter „Vorbereitung des Textes" soll – sofern nicht ausdrücklich etwas anderes angegeben worden ist – grundsätzlich folgendes verstanden werden:

+ *Vokabeln, die im Vokabelverzeichnis angegeben sind, gründlich durcharbeiten und einprägen (einschließlich der korrekten Aussprache).*

+ *Unbekannte Vokabeln, die nicht angegeben sind, auf einen Zettel schreiben, so daß ihre Bedeutung am Anfang der Stunde geklärt werden kann.*

+ *Bei geschlossenem Buch Fragen zum aufgegebenen Text, die vom Lehrer oder von anderen Schülern gestellt werden, beantworten können.*

+ *Bei geschlossenem Buch selbst Fragen zum Text stellen können.*

+ *Bei geschlossenem Buch den aufgegebenen Text nacherzählen und/ oder zusammenfassen können.*

Faktoren, die die Entscheidung für oder gegen eine bestimmte Einführungsmethode beeinflussen können:

– Wieviel Zeit haben wir? (Rückstand im Buch . . .?)
– Welche Ziele wollen wir (bei der Arbeit an diesem speziellen Text) verfolgen?
– Wichtigkeit der neuen Wörter (aktiver Wortschatz? passiver Wortschatz?)
– Wie hoch sollen die relativen Anteile der Schüler„arbeit" und der Lehrer„arbeit" sein?
– Soll Gründlichkeit oder Zügigkeit im Vordergrund stehen?

- Welche Auswirkungen ergeben sich auf die Motivation der Schüler?
- Handelt es sich um einen Sachtest oder einen erzählenden Text?
- Enthält der Text sehr viele Einzelheiten?
- Ist das Heranführen an Arbeitsformen der Oberstufe bereits ein wichtiges Ziel, oder hat es damit noch Zeit?

---

[1] Eine sehr ausführliche Beschreibung der unterrichtlichen Auswertung zweier solcher Wandbilder (vom Longman-Verlag) findet sich bei Direder, S. 141–149.

[2] Siehe Kapitel „Einsatz der Muttersprache".

[3] Siehe Kapitel „Reduzierung der Lehrersprechzeit".

[4] Diese Art von Texterschließung, bei der der Lehrbuchtext von den Schülern und vom Lehrer nicht mehr ausschließlich als Vermittler sprachpraktischer Kenntnisse aufgefaßt wird, sondern hauptsächlich als Informationsträger (Landeskunde!) oder sprachliches Kunstwerk, gewinnt etwa ab der zweiten Hälfte der Mittelstufe mehr und mehr an Bedeutung. – Vgl. den Aufsatz von Ruth von Ledebur *„Der didaktische Ort von Lehrbuchtexten im Englischunterricht der Klassen 8-10"* in FU Heft 50; vgl. auch das Kapitel „Lesen – laut und leise".

Benutzung der Tafel

Vorbemerkung

Es lohnt sich, ab und zu die vielfältigen Möglichkeiten des (nahezu) unverwüstlichen und – im Gegensatz zu manchen moderneren Erfindungen – immer funktionsfähigen ‚Ur-Mediums' Tafel[1] neu zu überdenken, sie in die häusliche Planungsarbeit einzubeziehen und sie konsequent zu nutzen, denn die Schüler können nicht umhin, im Laufe der Stunde immer wieder einmal zur Tafel zu schauen und dadurch Informationen oder Lernimpulse aufzunehmen, selbst wenn es ihnen gar nicht bewußt wird. Die Benutzung der Tafel stellt eine Art Delegation dar; sie erspart dem Lehrer manches gesprochene Wort.

Äußerliches, Organisatorisches

Wertvolle Zeit wird verschwendet, wenn der Lehrer am Anfang der Stunde erst die vollgeschriebene Tafel abwischen oder einen Schüler damit beauftragen muß. Er sollte darauf dringen, daß die Schüler, die gerade „Tafeldienst" haben, ihre Aufgaben (Tafel säubern, Kreide besorgen) ernst nehmen und rechtzeitig erledigen – und zwar nach Möglichkeit in der Pause. –

Der Lehrer muß mit darauf achten, daß das Tafelbild von überall gut zu lesen ist und daß keine störende Blendung auftritt. (Öfter mal die Position wechseln; mal von ganz hinten, mal schräg von vorn auf die Tafel sehen; eventuell Vorhänge zuziehen, Licht ein- oder ausschalten.)

Daß die eigene Tafelhandschrift klar und leserlich sein sollte, versteht sich von selbst – oder besser: sollte sich von selbst verstehen. Manche Lehrkräfte sind in diesem Punkt nicht selbstkritisch genug. (Es ist erstaunlich, was für Unsinn Schüler mechanisch von der Tafel abschreiben, besonders im Fremdsprachenunterricht, weil sie gar nicht auf die Idee kommen, daß z. B. das, was wie ein „u" aussieht, in Wirklichkeit ein „n" sein soll . . .)

Wie oft kritisieren wir das unordentliche Geschmier im Heft eines Schülers – aber wie beschämend wäre es manchmal für uns, wenn unser Tafelbild am Ende der Stunde abfotografiert und in die Hefte eingeklebt würde! Zufällig hingeworfene Bruchstücke und Nebenprodukte der Arbeit, deren Zweck und Zusammenhang nach zwei Tagen niemand mehr erkennen könnte; schlecht zu lesen, unstrukturiert, wahllos über die Tafeloberfläche verteilt . . . Peinlich, peinlich!

Mit dem Rücken zur Klasse . . .

Wie kann man vermeiden, beim Anschreiben an die Tafel der Klasse den Rücken zuzuwenden? Überhaupt nicht. (Glücklich der Lehrer, der sich noch nie darüber ärgern mußte, daß die Raumlautstärke bedrohlich anschwoll, während er seine Beispielsätze anschrieb! Ganz zu schweigen von anderen Störungen in Form von Papierflittchen, fliegenden Apfelsinenschalen, Prügeleien und ähnlichen Beweisen konzentrierter Aufmerksamkeit.) Manche Lehrer benutzen deshalb statt der Tafel nur noch den Tageslichtprojektor (falls er funktioniert), der dann seinerseits durch das lästige Surren seines Ventilators den Geräuschpegel im Raum heraufschraubt.

Zwei andere Ansätze zur Lösung des Problems:
- Man delegiert das Anschreiben an Schüler. Das ist pädagogisch sinnvoll; ob es auch zweckmäßig ist, hängt davon ab, ob der betreffende Schüler
  - eine klare, gut zu lesende Handschrift hat, die weder zu groß noch zu klein ist und weder schräg nach oben klettert noch nach unten abrutscht;
  - das, was man ihm diktiert, mit einiger Sicherheit fehlerfrei hinschreiben kann, damit man nicht jedes dritte Wort viermal buchstabieren muß, bevor es endlich richtig dasteht;
  - ergänzende Hinweise (*"Now use the green chalk to underline the present participle"*, *"Draw an arrow which points towards the corresponding sentence on the right"*) so zügig versteht und befolgt, daß der Zeitaufwand für die Erstellung des Tafelbildes noch in einem angemessenen Verhältnis zu seiner Bedeutung steht.
- Man schreibt nicht stumm etwas an, sondern wendet sich während des Schreibens immer wieder an die Schüler; man sorgt dafür, daß der Akt des Anschreibens zum Gesprächsanlaß wird: *"What do you think the next word should be?"* / *"How would you spell the rest of this word?"* / *"Do you think we should put that in the second or in the third column?"* / *"Where shall I put Peter's answer?"* / *"Which of the words should I underline now?"*

Aufteilung der Tafel; Nutzung der verschiedenen Flächen

Gelegentlich wird empfohlen, bestimmte Teile der Tafel für bestimmte Zwecke zu reservieren, z. B. neue Vokabeln immer auf den linken Flügel zu schreiben o.ä.

Das hat durchaus Vorteile (besonders wenn für die Schüler damit Aufgaben verbunden sind, die nicht jedesmal wieder ausdrücklich erwähnt werden müssen – z. B. daß sie solches Material abzuschreiben und zu lernen haben); aber nicht immer werden sich solche Reservierungen aufrechterhalten lassen, denn manchmal braucht man den Raum für anderes.

Dennoch ist es im Prinzip eine gute Idee, sich an eine feste Tafelaufteilung zu gewöhnen. Dabei kann man von folgenden Kategorien ausgehen:

- Material, das – nachdem es einmal angeschrieben ist – bis zum Ende der Stunde sichtbar bleiben soll. Hierher können Modellsätze, Regeln, wichtige neue Vokabeln oder Interpretationsergebnisse gehören.
- Material, das die augenblickliche Phase der Arbeit optisch unterstützt, zu Beginn der nächsten Phase aber wieder ausgewischt werden kann.
- Ungeplante, unvorbereitete „Anschriebe", die nötig werden, wenn man eine unvorhergesehene Frage beantworten oder eine Erklärung, die die Schüler noch nicht verstanden haben, vertiefen möchte.
- Mitteilungen. (Manche Lehrer schreiben in der Unterstufe immer das Datum in eine Ecke, damit die Schüler sich an die korrekte Schreibung der Wochentage und Monatsnamen gewöhnen. – Auch die Hausaufgabe zur nächsten Stunde gehört in diese Kategorie; ebenso Hinweise wie *"Don't forget to bring DM 5,40 on Tuesday".*)

Einige Möglichkeiten flexibler Tafelnutzung seien stichwortartig angedeutet:

- Zwei bis drei Schüler schreiben (während der Lehrer mit dem Rest der Klasse schon etwas anderes tut) ihre Hausaufgabe an die Tafel (z. B.: zwei Schüler schreiben von hinten an die halb aufgeklappten Flügel der Tafel, ein dritter schreibt auf die offene Mitte). Später wird gemeinsam besprochen, was an der Tafel steht.
- Bei einem Übungsdiktat schreibt ein Schüler von hinten an einen der Klappflügel, während die anderen ins Heft schreiben. Später dient der Tafelanschrieb als Grundlage für die allgemeine Kontrolle und Verbesserung.
- Während einer Stillarbeitsphase schreibt der Lehrer die Hausaufgabe zur nächsten Stunde an die verdeckte Tafel.
- Während einer Stillarbeitsphase (z. B. der Bearbeitung einer grammatischen Übung) werden die Lösungen vom Lehrer oder von einem Schüler an die verdeckte Tafel geschrieben. Nach Abschluß der Übung wird die Tafel aufgeklappt; die Schüler können sofort konzentriert mit der Korrektur ihrer eigenen Sätze beginnen und brauchen nur dann zu fragen, wenn etwas der Erklärung bedarf.

- Ein komplexes Tafelbild, das im Laufe der Stunde benötigt werden wird, ist vom Lehrer bereits vor der Stunde an die verdeckte Tafel geschrieben worden und wird bei Bedarf aufgeklappt. (Das gleiche gilt sinngemäß, wenn ein Schüler einen Vortrag halten und dazu optische Hilfen geben möchte.)
- Auf dem linken Teil der Tafelhauptfläche stehen Fragen, Aufgaben oder Impulse. Dazugehörige Antworten, Ergänzungen, Regeln o. ä. stehen auf dem rechten Flächenteil, der zunächst noch durch den rechten Klappflügel verdeckt ist und erst bei Bedarf aufgedeckt wird.
- Ein Teil der Tafel wird als „Tiefkühltruhe" reserviert, in der Material aufgehoben wird, auf das in dieser Stunde aus Zeitgründen nicht eingegangen werden kann – Vokabeln, Grammatikprobleme, Fragen zur Landeskunde oder zum Hintergrund eines literarischen Werkes –, das aber bei Gelegenheit wieder aufgegriffen werden soll. *"Let's put it in the freezer!"* Der Lehrer schreibt das Stichwort in die entsprechende Tafelecke; die Schüler schreiben die *Freezer*-Inhalte ab und erinnern ihn in der nächsten Stunde wieder daran.

Tafelzeichnungen

Nicht nur in mathematisch-naturwissenschaftlichen, technischen oder künstlerischen Fächern, sondern auch im Fremdsprachenunterricht lassen sich Tafelzeichnungen sinnvoll einsetzen – hauptsächlich in der Unterstufe, gelegentlich aber auch noch in der Mittel- und Oberstufe. Das Wort „Zeichnung" soll weit gefaßt werden: es soll Diagramme umfassen, schematische Darstellungen struktureller Zusammenhänge, Veranschaulichungen räumlicher Beziehungen, aber auch Zeichnungen im engeren Sinne[2] (sowohl Einzelbilder als auch Bildfolgen).[3]
Tafelzeichnungen sind schnell erstellt (für komplizierte Illustrationen verwendet man besser ein anderes Medium, z. B. zu Haus vorbereitete Folien für den Tageslichtprojektor oder käufliche Wandbilder); sie lassen sich rasch verändern oder ergänzen, und ihr „Entstehungsprozeß" läßt sich als Gesprächsanlaß nutzen.
Drei typische Beispiele:
- die Verdeutlichung des Gebrauchs von Präpositionen (*on, above, under, between, beside, near* usw.);
- die vereinfachende Darstellung eines Ganzen und seiner Teile: ein Haus und seine Räume; die Teile eines Baumes; der menschliche Körper; ein Kopf mit Augen, Nase, Mund, Ohren und Haaren; ein Auto (*bumper, fender, headlights, windscreen, steering-wheel* usw.);
- eine von Strichmännchen ausgeführte fortlaufende Handlung, die sich vor den Augen der Kinder entwickelt und ständig kommentiert wird.

Schüler und Lehrer können gemeinsam ihren Spaß daran haben, wenn solche Zeichnungen unbeholfen und komisch sind; niemand erwartet künstlerische Leistungen. Die Zeichnung ist nicht Selbstzweck; je einfacher sie ist, desto besser erfüllt sie ihre Funktion.

---

[1] Grundsätzliches in: Piepho, H.-E.: *Die Wandtafel als Medium im Englischunterricht.* FU Heft 19 (4/1985), S. 255ff.

[2] Praktische Anleitungen hierzu, auch für „unbegabte" Lehrer, bieten die im Literaturverzeichnis aufgeführten Bücher *Die Tafelzeichnung im Fremdsprachenunterricht* von Byrne/Hermitte, *Englisch an der Tafel* von Gutschow, *Stick Figure Drawings for Language Teachers* von Johnson (et al.), *Kommunikative Grammatikübungen für den Englischunterricht* von D. u. M. von Ziegesar (s. u.!) sowie das immer wieder aufgelegte Kinderzeichenbuch *Punkt, Punkt, Komma, Strich* von Witzig.

[3] Detlev und Margaret von Ziegesar setzen in ihrem Buch *Kommunikative Grammatikübungen für den Englischunterricht (Sekundarstufe I)* ausgiebig Strichzeichnungen zum Auslösen und Steuern der Kommunikation ein.

Möglichkeiten der weiteren Arbeit
mit Lehrbuchtexten

Wenn Referendare eine Stunde vorführen sollen, zeigen sie am liebsten die Einführung eines Textes. Verständlich, denn dem Zauber der ersten Begegnung[1] geben sich die Schüler gern hin, und für den Unterrichtenden sind die einzelnen methodischen Schritte so klar vorgezeichnet, daß ein Mißerfolg nahezu ausgeschlossen ist. Nur: wie geht es dann weiter? Mit *"Let's do Exercise No. 1"*? Nicht unbedingt, und nicht sofort.

Zwei Bereiche sollen hier dargestellt werden: die weitere Arbeit mit dem (den Schülern bereits bekannten) Text und die Arbeit mit den Aufgaben und Übungen im Lehrbuch, die sich an den Text anschließen.

Weitere Arbeit mit dem T e x t

- Kettenfragen zum Text (bei geschlossenen Büchern); Verfahren:
  - Ein Schüler (oder der Lehrer) stellt eine Frage zum Text. Die Schüler, die die Frage beantworten können, melden sich, und einer von ihnen wird aufgerufen. Wer die Antwort gegeben hat, stellt die nächste Frage, usw.
  - Variation: Wer geantwortet hat, braucht nicht selbst die nächste Frage zu stellen, sondern kann bestimmen, wer dies tun soll.
- Möglichst viele Schüler sagen (bei geschlossenem Buch) je einen Satz aus dem oder über den Text.
- Zwei Schüler stellen sich – so, daß der Lehrer und alle anderen es hören können – gegenseitig (bei geschlossenen Büchern) abwechselnd Fragen zum Text.
- Partnerarbeit: Nachbarn stellen sich (bei geschlossenen oder geöffneten Büchern) gegenseitig Fragen.
- Lehrerfragen (bei geschlossenen oder geöffneten Büchern).
- Lehrer liest (bei geschlossenen Büchern) mit Lücken vor:
  - Im Satz wird ein Wort ausgelassen; statt dessen pfeift oder klopft der Lehrer. Schüler ergänzen das fehlende Wort. (Es kann sich um die neuen Vokabeln handeln, muß aber nicht!)
  - Im Text wird ein Satz ausgelassen. Schüler sagen, was fehlt (nicht wörtlich, sondern sinngemäß!).

Variante: Vorspielen der Tonaufnahme; gelegentliches Drücken der Stoptaste: Wie geht es weiter?

– Fragen finden lassen (bei geschlossenen oder geöffneten Büchern): der Lehrer gibt „Antworten" aus dem Text; die Schüler müssen die Fragen stellen, die zu diesen Antworten führen.

– „Behauptungen": Die Schüler haben ihre Bücher geschlossen, und der Lehrer macht Aussagen zum Text, die manchmal richtig sind (und dann als Antwort nur ein *"That's right"* erfordern), meistens aber falsch (d. h. er verändert Einzelheiten: mal geringfügig, mal in absurd-komischem Maße). Im Englischen empfiehlt es sich, solche Aussagen mit einem question tag abzuschließen: *"Susan arrived early, didn't she."* Die Schüler reagieren mit *"No, she didn't"* oder *"That's wrong, because ..."*

– Wort-Stimuli (bei geschlossenen Büchern): Der Lehrer gibt einzelne Wörter vor (z. B. die neuen Vokabeln; es können aber auch andere Wörter sein); die Schüler nennen – wenn auch nicht unbedingt wörtlich – den Satz, in dem das Wort vorkommt.

– Zusammenfassung (bei geschlossenen oder geöffneten Büchern).

– Nacherzählung (bei geschlossenen Büchern).[2]

– Nacherzählung oder Zusammenfassung mit Perspektivwechsel (bei geschlossenen oder geöffneten Büchern): ein Schüler berichtet in der Ich-Form aus der Sicht einer Person, die im Text vorkommt – oder sogar aus der Sicht eines Tieres oder eines toten Gegenstandes ...

– *"Just a minute"*: In Anlehnung an den bekannten englischen Radio-Wettkampf versuchen Schüler, eine Minute lang ohne Pause (bei geschlossenen Büchern) über den Text zu sprechen – ohne einen Fehler zu machen!

– Personalisierung (fast alle Lehrbuchtexte bieten irgendeine Möglichkeit zum Einbeziehen der eigenen Erlebnisse und Erfahrungen der Schüler; und wenn keine eigenen Erfahrungen vorliegen, auf die zurückgegriffen werden kann, dann wenigstens Fernseh- oder Leseerlebnisse!)

– Sinndarstellendes Lesen.

– Auswendiglernen des Textes oder eines Textabschnittes (besonders auf der Unterstufe).

– Stellungnahme
  – zu einem Problem, das im Text angeschnitten wird;
  – zum Text selbst: seiner Glaubwürdigkeit, seiner Qualität; seinen sprachlich-stilistischen Eigenheiten (kaum vor dem Ende der Mittelstufe).

– Dialogisierung (Schüler setzen Teile eines erzählenden Textes in Dialog um).

- Einordnung der neuen Vokabeln in größere Zusammenhänge, z. B. in langfristig angelegte Karteien (Wortschatz zu bestimmten Bereichen; Wortfelder; Redewendungen u. ä.).
- Inhaltliche Erweiterung (z. B. kann der Lehrer oder ein Schüler zusätzliches Material vorlesen oder vervielfältigen, das die vom Lehrbuch gegebenen Informationen ergänzt oder aktualisiert).
- Dramatisierung.[3]
- Schriftliche Aufgaben zum Text:
  - Finden von Überschriften für die einzelnen Teile des Textes,
  - Lückentest,
  - Modifizierter „C-Test",[4]
  - traditionelles Übungsdiktat,
  - Diktat mit Lücken,[5]
  - Zusammenfassung.

Arbeit mit den Aufgaben und Übungen zum Text

Aufgaben und Übungen in modernen Lehrwerken sind im allgemeinen inhaltlich interessant und sprachlich sinnvoll. Man sollte sie benutzen (und nicht, wie manche Kollegen, davon ausgehen, daß man grundsätzlich bessere Einfälle hat als das Buch) – aber nicht so, daß man in genau vorhersehbarer Reihenfolge eine nach der anderen mit unerbittlicher Gleichförmigkeit „abarbeitet". Zur Aufrechterhaltung der Motivation ist Abwechslung unerläßlich: manche Übungen wird man kürzer und flüchtiger behandeln, andere intensiver; manche wird man weglassen. (Das können die sein, die als fakultativ gekennzeichnet sind; allerdings erweisen sich manchmal gerade diese als reizvoll.) Auch müssen nicht alle Übungen genauso eingesetzt werden, wie die Lehrbuchautoren es vorschlagen: es mag gute Gründe geben, eine zur schriftlichen Bearbeitung vorgesehene Aufgabe nur mündlich durchzuführen oder eine Hörverstehensübung *nicht* von der Kassette vorzuspielen, sondern still lesen und schriftlich zusammenfassen zu lassen.
Nicht nur Abwechslung ist wichtig für die Motivation. Auch die Art des Einstiegs in eine Übung spielt eine Rolle. Es besteht ein großer Unterschied zwischen *"Let's do exercise 6 on p. 48"* und *"Imagine you are alone in the house. What would you do if you suddenly heard footsteps in the corridor?"* (Was nützt die schönste situative Einbettung, auf die der Lehrbuchautor viel Mühe verwandt hat, wenn der Lehrer durch die Art seiner Fragestellung deutlich macht, daß nicht über die Situation gesprochen werden soll, sondern über *if-clauses*?)
Nicht alle Schüler lernen auf die gleiche Weise. Manche ziehen bestimmte Arbeitsformen vor; andere finden gerade diese Arbeitsformen langweilig oder frustrierend. Gelegentlich sollte man deshalb die Schüler

entscheiden lassen, was sie als nächstes in Angriff nehmen und wie sie dabei vorgehen möchten. (Wenn es darüber verschiedene Meinungen gibt: um so besser! Das bietet dann Gelegenheit zu Schüler-Schüler-Gesprächen und zu einer Abstimmung, natürlich in der Fremdsprache!)

Nach dieser Einleitung nun eine schematische Übersicht über Möglichkeiten des Umgangs mit Aufgaben und Übungen im Lehrbuch:

Mündlich oder schriftlich?
- nur mündlich,
- erst mündlich, dann
  - schriftlich (als Stillarbeit während des Unterrichts),
  - schriftlich (als Hausaufgabe),
- sofort schriftlich, mit späterer Besprechung.[6]

Ausfächerung in verschiedene Variationen
Mündlich:
- Freiwillige melden sich; jeder Satz wird von einem anderen Schüler bearbeitet.
- Ein Schüler macht im Alleingang die ganze Übung vor.
- Erst Satz für Satz von vielen Schülern; dann Wiederholung durch einen einzelnen.
- Gemeinsame mündliche Erarbeitung bei offenen Büchern. Dann Wiederholung bei geschlossenen Büchern. Der Lehrer gibt die notwendigen Stimuli.
- Die Bücher sind geschlossen; die Übung ist den Schülern noch nicht bekannt. Der Lehrer gibt die Situation an und liest (langsam, ggf. zwei- oder dreimal) die Sätze vor, mit denen gearbeitet werden soll. Die Schüler antworten – ohne visuelle Unterstützung.[7]
- Bearbeitung in Partner- oder Kleingruppenarbeit.[8]
Schriftlich:
- Stillarbeit; alle tun das gleiche.
- Stillarbeit; Schüler haben unterschiedliche Aufgaben. (Z. B.: die Jungen bearbeiten Satz 1 bis 5, die Mädchen Satz 6 bis 8 der Übung.)
- Bearbeitung in Partner- oder Kleingruppenarbeit.[9]

---

[1] Germanisten mögen sich bei dieser etwas blumigen Wendung an Hermann Hesses Gedicht „Stufen" erinnern: „Und jedem Anfang wohnt ein Zauber inne, der uns beschützt und der uns hilft, zu leben . . ."
[2] Eine – brav von Einzelheit zu Einzelheit fortschreitende – Nacherzählung fällt Schülern erfahrungsgemäß leichter als eine Zusammenfassung, für die vorherige geistige Strukturierung und angemessene Kürzung erforderlich ist. Sie sind oft noch nicht in der Lage, Wichtiges von Unwichtigem zu trennen.

[3] Detaillierte Anregungen bei Stiefenhöfer (PRAXIS 1/1978).

[4] Siehe Kapitel „Tests – Klassenarbeiten – Klausuren: Formen und Bestandteile".

[5] Siehe Kapitel „Tests – Klassenarbeiten – Klausuren: Formen und Bestandteile".

[6] Als Hausaufgabe nur dann zu rechtfertigen, wenn die Übung kaum Schwierigkeiten bereitet. – Bei Stillarbeit in der Klasse kann der Lehrer während des Herumgehens dafür sorgen, daß Falsches nicht lange unentdeckt und unverbessert bleibt.

[7] Dies erfordert höhere Konzentration – und in manchen Fällen ein gutes Kurzzeitgedächtnis.

[8] Vgl. das Kapitel „Sozialformen des Unterrichts".

[9] Vgl. das Kapitel „Sozialformen des Unterrichts".

Sozialformen des Unterrichts

Immer die gleiche Art Unterricht – das ist langweilig! Abwechslung frischt die Motivation auf, und schon das wäre ein ausreichender Grund zum gelegentlichen Wechsel der Unterrichtsform. Darüber hinaus bietet natürlich jede dieser Sozialformen ihre eigenen, ganz besonderen Möglichkeiten, über die man sich im klaren sein sollte, um sie gezielt einsetzen zu können.[1]

Frontalunterricht[2] (I): Lehrervortrag

Vorteile
- Der Lehrervortrag bietet die Möglichkeit, vielen Schülern gleichzeitig Wissen (z. B. Wortbedeutungen, landeskundliche Fakten, Hintergrundinformationen zu einem literarischen Werk, sprachliche Gesetzmäßigkeiten) zu vermitteln; er ist deshalb sehr zeitökonomisch.
- Länge, einzelne Formulierungen und Art der Darbietung (z. B. visuelle Unterstützung) lassen sich genau planen.
- Während des fremdsprachlichen Lehrervortrags wird den Schülern ein (hoffentlich) gutes sprachliches Vorbild geboten.

Nachteile
- Die Schüler sind passive Empfänger. Sie nehmen auf, ohne selbst sprachlich tätig zu werden.
- Gleichzeitige Wissensvermittlung an viele Schüler ist auf diese Weise nur möglich, wenn die Lerngruppe einigermaßen homogen ist; andernfalls besteht die Gefahr, daß einige dem Vortrag nicht folgen können.
- Für den Lehrer besteht die Versuchung, gerade nicht ökonomisch mit der Zeit umzugehen, sondern seine Rede unnötig auszudehnen.

Frontalunterricht (II): Lehrerzentriertes Unterrichtsgespräch[3]

Vorteile
- Die straffe Steuerung durch den Lehrer und das dominierende Interaktionsschema „Lehrerfrage oder -impuls / Schülerantwort" ermögli-

chen das zügige Anstreben genau geplanter Ziele und unmittelbare Erfolgskontrolle.

- Die sprachliche und inhaltliche Korrektheit von Schüleräußerungen kann sofort überprüft werden; Fehler können verbessert werden, bevor sie sich im Langzeitgedächtnis festsetzen.
- Das verläßliche, positive sprachliche Vorbild des Lehrers steht den Schülern über weite Strecken zur (zumindest innerlich nachvollziehenden) Nachahmung zur Verfügung.

Nachteile

- Der Schüler ist vorwiegend Objekt, nicht Subjekt; er wird fremdgesteuert.
- Von wirklicher Kommunikation kann kaum die Rede sein: die Schüler geben Antworten auf (Lehrer-)Fragen, die nicht ihre eigenen sind, und sagen nur das, was der Lehrer ohnehin weiß.
- Es kommt fast überhaupt nicht zu Schüler-Schüler-Interaktionen, und die sozialintegrative Wirkung des Frontalunterrichts ist deshalb vergleichsweise gering.
- Wenn alle zu Wort kommen sollen, ist die Zeit, die dem einzelnen Schüler zum Sprechen zur Verfügung steht, sehr begrenzt. (Ein gerade im Fremdsprachenunterricht sehr wichtiger Gesichtspunkt!)

Schüler in der Lehrerrolle

Gelegentlich kann der Lehrer Teile des Unterrichts „delegieren". Schon im Anfangsunterricht kann ein Schüler von vorn Vokabeln abfragen. Später können auf diese Weise Fragen zum aufgegebenen Text gestellt werden.[4] In der Mittel- und Oberstufe bietet es sich an, ab und zu einem Schüler die Leitung einer Diskussion zu übertragen, und in einem Leistungskurs ist es sogar möglich, den ganzen Unterricht (einschließlich der Planung) streckenweise aus der Hand zu geben.[5]

Vorteile

- Die Lehrersprechzeit wird reduziert.
- Schüler erweisen sich häufig als besonders gutwillig und konstruktiv, wenn es darum geht, einem vor der Klasse stehenden Mitschüler seine Aufgabe leichtzumachen.
- Der Lehrer kann, da er nicht pausenlos selbst agieren muß, einen Teil seiner Aufmerksamkeit darauf verwenden, den Rest der Klasse zu beobachten, sich Notizen zu machen u. ä.

Nachteile

– Manchmal dauert es recht lange, bis dem „Schüler-Lehrer" die nächste Frage einfällt oder bis er sich eine sprachlich korrekte Formulierung für seinen nächsten Satz überlegt hat. Man braucht Geduld!

Rollenspiel[6]

Vorteile

– Der entscheidende Vorteil des Rollenspiels liegt darin, daß situationsbezogene Kommunikation geübt wird. Es geht nicht mehr in erster Linie um Vokabeln und Grammatikprobleme, um künstlich-sterile Beispielsätze oder um Aussagen zu einem gelesenen Text; es geht vielmehr darum, im Gespräch mit einem Partner die geeigneten Redemittel zum Ausdruck bestimmter Funktionen (z. B.: Informationen einholen, eine Einladung aussprechen, um etwas bitten, Zustimmung oder Widerspruch äußern usw.) zu benutzen und sich dabei auf den Partner einzustellen (z. B. durch die Wahl der richtigen Sprachebene).
– Durch die vorbereitende Partnerarbeitsphase wird die Schüler-Gesamtsprechzeit erhöht.
– Schüler empfinden es im allgemeinen als reizvolle Aufgabe, in eine fremde Rolle hineinzuschlüpfen. Oft hilft es ihnen auch, Hemmungen zu überwinden.

Nachteile

– Die meisten Lehrbücher bieten zu wenig konkrete Anregungen zu Rollenspielen. (Ein auswendiggelernter Lehrbuchdialog ist noch kein Rollenspiel!) Der Lehrer ist darauf angewiesen, entweder selbst überzeugende Situationen und Rollenbeschreibungen zu erfinden oder sich zusätzliches Material zu besorgen. (Daran besteht allerdings kein Mangel.)[7]
– Der eigentliche Sinn des Rollenspiels wird – besonders von jüngeren Schülern – leicht vernachlässigt; sie sehen es, wenn der Lehrer nicht klar genug steuert, gern als eine Gelegenheit zum (drittklassigen) Schauspielern oder zu bloßem Herumkaspern an und konzentrieren sich keineswegs auf die Wahl der angemessenen Worte.

Tips

– Wenn ein Rollenspiel mehr sein soll als eine lustige Auflockerung der „eigentlichen" Arbeit, muß es vernünftig vorbereitet werden:
  – Die nötigen Vokabeln, Konstruktionen und Redemittel müssen besprochen und angeschrieben oder auf Blättern ausgeteilt werden.

– Die Rollenbeschreibungen sollten soweit strukturiert sein, daß die Schüler ein Gerüst von (äußerlichen oder psychologischen) Fakten haben, an dem sie sich orientieren können. Dabei ist es durchaus denkbar (und oft sogar empfehlenswert), daß dem einen Partner nicht alle Informationen zur Verfügung stehen, die der andere hat, und umgekehrt; daß also ein sogenannter *information gap* besteht.

– Das Vorspielen vor der Klasse ist nur ein kleiner Teil dessen, was ablaufen muß, um die Beschäftigung mit einem Rollenspiel effektiv zu machen. Wichtig ist, daß schon vorher alle Schüler hinreichend Gelegenheit zu aktivem Üben (i. a. in Partnerarbeit) gehabt haben. Das folgende Beispiel soll zeigen, wie dies erreicht werden kann. Es beschreibt einen Ansatz, der sich vielfach variieren läßt.

1) Einige wichtige Redemittel (in diesem Falle: wie man um etwas bittet; wie man zustimmt oder ablehnt; wie man jemanden zu überzeugen versucht) sind der Klasse bereits bekannt oder sind für diese Aktivität eingeführt worden. Jeder Schüler hat einen Partner; im Regelfall den Nachbarn. Der Lehrer beschreibt die Situation: Einer der beiden ist jeweils der Sohn oder die Tochter, der andere ist die Mutter oder der Vater. Sohn/Tochter möchte ausgehen und erst ziemlich spät in der Nacht wiederkommen dürfen; Vater/Mutter sträubt sich. – Alle Partnergruppen beginnen mit dem Gespräch; sie haben die Anweisung erhalten, sich nicht mit einem Minidialog („Darf ich...?" „Kommt überhaupt nicht in Frage!"; Schluß der Auseinandersetzung) zufriedenzugeben, sondern wirklich zu „ringen" und das Gespräch am Leben zu erhalten. Der Lehrer geht durch die Klasse und überzeugt sich, daß überall gearbeitet wird.

2) Nach zwei bis drei Minuten unterbricht er. Einige Schüler werden aufgefordert zu berichten, wie sie argumentiert und welche Überredungs- oder Überzeugungsstrategien sie benutzt haben. Welche Ergebnisse sind erzielt worden? Es kann auch danach gefragt werden, wie bestimmte Schüler ihre Rolle definiert haben: wohlerzogen bittender oder mürrisch rebellierender Teenager? Großzügig-einsichtige Mutter? Autoritärer, altmodischer Vater? Während dieser Rückschau-Phase bekommen alle Teilnehmer Anregungen, wie man hätte vorgehen können; auch ergibt sich die Gelegenheit, weitere nützliche Wörter, Konstruktionen und Redewendungen anzuschreiben.

3) Nächste Phase: die Partner wechseln ihre Rollen. Der Lehrer verändert die Situationsbeschreibung geringfügig, damit keine Langeweile aufkommt; z. B. kann er ein zusätzliches Problem einführen, das beachtet werden muß (eine kürzlich überstandene Krankheit, ein Verkehrsproblem, Erfahrungen bei einer früheren Gelegenheit). Wieder geht der Lehrer in der Klasse umher, hilft, wo es gewünscht wird, und

merkt sich sprachliche Schwierigkeiten, die später besprochen werden könnten. Auch nach dieser Phase können wieder einige Paare nach ihrer Strategie und nach ihren Erfahrungen gefragt und einige sprachliche Details ergänzt werden.

4) Abschließend führt ein Paar (es kann sich diesmal um Schüler handeln, die vorher nicht zusammengesessen haben!) das Rollenspiel vor der Klasse vor; und Lehrer und Mitschüler können sich darüber unterhalten, was gut und was weniger gut war und an welchen Stellen man sich vielleicht anders ausdrücken sollte. –

An diesem Beispiel sollte einerseits deutlich gemacht werden, daß sprachlicher Fortschritt beim Rollenspiel nur zu erwarten ist, wenn es nicht nur vorbereitet, sondern auch besprochen und (möglichst mehrfach) wiederholt wird; andererseits aber auch, daß man der Gefahr der Langeweile bei der Wiederholung nur entgehen kann, wenn man die Situation immer wieder etwas abwandelt.

Zwei weitere Variationsmöglichkeiten:
- Wenn der Lehrer klatscht, wechseln die Partner die Rollen – selbst mitten im Satz!
- Nach jeder Phase dürfen sich die Schüler andere Partner suchen.

Gruppenarbeit[8]

Vorteile

- Gruppenarbeit reduziert die Lehrersprechzeit und bietet den einzelnen Schülern mehr Gelegenheit, zu Wort zu kommen.
- Sie ermöglicht relativ freies Arbeiten, schafft dadurch eine gelöstere Arbeitsatmosphäre und kann dazu führen, daß sich gehemmte oder zurückhaltende Schüler stärker beteiligen.
- Die Gruppenmitglieder können – sprachlich und auch inhaltlich – zunächst einmal „ins Unreine" sprechen, ohne unangenehm aufzufallen; bevor es zum öffentlichen Vortragen der Gruppenergebnisse im Plenum kommt, können sie das, was sie später sagen wollen, mehrfach für sich selbst korrigieren und üben.
- Bei der Gruppenarbeit konzentrieren sich die Schüler im allgemeinen stärker auf die Inhalte als auf die Sprache; das führt zu einem natürlicheren, stärker kommunikativ ausgerichteten Sprechverhalten.
- Gruppenarbeit ermöglicht soziales Lernen; sie kann bewirken, daß Schüler sich gegenseitig helfen und stärker aufeinander eingehen.
- In einem sehr heterogenen Klassenverband kann Gruppenarbeit mit unterschiedlichen Aufgaben u. U. die einzige Möglichkeit sein, durch

innere Differenzierung sowohl die schwachen als auch die guten
Schüler mit Aufgaben zu beschäftigen, die ihnen angemessen sind.
- Gelegentliche Gruppenarbeit wird von den Schülern als willkommene
  Abwechslung empfunden.
- Für den Lehrer bringt Gruppenarbeit einen oft willkommenen Rollen-
  wechsel mit sich: er kann sich etwas entspannen und darf sich für eine
  Weile darauf beschränken, Beobachter und unaufdringlicher Helfer zu
  sein.

Nachteile

- Schüler haben oft weder den guten Willen noch die nötige Einsicht,
  um die Vorteile, die Gruppenarbeit ihnen bieten könnte, wirklich zu
  nutzen. Sie sprechen deutsch, wenn sie sich unkontrolliert fühlen; sie
  unterhalten sich auch gern über Dinge, die mit der gestellten Aufgabe
  nichts zu tun haben.
  Im Extremfall kann das zu unfruchtbarem, lärmendem Leerlauf führen, der von allen Beteiligten als frustrierend empfunden wird.
- Während der Gruppenarbeit machen die Schüler, *wenn* sie die Fremdsprache benutzen, viele sprachliche Fehler, die dann unkorrigiert bleiben und sich im Langzeitgedächtnis festsetzen können.
- Manche Schüler finden es gar nicht gut, längere Zeit dem schlechten
  Englisch oder Französisch der anderen Gruppenmitglieder ausgesetzt
  zu sein, anstatt ein gutes sprachliches Vorbild zu haben.
- Schüler, die nicht primär, sondern allenfalls sekundär motiviert sind
  (denen es also nicht wirklich darum geht, Fortschritte in der Beherrschung der Fremdsprache zu machen oder sich mit einer inhaltlich
  interessanten Aufgabe auseinanderzusetzen, sondern nur darum, sich
  dem Lehrer in einem günstigen Licht zu zeigen), halten Gruppenarbeit
  für verschwendete Zeit: für sie lohnt es sich nicht, sich Mühe zu
  geben, weil der Lehrer gar nicht wahrnimmt, was sie leisten.
- Es kommt vor, daß selbstbewußte, laute Egoisten in einer Gruppe noch
  stärker dominieren als im Klassenunterricht, wo der Lehrer sie etwas
  dämpfen konnte; während zurückhaltende Schüler still vor sich hin
  leiden und darauf hoffen, daß bald wieder „normale" Verhältnisse
  herrschen.
- Gruppenarbeit ist nicht unbedingt zeitökonomisch. Lehrer, die in der
  Unter- und Mittelstufe häufig Gruppenarbeit einsetzen, haben
  Schwierigkeiten damit, in angemessenem Tempo mit der Erarbeitung
  des vorgeschriebenen Lehrstoffes weiterzukommen.
- Gruppenarbeit bringt organisatorischen Aufwand mit sich, bevor sie
  überhaupt beginnen kann. Arbeitsmaterial muß verteilt und Aufgaben
  müssen gestellt und genau erläutert werden. Die Schüler müssen in

Gruppen eingeteilt werden oder – was noch länger dauert – sich selbst zu Gruppen zusammenfinden; sie müssen sich woanders hinsetzen und dazu meistens Tische und Stühle umstellen. Bis sie dann wirklich zu arbeiten anfangen, vergeht auch noch einige Zeit.

– Die in größeren Klassen nahezu unvermeidliche Erhöhung des allgemeinen Geräuschpegels (durch das Möbelrücken, dann durch den Stimmenwirrwarr an den einzelnen Tischen) führt gelegentlich zu unfreundlichen Reaktionen der Lehrer, die in den benachbarten Räumen unterrichten.

– Es gehört zu den Aufgaben des Lehrers, Schüler zu beurteilen und zu zensieren. Wenn der Unterricht hauptsächlich in Kleingruppenarbeit erfolgt, hat er dazu kaum Möglichkeiten; außerdem würde er die psychologischen Vorteile der Gruppenarbeit dabei wieder zunichte machen.

– Wenn Gruppenarbeit wirklich effektiv sein soll, muß sie vom Lehrer sehr gründlich vorbereitet werden. Der dazu nötige Zeitaufwand ist i. a. höher als der für die Vorbereitung konventionellen Unterrichts.

Hinweise und Tips

– Wenn die Klasse sehr groß ist, wird man auf Gruppenarbeit verzichten müssen.[9]

– Faustregel: Je älter die Schüler sind, je besser sie die Fremdsprache bereits beherrschen und je lernwilliger sie sind, desto nützlicher (und unproblematischer) ist der häufige Einsatz von Gruppenarbeit.

– Eine Gruppe sollte aus drei bis sechs Schülern bestehen; nur dann ergibt sich eine natürliche Gesprächssituation. Bei mehr als sechs Schülern bilden sich meistens Untergruppen, und das Gefühl der Einheit geht verloren.

– Es ist nicht unbedingt nötig, daß alle Gruppen genau gleich groß sind.

– Die Gruppenzusammensetzung muß (sofern man sie nicht den Schülern überlassen will, was hin und wieder auch sinnvoll sein kann) vorher geplant sein, damit keine Zeit verloren wird.

– Für die Einteilung gibt es viele Möglichkeiten – mit und ohne „tieferen Sinn" (wobei die letzteren nicht grundsätzlich schlechter sind).
  – Mechanische Verfahren:
    – Die Einteilung richtet sich im wesentlichen nach der vorgegebenen Sitzordnung, damit möglichst wenig Unruhe entsteht.
    – Der Lehrer geht durch die Reihen und zählt ab:
      „1, 2, 3, 4; 1, 2, 3, 4 . . ."

- Die Einteilung erfolgt nach dem Alphabet, nach Tierkreiszeichen, nach der Zahl der Geschwister oder nach anderen willkürlichen, vielleicht auch gewollt merkwürdigen und lustigen Kriterien.
- Es wird ausgelost, wer mit wem zusammenarbeitet.
- Verfahren mit „tieferem Sinn" (besonders dann zu empfehlen, wenn Gruppen über längere Zeit regelmäßig zusammenarbeiten sollen):
- Der Lehrer sorgt dafür, daß in jeder Gruppe leistungsstarke und leistungsschwächere Schüler vertreten sind. (Das empfiehlt sich z. B., wenn alle Gruppen die gleiche Aufgabe haben.)
- Wenn an unterschiedlichen Aufgaben gearbeitet werden soll, kann man ggf. die Gruppeneinteilung davon abhängig machen, welche Schüler sich für welche Aufgabe interessieren. (Man muß aber manchmal dann doch eingreifen, wenn man sicherstellen will, daß alle Aufgaben bearbeitet werden und daß die Gruppen nicht zu unterschiedlich groß werden.)
- Leistungsstarke Schüler werden zusammengefaßt; sie bekommen Aufgaben, die nicht so leicht zu lösen sind wie die, die von den Gruppen der schwächeren Schüler bearbeitet werden.
- Die Gruppen werden nach psychologischen und sozialen Gesichtspunkten zusammengesetzt.[10] Man wird versuchen, Außenseiter zu integrieren, bestehende Freundschaften zu berücksichtigen (vielleicht aber auch: unzertrennliche „Paare" einmal zu trennen!), Mädchen und Jungen gleichmäßig zu verteilen – oder aber: Mädchen und Jungen verschiedene, speziell auf sie zugeschnittene Aufgaben bearbeiten zu lassen. Man wird dafür sorgen, daß in jeder Gruppe mindestens ein Schüler ist, der verantwortungsbewußt ist und dafür sorgen wird, daß die gemeinsame Arbeit Fortschritte macht.
- Gruppenarbeit muß systematisch eingeübt werden. Das erstreckt sich auch auf Äußerlichkeiten wie das Umstellen der Tische und Stühle (vorher *und* nachher!). Die Klasse muß über einen längeren Zeitraum hinweg an freiere Arbeitsformen gewöhnt werden: durch schrittweises Einräumen größerer Freiheit in zunächst kurzen, allmählich länger werdenden Unterrichtsabschnitten.
- Der Lehrer sollte den Schülern (nicht nur ein einziges Mal, sondern immer wieder!) den Nutzen der Gruppenarbeit deutlich machen und ihnen genau erklären, was sie tun müssen, um wirklich etwas davon zu haben.[11]
- Die Wahl der Unterrichtsform „Gruppenarbeit" sollte von den Schülern als sachdienlich und angemessen nachempfunden werden können. Man sollte nicht Gruppenarbeit für Aufgaben ansetzen, die sich mindestens ebensogut oder gar besser im normalen Klassenunterricht

oder in Stillarbeit erledigen lassen. Ideal sind Aufgaben, bei denen aufgrund eines *"information gap"* aktive Kommunikation der Gruppenmitglieder miteinander zwingend erforderlich ist, oder Aufgaben, bei denen als Ergebnis eine fremdsprachliche Gruppenleistung (welcher Art auch immer) herauskommen muß, auf die sich alle Mitglieder zu einigen haben. Dadurch wird sichergestellt, daß die Gruppe zumindest streckenweise die Fremdsprache benutzt. (Je älter und sprachlich leistungsfähiger die Schüler sind, desto leichter wird es, solche Aufgaben zu finden.) – In der Unter- und Mittelstufe empfiehlt sich Gruppenarbeit nur dann, wenn es um Anwendung und Übung des bereits Gelernten geht.

– Ob die Gruppen gleiche oder unterschiedliche Arbeitsaufträge bekommen, hängt u. a. vom Alter der Schüler, vom Stoff und von der Klassenstärke ab. Arbeitsgleiche Gruppenarbeit ist wesentlich leichter und schneller vorzubereiten, zu organisieren und auszuwerten.

Auch eine Mischform ist möglich: Zwei Gruppen arbeiten (getrennt voneinander) an der gleichen Aufgabe, zwei Gruppen an einer anderen Aufgabe, eine weitere Gruppe an einer wiederum anderen Aufgabe. (Solche Einteilungen bieten sich z. B. oft im Oberstufenunterricht an.)

– Es ist sehr wichtig, daß präzise Arbeitsaufträge gestellt werden, so daß jede Gruppe und jeder einzelne Schüler genau weiß, was er zu tun hat.

Im allgemeinen empfiehlt es sich, erst die nötigen allgemeinen Erklärungen zu geben, dann das Arbeitsmaterial zu verteilen und zu erläutern und dann die Gruppeneinteilung vorzunehmen und die Schüler sich umsetzen zu lassen; andernfalls gehen die Anweisungen in der anfänglichen Unruhe unter und müssen mehrfach wiederholt werden.

– Wenn es zu laut wird, kann man
  – alle Schüler bitten, leiser zu sprechen (meistens hilft das durchaus für eine Weile, da sie selbst darunter leiden, wenn die Unruhe zu groß wird);
  – dafür sorgen, daß die Gruppenmitglieder enger zusammenrücken, damit sie sich mit gedämpfter Stimme unterhalten können;
  – verlangen, daß jede Gruppe einen Gruppenleiter bestimmt, dessen Aufgabe es unter anderem ist, dafür zu sorgen, daß nicht mehrere Teilnehmer gleichzeitig reden.

– Während der Gruppenarbeit darf der Lehrer nicht untätig bleiben. Er wird von Gruppe zu Gruppe gehen, hier und dort zuhören (vielleicht auch einmal als gleichberechtigtes Mitglied eine Weile am Gespräch teilnehmen), auf Wunsch helfen – und immer wieder zu erreichen ver-

suchen, daß tatsächlich die Fremdsprache benutzt wird. Er sollte sich auch (aber nicht so, daß es auffällt) einige Fehler notieren, die er später mit den Schülern besprechen möchte.
- Es ist dringend zu empfehlen, den Gruppen ein Zeitlimit zu setzen. Wenn keiner weiß, wieviel Zeit für die Lösung der Aufgabe zur Verfügung steht, wird nicht straff gearbeitet; einige Gruppen kämen dann nie zu einem Abschluß, während andere nach kurzer Zeit ihre Arbeit als erledigt betrachten und sich – wahrscheinlich auf deutsch – über etwas anderes unterhalten würden. (Selbstverständlich kann der Lehrer etwas eher abbrechen lassen oder ein paar Minuten zugeben, wenn ihm das beim Umhergehen ratsam erscheint.)
- Am Ende der Stunde muß genügend Zeit übrigbleiben, um die Ergebnisse *aller* Gruppen (jedenfalls bei Gruppenarbeit mit unterschiedlichen Aufgaben!) zu besprechen, damit keine Gruppe den Eindruck hat, sich um etwas bemüht zu haben, das dann niemanden interessiert.
- „Gruppenarbeit für Fortgeschrittene": Es gibt reizvolle Varianten und Erweiterungen, die aber nur für leistungsstarke ältere Schüler geeignet sind. Sie im einzelnen zu beschreiben, würde den Rahmen dieses Kapitels sprengen; wer Näheres wissen möchte, sei auf die entsprechende Literatur verwiesen.[12] Hier können nur Stichworte gegeben werden:
- Wettbewerb zwischen Gruppen mit gleicher Aufgabenstellung;
- Gegenseitiges Aufeinander-Angewiesen-Sein zweier Gruppen, die an der gleichen Aufgabe arbeiten, sie aber nur lösen können, wenn sie über „Botschafter" miteinander verhandeln und sich die Information (oder das Material) besorgen, das nur die andere Gruppe hat;
- Einsatz von „Beobachtern", die zur Gruppe A gehören, aber bei der Gruppe C sitzen und aufpassen, daß die vereinbarten Regeln (z. B.: ausschließliche Benutzung der Fremdsprache) eingehalten werden;
- Mehrphasige Gruppenarbeit mit Teilnehmerwechsel: Gruppen tauschen jeweils einen Mitarbeiter aus, der die in der ersten Gruppe erarbeiteten Ergebnisse nun in die nächste Gruppe einbringt und so der Arbeit neue Impulse gibt.

Partnerarbeit

Bei der Partnerarbeit *(pair work)* wird zwischen „geschlossenen" und „offenen" Paaren *(closed pairs* und *open pairs)* unterschieden:
- Beim *closed pair work* arbeiten jeweils zwei nebeneinander sitzende Schüler zusammen.
- Beim *open pair work* spricht ein Schüler, der in der einen Ecke der Klasse sitzt, mit einem, der ganz woanders sitzt (lehrbuchgestützter

Dialog, Frage-und-Antwort-Aktivität o. ä.); d. h., alle Mitschüler hören diesen beiden zu.

Uns interessiert hier nur die „geschlossene" Form, da nur sie die Möglichkeit bietet, viele Schüler gleichzeitig aktiv werden zu lassen.

Die Partnerarbeit im engeren Sinne *(closed pair work)* ist eine Sonderform der Kleingruppenarbeit – die Gruppe besteht nur aus zwei Schülern – und braucht deshalb hier nicht in gleicher Ausführlichkeit dargestellt zu werden.[13] Es genügt, auf die Unterschiede hinzuweisen.

Vorteile (im Vergleich zur Gruppenarbeit)

– Noch mehr Schüler können zur gleichen Zeit sprechen.
– „Völkerwanderungen" und „Möbeltransporte" sind nicht nötig – es sei denn, man möchte die Paare einmal anders zusammensetzen.
– Der organisatorische Aufwand ist wesentlich geringer; es vergeht weniger Zeit, bis die gewünschte Aktivität anläuft.

Nachteile (im Vergleich zur Gruppenarbeit)

– Die Zweiergruppe bietet weniger Möglichkeiten zu differenzierter Rollenverteilung als eine größere Gruppe, in der z. B. ein Teilnehmer zum Sekretär, ein anderer zum Gruppenleiter, ein dritter zum Unterhändler für Verhandlungen mit einer anderen Gruppe bestimmt werden kann.
– Der Kommunikationsprozeß in einer größeren Gruppe wird abwechslungsreicher sein und mehr unterschiedliche Nuancen von Sprache hervorbringen.
– Eine etwas größere Gruppe ist psychologisch-gruppendynamisch interessanter (für die Teilnehmer und auch für den Lehrer als Beobachter).
– Große Unterschiede in der sprachlichen Leistungsfähigkeit der Beteiligten wirken sich in einer Zweiergruppe negativer aus als in einer größeren Gruppe.
– Für den Lehrer ist es noch schwieriger, festzustellen, ob überall gearbeitet wird.

Tips

– Für kurze Aktivitäten ist Partnerarbeit meistens sinnvoller als Gruppenarbeit. Es ist unökonomisch, drei bis vier Minuten „Rüstzeit" für Gruppenarbeit zu investieren, wenn die eigentliche Arbeit ohnehin nur fünf Minuten dauern soll.
– Um zu verdeutlichen, worauf es ankommt, kann der Lehrer dem *closed pair work* einen kurzen *open pair* – Probelauf vorangehen lassen: zwei gute Schüler (oder: der Lehrer und ein guter Schüler) zeigen, wie es gemacht werden kann.

- Partnerarbeit läßt sich als ökonomisches Mittel zur Vorbereitung auf mündliche Prüfungen einsetzen.[14]
- Wenn man möchte, daß nicht mit dem Nachbarn, sondern mit einem anderen Partner zusammengearbeitet wird, kann man eine eigene Phase „Finden des passenden Partners" einbauen, die in sich selbst eine lohnende fremdsprachliche Aktivität ist. Man kann z. B. allen Schülern ein Zettelchen geben, auf dem die eine Hälfte eines Sprichwortes (Never put off till tomorrow / what you can do today) oder einer idiomatischen Redewendung (It was raining / cats and dogs) steht, oder die eine „Hälfte" eines weltbekannten Liebespaares (Romeo / Juliet). Alle gehen im Raum umher und lassen sich von den anderen vorlesen, was auf ihrem Zettelchen steht. (Die dabei nötigen kleinen Gespräche, das Austauschen von Vermutungen usw. – all das muß natürlich in der Fremdsprache stattfinden!). Wenn alle ihre „zweite Hälfte" gefunden haben, beginnt die eigentliche Partnerarbeit. (Auch für die Zusammenstellung von größeren Gruppen läßt sich dieses Verfahren einsetzen – z. B. können, wenn vier Gruppen gebildet werden sollen, auf den Zettelchen Wörter stehen, die sich vier verschiedenen Themenbereichen zuordnen lassen. Das zugrundeliegende Prinzip herauszufinden, ist Sache der Teilnehmer: der Lehrer verrät es nicht!)
- Es ist besser, eine Aktivität abzubrechen, solange sie noch gut läuft (vorausgesetzt, die wesentlichen Ziele sind erreicht), als so lange zu warten, bis etliche Schüler bereits „abgeschaltet" haben und sich mit anderem zu beschäftigen beginnen.

Stillarbeit

Vorteile

- Wenn eine mündlich durchgesprochene Übung in Stillarbeit schriftlich erledigt wird, kann sie sich besser im Gedächtnis festsetzen. Außerdem kann sich der Lehrer beim Herumgehen vergewissern, ob wirklich alle verstanden haben, worauf es ankam.
- Während einer Stillarbeitsphase hat der Lehrer Gelegenheit, einzelnen Schülern in Ruhe zu helfen, ohne daß die anderen sich langweilen und unruhig werden.
- Wenn die Schüler mit einer sinnvollen Stillarbeit beschäftigt sind, kann der Lehrer die Hausaufgaben überprüfen, ohne die Kontrolle über die Klasse zu verlieren.
- Eine Phase der Stillarbeit ist oft nützlich, um eine rastlose, laute Klasse wieder zur Ruhe zu bekommen.

Nachteile

Eigentlich keine – aber man darf nicht vergessen, daß Phasen des stillen Schreibens (oder Lesens) eine <u>Ergänzung</u> des mündlichen Fremdsprachenunterrichts sind, nicht etwa eine Alternative!

---

[1] Ein geschickter Lehrer klammert sich nicht an einem bestimmten Verfahren fest. Er wählt vielmehr aus seinem Repertoire jeweils die Art des Umgangs mit den Schülern aus, die der Situation und der Aufgabe angemessen ist. – Man hat nachgewiesen, daß Klassen mit hoher Leistung und positivem Sozialverhalten am ehesten bei Lehrern anzutreffen sind, die „soziale Flexibilität" zeigen und in mehreren „Stilvarianten" lehren können (Aschersleben, a.a.O. S. 123).

[2] Wer sich detailliert mit den Vor- und Nachteilen, den Problemen und Möglichkeiten des Frontalunterrichts auseinandersetzen möchte, sei auf das Buch *Moderner Frontalunterricht* von Aschersleben (1985) hingewiesen.

[3] Das „lehrerzentrierte Unterrichtsgespräch" gilt als die in deutschen Klassenzimmern am häufigsten praktizierte Unterrichtsform. Das mag stimmen; allerdings stellt es sich in der Praxis keineswegs immer so „chemisch rein" dar, wie es hier beschrieben wird. Fragen der Schüler an den Lehrer und gelegentliche Schüler-Schüler-Interaktionen werden von den meisten Lehrern zumindest toleriert und oft ausdrücklich gewünscht.

[4] Vgl. die Ausführungen zum Thema „Standard-Hausaufgabe" in den Kapiteln „Einführung eines Lehrbuchtextes" und „Hausaufgaben".

[5] Einen solchen Versuch habe ich im Englischunterricht der Oberstufe durchgeführt. Vgl. K. Schaefer, *"Aspects of Education"* / Bericht über einen von Schülern gestalteten Leistungskurs der Sekundarstufe II. PRAXIS 1/1978.

[6] Wer sich ausführlich mit den Vor- und Nachteilen von Rollenspielen befassen möchte, findet eine Fülle von psychologischen und unterrichtspraktischen Hinweisen in den (im Literaturverzeichnis genannten) Aufsätzen von Finocchiaro, Freudenstein, Kerr und Knight sowie in den Büchern von Maley/Duff, Hadfield und Jones/Edelhoff/Meinhold/Oakley.

[7] Vgl. z. B. Peter Watcyn-Jones, *ACT ENGLISH / A book of role cards*, Penguin, Harmondsworth 1978; oder vom gleichen Verfasser: *Impact*, Penguin, Harmondsworth 1979. Für Oberstufenschüler: Heyworth, *The Language of Discussion / Role-play exercises for advanced students*, Hodder & Stoughton, London 1978.

[8] Über Gruppenarbeit ist (besonders in den 60er, 70er und frühen 80er Jahren) sehr viel geschrieben worden. Ihre Vorkämpfer – besonders aus dem Hochschulbereich – argumentierten i. a. fachunabhängig-allgemeinpädagogisch und betonten die positiven sozialen Auswirkungen. Immer wieder wurde beklagt, daß Gruppenarbeit im Fremdsprachenunterricht viel zuwenig eingesetzt wurde. Nur zögernd setzte sich allmählich eine gelassenere Haltung durch, die nicht krampfhaft die Augen davor verschloß, daß gerade im Fremdsprachenunterricht Gruppenarbeit auch Probleme mit sich bringt – Probleme, die allerdings nicht so unüberwindbar sind, daß sie Gruppenarbeit als grundsätzlich fragwürdig erscheinen lassen. –
Wer ein Buch (aus dem Hochschulbereich) durcharbeiten mag, greife zu „*Gruppenarbeit im Fremdsprachenunterricht*" von Inge Christine Schwerdtfeger; wer

das Hin und Her der Diskussion nacherleben möchte, blättere in den unter der Überschrift „ZE-Diskussion: Gruppenarbeit im Sprachunterricht" zusammengefaßten Beiträgen in ZIELSPRACHE ENGLISCH, Heft 2/1981 und 3/1981; wer die Berechtigung seines Zögerns in erfreulicher Kürze aus berufenem Munde legitimiert sehen möchte, lese die nur 23 Kurzzeilen umfassende Stellungnahme von Harald Gutschow in Heft 4/1983 der PRAXIS.

Darüber hinaus gibt es eine Fülle von Aufsätzen, die konkrete Erfahrungen über Versuche mit Gruppenarbeit in einzelnen Klassen und mit bestimmten Unterrichtsmaterialien beschreiben und z. t. wertvolle Einzelanregungen bieten.

[9] In der Literatur wird mit Recht darauf hingewiesen, daß es bei größeren Klassenstärken zunehmend schwieriger bzw. schließlich völlig unmöglich wird, einen nichtdirektiven, sozialintegrativen Unterrichtsstil zu praktizieren. Vgl. z. B. Aschersleben (1976) S. 122.

[10] Daß dazu die Erstellung eines Soziogramms sehr nützlich sein kann, soll nicht bestritten werden. Für den Fremdsprachenunterricht wird ein solcher Aufwand aber i. a. zu hoch sein.

[11] Mit meinen Oberstufenschülern bespreche ich dieses Thema zunächst so, daß ich sie ihre eigenen Gedanken entwickeln lasse; anschließend gebe ich das folgende Blatt aus (und wir sprechen darüber, ob es Gesichtspunkte enthält, die vorher noch nicht erwähnt worden waren):

GROUP WORK IN FOREIGN-LANGUAGE LESSONS

Advantages: everybody has a greater chance to talk / teacher helps rather than "teaches" / there is less stress / students feel free to tell each other things which they would perhaps not like to say in front of the teacher / a change from the monotony of the 'traditional' lesson / easier integration of students of different ability.

Disadvantages: some students will not participate / waste of time (organisational) / discipline problems: noise level / pupils tend to give in to the temptation to speak in the mother tongue / mistakes go unnoticed and uncorrected.

Recommendations: Make sure that you get something out of it: speak! / Help others who find it difficult to contribute: ask them questions; comment on their statements; draw them into the conversation; help them with words or sentences. / Do not speak German. / When you find it difficult to express yourself because you don't know a word – make a note of it, or try to remember it, so that you can ask about it later. / Remember: the main use of group work in the foreign language lesson lies in the chance to practise the foreign language – this is even more important than the achieving of "results" (e.g. a 'correct' interpretation; the solution of a problem, etc.). Feel responsible for your own learning! (Don't expect the teacher to do it for you.)

[12] Penny Ur, Discussions that Work. – Sheelagh Deller, Lessons from the Learner. – Gower/Walters, Teaching Practice Handbook, pp. 21, 41–48. – Lewis/Hill, Practical Techniques for Language Teaching, p. 46f. – Norman/Levihn/Hedenquist, Communicative Ideas, pp. 14–18.

[13] Eine nützliche Zusammenstellung von „Sprachaktivitäten für die Partnergruppe" bietet H.-E. Nuhn in seinem gleichnamigen Aufsatz (PRAXIS, Heft 3/1988. Vgl. vom gleichen Verfasser auch den Aufsatz Partner- und Gruppenarbeit im Fremdsprachenunterricht in DNS, Heft 2/1975, in dem allerdings die Vorteile der Gruppenarbeit etwas zu euphorisch betont und die Nachteile eher verharmlost werden.

[14] Siehe K. Schaefer, Prüfungs-Simulation als Partner-Übung, PRAXIS 3/1986.

GRAMMATIK
(Einführung, Erläuterung und Übung grammatischer Phänomene)

Eingrenzung des Stoffes

Ganze Bibliotheken sind über das Thema „Grammatik und Fremdsprachenunterricht" geschrieben worden. Wir müssen den Stoff so filtern, daß nur das übrigbleibt, was zum Charakter dieses Buches als einer zwar unwissenschaftlichen, aber nützlichen Rezeptsammlung paßt:
- Es gibt wichtige grundsätzliche Fragen, die zwar indirekt (auf dem Wege über Richtlinien, über die Gestaltung der Lehrwerke usw.) unsere Arbeitsbedingungen beeinflussen, aber keine unmittelbaren Auswirkungen auf unseren schulischen Alltag haben, d. h. auf die unterrichtspraktischen Entscheidungen, die wir heute und morgen treffen können. Solche Fragen, mit denen wir uns hier <u>nicht</u> befassen werden, sind z. B.:
- Welches Grammatikmodell sollte dem Unterricht zugrunde gelegt werden? (Traditionelle, am Lateinischen orientierte Grammatik? Strukturalismus? Generative Transformationsgrammatik?)[1]
- Wie sollte das Lehrbuch aufgebaut sein? (Progression nach Strukturen? Nach Sprechakten?)[2]
- Gehen wir von einer präskriptiven oder einer deskriptiven Grammatik aus?
- Verzichten müssen wir leider auch auf detaillierte Ratschläge zur Behandlung einzelner grammatischer Erscheinungen („Wie führe ich *some* und *any* ein?" o. ä.).[3]

Positionsbestimmung

Als nächstes möchte ich drei Behauptungen aufstellen, damit Sie wissen, auf welchem subjektiven Sockel die Empfehlungen stehen, die später folgen.
- Sowohl nachahmendes Üben als auch erhellendes Bewußtmachen gehören zum Fremdsprachenunterricht.[4] Es läßt sich nicht ein für alle Mal genau festlegen, wie hoch ihr jeweiliger Anteil am Unterrichtsgeschehen zu sein hat; dem aktiven Sprachhandeln, dem Sprechen in

kommunikativ sinnvollen Zusammenhängen, sollte aber auf jeden Fall wesentlich mehr Zeit gewidmet werden als dem Reden *über* die Sprache. Grammatik muß eine dienende Funktion haben und darf sich nicht verselbständigen.[5]

– Die Frage, ob „Grammatikunterricht" (im Sinne des Lehrens und Lernens von expliziten Regeln) nötig oder nützlich ist,[6] läßt sich nicht mit einem klaren Ja oder Nein beantworten. Die Antwort hängt von der Situation, von der Schwierigkeit[7] der grammatischen Erscheinung und vom Lerner ab.[8]

– Da Schüler die Strukturelemente und inneren Gesetzmäßigkeiten einer Fremdsprache nicht nur unterschiedlich schnell, sondern auch auf verschiedene Weise erfassen und beim Lernen unterschiedliche emotionale Einstellungen und Bedürfnisse haben, ist es sinnvoll, bei der Grammatikbehandlung nicht immer auf die gleiche Art vorzugehen. Zum einen wirkt sich Abwechslung – hier wie überall im Fremdsprachenunterricht – positiv auf die Motivation aus; zum anderen wird man so auch objektiv der Klasse langfristig besser gerecht.

Ein bewährtes Verlaufsmodell – und einige Variationen

Der pädagogische Umgang mit einer grammatischen Erscheinung wird sich meistens in folgenden Stufen vollziehen:
– Eigenvorbereitung des Lehrers,
– Präsentation der Struktur,
– nachahmende Benutzung durch die Schüler,
– Verständnissicherung,
– Übung und Anwendung,
– Kontrolle.
Diese Stufen (die in der Praxis nicht unbedingt klar voneinander abzusetzen sind, sondern ineinander übergehen können) sollen im folgenden etwas genauer betrachtet werden.

Eigenvorbereitung des Lehrers

– Der Lehrer, der eine neue Struktur einzuführen hat, wird sich zunächst einen Überblick über die Beispiele, Texte und Übungen verschaffen, die das an der Schule eingeführte Lehrbuch bietet. Er wird das Begleitmaterial prüfen: Welche Übungen stehen im Workbook? Welche Erklärungen liefert das grammatische Beiheft oder das (jahrgangsübergreifende) Grammatikbuch? Steht eventuell passendes Sprachlabormaterial zur Verfügung?

– Er wird überlegen, ob zunächst bestimmte Grundlagen, auf denen die neue Struktur aufbaut, wiederholt und gefestigt werden müssen (Problem des *requisite learning*).

– Er wird die im Lehrerhandbuch vorgeschlagene Methode zur Einführung der Struktur prüfen und sich Gedanken darüber machen, ob er diese Vorschläge voll übernehmen kann, ob er Einzelheiten abwandeln möchte oder ob er einen völlig anderen Weg gehen will.

– Er wird dafür sorgen, daß sein eigenes Wissen über die zu behandelnde sprachliche Erscheinung hinreichend tragfähig ist, so daß er auch auf unerwartete Fragen und Einwände der Schüler sachlich richtig reagieren kann und nichts behauptet, was letztlich nicht haltbar ist. Da grammatische Zusammenhänge i. a. wesentlich komplexer sind, als das Unter- oder Mittelstufenbuch sie darstellen kann, wird dies oft bedeuten, daß er ausführlichere Nachschlagewerke zu Rate zieht – zu seiner eigenen Sicherheit; nicht etwa um die Schüler durch weitere Verästelungen zu verunsichern, wenn es nicht nötig ist!

– Er wird in anderen Lehrbüchern, die für die gleiche Altersstufe bestimmt sind, nachsehen, wie der Stoff dort behandelt wird. Vielleicht eignen sich einige der dort angebotenen Beispiele oder Übungen mindestens ebensogut wie die des eigenen Lehrbuches?

Präsentation der Struktur

Wenn Sie mit einem vernünftigen Lehrbuch arbeiten, brauchen Sie im allgemeinen nicht darüber nachzugrübeln, wie Sie die „nackte" neue Struktur einkleiden können: die Verfasser haben sie bereits in einen sinnvollen Zusammenhang gestellt. Sie wird in Mini-Situationen eingebettet oder im Rahmen eines Textes dargeboten, und man darf davon ausgehen, daß diese Beispiele nicht nur die sprachliche Form, sondern auch ihre Bedeutung und ihre Funktion veranschaulichen.

Sollte das nicht der Fall sein, so beginnen Sie bitte nicht mit einer staubgrauen, motivationstötenden Ankündigung wie *"Today we're going to learn the Past Perfect"*. Sie müssen Sie sich schon etwas einfallen lassen – was, das hängt von der Art der einzuführenden Struktur ab.

– Ein bewährtes Rezept besteht darin, eine kleine Geschichte zu erzählen, in der die Struktur vorkommt.[9] Eine solche Erzählung sollte folgende Bedingungen erfüllen:
  – In ihren Verlauf sollte sich die neue Struktur immer wieder einbauen lassen – möglichst so zwingend, daß ihr nächstes Vorkommen nach einigen Malen bereits voraussehbar ist und besonders pfiffige Schüler zum „Soufflieren" gereizt werden können. (Die Mit-

wirkung der Schüler ist aber auch bei bescheideneren Teilleistungen erwünscht, z. B. beim Anreichen einzelner passender Vokabeln.)
- Inhaltlich sollte sie weder zu kompliziert noch zu kindisch sein. Sie kann spannend sein (Kriminalgeschichte) oder komisch (mit unwahrscheinlichen Begebenheiten oder grotesken Übertreibungen). Manche Lehrer verstehen es, sich selbst und ihre Schüler geschickt in die erfundene Handlung einzubeziehen und so die Klasse zu besonders aufmerksamem Zuhören zu motivieren.
- Sprachlich sollte sie so gut verständlich sein, daß keine lexikalischen oder grammatischen Schwierigkeiten auftreten, die vom eigentlichen Anliegen ablenken.
- Beim Erzählen wird der Lehrer durch Mimik und Gestik, besonders aber durch seine Stimmführung die Wendungen, auf die die Schüler besonders achten sollen, hervorheben.

- Ein paar Mini-Textchen (kleine Situationen, Dialoge, Aussagen oder Beschreibungen), gesprochen, mit dem Tageslichtprojektor an die Wand geworfen oder an die Tafel geschrieben, mit Unterstreichungen, Pfeilen, farbigen Hervorhebungen o. ä. versehen, können die erste Bekanntschaft mit der Struktur vermitteln.[10]

- Bilder, Cartoons oder Bildgeschichten[11] können sich ebenfalls zur Einführung einer Struktur eignen, und zwar sowohl im Bereich der Elementargrammatik (*"What is she doing?"*[12]) als auch bei schwierigeren Konstruktionen (*"If he hadn't . . ., she wouldn't have . . ."; "They will probably . . ., unless . . ."*).

- Wenn es um die Steigerung von Adjektiven und Adverbien geht, können Tabellen und Diagramme gute Dienste leisten (*"longer than . . .", "not as often as . . ."*).

Nachahmende Benutzung durch die Schüler

Nachdem die neue grammatische Erscheinung vorgestellt und mehrfach korrekt vorgesprochen worden ist, sollten die Schüler Gelegenheit haben, sie eine Weile „in den Mund zu nehmen". Dabei geht es noch nicht um einsichtige Anwendung, sondern – gemäß dem Prinzip der Isolierung der Schwierigkeiten – lediglich um das Ausräumen von Aussprache- und Intonationsproblemen.[13] Bevor die Struktur besprochen wird – w e n n sie überhaupt besprochen werden muß, was keineswegs immer der Fall ist! –, muß sie erst ein paar mal gesprochen werden.

Verständnissicherung

Regeln: ja oder nein?

Das Herausarbeiten (Formulieren, Anschreiben, Lernenlassen) von Regeln lohnt sich nur dann, wenn die folgenden Bedingungen[14] erfüllt sind:
- Die neue Struktur kommt häufig vor und ist wichtig. Ihre Vernachlässigung oder ihr falscher Gebrauch durch den Schüler kann die Kommunikation beeinträchtigen und zu Mißverständnissen führen.[15]
- Die neue Struktur ist in der Muttersprache nicht vorhanden[16] oder weicht im Gebrauch von ihr ab.[17]
- Sie läßt sich durch eine einfache, kurze Regel erfassen.[18]

W e n n der Lehrer es für nötig hält, eine Regel lernen zu lassen, sollte sie immer mit einem treffenden und einprägsamen Beispielsatz[19] verknüpft werden.

Wann?

Es ist unökonomisch, Schüler ausgiebig etwas „üben" zu lassen, wenn sie nicht verstanden haben, *was* sie eigentlich üben sollen. Wenn also zu vermuten ist, daß Form, Bedeutung und Anwendungsmöglichkeiten der neuen Struktur durch die Präsentation nicht hinreichend geklärt worden sind (was jedoch keineswegs der Regelfall sein dürfte), und wenn auch nicht davon ausgegangen werden kann, daß die nötige Einsicht sich beim anschließenden Üben sowieso einstellen wird (im Laufe der Zeit bekommt man als Lehrer ein Gefühl dafür, bei welchen grammatischen Erscheinungen das zu erwarten ist), dann ist es zweckmäßig, mit der kognitiven Erhellung gleich nach der Phase der ersten nachahmenden Benutzung zu beginnen.[20]

Induktiv oder deduktiv?[21]

In Methodiken und Rahmenrichtlinien wird gern gefordert, daß die Erarbeitung der Grammatik grundsätzlich induktiv zu erfolgen habe, da Schüler das, was sie selbst herausfinden, bereitwilliger lernen und auch besser behalten. Das mag grundsätzlich stimmen, und in manchen Fällen läßt sich tatsächlich gut auf diese Weise arbeiten. Dennoch hat man manchmal den Eindruck, daß die Verfasser jener Methodiken und Richtlinien sich wie Palmström in dem bekannten Gedicht von Morgenstern verhalten: *„Und also schließt er messerscharf, / daß nicht sein kann, was nicht sein darf"* – d. h., daß sie die Augen verschließen vor den erheblichen Schwierigkeiten, die sich einem induktiven Verfahren oft in den Weg stellen:
- Das Lehrbuch bietet viel zuwenig Belegstellen, als daß die Schüler mit einiger Sicherheit eine Regel aus ihnen ableiten könnten. Der Lehrer, der sich jedesmal noch etliche weitere Beispielsätze ausdenken soll, ist zeitlich überfordert.

– Bei manchen Schülern dauert es sehr lange, bis sie aus den vorgelegten Beispielen erkennen, worauf es ankommt; und wenn sie versuchen, das Erkannte in Worte zu fassen, ist das Ergebnis in der vorgetragenen Fassung oft nicht verwendbar, weil es sachlich ungenau und ungeschickt formuliert ist.

Welches Verfahren anzuwenden ist, hängt zum einen von der grammatischen Erscheinung ab, um die es geht, zum anderen von der Einstellung, der Intelligenz und dem Alter der Schüler, zum dritten vom Lehrbuch: Wenn auf der gleichen Seite sowohl anschauliche Beispiele als auch prägnante Regeln abgedruckt sind, wäre es albern, sie nicht zur Kenntnis zu nehmen.

Folgerung: Der Lehrer darf ruhig den Mut haben, die heilige Kuh „Induktive Grammatikerarbeitung" einmal von der Straße zu schieben, wenn sie den Verkehr allzusehr aufhält. Er kann einen der folgenden Kompromisse schließen:

– Die Schüler dürfen die Regel zwar noch selbst „entdecken", werden dabei aber stark geführt.
– Der Lehrer nimmt die Induktion selbst vor: er erläutert, was sich aus den gegebenen Beispielen erkennen läßt.
– Er geht von vornherein deduktiv vor. Er nennt eine Regel und erläutert sie dann anhand der im Text vorkommenden Beispiele (z. B. bei grammatischen Phänomenen, deren Gebrauchswert vergleichsweise niedrig ist und die von den Schülern zwar verstanden und wiedererkannt, aber nicht unbedingt aktiv benutzt werden müssen). Ein deduktives Vorgehen bietet sich auch an, wenn „unregelmäßige" Formen oder Strukturen eingeführt werden, bei denen die Schüler durch schlußfolgerndes Nachdenken kaum zu brauchbaren Ergebnissen kommen können.

Wie?

Das klassische induktive Verfahren sieht etwa so aus:

Die Schüler bekommen den Auftrag, aus dem ihnen vorgelegten Material (Lehrbuchtext / Tafelanschrieb / Vervielfältigung / Projektion von einer Folie) Beispiele einer bestimmten grammatischen Erscheinung (die aber noch nicht präzis beim Namen genannt worden ist!) herauszusuchen, zu sichten und zu ordnen. Sie sollen Zusammenhänge erkennen und benennen und auf diesem Wege bis zur Formulierung einer Regel vorstoßen. Der Gebrauch der Muttersprache wird sich hierbei im allgemeinen nicht vermeiden lassen.[22] (Bei einer späteren Wiederholung kann die Regel dann auch in der Fremdsprache ausgedrückt werden.)

Daß dieses Verfahren nicht immer angemessen ist und welche Kompromisse grundsätzlich zur Verfügung stehen, wurde bereits gesagt. Es kommt hinzu, daß in den meisten Fällen das Lehrwerk bereits brauchbare Hilfen zur kognitiven Erhellung anbietet: entweder auf der gleichen Seite (z. B. eine Spalte Text, daneben eine Spalte mit erläuternden Hinweisen auf die im Text vorkommenden Strukturbeispiele), oder ein paar Seiten weiter in einem besonderen Grammatikteil der Unit, oder (noch weiter entfernt) im grammatischen Beiheft.

Daraus ergibt sich die Möglichkeit, gelegentlich zur Abwechslung einen der folgenden Wege zu gehen:

– Ausgangssituation: Mittelstufe. Lehrbuchseite, die sowohl Text als auch (fremdsprachliche) grammatische Erläuterungen dazu enthält. Lehrervortrag des Textes bei geöffnetem Buch. Auftrag: zwei Minuten stilles Lesen der gesamten(!) Seite. Erneutes Vorlesen des Textes, diesmal durch einen guten Schüler (Ausspracheprobleme ggf. vorher klären). Erneut zwei Minuten stilles Studium. Bücher schließen. *"Who remembers one of the rules which are given on this page?" "Yes, that's right. Do you also remember one of the examples from the text?" "Who remembers another example?"* Und so weiter.

– Selbständige häusliche Erarbeitung einiger Abschnitte aus dem grammatischen Beiheft. Aufgabe: die Schüler sollen in der Lage sein, bei geschlossenem Buch die dort genannten englischen Beispielsätze zu sagen, wenn der Lehrer die zugehörige Regel nennt, oder: den englischen Satz zu sagen, wenn die entsprechende deutsche Übersetzung vorgegeben wird (z. B. bei Strukturen, bei denen ein wichtiger Unterschied zwischen muttersprachlichem und fremdsprachlichem Gebrauch besteht). Gelegentlich kann der Lehrer auch einen englischen Satz sagen und die Schüler auffordern, ihn zu erläutern (in der Fremdsprache oder in der Muttersprache; wobei nicht die genaue Übernahme der Formulierung aus dem Buch wichtig ist, sondern die sinngemäße Richtigkeit der grammatischen Erläuterung). Wenn die Stimulus-Sätze leicht verändert werden (wenn z. B. andere Namen oder eine andere Zeit eingesetzt werden), zeigt sich, ob mechanisch gepaukt wurde oder ob das Prinzip wirklich verstanden worden ist. Allerdings: m e h r als das zeigt sich hier natürlich nicht. (Ein Kind, das fließend einen Vortrag über korrekte Schwimmbewegungen halten kann, kann deshalb noch längst nicht schwimmen!)

Grundsätzlich sollte man die Schüler auch ermutigen, selbständig (ohne besondere Aufforderung durch den Lehrer) zu Haus mit den ihnen zur Verfügung stehenden Hilfsmitteln zu arbeiten, wenn sie sich über irgendeine grammatische Frage Klarheit verschaffen möchten. Dabei ist nicht nur an das offiziell eingeführte Grammatikbuch gedacht (wie man damit umgeht, sollte im Unterricht besprochen werden), sondern auch an jene lehrwerkunabhängigen „Trainingsbücher", „Grammatik-Karteien" u. ä., die mittlerweise von vielen Verlagen angeboten werden. (Manche sind gut und empfehlenswert; andere keineswegs. Der Lehrer sollte das Angebot kennen, damit er gelegentlich den Schülern Exemplare zur Ansicht in die Hand geben oder auf Elternversammlungen Empfehlungen aussprechen kann.)

Übung und Anwendung

Die Schüler müssen Gelegenheit bekommen, die neu eingeführten Strukturen zu ü b e n, und zwar:
- hinreichend häufig (gemessen an der Wichtigkeit der Struktur für die Kommunikation),
- in mehreren, auf einen größeren Zeitraum verteilten Wiederholungsphasen (wobei die Abstände allmählich größer werden können),
- in wechselnden Situationen und Zusammenhängen,
- an unterschiedlichem Material,
- in wechselnden Sozialformen,[23]
- sowohl mündlich als auch schriftlich.

Schriftliche Übungen haben ihren Wert, wenn es um gewissenhafte Genauigkeit geht, um die bleibende Verankerung des Gelernten; sie eignen sich besonders für Hausaufgaben. Mündliche Übungen werden jedoch ein deutliches Übergewicht haben, weil sich nur mit ihnen die nötige Vielzahl der individuellen Übungsvollzüge realisieren läßt und weil sie wesentlich schneller durchgeführt werden können.

Aus den gleichen Gründen haben auch *pattern drills* ihre Berechtigung und ihren Wert, sofern sie zügig und geschickt durchgeführt werden (s. u.) und solange die einzelnen Sätze noch als sinnvoll empfunden werden können. Drills tragen dazu bei, die Schüler mit kleinen „Fertigteilen" auszurüsten, die sie später ohne nachzudenken in größere Satzzusammenhänge einfügen können.

Im Idealfall verläuft der Übungsprozeß so, daß mechanische, rein reproduktive Drills nach einer Weile von Übungen abgelöst werden, die zwar – um Interferenzen durch die Muttersprache auszuschließen – der Form nach noch genau gesteuert werden, dem Schüler aber schon inhaltliche Entscheidungen ermöglichen. Das Ausmaß der Steuerung wird weiter verringert; und schließlich wendet der Schüler die neue Struktur produktiv-kreativ in freier Kommunikation an (wobei der Lehrer Kommunikationssituationen schafft,[24] die die Verwendung dieser Struktur nahelegen).

Wie schnell von der reproduktiven zur produktiven, kommunikativen Benutzung der Struktur übergegangen werden kann, hängt vom Auffassungsvermögen der Schüler und von der Schwierigkeit der Struktur ab;

auf jeden Fall muß aber sichergestellt werden, daß die Kommunikation zu ihrem Recht kommt.

Je geschickter der Lehrer dabei die Schüler vergessen macht, daß sie sich gerade mit Grammatik beschäftigen; je mehr sie sich – obwohl sie immer wieder eine bestimmte Struktur benutzen – auf den Inhalt ihrer Mitteilung konzentrieren,[25] auf das WAS anstatt auf das WIE, desto besser gelingt die Verankerung des sprachlichen Materials im Unterbewußten.

Was läßt sich zum lebendigen, motivierenden Üben alles einsetzen? Natürlich zunächst einmal die im Lehrbuch (und im *Workbook*) angebotenen Übungen. Zweitens all das, was bereits unter der Überschrift „Präsentation der Struktur" genannt wurde: kleine Geschichten, bei deren Ausgestaltung die Schüler eine tragende Rolle übernehmen; Dialoge; Bilder, Cartoons und Bildgeschichten; Tabellen und Diagramme. Außerdem:

– Folien (ggf. mit Overlays), selbsthergestellte und käufliche,
– Tafelzeichnungen,[26]
– *"awareness activities"*,[27]
– Rollenspiel,
– Songs (besonders solche, die speziell für den Fremdsprachenunterricht geschrieben wurden),[28]
– Realien,
– Spiele,[29]
– Sprachlaborübungen[30] (nicht nur im Labor, sondern auch im Klassenraum, vom Cassettenrecorder!),
– Computerprogramme.

Kontrolle

Es versteht sich von selbst, daß der Lehrer nicht einfach nach einigem Üben von der Annahme ausgehen darf, die neue grammatische Erscheinung werde nun von allen Schülern beherrscht.

Mögliche Formen der <u>schriftlichen</u> Lernzielkontrolle werden im Kapitel „Tests – Klassenarbeiten – Klausuren: Formen und Bestandteile" genannt; sie lassen sich natürlich auch auf Hausaufgaben und auf Stillarbeitsphasen während des Unterrichts übertragen. Bei der <u>mündlichen</u> Kontrolle ist zum einen wichtig, daß man sich immer bewußt bleibt, daß Regelkenntnis noch lange nicht die aktive, produktive Beherrschung einer Struktur garantiert; zum anderen, daß man nicht nutzlos-naive Fragen wie *"Do you understand?"* stellt, sondern so fragt, daß aus der Antwort des Schülers hervorgeht, ob er die gerade gehörte oder gelesene Struktur tatsächlich verstanden hat. (Der Ausgangssatz *"I had my bicycle repaired"* könnte z. B. zu der Lehrerfrage *"Did somebody else repair my bicycle?"* führen; wenn der Schüler die Frage verneint, hat er die Struktur noch nicht verstanden.)

Einige Praxistips

Arbeit mit den Übungen im Lehrwerk

Die Übungen zur Grammatik, die moderne Lehrwerke bieten, sind im allgemeinen inhaltlich interessant und sprachlich sinnvoll. Man sollte sie benutzen (und nicht, wie manche Kollegen, davon ausgehen, daß man grundsätzlich bessere Einfälle hat als das Buch) – aber nicht so, daß man in genau vorhersehbarer Reihenfolge eine nach der anderen mit unerbittlicher Gleichförmigkeit „abarbeitet". Zur Aufrechterhaltung der Motivation ist Abwechslung unerläßlich: manche Übungen wird man kürzer und flüchtiger behandeln, andere intensiver; manche wird man weglassen. (Das können die sein, die als fakultativ gekennzeichnet sind; allerdings erweisen sich manchmal gerade diese als reizvoll.)
Nicht nur Abwechslung ist wichtig für die Motivation. Auch die Art des Einstiegs in eine Übung spielt eine Rolle. Es besteht ein großer Unterschied zwischen *"Let's do exercise 6 on p. 48"* und *"Imagine you are alone in the house. What would you do if you suddenly heard footsteps in the corridor?"* (Was nützt die schönste situative Einbettung, auf die der Lehrbuchautor viel Mühe verwandt hat, wenn der Lehrer durch die Art seiner Fragestellung deutlich macht, daß nicht über die Situation gesprochen werden soll, sondern über *if-clauses*?)

Möglichkeiten des Umgangs mit den Übungen im Lehrbuch (schematische Übersicht):

Mündlich oder schriftlich?
– nur mündlich
– erst mündlich, dann
    – schriftlich (als Stillarbeit während des Unterrichts)
    – schriftlich (als Hausaufgabe)
       Bei der Überprüfung in der nächsten Stunde kann man vor dem Öffnen der Hefte und Ablesen der Sätze zunächst einzelne Schüler auffordern, sich zu erinnern: *"What was the homework about?"* (Vergegenwärtigung der inhaltlichen Situation) und *"What was the grammatical problem?"* Das beugt geistiger Trägheit und mechanischem Erledigen von Aufgaben vor; es ermuntert zum Mitdenken und erhöht den Anteil der Schülersprechzeit.
– sofort schriftlich, mit späterer Besprechung.[31]

Ausfächerung in verschiedene Variationen

Mündlich:

- Freiwillige melden sich; jeder Satz wird von einem anderen Schüler bearbeitet.
- Ein Schüler macht im Alleingang die ganze Übung vor.
- (Ggf. etwas Vorbereitungszeit geben: *"In three minutes, I'll ask one of you to do the whole exercise."*
- Erst Satz für Satz von vielen Schülern; dann Wiederholung durch einen einzelnen.
- Gemeinsame mündliche Erarbeitung bei offenen Büchern, dann Wiederholung bei geschlossenen Büchern: der Lehrer gibt die notwendigen Stimuli, z. B. den umzuwandelnden Satz, einen charakteristischen Teil des Satzes oder auch nur einzelne Wörter. (Auch für Partnerarbeit geeignet!)
- Die Bücher sind geschlossen; die Übung ist den Schülern noch nicht bekannt. Der Lehrer gibt die Situation an und liest (langsam, ggf. zwei- oder dreimal) die Sätze vor, mit denen gearbeitet werden soll. Die Schüler antworten – ohne visuelle Unterstützung.[32]
- Bearbeitung in Partner- oder Kleingruppenarbeit.[33]

Schriftlich:

- Stillarbeit; alle tun das gleiche.
- Stillarbeit; Schüler haben unterschiedliche Aufgaben. (Z.B.: die Jungen bearbeiten Satz 1 bis 5, die Mädchen Satz 6 bis 8 der Übung.)
- Bearbeitung in Partner- oder Kleingruppenarbeit.[34]

Drills

Pattern drills sind wie Fingerübungen am Klavier: musikalisch wertlos, aber wichtig für das Training von Teilfertigkeiten. Man sollte sie immer nur in kleinen Häppchen einsetzen, damit die Schüler nicht gelangweilt „abschalten".

Auf die verschiedenen Typen von Drills[35] braucht hier nicht eingegangen zu werden (da Sie wohl kaum die Zeit haben werden, selbst Drills zu entwerfen, müssen Sie sich auf vorhandenes Material stützen); aber ein paar Tips zur Durchführung können vielleicht nützlich sein:

- Sammeln Sie brauchbare Drills! In manchen Lehrwerken sind sie kaum noch vertreten (eine Gegenbewegung zur übertriebenen Drill-Praxis der vorigen Generation!), so daß man auf andere Quellen[36] angewiesen ist. Sie können eine Loseblattsammlung von Drills anlegen, die sich bewährt haben (z. B. weil sie inhaltlich geschickt verpackt sind, kommunikativ relevante Strukturen üben, den richtigen Schwierigkeitsgrad für eine bestimmte Klassenstufe haben o. ä.). Sie können

auch im PC eine ständig aktualisierte Fundstellen-Liste für Drills zu bestimmten Grammatikproblemen führen.
- Führen Sie Drills nicht bei geöffnetem Buch durch. Die Schüler sollen auf einen gesprochenen Stimulus reagieren, nicht mechanisch etwas ablesen. (Falls der Drill in Partnerarbeit durchgeführt wird, sollte nur der eine Partner die Vorlage ansehen dürfen.)
- Wenn der Drill sich für eine zügige Durchführung als zu schwer erweist, brechen Sie ihn ab. Sie können zu einem späteren Zeitpunkt, wenn die betreffende Struktur durch andere Aktivitäten hinreichend gefestigt ist, darauf zurückkommen. Es richtet mehr Schaden als Nutzen an, Schüler mit einer Übung zu quälen, die inhaltlich langweilig und sprachlich zu schwer ist.
- Schlichte Drills, bei denen kaum Fehler zu erwarten sind, können mit jüngeren Schülern auch im Chor durchgeführt werden. (Dies bietet sich z. B. an, wenn man eine Sprachlaborübung mit dem Kassettenrecorder im Klassenraum vorspielt.)
- Die Stimuli eines Drills sind, wenn er zügig durchgeführt wird, sehr schnell verbraucht. Um das vorhandene Material etwas zu strecken, können Sie
  - jede Antwort sofort mehrmals geben lassen (nichts sagen; einfach auf einen Schüler zeigen – ggf. in einer anderen Ecke der Klasse! –, der den gerade von einem Klassenkameraden gesprochenen Satz wiederholen muß);
  - den Drill ein zweites Mal durchlaufen lassen;
  - nach der Arbeit mit vielen Schülern nun beim zweiten Durchgang ein einzelnes „Opfer" auswählen, das auf alle Stimuli reagieren muß;
  - ein Wettkampfelement mit hineinbringen (ein Schüler blickt auf den Sekundenzeiger): *"Who can do it even faster?"*
- Auch mit *pattern drills* kann man Spaß haben! Je öfter Sie eines der anspruchslosen Sätzchen so abwandeln, daß eine Anspielung auf einen bestimmten Schüler daraus wird, desto vergnügter arbeitet die Klasse mit. Gelegentlich kann man sogar vom Prinzip der „sinnvollen Äußerungen" abgehen und ausgesprochen alberne oder absurde Sätze bilden lassen – wobei die Einfälle natürlich nicht nur vom Lehrer zu kommen brauchen.

Klassensätze von Übungsblättern

Legen Sie im Laufe der Zeit eine Sammlung von Einzelblatt-Klassensätzen (= fotokopierten Blättern oder Matrizenabzügen) an, d. h. von bewährten, nicht zu umfangreichen Übungen und Arbeitsblättern zur Grammatik, die Sie kurzfristig ausgeben und nach der Bearbeitung wieder einsammeln. (Es empfiehlt sich, solche Blätter deutlich zu kennzeichnen – z. B. mit einem roten Stempel „Rückgabe erbeten! Bitte nicht beschreiben und nichts anstreichen!" –, denn Mehrfachbenutzbarkeit ist ein wichtiges Stichwort für die Rationalisierung der eigenen Arbeit.) Sie können auch eine Sammlung entsprechender Folien für den Tageslichtprojektor aufbauen (Vorteil: sie nehmen weniger Platz in der häuslichen Ablage ein; Nachteil: man kann sich nicht darauf verlassen, daß der Projektor funktionsfähig bzw. überhaupt vorhanden ist).

Als Quellen kommen die an der Schule eingeführten Lehrbücher und *Workbooks* aller Jahrgangsstufen in Frage (es macht gar nichts, wenn die Klasse eine bestimmte Übung vor einem Jahr schon einmal durchgenommen hat: nur wenige Schüler werden sie noch perfekt beherrschen!)

Auf diese Weise können Sie jederzeit gezielt etwas wiederholen und trainieren, auch wenn es nichts mit der gerade behandelten Lektion zu tun hat. Auch für den Einsatz in der Oberstufe, wo nicht mehr mit einem „Lehrbuch" im traditionellen Sinne gearbeitet wird, empfiehlt sich dieses Verfahren.

Grammatik als „Begleiterscheinung"

In einem lernerzentrierten, kommunikationsorientierten Fremdsprachenunterricht darf die Beschäftigung mit Grammatik sich nicht in den Vordergrund drängen. Sie sollte eher wie eine freundliche Begleitmusik die eigentlichen Themen und Aktivitäten des Unterrichts umspielen – gelegentlich zur Hilfe herangezogen, aber selten in den Mittelpunkt gestellt!

---

[1] Vgl. z. B. die Bücher von B. Carstensen, K. Hinz, L. Jung und G. Zimmermann; das Kapitel „*Überlegungen zu einer modernen Lerngrammatik*" von Oswalt Stein in *Probleme, Prioritäten, Perspektiven des fremdsprachlichen Unterrichts* (hsg. vom Hessischen Institut für Lehrerfortbildung); das Themenheft „*Neue Wege der Grammatik II*" (FU Heft 11 = August 1969); die Aufsätze von Emons (PRAXIS 4/1975, S. 341ff.), Gester (PRAXIS 4/1976, S. 345ff.), Mindt (NM 1/1981, S. 28ff.).

[2] Vgl. Johnson, *Progression nach Strukturen und Progression nach Sprechakten – ein Widerspruch?*, PRAXIS 1/1979, S. 24ff.; Vielau, *Kommunikativer Englischunterricht: Typologie alternativer Lehrbuchkonzeptionen.* EAS 1980, S. 351ff. sowie Alexander, *Notional/functional syllabuses and courses*, PET, April 1981, S. 6ff.

[3] Hierzu gibt es aber genügend Literatur, die unmittelbaren praktischen Nutzen bietet. Vgl. z. B. die Bücher von Bald, Celce-Murcia, Harmer, Köhring/Morris und von Ziegesar; das Kapitel "*Teaching Grammar: Techniques Arranged by Grammatical Categories*" in Allen/Valette (S. 110ff.) sowie die hilfreiche Aufsatzreihe von McIver in PET. Speziell für den Einsatz von Bildern für das Üben bestimmter Strukturen finden sich viele Anregungen in *Visual Impact* von D. A. Hill.

76

⁴ Die Auseinandersetzung über „Imitation" und „Kognition" wird schon seit Jahrhunderten geführt. Hübsche historische Zitate lassen sich bei Butzkamm (FU Heft 43, August 1977, S. 3ff.) nachlesen. Mal wird der eine, mal der andere Pol stärker betont – je nachdem, welche neuen wissenschaftlichen Erkenntnisse (oder Hypothesen) gerade favorisiert werden.

⁵ Daß diese allgemein bekannte Forderung in der Praxis keineswegs ausreichend beachtet wird, zeigen die – sehr nachdenklich stimmenden – Forschungsergebnisse Zimmermanns, wonach der Grammatikunterricht in der Sekundarstufe durchschnittlich 40–60 % der Gesamtunterrichtszeit einnimmt und 77 % der befragten Lehrer „sehr gern" oder „gern" Grammatik unterrichten ... (hier zitiert nach Zimmermann/Wißner-Kurzawa 1985, S. 7; zuerst veröffentlicht in Zimmermann, *Erkundungen zur Praxis des Grammatikunterrichts, 1984*). – Die Frage *"Why is grammar so popular with certain teachers?"* wurde von Michael West schon 1952 beantwortet: *"One reason is that it is possible for a teacher to teach the grammar of a language although he has no real command over that language. ... Grammar teaching is the resort of the teacher who does not really know the language which he is teaching. ... The second reason is that grammar is popular with examiners."* (*"How much English Grammar?"*, ELT Selections 1, ed. by W. R. Lee, p. 26). Natürlich ist das einseitig und übertrieben – aber völlig falsch ist es sicher nicht. Vgl. auch ähnliche Überlegungen bei Freudenstein (PRAXIS 2/1990, S. 122).

⁶ Wer sich gründlicher mit dieser Frage befassen möchte, kann einen Einstieg finden über die Aufsätze von Digeser (PRAXIS 3/1988), Quetz (PRAXIS 3/1989), Butzkamm (NM 2/1990), Kahl (PRAXIS 3/1990) und Standop (PRAXIS 1/1991 – eine interessante „Anti-Grammatik"-Außenseiter-Position!) und sollte nach Möglichkeit auch die Bücher von Krashen (1981) und Butzkamm (1989) lesen. Wer wenig Appetit auf all die geballte Theorie hat und sich lieber mit kleinen Bären, Tausendfüßlern und anderem Getier einläßt, lese Denninghaus (PRAXIS 1/1964) und Wölcken (PRAXIS 3/1964). Das bei Denninghaus zitierte (aber nicht die Tendenz des Aufsatzes zusammenfassende!) Tausendfüßler-Gedicht ist so kurz, daß es auch hier Platz finden mag: *A centipede was happy quite, until a frog in fun / Said, "Pray, which leg comes after which?" / This raised her mind to such a pitch / She lay distracted in a ditch, / Considering how to run ...*

⁷ Vgl. zu dieser Problematik den Aufsatz von Bol/Carpay, *Diagnostik von „schwierigen" grammatischen Strukturen*, PRAXIS 2/1974, S. 145ff. (beschreibt einen interessanten Versuch mit Lernanfängern). Siehe auch Butzkamm, FU Heft 43, August 1977, S. 4f.

Ein zusätzliches Problem, vor dem Lehrer gern die Augen verschließen, das aber von Schülern als ausgesprochen frustrierend erlebt wird, liegt darin, daß es zu fast jeder Regel Ausnahmen gibt. „Die englische Grammatik besteht zu 90 % aus Ausnahmen" äußerte ein bei Schubel (a.a.O. S. 149) zitierter Kritiker, und A. Leonhardi seufzte „Mit der Zahl der Regeln, die man aufstellt, wächst die Zahl der Ausnahmen im Quadrat" (*"A Hopeless Language?"*, PRAXIS 2/1957, S. 33ff.).

⁸ Folgende Einzelfragen müßten dazu beantwortet werden:
<u>Wie alt ist der Lerner?</u> Kleine Kinder lernen ihre Muttersprache, ohne daß man sie auf grammatische Gesetzmäßigkeiten hinweisen müßte. Auch eine Fremdsprache lernen sie am besten durch das Eintauchen in sinnvolle Sprechsituationen, durch Probieren, durch unreflektiertes Aufsaugen. Bei älteren Kindern, bei

Jugendlichen und Erwachsenen sieht es anders aus: einsichtiges Lernen spielt bei ihnen eine mehr oder weniger wichtige Rolle. (Eine graphische Darstellung der abnehmenden Fähigkeit zum reinen Imitationslernen findet sich bei Arndt, FU Heft 6, Mai 1968, S. 18). – Bei manchen älteren Lernern erweist sich formaler Grammatikunterricht jedoch als nahezu nutzlos, weil ihre Fehler bereits „fossilisiert" sind. Das liegt i. a. daran, daß sie entweder ihre Fremdsprachenkenntnisse nicht durch Unterricht, sondern sozusagen in freier Wildbahn erworben haben, oder daran, daß der Unterricht einem einseitig kommunikativen Ansatz folgte, bei dem Korrektheit als nebensächlich angesehen wurde. Welchen Lernstil bevorzugt er? Manche Menschen lernen lieber analytisch: sie möchten Gesetzmäßigkeiten erkennen und sich nach ihnen richten. Andere gehen eher ganzheitlich vor: sie möchten in die Fremdsprache eintauchen und darin herumschwimmen.
Eine wichtige Rolle spielt auch die Frage, ob jemand vorwiegend mit den Augen oder mit den Ohren lernt. Der eine möchte übersichtlich strukturierte Beispiele an der Tafel oder im Lehrbuch betrachten; der andere hat mehr davon, wenn er Sätze hört und nachspricht. Wie hoch ist sein Abstraktionsvermögen? Manche Schüler haben ein sehr geringes Abstraktionsvermögen: sie können weder aus Beispielen eine verallgemeinernde Regel ableiten noch eine vorgegebene Regel auf neue Beispiele übertragen. Theoretisierender Grammatikunterricht, sei er nun induktiv oder deduktiv, geht über ihre Köpfe hinweg. Weshalb will er die Fremdsprache lernen? Wer damit zufrieden ist, sich in alltäglichen Situationen einigermaßen fließend verständlich machen zu können, aber keinen Wert auf formale Richtigkeit legt, profitiert kaum etwas von konventionellem Grammatikunterricht. Er ist besser bedient mit einem Unterricht, der ihm möglichst viele Gesprächsgelegenheiten schafft und ihm hilft, einen umfassenden Wortschatz aufzubauen. Wer hingegen auf das Bestehen von Prüfungen angewiesen ist, in denen sprachliche Korrektheit einen hohen Stellenwert hat, oder wer anstrebt, in sprachlich und inhaltlich anspruchsvollen Unterhaltungen mit *native speakers* ohne peinliche Fehler mithalten zu können, oder wer Freude daran hat, Einblicke in sprachliche Zusammenhänge zu gewinnen und die Fremdsprache mit seiner Muttersprache zu vergleichen, der bedarf grammatischer Kenntnisse.
Diese differenzierenden Aussagen sollen allerdings nicht darüber hinwegtäuschen, daß Grammatikunterricht bei den weitaus meisten Schülern unbeliebt ist (vgl. Zimmermann a.a.O. S. 80).

9 McIver (a.a.O.) erläutert dieses Verfahren in allen Einzelheiten für die Struktur *"should've"* + *past participle* anhand eines Berichts über einen Besuch beim Arzt: *"You should've taken the tablets . . ."* usw. Celce-Murcia (a.a.O. S. 30ff.) beschreibt, wie mit Hilfe einer Erzählung und etwas Rollenspiel das Passiv eingeführt werden kann und welche didaktischen Überlegungen diesem Verfahren voraufgingen.

10 G. Jungblut erläutert in ihrem lesenswerten Aufsatz *„Der dritte Faktor" bei der Grammatikvermittlung im englischen Anfangsunterricht* (PRAXIS 4/1982, S. 364ff.), weshalb und auf welche Weise derartige Präsentationen möglichst „lernerbezogen" gestaltet werden sollten. Nicht nur der Intellekt des Schülers soll angesprochen werden, sondern auch sein nicht-rationales Erleben.

[11] Vgl. die entsprechenden Kapitel in diesem Buch und die dort angegebene Literatur; außerdem Direder, S. 141–149 und den Aufsatz von Lechler (FU 1969), beide über die Benutzung von Wandbildern.

[12] Natürlich bietet es sich auch an, das *Present Continuous* mit Hilfe von Tätigkeiten zu erläutern, die der Lehrer ausführt oder von Schülern ausführen läßt; es muß dann aber darauf geachtet werden, daß die Tätigkeit nicht schon aufgehört hat, wenn der zugehörige Satz (z. B. *"He is cleaning the board"*) ausgesprochen wird.

[13] Man denke z. B. an die korrekte Aussprache von Schwachformen (*"You should've come"*) oder die angemessene (fallende) Intonation bei *tag questions* wie *"You've got a cold, haven't you."*

[14] Diese Bedingungen wurden von dem russischen Lernpsychologen Landa aufgestellt. Hier sinngemäß zitiert nach dem Aufsatz von Carel van Parreren, *"Reine" Lernpsychologie und Fremdsprachen-Lernpsychologie*, in *FOCUS '80* (hsg. von R. Freudenstein), S. 100.

[15] Wenn ein deutscher Schüler in England sagt, *"I'm here for three weeks"*, nimmt sein Gesprächspartner an, die Aussage betreffe die Gesamtdauer des Aufenthaltes. Was der Schüler jedoch wirklich meinte, nämlich „Ich bin seit drei Wochen hier", hätte mit *"I've been here for three weeks"* übersetzt werden müssen.

[16] Beispiel: Gerundium.

[17] Beispiel: *Present Perfect* (s. o.!).

[18] Die Regel darf nicht komplizierter werden als die zu erklärende Sache! – Die Zeitenfolge in der indirekten Rede ist so ein Fall, bei dem man bezweifeln darf, ob das Lernen jener Regeln, die in Schulgrammatiken angeboten werden, sinnvoll ist. Wem das intuitive Gefühl für die Logik dieser Strukturen abgeht, für den stellt der komplizierte Regelwortlaut erfahrungsgemäß keine Hilfe dar. – Natürlich sind viele Bereiche der Grammatik wesentlich komplizierter, als sie auf den ersten Blick zu sein scheinen. Regeln in Schulgrammatiken müssen deshalb oft einen Kompromiß zwischen linguistischer Korrektheit einerseits und Verständlichkeit andererseits schließen. Nach Möglichkeit sollte den Schülern jeweils nur soviel gesagt werden, wie sie brauchen, um weiterarbeiten zu können. (Vernünftige Eltern werden dem Kleinkind, das die berühmte Frage „Wo kommen die kleinen Kinder her?" stellt, genausoviel sagen, wie es in diesem Augenblick wissen will; sie werden ihm keine Vorträge über Potenzprobleme oder Gentechnologie halten.)

[19] Oder mit einem witzigen Merkverschen – vgl. den Aufsatz „Die Lerngrammatik: Schmunzeln statt Gähnen" von Robert Kleinschroth, PRAXIS 4/1989, S. 382ff. Ob dieses Rezept allerdings immer angewandt werden kann, mag bezweifelt werden. Gar so einprägsam und hilfreich sind die meisten der in diesem Aufsatz sowie in dem Buch des gleichen Verfassers (Bosewitz/Kleinschroth, *Joke Your Way Through English Grammar / Wichtige Regeln zum Anlachen*) zitierten Verse und Witze nun doch nicht, und nach einer Weile würde das anfängliche Schmunzeln der Schüler wahrscheinlich in gequältes Stöhnen übergehen.

[20] Auch hierzu gibt es verschiedene Meinungen. In älteren, durch den amerikanischen Strukturalismus beeinflußten Aufsätzen (vgl. z. B. Denninghaus a.a.O.) ging man davon aus, daß die Bewußtmachung erst nach ausgiebigem Üben erfolgen dürfe und die Regel dem Schüler letztlich quasi als überreife Frucht in den Schoß fallen müsse.

21 Hier handelt es sich um ein vielschichtiges, fachübergreifendes lernpsychologisches Problem, für das in der wissenschaftlichen Literatur bislang keine eindeutige Lösung gefunden worden ist – vgl. schon Zimmermann (1977), S. 106ff.; ähnliche Tendenz bei Harmer (1989), S. 29f.
Diese vorsichtig-differenzierende Haltung steht allerdings in amüsantem Gegensatz zu dem Nachdruck, mit dem früher die induktive Erarbeitung der Grammatik durch die Schüler als die alleinseligmachende Methode angepriesen wurde – vgl. Denninghaus (PRAXIS 3/1958, S. 87ff.; 4/1959, S. 137ff.) sowie die kritischen Erwiderungen auf diese Artikel, z. B. von Fülle (PRAXIS 4/1958 S. 136f.) und Steinbrecht (PRAXIS 2/1960 S. 77ff.); später noch einmal Loebner (FU Heft 30, Mai 1974, S. 48ff.).

22 Vgl. das Kapitel „Einsatz der Muttersprache"; außerdem die vielen einschlägigen Publikationen von Butzkamm; z. T. auch Loebner (FU Heft 30, Mai 1974, S. 49f.).

23 Siehe Kapitel „Sozialformen des Unterrichts".

24 Eine nützliche Fundgrube stellt das Buch *Grammar Practice Activities* von Penny Ur dar.

25 Nützlich hierfür: die weiter unten erwähnten, in *Grammar in Action* von Frank/ Rinvolucri beschriebenen *"awareness activities"*.

26 Das Buch *Kommunikative Grammatikübungen für den Englischunterricht* (von Ziegesar, 1981) basiert auf dieser Idee.

27 Siehe Frank/Rinvolucri, *Grammar in Action / Awareness activities for language learning.*

28 Siehe das Kapitel „Songs".

29 Als Quelle für reizvolle Anregungen bietet sich vor allem das Buch *Grammar Games* von Mario Rinvolucri an.

30 Es gibt durchaus Übungen, die kommunikativ orientiert sind und über das reine Drillen hinausgehen. Vgl. entsprechende Literaturhinweise im Sprachlabor-Kapitel.

31 Als Hausaufgabe nur dann zu rechtfertigen, wenn die Übung kaum Schwierigkeiten bereitet. – Bei Stillarbeit in der Klasse kann der Lehrer während des Herumgehens dafür sorgen, daß Falsches nicht lange unentdeckt und unverbessert bleibt.

32 Dies erfordert höhere Konzentration – und in manchen Fällen ein gutes Kurzzeitgedächtnis.

33 Vgl. das Kapitel „Sozialformen des Unterrichts".

34 Vgl. das Kapitel „Sozialformen des Unterrichts".

35 Ausführliche Zusammenstellungen finden sich z. B. bei Leisinger (1967), S. 155ff.; Allen/Valette, S. 101f. und im Aufsatz *"Oral Grammar Drills"* von King. Über zweisprachige Strukturübungen hat Butzkamm viel geschrieben (siehe Literaturverzeichnis).

36 Die *Scripts* zum Sprachlabormaterial Ihres Lehrwerkes geben wahrscheinlich einiges her; außerdem lohnt es sich immer, andere Lehrwerke für die gleiche Klassenstufe zu überprüfen. Es gibt jedoch auch spezielle Drill-Sammlungen. Einige sind mittlerweile nicht mehr zu kaufen, aber man kann sie notfalls ausleihen und fotokopieren. Eine äußerst ergiebige Fundgrube (nicht nur für reine Drills, sondern auch für andere Übungen, die man zwischendurch mal mündlich durchführen kann) ist z. B. *English in Situations* von Robert O'Neill. Im Literaturverzeichnis sind noch einige andere Titel genannt (siehe Giggins/ Shoebridge, Meys, Thomson/Martinet und Tatham).

Lesen – laut und leise ...

Es besteht der dringende Verdacht, daß unsere Schüler zu viel laut und zu wenig leise lesen! Sie stimmen nicht zu? Brauchen Sie auch nicht, denn ich kann es Ihnen nicht beweisen. Aber lassen Sie uns einige der häufig angeführten Argumente ansehen; vielleicht führt es dazu, daß Sie Ihre eigene Unterrichtspraxis neu überdenken.

Lautes Lesen

Für das laute Lesen werden i. a. folgende Gründe angegeben:
- Neu eingeführte Vokabeln werden erneut ins Gedächtnis gerufen, und zwar nicht als isolierte Einzelwörter, sondern im Satzzusammenhang, der ihre Bedeutung sichtbar werden läßt.
- Die Verknüpfung des Schriftbildes neuer oder schwierig auszusprechender Wörter mit ihrem Klangbild wird gefestigt.
- Auch wenn es nicht um gerade neu eingeführtes Sprachmaterial geht: lautes Lesen schult Aussprache und Intonation generell.
- Schüler lesen gern laut vor. Solange sie noch kaum etwas Eigenes in der Fremdsprache ausdrücken können, gibt ihnen das laute Lesen die Möglichkeit, sich sinnvolle Formulierungen nachvollziehend anzueignen und etwas Richtiges und Ganzes auszusprechen.
- In der Mittel- und Oberstufe dient das laute Vorlesen eines (schon in der vorigen Stunde eingeführten oder zu Haus vorbereiteten) Textes am Anfang der Stunde dazu, ihn allen Schülern noch einmal gegenwärtig werden zu lassen, bevor mit der detaillierten Besprechung begonnen wird.

Nicht offiziell genannt wird ein anderer Grund, der aber wahrscheinlich für viele Lehrer viel mehr wiegt als alle oben angeführten Gründe zusammen:
- Lautes Lesen läßt auf angenehm-ungefährliche Weise Unterrichtszeit vergehen, die nicht vorbereitet zu werden braucht ...

Gegen das laute Lesen läßt sich einwenden:

- Zeit, die für lautes Lesen verbraucht wird, steht nicht mehr zur Verfügung für Aktivitäten, die geeignet sind, die Kommunikationsfähigkeit der Schüler zu fördern.
- Lautes Lesen eines bereits bekannten Textes ist eine „unnatürliche" Aktivität und hat kaum etwas mit Kommunikation zu tun,[1] weder mit rezeptiver noch mit aktiver Kommunikation, denn:
  - der lesende Schüler liest nicht mit der Absicht, dem Text Informationen für sich selbst zu entnehmen oder anderen Informationen weiterzugeben;
  - die zuhörenden Schüler bekommen nichts mitgeteilt, was ihnen neu ist.
- Der vorlesende Schüler konzentriert sich notwendigerweise auf die saubere Aussprache der einzelnen Wörter,[2] vielleicht auch auf die Bindungen zwischen den Wörtern; wenn es hoch kommt, auch noch auf die Einteilung des Satzes in Wortgruppen und die Betonung der wichtigen Wörter, aber nicht auf satzübergreifende Sinneinheiten. Daß dies zu einer – auch bei guten Schülern,[3] die nur wenige „Fehler" machen – letztlich unbefriedigenden Gesamtdarstellung führt, wäre zu verschmerzen. Schlimmer ist, daß die Verengung der Konzentration Gewohnheiten schafft, die dem Erwerb einer wirklich wesentlichen Fähigkeit, nämlich des zügigen sinnentnehmenden stillen Lesens, im Wege steht:
  - der Schüler gewöhnt sich an eine viel zu hohe Zahl von „Fixationen" (Haltestationen für das Auge), und
  - er verstärkt seine Neigung zur „Subvokalisation" (dem lautlosen oder, in schlimmen Fällen, sogar hörbaren Bewegen der Lippen beim stillen Lesen).
  Beides führt zu einer drastischen Verringerung der Geschwindigkeit beim sinnentnehmenden stillen Lesen.
- Für die Zuhörer ist das laute Lesen (besonders wenn etliche Schüler nacheinander lesen müssen) im allgemeinen langweilig, unergiebig und (wegen des schlechten sprachlichen Vorbildes) möglicherweise sogar schädlich. Die meisten „schalten ab" oder versuchen vorauszuberechnen, mit welchem Satz oder Abschnitt sie selbst an die Reihe kommen werden.
- Die Bereitwilligkeit der Schüler, Texte laut vorzulesen, hat sicher viel damit zu tun, daß sie dies als eine „sichere" Aktivität ansehen, bei der ihnen nichts passieren kann und für die sie sich (so jedenfalls sehen *die Schüler* es!) nicht geistig anstrengen müssen.
- Das Vorlesenlassen eines zur häuslichen Vorbereitung aufgegebenen Textes am Anfang der Stunde zum Zweck seiner erneuten Vergegenwärtigung vor der eigentlichen Interpretation (Mittel- und Oberstufe)-

ist normalerweise ein methodologischer Fehlgriff, weil er eine effektive Kontrolle der Hausaufgabe unmöglich macht. Bestimmte Schüler ziehen aus dieser Angewohnheit des Lehrers rasch die entsprechenden Konsequenzen . . .

- Klassen, in denen regelmäßig ein beträchtlicher Teil der Unterrichtszeit auf lautes Lesen entfällt, sind Vergleichsgruppen, in denen wenig gelesen, aber viel gesprochen wird, bezüglich der Aussprache und Intonation kaum überlegen; bezüglich der Kommunikationsfähigkeit jedoch deutlich unterlegen.

Fazit: Lautes Lesen ist kein eigenständiges Unterrichtsziel. Es ist ein Hilfsmittel, das dem Erreichen anderer Ziele dienen soll. Als solches ist es annehmbar; allerdings sollte man seine Wirksamkeit nicht überschätzen. Man könnte es mit einem Medikament vergleichen, das gelegentlich verabreicht werden kann (und das die Patienten nicht ungern einnehmen). Es hilft nicht zuverlässig, und es hat bedenkliche Nebenwirkungen. Man sollte es nicht zu oft verwenden . . .

Wenn man jedoch die Schüler laut lesen lassen möchte, sollte man folgende Empfehlungen berücksichtigen:

- Nicht alle Texte sind gleichermaßen zum Vorlesen geeignet. Dialoge, Gedichte, literarisch wertvolle Prosastellen: ja; denn bei ihnen ist einzusehen, daß sinngestaltendes Vortragen eine erstrebenswerte Leistung ist. Trocken-informative Sachtexte: weniger empfehlenswert!
- Gelegentlich ergeben sich Situationen, in denen das „Vorlesen" (nur in solchen Situationen verdient es eigentlich diesen Namen!) kommunikativ sinnvoll ist: wenn z. B. eine Anzahl von Schülern in der vergangenen Stunde gefehlt hatte, kann einer von denen, die anwesend waren, ihnen den für sie noch unbekannten Text möglichst deutlich und sinngestaltend vorlesen (ohne daß sie dabei ins Buch sehen). Oder: ein Schüler hat einen interessanten Brief von seinem ausländischen Briefpartner bekommen und liest Stellen daraus vor. Oder jemand hat privat ein Lektüreheftchen durchgelesen, berichtet der Klasse darüber und liest eine lustige Stelle so lebendig vor, daß die anderen ermutigt werden, das Heft ebenfalls auszuleihen. Der Lehrer wird dabei immer darauf achten, daß auch den Zuhörern etwas abgefordert wird: sie müssen sich aktiv ums Verstehen bemühen. Dabei erfahren sie, wie wichtig es ist, daß man angemessen vorliest.
- Lautes Lesen muß, wenn überhaupt, dann zielstrebig und leistungsfordernd eingesetzt werden (mit Verbesserung der festgestellten Schwächen, mit konsequenter Arbeit an einem bestimmten Absatz anstelle

des unbefriedigenden Herunterlesens eines kompletten Textes); keinesfalls als selbstverständliche Routine – und ganz sicher nicht reihum, so daß jeder Schüler in vorhersehbarer Reihenfolge aufgerufen wird!

– In der Regel sollten nur Texte laut gelesen werden, die bereits erschlossen worden sind. (Im Anfangsunterricht wird diese Erschließung soweit gehen, daß die Schüler sich mit Bleistift Zeichen ins Buch machen, die ihnen helfen, den Text angemessen zu lesen: Aussprachesymbole, Bindebögen, Akzente über den zu betonenden Silben, senkrechte Striche zum Markieren von Pausen.) Ausnahmen sind – besonders in der Mittel- und Oberstufe – möglich; aber dann sollten die Texte inhaltlich leicht zu erfassen sein und keine ernsthaften Aussprachehürden enthalten.

(Man kann vorbeugen: *"Are there any words which you can't pronounce? Spell them, please; then I'll help you!"*)

– Um einen dem natürlichen Sprechen angenäherten, angemessenen, lebendigen, hörerbezogenen Vortrag zu erreichen, sollte der Vorlesende (im Idealfalle!) nur dann sprechen, wenn er den Blick vom Buch gelöst hat: das heißt, das Vorlesen soll aus einem ständigen Wechsel zwischen raschem Einprägen des Satzes oder Satzteiles und freiem Vortragen aus der Erinnerung bestehen. Dieses Verfahren führt tatsächlich zu wesentlich besserer Darbietung – aber es ist nicht leicht, die Schüler dazu zu bewegen; und wer sich selbst einmal beim Vorlesen kontrolliert, merkt schnell, daß es auch ihm nicht immer gelingt, sich an dieses Prinzip zu halten.[4]

– Abwechslung erhält die Motivation. Mögliche Variationen beim lauten Lesen:

– Der Lehrer liest einen kurzen Satz (oder einen Teil eines längeren Satzes) vor; die Schüler sprechen im Chor nach. (Anfangsunterricht!)

– Ebenso; aber nicht der Klassenchor, sondern eine bestimmte Gruppe oder ein einzelner Schüler spricht nach.

– Ebenso; aber nicht der Lehrer spricht vor, sondern der *native speaker* auf der Kassette; der Lehrer drückt jeweils auf die Pausentaste.

– Der Lehrer liest einen etwas längeren Abschnitt vor; gefolgt vom Gesamt- oder Gruppenchor und/oder von einem Einzelschüler.

– Die Schüler bekommen Gelegenheit, zu „probieren", bevor es wirklich ernst wird:

– Sie dürfen erst einmal alle halblaut vor sich hin lesen (nachdem Schwierigkeiten ausgeräumt worden sind), manche Stellen mehrmals wiederholen usw.

- Die Schüler üben mit ihrem Nachbarn oder in einer kleinen Gruppe (z. B. wenn es um den Vortrag eines Dialogs oder einer Unterhaltung zwischen mehreren Personen geht).
- Unterstufenschüler haben immer wieder Spaß an jener Aktivität, die etwas mißverständlich als „Fehlerlesen" bekannt ist: Ein Schüler beginnt zu lesen; sobald er einen Aussprachefehler gemacht hat, wird er von einem Mitschüler, der es gemerkt hat (und den Fehler verbessern kann), unterbrochen. Der liest weiter, bis er selbst unterbrochen wird – usw.! Das ist sicher nicht sehr pädagogisch, weil alle nur darauf warten, einen Mitschüler kritisieren zu können – aber immerhin führt es dazu, daß alle aufpassen, sich der Schwierigkeiten bewußt sind und sich beim eigenen Lesen große Mühe geben.
- Gelegentlich kann man einen „Lese-Wettkampf"[5] veranstalten: je nach Geschmack als Gruppen- oder Einzelwettbewerb, mit kleinen Preisen als Anerkennung u. ä.

Stilles Lesen

Warum ist effizientes stilles Lesen eine wichtige Fertigkeit?

- Für viele Studiengänge und Berufe ist heute die Fähigkeit, fremdsprachlichen Publikationen gezielt und zügig Informationen entnehmen zu können, unerläßlich.
- Lesetechniken, die man im Fremdsprachenunterricht erwirbt, haben auch positive Auswirkungen auf das Lesen in der Muttersprache (und umgekehrt) und damit auf die allgemeine Studierfähigkeit.
- Die Freude an Literatur ist eine der dauerhaftesten und verläßlichsten Freuden des Lebens. Es ist schön, wenn man sich diese Freude auch in der Fremdsprache verschaffen kann – und wenn man es so weit gebracht hat, hat man Erfolgserlebnisse, die einem niemand nehmen kann. Das gilt nicht zuletzt auch für solche Schüler, die sonst eher Mißerfolgserlebnisse haben!
- Im Lesen kann man sich leichter „fit" halten als in den anderen *skills* (Hören, Sprechen und Schreiben), auch wenn man später keinen Fremdsprachenunterricht mehr hat und keine Kontakte zu Ausländern. Wer fremdsprachige Bücher oder Zeitungen liest, hält seinen passiven Wortschatz lebendig und kann auch ohne fremde Hilfe dafür sorgen, daß einmal erworbene Sprachkenntnisse nicht verlorengehen.

Welche Teilfertigkeiten sollen entwickelt werden?

- Die Schüler müssen lernen, einen Text auch dann zu verstehen, wenn ihnen nicht alle Wörter bekannt sind:

- durch intelligentes Erschließen aus dem Kontext;
- durch Transfer aus anderen Fremdsprachen (Französisch, Latein) oder aufgrund der Kenntnis bestimmter Lautgesetze, die die Verwandtschaft mit einem deutschen Wort erkennen lassen (h_o_me / H_ei_m, h_o_ly / h_ei_lig);[6]
- durch Kenntnis der Bedeutung bestimmter Präfixe und Suffixe (z. B. „in" statt des deutschen „un": *inconvenient, incredible*);
- durch den Schluß von einem bekannten Wort auf ein unbekanntes Wort der gleichen Wortfamilie, z. B. vom (bekannten) *prestige* aufs (unbekannte) *prestigious*.
- Die Schüler müssen bestimmte Lesetechniken kennenlernen und ihre Anwendung an geeignetem Material üben:
- orientierendes Lesen *(skimming):* Gewinnen eines ersten allgemeinen Überblicks; Erkennen des Themas und der Schwerpunkte;
- Lesen mit Filter (selektives Lesen, *scanning*): Suchen nach bestimmten Informationen; Berücksichtigung ausgewählter Gesichtspunkte unter Vernachlässigung der anderen (zur Veranschaulichung mag der Hinweis auf eine tüchtige Hausfrau, die im Supermarkt einkauft, dienen: zielstrebig geht sie zu jenen Regalen, in denen die Dinge stehen, die sie auf ihrem Einkaufszettel notiert hat, und würdigt die anderen Waren keines Blickes . . .);
- extensives (kursorisches) Lesen: Bewältigung längerer Texte in möglichst kurzer Zeit mit möglichst großem Verständnis;
- intensives Lesen: genaues Erfassen aller Einzelheiten.
- Die Schüler müssen lernen, beim Lesen zeitliche Vorgaben zu berücksichtigen und ihre Lesetechnik entsprechend zu modifizieren. *(You've got exactly six minutes in which to find out how the author proposes to deal with the problem.)*

An welchem Lesestoff können die Schüler im Rahmen des Unterrichts diese Teilfertigkeiten üben, und wie kann der Lehrer ihnen solchen Lesestoff darbieten?

- Manche Texte in den Lehrwerken sind (z. B. durch Vermerke wie *"Reading Comprehension Test"*) deutlich als Leseverständnis-Übungsmaterial ausgewiesen und mit entsprechenden Aufgaben versehen; andere kann man entsprechend „umfunktionieren".
- Sofern ein Klassensatz eines anderen, für die gleiche Stufe bestimmten Lehrbuches in der Schule vorhanden ist, können diese Bücher kurzfristig ausgegeben werden; mit einer geeigneten Aufgabe zu einem bestimmten Text. (Viele Schulen verfügen z. B. über Klassensätze von Oberstufenlesebüchern.)

- Ein Text kann vervielfältigt und ausgegeben werden. (Nach der vereinbarten Zeit müssen die Blätter umgedreht werden.)
- Ein Text kann auf eine Folie kopiert und mit dem Tageslichtprojektor projiziert werden. Nach kurzer Zeit wird die Folie weggenommen.
- Anfangsunterricht: Der Lehrer hat einige Sätze an die verdeckte Tafel geschrieben; er klappt die Tafel kurz auf und dann wieder zu.
- Oberstufe: ein längeres Werk wird mit unterschiedlichen Lesetechniken erarbeitet: manche Passagen werden intensiv gelesen und genau interpretiert, andere werden kursorisch überflogen. *(Take ten minutes to find out what happens in the rest of the chapter.)*
- Gelegentlich kann auch einmal eine Klassenarbeit aus einer Überprüfung der Lesefertigkeit (genauer: der Fähigkeit zu schnellem, selektivem Lesen) bestehen: Vorlage einer größeren Textmenge; dazu geeignete Aufgaben (Auswahl-, Einsetz- oder Zuordnungsaufgaben; Kurzantworten zu gezielten Fragen).[7]

Wie erreicht man, daß die Schüler außerhalb des Unterrichts ihre Lesefertigkeit weiterentwickeln?

- Es muß ein reichhaltiges Angebot an Lesestoff zur Verfügung stehen. Stichworte hierzu:
  - Schülerbücherei:
    - fremdsprachige Bücher (nicht nur „hohe Literatur", sondern auch leichte Kost!);
    - dort ausliegende Zeitungen und Zeitschriften, die die Schule abonniert hat;
  - Klassenbibliothek;[8]
  - Zeitschriften, Anthologien, Broschüren mit Rätseln und Witzen: ein „Sammelsurium" im Klassenschrank, aus dem sich Schüler bedienen dürfen, wenn sie früher als ihre Mitschüler mit einer Aufgabe fertig sind oder wenn am Ende einer Stunde allen Gelegenheit gegeben werden soll, einfach ein bißchen zu lesen;
  - private Lektürensammlung des Lehrers;
  - öffentliche Büchereien;
  - Kauf (Bahnhofsbuchhandlung u. ä.).
- Der Lesestoff muß den Interessen der Schüler entgegenkommen. (Und da die Interessen sehr breit gestreut sind, bedeutet das: es muß für unterschiedliches Material gesorgt werden. „Gute" Romane und Kurzgeschichtensammlungen; aber auch Krimis; Sachbücher zu verschiedenen Gebieten; warum z. B. nicht auch Computerliteratur?)
- Der Lesestoff sollte im Regelfalle sprachlich leichter sein als das, was im Unterricht behandelt wird, damit die Schüler auf jeden Fall mit Erfolgserlebnissen rechnen können.

– Der Lehrer muß sich Gedanken über das Problem „Freiheit oder Kontrolle" machen. Auf der einen Seite kann es wichtig sein, daß Schüler Gelegenheit haben, ohne jeden Zwang zu erfahren, wieviel Spaß sie am Lesen fremdsprachiger Bücher oder Zeitschriften haben können. Auf der anderen Seite sind viele Schüler erfahrungsgemäß nur dann dazu zu bewegen, zusätzlich zu den für den Unterricht erforderlichen Leistungen noch etwas anderes zu lesen, wenn sie dafür auch anerkannt werden – sprich: wenn der Lehrer in irgendeiner Weise überprüft, was sie geschafft haben.

Drei Abstufungen sind denkbar:
– Die Schüler werden zum zusätzlichen Lesen ermutigt, und sie haben Zugang zu einem reichhaltigen Angebot an Lesestoff. Sie werden aber nicht gezwungen, etwas auszuleihen oder anzuschaffen; wenn sie etwas gelesen haben, brauchen sie keinerlei Rechenschaft darüber abzulegen, und der Lehrer plant keine Folge-Aktivitäten ein.
– Die Schüler werden nicht gezwungen, aber immer wieder beharrlich auf die Vorteile zusätzlicher Lektüre hingewiesen. Wer etwas gelesen hat, erhält Gelegenheit, seine Leistung in einer von ihm selbst zu wählenden Form[9] nachzuweisen, und kann auch damit rechnen, daß er dafür belohnt wird – z. B. indem er eine positive „mündliche Zensur" angeschrieben bekommt. (Bei einer solchen „wohlwollenden Überprüfung" sollten dann Verfahren benutzt werden, die tatsächlich nur (oder zumindest in erster Linie) das Leseverständnis prüfen – und nicht, wie z. B. bei Inhaltsangaben oder Stellungnahmen in der Fremdsprache, die sprachproduktiven Fertigkeiten des Schülers.) Negative Folgen sind nicht zu befürchten – weder dann, wenn jemand sich überhaupt nicht zu zusätzlicher Lektüre entschließen kann, noch dann, wenn deutlich wird, daß er mit der Aufgabe überfordert war.
– Der Lehrer stellt von Anfang an klar, daß zusätzliche Lektüre von jedem Schüler erwartet wird, daß diese Leistung kontrolliert wird und daß das Ergebnis der Überprüfung mit in die Endzensur eingeht. (Das setzt eine einheitliche Form der Überprüfung voraus sowie annähernd gleichen Schwierigkeitsgrad und Umfang der Werke, aus denen die Schüler ihre Auswahl treffen können.)

Für welche der hier genannten Möglichkeiten man sich entscheidet, hängt zum einen von den Schülern ab, mit denen man es zu tun hat (und natürlich auch von dem zur Verfügung stehenden Lesestoff), zum anderen aber auch von der Zeit, die man selbst investieren kann. Sobald man nämlich außerunterrichtliche Zusatzlektüre zur Pflicht macht, deren Erfüllung überprüft und beurteilt werden muß, und gleichzeitig den

88

Schülern bei der Auswahl großen Spielraum gewährt, handelt man sich eine nicht zu unterschätzende zusätzliche Belastung ein.

---

[1] Vgl. die Ausweitung dieses Motivs im Aufsatz von Didaktilus, NM 4/1991.

[2] Ich bin immer wieder entsetzt, wenn ich beobachte, daß selbst Schüler einer 10. Klasse beim Vorlesen mit dem Finger unter der Zeile entlangfahren und sich auf diese Weise sehr wirksam selbst daran hindern, einen Satz erst einmal als Ganzes zu erfassen, bevor sie ihn zu sprechen beginnen!

[3] In diesem Zusammenhang sei auf die interessanten Beobachtungen hingewiesen, die Dorothea Möhle beim „Bundeswettbewerb Fremdsprachen" gemacht hat („Zur Rolle des Vorlesens im Fremdsprachenunterricht", NM 1/1988, S. 6ff.).

[4] Diese "read-and-look-up-technique" wird in der Literatur getreulich von einem Buch zum anderen weitergetragen. Wer den Spuren nachgehen möchte, kann bei Michael West (ELT 1953), bei Leisinger (Elemente..., S. 221f.) oder bei Dorothea Möhle (a.a.O. S. 32f.) nachlesen und weitere Literaturangaben finden.

[5] Einige konkrete Anregungen für die Durchführung finden sich z. B. bei K.-H. Müller (ENGLISCH 2/1976).

[6] Detaillierte Darstellung mit weiteren Beispielen bei Rivers/Dell'Orto (ZE 2/1977).

[7] Vgl. das Kapitel „Formen von Klassenarbeiten". – Für meine Oberstufenkurse habe ich einmal einen Reading Comprehension Test gebastelt, bei dem die Schüler im Laufe von vier Stunden einem umfangreichen Packen bunt gemischten Materials (Zeitungsartikel, Gedichte, Gebrauchsanweisungen, Kurzgeschichten, Märchen usw.) sehr viele Informationen der verschiedensten Art zu entnehmen hatten.

[8] Wichtige Anregungen hierzu bei Sontheim (FU Heft 104; Dez. 1990); Hermes (PRAXIS 2/1984); evtl. auch Vonbrunn (Deutsch-englische Mischtexte – yes, bitte! FU Heft 104, Dez. 1990).

[9] Diese Idee wird z. B. bei A. Müller (FU Heft 102, August 1990) beschrieben.

„Lektüren"
(Unter- und Mittelstufe)

Mit „Lektüren" sind hier sowohl kurze, sprachlich leichte und inhaltlich anspruchslose Unterstufen-Leseheftchen gemeint als auch – z. B. in den Klassen 9 oder 10 – literarisch ernstzunehmende kurze Romane.

Auswahl:

Jeder Fremdsprachenlehrer sollte sicherstellen, daß er regelmäßig die Kataloge aller einschlägigen Schulbuchverlage zugeschickt bekommt. Fast alle Verlage bieten eine reichhaltige Auswahl von Lektüren an; in den Katalogen werden die einzelnen Hefte kurz vorgestellt (Stichworte zum Inhalt; Einteilung nach Eignung für Unter-, Mittel- oder Oberstufe; Angaben über Kürzungen und/oder Erleichterungen). Diese Informationen sind jedoch häufig unzureichend (über die tatsächliche Länge – sprich: Wortzahl – sagt eine Angabe wie „32 Seiten" sehr wenig aus, solange man nicht weiß, ob der Text engzeilig in kleiner Schrift oder aber sehr groß gedruckt ist), veraltet (was vor 40 Jahren ein erfolgreiches Kinder- oder Jugendbuch war, ruft heute manchmal nur noch Gähnen hervor – aber der Verlag wird sich hüten, uns das mitzuteilen) oder irreführend (die Ansicht der Herausgeber über die sprachliche Schwierigkeit eines Textes unterscheidet sich manchmal in verblüffendem Maße von der Ansicht der Schüler und des Lehrers). Man kann ihnen im allgemeinen kaum entnehmen, ob das Heftchen für die Klasse, die man gerade unterrichtet, wirklich geeignet ist, und wie viele Unterrichtsstunden man ungefähr dafür ansetzen muß.

Zusätzliche Informationen müssen eingeholt werden. Aber wie?

– Es gibt Bücher, die sich bemühen, alle zur Zeit angebotenen Lektüren nach einheitlichen Kriterien zu prüfen (z. B. Steilheitsgrad; Art und Umfang der Anmerkungen und Erläuterungen) und so dem Lehrer objektiv brauchbare Entscheidungshilfen zu geben.[1] Das ist u. a. in all jenen Fällen besonders nützlich, in denen das gleiche Werk von mehreren Verlagen angeboten wird – gekürzt oder ungekürzt, sprachlich unverändert oder mehr oder weniger erleichtert, mit einsprachigen oder zweisprachigen Vokabelerläuterungen oder ohne solche Hilfen, mit zusätzlichen Aufgaben, mit oder ohne Illustrationen usw.

- In der Schule finden sich möglicherweise einige Klassensätze von Lektüren (aus der Zeit, in der aus dem Etat noch Bücher gekauft werden durften anstatt Computer). Vielleicht ist etwas Geeignetes dabei?
- Leihen Sie sich von Kollegen, die schon längere Zeit Erfahrungen sammeln konnten, Lektüreheftchen aus und lassen Sie sich berichten, welche Erfahrungen damit gemacht wurden.
- Fragen Sie Ihre etwas älteren Schüler, welche Lektüren sie in den vergangenen Jahren gelesen haben und ob sie Freude daran hatten. Es kann Sie vor Fehlentscheidungen bewahren und Ihnen brauchbare Anregungen geben.
- Nutzen Sie Sonderangebote der Verlage aus (kostenlose oder stark reduzierte Ansichtsexemplare; „Prüfpakete" mit mehreren neuen Lektüren o. ä.). Bauen Sie sich Ihre eigene Sammlung auf und ergänzen Sie sie laufend.

Zwei Warnungen:

- Vertrauen Sie nicht darauf, daß der Name eines bestimmten Verfassers bereits ein lohnendes Leseerlebnis garantiert. Viele im Original reizvolle Werke sind durch ungeschickte ‚Erleichterungen' so sehr entstellt worden, daß von dem, was sie ursprünglich lesenswert machte, nichts mehr übriggeblieben ist.
- Bestellen Sie nie eine Lektüre für die ganze Klasse, ohne das Heft (und zwar genau *dieses* Heft – nicht etwa eine andere Ausgabe von einem anderen Verlag!) vorher genau geprüft zu haben. Es ist eine Quälerei, mit einer Lektüre arbeiten zu müssen, die sprachlich viel zu schwer oder inhaltlich verstaubt ist; und es kann ebenso quälend sein, sich wochenlang mit einem Machwerk abgeben zu sollen, dessen infantile Dümmlichkeit nach kurzer Zeit selbst dem anspruchslosesten Schüler auffällt. (In diese Kategorie gehören z. B. manche speziell für den Fremdsprachenunterricht geschriebenen Kriminal- oder Abenteuergeschichten. Wenn es allerdings um Humor geht, müssen Sie sich daran gewöhnen, daß Schüler der Unter- und Mittelstufe eher an deftiger Situationskomik Gefallen finden als an funkelnd-ironischen Dialogen und feinsinnigen Anspielungen.) –

Beschaffung:

- Eine Sammelbestellung ist das übliche, weil effektivste Verfahren. (Vorher sollte man fragen, ob nicht vielleicht ein paar Schüler das Heft zufällig bereits besitzen – z. B. weil der ältere Bruder es im vergangenen Jahr schon kaufen mußte. Es sollte aber genau die gleiche Ausgabe sein!)
- Wenn der Fachkonferenz gerade Etatmittel zur Verfügung stehen, kann man versuchen, einen Klassensatz auf Rechnung der Schule

anschaffen zu lassen. Das muß allerdings recht langfristig geplant werden.
- Da Buchhandlungen i. a. erst bei 20 Exemplaren ein Freiexemplar mitliefern, lohnt es sich, Kollegen zu fragen, ob sie vielleicht mit ihrer Klasse ebenfalls dieses wichtige Werk lesen wollen . . .

Für die **zeitliche Aufteilung der Arbeit** mit einer Lektüre gibt es zwei Möglichkeiten:
- Die Klasse arbeitet einige Zeit (i. a. ein paar Wochen) ausschließlich mit der Lektüre. Dies ist das natürlichere und vom Anspruch des Stoffes her sicher auch sinnvollere Verfahren.
- Eine Wochenstunde wird für die Lektüre reserviert; in den anderen Stunden wird mit dem Lehrwerk gearbeitet. Für dieses Verfahren sprechen gelegentlich psychologische Gründe (eine Doppelstunde am Sonnabend soll aus zwei völlig unterschiedlichen Stunden bestehen; oder der Lehrer ist zu der Überzeugung gekommen, daß er „mit dieser Klasse am Freitag in der 6. Stunde allenfalls noch Lektüre lesen kann"); von der Sache her ist es wohl nur dann zu vertreten, wenn das Lektüreheft z. B. aus etlichen voneinander unabhängigen kleinen Erzählungen besteht.

Die Arbeit mit Lektüren (oder, um einen aussagekräftigeren englischen Ausdruck zu benutzen, mit *"supplementary readers"*) kann (im Gegensatz zur Arbeit mit dem Lehrwerk, bei der es primär auf den systematischen Aufbau des Wortschatzes, der Grammatikkenntnisse und des landeskundlichen Wissens ankommt) ganz **andere Ziele** verfolgen:
- Abwechslung von der zähen, intensiven, nur selten lustbetonten oder erheiternden Arbeit am Lehrwerk;
- Förderung der Lesefreude, der Genugtuung angesichts der relativ selbständigen Bewältigung längerer Texte;
- allmähliche Entwicklung der Fähigkeit, auch ungekürzte und nicht erleichterte Originaltexte zu lesen;
- Gelegenheit, Fertigkeiten zu üben, die bei der Arbeit mit dem Lehrbuch weniger gefordert sind: längere Zusammenfassungen, Untersuchung der allmählichen Entwicklung einer Figur, Unterscheidung verschiedener Handlungsstränge usw.;
- Einsicht in den soziokulturellen Hintergrund einer Erzählung;
- Erwerb grundlegender Kenntnisse und Fertigkeiten im Bereich der literarischen Interpretation.

Es folgt eine Liste von **Einzelaktivitäten**, aus denen sich Unterrichtsstunden zusammensetzen können, in denen mit „Lektüren" gearbeitet wird. (*Abwechslung* ist wichtig!)

- Eingehen auf die Hausaufgaben:
- Kontrolle, ob aufgegebene Vokabeln nachgeschlagen und gelernt worden sind:
  - Der Lehrer stellt einzelnen Schülern Vokabelfragen:
    - Er sagt das deutsche Wort und verlangt das englische oder französische Wort.
    - Er sagt das englische/französische Wort und erwartet die deutsche Übersetzung.
    - Er sagt das englische/französische Wort und erwartet eine Definition in der Fremdsprache bzw. einen Satz, in dem das Wort richtig benutzt wird.
    - Er gibt eine fremdsprachliche Definition des Wortes und erwartet das Wort selbst.
    - Er sagt einen Satz, in dem das Wort vorkommt, spricht das Wort aber nicht aus, sondern pfeift oder klopft statt dessen an jener Stelle. Ein Schüler muß das Wort sagen.
    - Er buchstabiert das Wort (englisch oder französisch), und die Schüler müssen es richtig aussprechen; außerdem verlangt er dann noch die Übersetzung, die Definition oder die Einbettung in einen Satz.
  - Zwei Schüler stellen sich gegenseitig Fragen. Möglichkeiten: wie oben. (Dabei merkt der Lehrer, wie gut sie sich vorbereitet haben!)
  - Ein Schüler kommt nach vorn und stellt den anderen Schülern Fragen (was recht gut zeigt, wie gut er selbst den Stoff beherrscht!)
  - Schüler stellen Kettenfragen (siehe Kapitel „Reduzierung der Lehrersprechzeit"!). Wenn der Lehrer den Eindruck hat, daß bestimmte Schüler dabei auffallend zurückhaltend sind, kann er „nachhaken".
- Kontrolle, ob der aufgegebene Text (dabei kann es sich, je nach Zielsetzung, um einen kurzen Abschnitt oder um ein ganzes Kapitel handeln!) erarbeitet und verstanden worden ist:
  - Der Lehrer stellt einem oder mehreren Schülern gezielt Fragen zum Inhalt.
  - Der Lehrer gibt ein vervielfältigtes Blatt aus, auf dem die Schüler eine Reihe von Fragen kurz schriftlich beantworten müssen.
  - Zwei Schüler stellen sich gegenseitig abwechselnd Fragen zum Inhalt.
  - „Kettenfragen" zum gelesenen Text (siehe Kapitel „Reduzierung der Lehrersprechzeit"!)

- Normale Nacherzählung: Ein Schüler erzählt den Inhalt des Gelesenen im Zusammenhang nach (wenn es sich um mehrere Seiten handelt: ggf. Verteilung auf zwei oder drei Schüler).
- Variierende Nacherzählung durch verschiedene Schüler:
  - Jeder Schüler konzentriert sich auf einen bestimmten Aspekt (z. B. ein bestimmtes Motiv, oder: die mit einer bestimmten Person verknüpften Handlungselemente).
  - Jeder Schüler erzählt aus der Perspektive einer anderen Figur.
- Schüler tragen eine kurze Textstelle auswendig vor (z. B. eine Stelle, die sprachlich reizvoll oder für das Verständnis der Handlung wichtig ist).
- Besprechung einer schriftlichen Hausaufgabe:
  - Zunächst äußert sich die Klasse bei geschlossenen Heften mündlich zu der gestellten Aufgabe. Erst danach – d. h. nachdem inhaltliche Einigung erzielt worden ist – werden einzelne Hausaufgaben besprochen, wobei der Akzent dann stärker auf der sprachlichen Korrektheit liegen kann.
  - Ein Schüler liest seine Hausaufgabe vor; die anderen äußern sich sowohl zur inhaltlichen als auch zur sprachlichen Leistung.

- Arbeit an einzelnen Textstellen bei geöffneten Büchern (dabei können sowohl sprachliche als auch inhaltlich-interpretatorische Ziele verfolgt werden):
  - in Form eines Unterrichtsgesprächs;
  - in Form einer schriftlichen Stillarbeit mit anschließender Besprechung;
  - zunächst im Gespräch, dann Zusammenfassung in schriftlicher Stillarbeit.

- Mündliche Übersetzung kürzerer wichtiger Textstellen, sofern dies zum genauen Verständnis oder zur Würdigung feiner Nuancen beiträgt.

- Vorlesen einzelner wichtiger Textstellen:
  - durch den Lehrer,
  - durch einen gut lesenden Schüler,
  - durch mehrere Schüler (mit dem Ziel, daß die Stelle progressiv besser gelesen wird).
  - (Drama:) Der Text wird mit verteilten Rollen vorgelesen.

- Der Lehrer diktiert eine kurze, sprachlich reizvolle und/oder inhaltlich wichtige Stelle aus dem bereits besprochenen Text (nicht unbedingt nur zum Zweck des Rechtschreibtrainings, sondern z. B. auch zur Intensivierung der inhaltlichen Wirkung).

- Ein längeres Stück des Textes wird als Kassettenaufnahme dargeboten. (Viele Verlage bieten mittlerweile von *native speakers* besprochene Tonkassetten zu bestimmten Lektüreheften an.)
- (Drama:) Einzelne Szenen werden von Schülern vorgespielt:
  - in Form des "play-reading";
  - nachdem der Text auswendig gelernt worden ist (möglich bei sehr kurzen Szenen mit mehreren Personen).
- Auseinandersetzung mit einem Problem, das durch die Lektüre aufgeworfen worden ist (d. h. nicht Interpretation, sondern Äußerung persönlicher Meinungen – z. B. zu menschlichen Problemen, die im Text angeschnitten werden):
  - in Form eines Unterrichtsgesprächs;
  - in Form einer schriftlichen Stillarbeit mit anschließender Besprechung;
  - zunächst im Gespräch, dann Zusammenfassung in schriftlicher Stillarbeit.
- Erschließung noch unbekannten Textes:
  - Der Lehrer liest weiter vor:
    - bei geschlossenen Büchern,
    - bei geöffneten Büchern.
  - Gute Schüler lesen ein Stück des neuen Texts vor.
  - Neuer Text wird von der Tonkassette (s. o.) dargeboten:
    - bei geschlossenen Büchern,
    - bei geöffneten Büchern.
  - Die Schüler lesen still weiter.
    - Sie bereiten die angegebene Textstelle intensiv vor, so daß sie (nach einer vorher festgelegten Zeit) in der Lage sind, Fragen dazu zu stellen und zu beantworten sowie den Text nachzuerzählen oder zusammenzufassen.
    - Sie konzentrieren sich darauf, die Antwort auf vom Lehrer vorgegebene Fragen zu finden oder mit einem bestimmten Filter zu lesen; sie markieren entsprechende Textstellen und/oder machen sich Notizen.
    - Die Schüler sind in Kleingruppen eingeteilt worden und haben unterschiedliche Arbeitsaufträge bekommen.
    (Für die beiden zuletzt genannten Varianten kann der Lehrer, um Unterrichtszeit zu sparen, die Fragen bzw. Aufgaben vorbereitend vervielfältigen.)
- Rückblicke anstellen; Arbeitsergebnisse vergangener Stunden ins Gedächtnis zurückrufen; weitere Bezüge herstellen (z. B. kapitelübergreifende Themen besprechen).

Ist Ihnen aufgefallen, daß eine bestimmte Art von Tätigkeit bisher <u>nicht</u> genannt worden ist? Mit Absicht!
Analyse grammatischer Strukturen, Umformung von Sätzen vom Aktiv ins Passiv, Übungen zur indirekten Rede und ähnliche ach-so-motivierende Aufgaben sind ausgesprochene Lektüren-Killer; man sollte nach Möglichkeit auf sie verzichten. (Daß bei sprachlichen Schwierigkeiten gelegentlich eine kurze grammatische Erklärung nötig sein kann, steht auf einem anderen Blatt!)

– Hausaufgabe stellen.
Wichtig: präzis formulieren; d. h. genau angeben, was die Schüler im einzelnen tun und wozu sie in der nächsten Stunde fähig sein sollen.

– Inhaltliche Anregungen für sinnvolle Hausaufgaben ergeben sich aus den obengenannten Aktivitäten; außerdem bieten sich gelegentlich noch Möglichkeiten der kreativen Textveränderung[2] an, z. B.:
  – Eine Figur des Buches schreibt einen Tagebucheintrag über einen bestimmten Vorfall.
  – Eine Figur des Buches, die sich gerade in einer schwierigen Situation oder einer inneren Krise befindet, wendet sich mit der Bitte um Rat und Hilfe an eine Person ihres Vertrauens. (Diese kann eine andere Figur des Buches sein; sie kann aber auch vom Schüler oder vom Lehrer „erfunden" werden.)
  – „Welche Figur des Buches würdest Du Dir als Freund wünschen? Warum? Welche nicht? Warum nicht?"
  – Ein Ereignis wird aus der Sicht einer anderen Figur erzählt.

= = = = = = = = = = =

Ein ganz anderer Aspekt der Arbeit mit Lektüren soll wenigstens noch kurz erwähnt werden. Er gehört eigentlich nicht in dieses Kapitel, das der Behandlung von Lektüren *im Unterricht* gewidmet ist – aber er ist wichtig und lohnend[3].
Gemeint ist die **individuelle Privatlektüre.**
Der Lehrer sollte anstreben, daß im Laufe der Zeit möglichst viele Schüler möglichst viele Lektüreheftchen lesen:
– entweder einfach so, zum Vergnügen (zumindest kann der Lehrer so argumentieren, auch wenn er natürlich noch andere Ziele dabei verfolgt),
– oder mit kleinen schriftlichen oder mündlichen Aufgaben dazu (z. B. kurzer Berichterstattung vor der Klasse).
Möglichkeiten zur praktischen Verwirklichung dieser Idee:
– Der Lehrer geht gelegentlich mit seinen Schülern in die Hilfsbücherei (die hoffentlich auch in dieser Hinsicht gut ausgestattet ist) und hilft ihnen, geeignete Lektüren zu finden und auszuleihen.

- Der Lehrer hat einen Karton voller Lektürehefte, die er selbst gesammelt hat; den bringt er ab und zu mit und läßt die Schüler blättern und aussuchen. Er notiert sich, wem er wann welche Lektüre geliehen hat – und macht auch deutlich, daß er sich über jede Ausleihe freut.
- Die Klasse richtet mit Hilfe des Lehrers eine „Klassenbibliothek"[4] ein. Anfangs wird ein bißchen Geld investiert; im Laufe der Zeit kommen Lektüren dazu, die von Geschwistern oder älteren Schülern gestiftet werden. –

Der Lehrer merkt sich, welche Hefte am häufigsten ausgeliehen werden. Daraus gewinnt er Anregungen für die nächste ,offizielle' Klassenlektüre in einer anderen Klasse!

---

[1] Vgl. z. B. H. Finger, *Lektüre-Kursbuch Englisch '80*, oder *Nissens Almanach* (siehe Literaturverzeichnis).

[2] Hierzu finden sich viele detaillierte Anregungen bei Collie/Slater (1990) und Duff/Maley (1990). Vgl. außerdem Becker (PRAXIS 2/1990).

[3] Hermes, Liesel: *Fun-reading: Möglichkeiten und Anregungen.* PRAXIS 2/1984.

[4] Vgl. hierzu u. a. Aßbeck, J.: *Guess, read and talk about it. Kommunikativer Lektüreunterricht.* NM 1/1991

Längere literarische Texte
(Prosa; Drama)

Hunderte von Büchern und Aufsätzen sind über das Thema „Literatur im Fremdsprachenunterricht" geschrieben worden, und der Versuch, hier auf knappstem Raum eine „Zusammenfassung des wirklich Wesentlichen" zu geben, wäre vermessen und überheblich. Was ich bieten möchte, ist viel schlichter: handwerkliche Hinweise zur Unterrichtsgestaltung, die davon ausgehen, daß etliche schwierige Fragen bereits beantwortet sind – und zwar nicht auf dem Felde der theoretisch-wissenschaftlichen Auseinandersetzung, sondern auf dem Felde der „Sachzwänge" (Rahmenrichtlinien, Fachkonferenzbeschlüsse, Verfügbarkeit bzw. finanzielle Erschwinglichkeit des Materials).

Solche **Grundfragen,** auf die hier <u>nicht</u> (bzw. nur in Form einiger Literaturverweise in den Fußnoten) eingegangen werden soll, sind z. B.:
– <u>Warum</u> soll in der Schule überhaupt <u>Literatur</u> gelesen und interpretiert werden? (Fachübergreifende Fragestellung.)[1]
– Welche Ziele hat Literaturbehandlung <u>im Rahmen des Fremdsprachenunterrichts</u>? (Fachspezifische Fragestellung.)[2]
– Welche Prinzipien sind bei der <u>Auswahl</u> zu berücksichtigen?[3] Sollte es einen festen Kanon unverzichtbarer Werke geben?
– <u>Wer entscheidet</u> über die Auswahl:
– das Kultusministerium oder die vorgesetzte Behörde?
– die Fachkonferenz?
– der einzelne Lehrer?
– die Schüler?[4]
– Sollte vorwiegend moderne, <u>zeitgenössische Literatur</u> gelesen werden, oder sollte man dem Bewährten, „Bleibenden" den Vorrang geben?[5]
– Sollten die <u>Inhalte</u> überwiegend „wertvoll", „aufbauend" und <u>„positiv"</u> sein? Oder ist die Auseinandersetzung mit belastenden, negativen, potentiell gefährlichen Inhalten ebenso nötig?[6]
– Sind bestimmte literarische <u>Gattungen</u> für den Fremdsprachenunterricht besonders gut geeignet?
Nach der Häufigkeit der schulischen Verwendung zu urteilen, ist die Short Story[7] mit Abstand die wichtigste Literaturgattung. Zum Glück

werden aber hin und wieder auch Stimmen laut, die für eine angemessene Berücksichtigung des Romans[8] und des Dramas[9] eintreten.
- Sollen nur Originalausgaben gelesen werden, oder kommen auch folgende Alternativen in Frage:[10]
  - unveränderte, aber mit Vokabelhilfen, Anmerkungen und
    ggf. Aufgaben versehene Texte?
  - gekürzte Texte?
  - erleichterte Texte?
- Welcher Interpretationsansatz ist für die Literaturbetrachtung im schulischen Fremdsprachenunterricht angemessen?[11]

Gehen wir davon aus, daß Sie diese Fragen für sich selbst zufriedenstellend beantwortet haben, oder daß sie Ihnen „von oben" beantwortet
worden sind – oder daß Sie sich mit der schillernden Vielschichtigkeit
der Antworten abgefunden haben . . .

Das Werk Ihrer Wahl ist angeschafft und an die Schüler verteilt worden.
Wann wird es gelesen?
Grundsätzliche Möglichkeiten:
- Die Schüler lesen, innerhalb eines vereinbarten Zeitraumes, das ganze
  Werk durch. Erst dann beginnt die Besprechung im Unterricht.
  Diese „Seminar-Methode" ist eher für kürzere Texte geeignet, z. B. für
  ein Drama von 50 bis 60 Seiten (und natürlich auch für Kurzgeschichten); bei Romanen von mehreren hundert Seiten läßt sie sich im allge-
  meinen nicht durchführen, weil viele Schüler damit überfordert sind.
  Sie führt erfahrungsgemäß dazu, daß der Akzent im Unterricht stärker
  auf Analyse und Interpretation liegt, weniger auf Sprachtraining oder
  auf persönlich-kreativer Auseinandersetzung mit dem Gelesenen.
  (Darin liegt einerseits die Gefahr einer „Verwissenschaftlichung",
  andererseits aber auch die Chance einer Erziehung der Schüler zu
  eigenverantwortlicher Arbeit; man denke z. B. an das selbständige
  Besorgen und Durcharbeiten von Sekundärliteratur, an arbeitsteilige
  Gruppenarbeit u. ä.)
- Das Werk wird Schritt für Schritt gemeinsam erarbeitet; vor- und
  nachbereitende Hausaufgaben und unterrichtliche Aktivitäten sind
  miteinander verzahnt.
  Diese Methode – die natürlich nicht bedeuten muß, daß alle Teile eines
  langen Werkes im gleichen Tempo und mit der gleichen Intensität
  gelesen werden! – wird in der Praxis wesentlich häufiger angewandt;
  von ihr wird auch in der folgenden Zusammenstellung ausgegangen.

Einzelaktivitäten, aus denen sich Unterrichtsstunden zusammensetzen können, in denen mit einem Roman, einer Erzählung oder einem Drama gearbeitet wird:

- Eingehen auf die Hausaufgaben:
  - Kontrolle, ob aufgegebene Vokabeln nachgeschlagen und gelernt worden sind:
    - Gegenseitiges Abfragen
      - englisches Wort – Definition
      - Definition – englisches Wort
      - englisches Wort – deutsches Wort
    - Abfragen durch den Lehrer (wie vor)
  - Kontrolle, ob der aufgegebene Text erarbeitet und verstanden worden ist:
    - Der Lehrer stellt einem oder mehreren Schülern gezielt Fragen zum Inhalt.
    - Zwei Schüler stellen sich gegenseitig abwechselnd Fragen zum Inhalt.
    - Der Lehrer gibt ein vervielfältigtes Blatt aus, auf dem die Schüler eine Reihe von Fragen kurz schriftlich beantworten müssen.
    - „Kettenfragen" zum gelesenen Text (siehe Kapitel „Reduzierung der Lehrersprechzeit"!)
    - Normale Nacherzählung: Ein Schüler erzählt den Inhalt des Gelesenen im Zusammenhang nach (wenn es sich um mehrere Seiten handelt: ggf. Verteilung auf zwei oder drei Schüler).
    - Variierende Nacherzählung durch verschiedene Schüler:
      - Jeder Schüler konzentriert sich auf einen bestimmten Aspekt (z. B. ein bestimmtes Motiv, oder: die mit einer bestimmten Person verknüpften Handlungselemente).
      - Jeder Schüler erzählt aus der Perspektive einer anderen Figur.
- Schüler tragen eine kurze Textstelle auswendig vor (z. B. eine Stelle, die sprachlich ausgesprochen schön ist oder entscheidende Bedeutung für die Interpretation hat).
- Besprechung einer schriftlichen Hausaufgabe:
  - Zunächst äußert sich die Klasse bei geschlossenen Heften mündlich zu der gestellten Aufgabe. Erst danach – d. h. nachdem inhaltliche Einigung erzielt worden ist – werden einzelne Hausaufgaben besprochen, wobei der Akzent dann stärker auf der sprachlichen Korrektheit liegen kann.
  - Ein Schüler liest seine Hausaufgabe vor; die anderen äußern sich sowohl zur inhaltlichen als auch zur sprachlichen Leistung.

- Genaue Interpretation einzelner Textstellen bei geöffneten Büchern (dabei sind unterschiedliche Sichtweisen denkbar: psychologische Deutung, Strukturanalyse, Stilbetrachtung, soziologische Interpretation usw.[12]):
  - in Form eines Unterrichtsgesprächs:
    - in der Fremdsprache;
    - (in seltenen Ausnahmefällen, d. h. bei sehr hohem Abstraktionsniveau und extremen terminologischen Schwierigkeiten) in der Muttersprache;[13]
  - in Form einer schriftlichen Stillarbeit mit anschließender Besprechung;
  - zunächst im Gespräch, dann Zusammenfassung in schriftlicher Stillarbeit.
- Mündliche Übersetzung kürzerer wichtiger Textstellen, sofern dies zum genauen Verständnis oder zur Würdigung feiner Nuancen beiträgt.
- Vergleich einer inhaltlich wichtigen und sprachlich anspruchsvollen Stelle des Originals mit der entsprechenden Stelle in einer (gedruckten) Übersetzung: Wie gut ist dem Übersetzer die Übertragung gelungen? Hat er Nuancen hinzugefügt oder weggelassen? Welche Alternativen hätte er gehabt?
- Vorlesen einzelner wichtiger Textstellen:
  - durch den Lehrer,
  - durch einen gut lesenden Schüler,
  - durch mehrere Schüler (mit dem Ziel, daß die Stelle progressiv besser gelesen wird).
  - (Drama:) Der Text wird mit verteilten Rollen vorgelesen.
- Der Lehrer diktiert eine kurze, sprachlich anspruchsvolle und/oder inhaltlich wichtige Stelle aus dem bereits besprochenen Text (nicht unbedingt nur zum Zweck des Rechtschreibtrainings, sondern z. B. zur Intensivierung der inhaltlichen Wirkung, zur Vertiefung der Begegnung mit dem Werk)!
- (Drama:) Einzelne Szenen werden von Schülern vorgespielt:
  - in Form des "play-reading";
  - nachdem der Text auswendig gelernt worden ist (möglich bei sehr kurzen Szenen mit mehreren Personen; z. B. bei manchen Einaktern von Pinter).
- Vorspielen audiovisuellen Materials, sofern solches zum besprochenen Literaturwerk vorhanden ist: Kassetten- oder Schallplattenaufnahme einer Hörspielfassung, Schmalfilm, Videofilm.

- Einbeziehung von Sekundärliteratur zum gelesenen Werk:
  - Der Lehrer kann Exzerpte aus der Sekundärliteratur per Umdruck oder Fotokopie vervielfältigen, oder er kann Stellen diktieren.
  - Schüler können sich selbständig Sekundärliteratur besorgen und sie ggf. z.T. der Klasse zugänglich machen (auf die angegebene Weise).

  Bei der Behandlung der Sekundärliteratur bieten sich ähnliche Verfahren an wie bei der Durchnahme der eigentlichen Lektüre (vgl. alle obengenannten Möglichkeiten!).
- Auseinandersetzung mit einem Problem, das durch die Lektüre aufgeworfen worden ist (d. h. nicht Interpretation, sondern Äußerung persönlicher Meinungen – z. B. zu menschlichen Problemen, die im Text angeschnitten werden):
  - in Form eines Unterrichtsgesprächs;
  - in Form einer schriftlichen Stillarbeit mit anschließender Besprechung;
  - zunächst im Gespräch, dann Zusammenfassung in schriftlicher Stillarbeit.

- Erschließung noch unbekannten Textes:
  - Der Lehrer liest weiter vor:
    - bei geschlossenen Büchern,
    - bei geöffneten Büchern.
  - Gute Schüler lesen ein Stück des neuen Texts vor.
  - Die Schüler lesen still weiter.
    - Sie bereiten die angegebene Textstelle intensiv vor, so daß sie (nach einer vorher festgelegten Zeit) in der Lage sind, Fragen dazu zu stellen und zu beantworten sowie den Text nachzuerzählen oder zusammenzufassen.
    - Sie konzentrieren sich darauf, die Antwort auf vom Lehrer vorgegebene Fragen zu finden oder mit einem bestimmten Filter zu lesen; sie markieren entsprechende Textstellen und/oder machen sich Notizen.
    - Die Schüler sind in Kleingruppen eingeteilt worden und haben unterschiedliche Arbeitsaufträge bekommen.

    (Für die beiden zuletzt genannten Varianten kann der Lehrer, um Unterrichtszeit zu sparen, die Fragen bzw. Aufgaben vorbereitend vervielfältigen.)

    (Gerade bei der Lektüre längerer Texte ist es wichtig, für Abwechslung zwischen intensivem und extensivem Lesen zu sorgen; zum einen aus Gründen der Motivation, zum anderen, damit die Schüler in beiden Fertigkeiten geschult werden.)

102

– Rückblicke anstellen; Arbeitsergebnisse vergangener Stunden ins Gedächtnis zurückrufen; weitere Bezüge herstellen (z. B. kapitelübergreifende Themen besprechen).
– Hausaufgabe stellen.
Wichtig: präzis formulieren; d. h. genau angeben, was die Schüler im einzelnen tun und wozu sie in der nächsten Stunde fähig sein sollen. Inhaltliche Anregungen für sinnvolle Hausaufgaben ergeben sich aus den obengenannten Aktivitäten; außerdem bieten sich gelegentlich noch Möglichkeiten der kreativen Textveränderung[14] an, z. B.:
– Eine Figur des Buches schreibt einen Tagebucheintrag über einen bestimmten Vorfall.
– Ein Ereignis wird aus der Sicht einer anderen Figur erzählt.[15]
– Eine Figur des Buches, die sich gerade in einer schwierigen Situation oder einer inneren Krise befindet, wendet sich mit der Bitte um Rat und Hilfe an eine Person seines Vertrauens. (Diese kann eine andere Figur des Buches sein; sie kann aber auch vom Schüler oder vom Lehrer „erfunden" werden.)
– Eine Figur des Buches führt eine Unterhaltung mit einer Figur eines anderen Buches, das die Schüler kennen (oder mit einem nicht-fiktionalen Charakter, z. B. einem Politiker, einem Psychologen, einem Wissenschaftler . . .).
– Zu einer Kurzgeschichte, die ein offenes Ende hatte, schreiben die Schüler eine Fortsetzung.

[1] Zum Einarbeiten: Hunfeld/Schröder (1979) S. 100f.; Bredella (1976), Brusch (NM 4/1981), Brusch (1977), Hunfeld (1978), Kreft (1977), Loebner (FU 1/1978), Mainusch (1979), Köhring (FU 2/1976), Hermes (FU 2/1976), Steinmeyer (PRAXIS 4/1983).
[2] Wie vorige Fußnote; außerdem: Collie/Slater (1990): Introduction, Duff/Maley (1990): Introduction, Multhaup (1979) S. 48, Kotte (PRAXIS 1/1986), Becker (PRAXIS 2/1990), Hunfeld/Schröder (1979) bes. S. 94.
[3] Vgl. z. B.: Rück (in: Bausch et al., 1989), Loebner (FU 1/1978), Freese (PRAXIS 1/1980), Hüllen (DNS 8/1959), Multhaup (1979) S. 48, Schubel (1971) S. 227.
[4] Lesenswert: Freese (PRAXIS 1/1980).
[5] Siehe u. a. Rück (in: Bausch et al., 1989), Schrey (FU 1/1970), Ahrens (FU 1/1970), Hermes (FU 2/1976), Künne (NM 2/1973), Donnerstag/Steinmann (PRAXIS 4/1989).
[6] Siehe u. a. Schrey (FU 1/1970), Ahrens (FU 1/1970), Sieker (PRAXIS 1/1984), Steinmeyer (PRAXIS 4/1983), Donnerstag/Steinmann (PRAXIS 4/1989).

[7] Zum Einstieg: Freese/Groene/Hermes (1979), Goetsch (1978), Freese (FU 1/1976), Groene (FU 1/1976), Hermes (FU 2/1976), Stockebrand (PRAXIS 2/1979).

[8] Vgl. z. B. Lazar (ELT July 1990), Appel (FU 2/1990), Freese/Hermes (1977), Pape (PRAXIS 4/1990), Schaefer (FU 2/1969), Nissen/Brusch (1989).

[9] Vgl. z. B. Dahl (PRAXIS 4/1990), Glaap (PRAXIS 1/1991), Schrey (FU 1/1970), Ahrens (FU 1/1970), Schik (FU 1/1979), Reitemeier (DNS 2/1963).

[10] Knappe, präzise Antworten bei Hunfeld/Schröder (1979) S. 100; außerdem: Lechler (FU 1/1969), Edener (NM 1/1975).

[11] Knapp und hilfreich: Hunfeld/Schröder (1979) S. 101f.; außerdem Rück (in: Bausch et al., 1989), Mihm (PRAXIS 11/1964); unbedingt auch Sülzer (DNS 10/1971).

[12] Wer grundsätzlich-theoretische Anregungen zu unterschiedlichen Interpretationsansätzen haben möchte, sei auf Sülzer (DNS 10/1971) verwiesen.

[13] Vgl. hierzu die entsprechenden Bemerkungen im Kapitel „Einsatz der Muttersprache".

[14] Hierzu finden sich viele detaillierte Anregungen bei Collie/Slater (1990) und Duff/Maley (1990). Vgl. außerdem Becker (PRAXIS 2/1990).

[15] Konkrete Beispiele werden bei Becker (PRAXIS 2/1990) und Heuer/Steinmann (PRAXIS 1/1990) gegeben.

Gedichte

Was ist ein Gedicht?
- Ein Text, an dem man lernt, Silben zu zählen und Versfüße zu bestimmen?
- Ein Klanggebilde, bei dem man der Wirkung bestimmter Laute nachspürt?
- Etwas, was sich reimt, einen eingängigen Rhythmus hat[1] und sich leicht auswendig lernen läßt?
- Ein Kulturgut von bleibendem Bildungswert?
- Ein Kinderreim? Ein lustiges Verschen?
- Eine „komplexe Organisation rhythmisch geordneter und in besonderer Weise strukturierter Sprache, mit Bedeutung aufgeladen bis zu einem Grad, der jeder anderen Form normaler und selbst literarischer sprachlicher Äußerung von vergleichbarem Umfang fremd ist"?[2]

Ebenso breit wie das Spektrum dieser Definitionen ist die Palette der unterrichtlichen Einsatzmöglichkeiten,[3] und die Zahl der Vorschläge, wie man mit einem Gedicht umgehen soll, ist nahezu ebenso groß wie die Zahl der Gedichte, die überhaupt in Frage kommen.

Wenn es nur Vorschläge wären, könnte man diese Fülle vielleicht freudig begrüßen – aber häufig handelt es sich eher um Ermahnungen, um elitäre Verkündigungen und dogmatische Vorschriften. Schlichte Lehrer, die ihren festen Wohnsitz noch nicht in jenen hehren Höhen aufgeschlagen haben, werden beim Lesen solcher Edikte leicht entmutigt; und da sie nicht durch ein unvollkommenes Interpretationsverfahren das Erbe des Abendlandes gefährden wollen, lassen sie ihre Finger von Gedichten.

Das aber wäre schade – und deshalb wollen wir uns nicht damit abfinden!

Am praktischsten wird es sein, wenn wir uns an Goethes Gedichtzeile „Eines schickt sich nicht für alle" halten (wobei sowohl „alle Gedichte" als auch „alle Lehrer" gemeint sein dürfen) und einfach zu jedem Stadium der Gedichtbehandlung verschiedene Vorgehensmöglichkeiten auflisten.

Zuvor jedoch drei (unwissenschaftliche, aber praktische) Bemerkungen zur Auswahl von Gedichten:

1) Das Gedicht sollte sich in einer Stunde oder Doppelstunde erarbeiten lassen.
2) Wenn das Gedicht dem Lehrer persönlich nichts gibt, wird es ihm kaum gelingen, Schüler von seiner Schönheit zu überzeugen.
3) Das Gedicht sollte sich in der Fremdsprache erarbeiten lassen, ohne daß ein groteskes Mißverhältnis zwischen Aufwand und Wirkung entsteht.

Einführung

(Die Begegnung mit dem Gedicht steht den Schülern noch bevor. Sie haben es noch nicht gelesen oder gehört.)

– Der Lehrer verzichtet auf eine wie auch immer geartete Einführung.
– Der Lehrer erklärt einige zum Verständnis des Gedichtes nötige Vokabeln vorweg.
(Das empfiehlt sich z. B. dann, wenn mit dem Gedicht gar nicht „gearbeitet" werden soll; d. h. wenn es lediglich darauf ankommt, daß die Schüler bereits beim ersten Hören alles verstehen und ihren Spaß daran haben – z. B. bei Limericks[4] oder anderen scherzhaften Gedichten, die nur zur Zwischendurch-Unterhaltung eingesetzt werden und nicht weiter interpretiert zu werden brauchen.)
– Bevor die Schüler das Gedicht sehen oder hören, schreibt der Lehrer ein „Reizwort" (oder mehrere) an die Tafel:
  – den Titel,
  – ein sinntragendes Wort oder mehrere,
  – eine wichtige Zeile,
und läßt Vermutungen über das Gedicht anstellen.
– Der Lehrer zeigt ein Bild, dessen Inhalt oder dessen Stimmung in einer Beziehung zu dem zu besprechenden Gedicht steht, läßt es beschreiben und fragt die Schüler nach ihrer Reaktion. Während des Gespräches können an der Tafel Vokabeln gesammelt werden, die auch für die Deutung des Gedichts nützlich sein werden.
– Der Lehrer spielt ein kurzes Musikstück vor, dessen Stimmung oder dessen Rhythmus auf das entsprechende Erlebnis beim Hören des Gedichts vorbereitet, und läßt darüber sprechen.
– Die Schüler beschreiben schriftlich (in Prosa) etwas, was – wie sich später herausstellen wird – auch in dem zu erarbeitenden Gedicht beschrieben wird (allerdings vermutlich ganz anders!) und wovon sie eine konkrete Vorstellung haben – z. B. einen Natureindruck, eine Straßenszene, einen bestimmten Menschen.
– Die Schüler werden aufgefordert, „eine Art Gedicht" (wenige Zeilen – aber ohne Reim, sonst wird es erfahrungsgemäß flach und unpersön-

lich!) zu einem Wort niederzuschreiben, das in dem später zu besprechenden Gedicht eine wichtige Rolle spielt.

Erste Begegnung mit dem Gedicht

- Der Lehrer trägt das Gedicht selbst vor (eventuell auswendig!).
  - Die Schüler konzentrieren sich aufs Hören; der Text kann noch
    nicht mitgelesen werden.
  - Die Schüler verfolgen beim Hören den gedruckten Text.
- Das Gedicht wird vom Tonträger vorgespielt.[5]
  - Die Schüler hören nur zu.
  - Die Schüler lesen den Text mit.
- Die Erstbegegnung vollzieht sich zu Hause: Die Schüler haben das
  Gedicht zur häuslichen Erarbeitung aufbekommen.
- Das Blatt mit dem Gedicht wird ausgeteilt (oder: die entsprechende
  Buchseite wird aufgeschlagen); die Schüler lesen es still durch.
- Ein Blatt wird ausgegeben (oder: eine Folie wird projiziert), auf dem
  das Gedicht mit bestimmten Auslassungen (Titel; einzelne Wörter;
  bestimmte Zeilen) wiedergegeben ist. Die Schüler stellen Vermutun-
  gen über das, was fehlt, an:
  - im Plenumsgespräch;
  - in Gruppenarbeit;
  erst danach wird die vollständige Fassung enthüllt.
- Die Schüler sehen das (kurze) Gedicht zunächst nicht in seiner richtigen Ordnung, sondern in vertauschter Reihenfolge der Zeilen:
  - Die „durcheinandergeratene" Fassung steht auf dem ausgeteilten
    Arbeitsblatt.
  - Eine Folie wird projiziert.
  (Das Ordnen kann in individueller Stillarbeit oder im Klassengespräch
  erfolgen.)
  - Das richtige Zusammensetzen der Zeilen erfolgt in Gruppenarbeit:
    jedes Gruppenmitglied bekommt ein Papierstreifchen mit einer der
    Gedichtzeilen.[6]

Wort- und Sacherklärungen

- Nach der ersten Begegnung mit dem Gedicht stellen die Schüler Fragen zu unbekannten Vokabeln, unverständlichen Wendungen[7] usw.;
  der Lehrer oder die Mitschüler geben Auskunft.
- Die Schüler haben ein Blatt mit Anmerkungen bekommen, das alle
  vorhersehbaren Schwierigkeiten dieser Art ausräumt.

Weitere Erschließung

- Es findet keine weitere Erschließung statt – z. B. dann, wenn

- das Gedicht seinen Zweck bereits erfüllt hat (als „Intermezzo" zwischen zwei anderen Aktivitäten in einer Unterrichtsstunde; zur Erheiterung und Motivationsauffrischung);
- ohne Interpretation zur nächsten Phase übergegangen werden kann (z. B. Wiedergabe durch Schüler; Auswendiglernen als Hausaufgabe);
- der Lehrer ein „Zerreden" vermeiden möchte und darauf vertraut, daß das (mehrmals gut vorgetragene) Gedicht seine Wirkung bei den Schülern bereits ausgeübt hat.[8]
- Schüler versuchen – bevor die gründliche Interpretation beginnt – den Inhalt des Gedichtes in eigenen Worten auszudrücken. Diese Phase ist für das schlichte Sprachtraining wichtig; sie kann aber auch schon zu Einsichten in die Struktur führen sowie den Unterschied zwischen dichterischer und prosaischer Ausdrucksweise erhellen.[9]
- Die Schüler suchen nach Untertiteln (und werden auf diese Weise angehalten, sich über die innere Struktur des Gedichtes – die nicht unbedingt mit der äußeren zusammenfallen muß – Gedanken zu machen).
- Schüler lesen das Gedicht (oder ggf. nur Teile daraus) vor – wieder und wieder. Nach jedem Vorlesen wird darüber gesprochen, ob der Vortrag dem Gedicht angemessen war. Was hätte anders gesprochen werden sollen? Warum?
  Wenn der Lehrer geschickt führt, werden auf diese Weise wichtige Interpretationsergebnisse erarbeitet – und das Gedicht hinterläßt einen viel tieferen Eindruck als bei einem stärker rational analysierenden Verfahren, bei dem zwar viel über das Gedicht geredet wird, das Kunstwerk selbst aber kaum zu Wort kommt und den Hörern nicht „unter die Haut gehen" kann.
- Bei der Behandlung anspruchsvoller Gedichte, also vorwiegend im Oberstufenunterricht, werden nacheinander (in der Fremdsprache)[10] verschiedene Schichten[11] analysiert:
- die äußere Form und das Metrum:
  - Zahl und Länge der Strophen (gleichlang? wenn nicht: warum nicht?)
  - Länge der Zeilen (sehr unterschiedlich? weshalb?)
  - Enjambements
  - Metrum:[12] Benutzte Versfüße / Zahl der Hebungen in den einzelnen Zeilen / männliche und weibliche Endungen / Regelmäßigkeit oder Unregelmäßigkeit
  - Liegt eine bekannte Strophenform vor?
  - Entspricht die äußere Struktur der inneren Gliederung?
- die Schicht des Rhythmus:[13]

- Welche Silben müßten beim Vortragen tatsächlich betont werden (nicht alle, auf die im Metrum eine Hebung fällt!)?
- Gibt es Stellen, an denen eine Diskrepanz zwischen Metrum und Rhythmus besteht? Warum?
- die Schicht der Lautung:
  - Reim (Endreim? Binnenreim? Regelmäßiges Reimschema?)
  - Wirkung bestimmter Vokale und Konsonanten (Lautmalerei? Hervorrufung bestimmter Assoziationen? Laute als Stimmungsträger?)
  - Alliterationen, Assonanzen
- die Schicht der Bedeutung:
  - Wortwahl
  - Gedankenführung
  - Perspektive
  - Symbole
  - Bildersprache, Vergleiche, Metaphern
  - Anspielungen und Assoziationen.

Nicht immer ist es sinnvoll, alle genannten Schichten zu untersuchen. Mechanisches „Abhaken" von Interpretationsschritten, die sich im vorliegenden Fall offensichtlich nicht lohnen, führt schnell zu Motivationsverlust. –

Die Ergebnisse der Untersuchung können stichwortartig an der Tafel festgehalten werden. Manchmal empfiehlt es sich, mit dem Tageslichtprojektor zu arbeiten: das (kurze) Gedicht steht – mit weitem Zeilenabstand geschrieben – auf der Hauptfolie; Markierungen und kurze Anmerkungen, die sich auf bestimmte Schichten beziehen, erscheinen in verschiedenen Farben auf Overlay-Folien, die nacheinander hinzugefügt werden, so daß am Ende das komplexe Interpretationsergebnis anschaulich fixiert wird.

- Einbeziehung biographischer Informationen.[14]
- Übersetzung:
  - einzelner Stellen (zur Verständnissicherung),
  - des ganzen Gedichtes.[15]

Nach Abschluß der Interpretationsarbeit

- Wenn das Gedicht Teil einer Unterrichtsreihe ist, lassen sich Vergleiche anstellen:
  - zwischen diesem Gedicht und anderen Gedichten des gleichen Verfassers;
  - zwischen diesem Gedicht und themengleichen Gedichten anderer Verfasser;[16]
  - aus derselben Epoche;

- aus verschiedenen Epochen;
- zwischen dem Gedicht und anderen fiktionalen (aber nicht lyrischen) oder nichtfiktionalen Texten, die unter einem gemeinsamen
  Thema stehen; z. B. im Rahmen eines Oberstufenkurses.
- Eine Phase, in der die Schüler ihre persönliche, subjektive Reaktion
  auf das (verstandene und angemessen nach objektiven Kriterien
  gewürdigte!) Gedicht äußern, sollte nicht fehlen.
- Das Gedicht sollte, nachdem es interpretiert worden ist, auf jeden Fall
  noch einmal – oder besser mehrmals – gut dargeboten werden:
  - von Schülern (jetzt muß ein Vortrag erwartet werden, bei dem wirk-
    lich zu spüren ist, daß der Sprecher sich bemüht, sein Bestes zu
    geben!);
  - vom Lehrer;
  - vom Tonträger.
  (Besonders reizvoll ist der Vergleich unterschiedlicher Darbietungen
  des gleichen Gedichts durch mehrere professionelle Sprecher!)
- In den meisten Fällen bietet es sich an, das Gedicht auswendig lernen
  zu lassen.
  (Hierauf wird man allerdings verzichten, wenn bei der Besprechung
  deutlich geworden ist, daß die Klasse dem Gedicht gleichgültig,
  gelangweilt oder gar völlig ablehnend gegenübersteht. – Oft ist es
  auch eine gute Idee, den Schülern die Entscheidung zu überlassen,
  welches von mehreren im Rahmen einer Unterrichtsreihe behandelten
  Gedichten sie auswendig lernen möchten.)

Eigene Gestaltungsversuche

Schüler können angeregt werden, selbst Gedichte zu schreiben.
Zielsetzung und Anspruchsniveau einer solchen – motivationspsychologisch lohnenden – Aufgabe können dabei, je nach Alter, Klassenstufe
und Sprachbeherrschung der Schüler, sehr unterschiedlich sein; auch
das Vertrauensverhältnis der Schüler untereinander und dem Lehrer
gegenüber spielt eine Rolle.
Hier sind einige praktische Möglichkeiten.[17]
- Ein metrisches Gerüst wird vorgegeben (z. B. ein Vierzeiler mit fünf-
  hebigen Jamben). Die Schüler füllen es
  - individuell
  - in Partnerarbeit
  - in Gruppenarbeit
  mit irgendeinem Inhalt. (Das hat natürlich sehr wenig mit „Dichtung"
  zu tun; es ist lediglich eine vergnügliche Fingerübung, die den Schülern hilft, sich mit Versfüßen vertraut zu machen.)

110

- Die Schüler gehen von einem vorliegenden Gedicht aus und verändern es, so daß eine Art Parodie entsteht.
- Der Lehrer macht inhaltliche Vorgaben:
  - Thema,
  - Titel,
  - Anfangszeile,
  - einige Wörter, die vorkommen sollen.

Natürlich sind die Ergebnisse nicht immer beeindruckend; aber gar nicht so selten entstehen auf diese Weise kleine Texte, die in überraschend gelungener sprachlicher Verdichtung eine sehr persönliche Aussage bieten.

---

[1] Die Freude am Rhythmus, die besonders jüngere Schüler noch offen zeigen, sollte man ausnutzen. Schon deshalb ist es sinnvoll, von Anfang an Verse in den Fremdsprachenunterricht einzubeziehen.

[2] E. Werlich, *Lyrik im Englischunterricht (Teil 1)*, PRAXIS 3/1967, S. 262

[3] Auf die Frage, ob und in welchem Maße Gedichte überhaupt einen Platz im Fremdsprachenunterricht haben sollten, kann hier nicht eingegangen werden. Wer sich mit diesem didaktischen Problem – das wiederum nur einen Teilaspekt der Frage nach dem Stellenwert von Literatur im Fremdsprachenunterricht darstellt – auseinandersetzen möchte, sei u. a. auf den Aufsatz *Wozu Lyrik im Fremdsprachenunterricht?* von Hunfeld verwiesen (FU Heft 44, 4/1977). Wir gehen der Einfachheit halber von der Annahme aus, daß der Lehrer das Bedürfnis hat, gelegentlich Gedichte einzubeziehen – oder daß es von ihm erwartet wird.
Aus Platzgründen ist es in diesem Kapitel auch nicht möglich, die aufgelisteten Verfahren durch konkrete Beispiele zu veranschaulichen oder gar vollständige Interpretationen zu liefern. Wer Interpretationshilfen zu bestimmten Gedichten sucht, findet ein reichhaltiges Angebot in vielen einschlägigen Aufsätzen, die in den letzten Jahrzehnten in den Fachzeitschriften für den Fremdsprachenunterricht erschienen sind. Außerdem gibt es etliche Anthologien mit Interpretationen. Stellvertretend für viele andere seien genannt: Schiffer/Weiand, *INSIGHT III / Analyses of English and American Poetry* (Hirschgraben); Bodden/Kaußen, *Modellanalysen englischer Lyrik* (Klett); Werlich, *Poetry Analysis: Great English Poems Interpreted* (Lensing).

[4] Praktische Hinweise zum unterrichtlichen Einsatz von Limericks finden sich bei G. Jungblut, *Der Limerick und seine Verwendung im Unterricht*, PRAXIS 3/1968 und R. Ahrens, *Limerick-Dichtung im Englischunterricht*, FU 3/1968; und wer als guter Deutscher instinktiv fühlt, daß er über Limericks erst lachen darf, wenn er eine tiefschürfende Erklärung ihres philosophischen Wurzelgrundes durchgearbeitet hat, wage sich an den Aufsatz von H. Meyer, *Die groteske Dimension englischer Limericks als didaktisches Problem*, Neusprachliche Mitteilungen, Heft 3/1977.

[5] Leisinger (S. 331) gibt eine nachvollziehbare, wenn auch nicht absolut zwingende Begründung dafür, daß die erste Darbietung durch den Lehrer und nicht vom Tonträger erfolgen sollte.

⁶ Beschreibung dieser *"jigsaw ordering activity"* u. a. bei Collie/Slater, *Literature in the Language Classroom*, S. 29.

⁷ Natürlich kann es sein, daß eine solche Frage sich auf eine Wendung bezieht, die im Mittelpunkt der Interpretation stehen wird. Dann sollte der Lehrer die Antwort nach Möglichkeit noch nicht geben, sondern das Problem zunächst zurückstellen – oder versuchen, im gemeinsamen Gespräch eine Antwort finden zu lassen.

⁸ Wer das für eine allzu billige Lösung hält, möge nachlesen, wie positiv T. S. Eliot sich über dieses Verfahren äußerte! (*On Teaching the Appreciation of Poetry*, PRAXIS 4/1961, S. 153).

⁹ Eine ausführliche Begründung der Paraphrase als eines wichtigen Erschließungsschrittes wird bei Leisinger (S. 332f.) gegeben.

¹⁰ Daß früher gelegentlich in der Fachliteratur die Meinung vertreten wurde, bei schwierigen Gedichten sei präzise Interpretationsarbeit nur in der Muttersprache zu leisten, sei angemerkt, aber nicht weiter diskutiert. – Handwerklich saubere Interpretation in der Fremdsprache setzt voraus, daß den Schülern das notwendige Fachvokabular zur Verfügung gestellt wird – am besten in Form einer vervielfältigten Liste, die die wichtigsten Begriffe enthält und die die Schüler bei der Arbeit konsultieren dürfen.

¹¹ Zum Stichwort „Schichten" vgl. in leicht faßlicher Form das Einleitungskapitel zu *Modellanalysen englischer Lyrik* von Bodden/Kaußen. Für eine eingehendere Beschäftigung sei auf die Bücher *Das sprachliche Kunstwerk* von Wolfgang Kayser und *Das literarische Kunstwerk* von Roman Ingarden hingewiesen. Eine kurze unterrichtsbezogene Darstellung findet sich in dem Aufsatz *Lyrik – linguistisch – anschaulich* von W. Reimers (PRAXIS 1/1977).

¹² Hier wird oft des Guten zuviel getan. Die Untersuchung des Metrums darf nicht zum Selbstzweck werden; sie lohnt sich nur dann, wenn metrische Beobachtungen etwas zur Erschließung des Gehalts beitragen können.

¹³ Zum Unterschied zwischen Metrum und Rhythmus vgl. z. B. Wolfgang Kayser, *Kleine deutsche Versschule*.

¹⁴ Biographisches Hintergrundwissen ist, objektiv betrachtet, für die angemessene Deutung eines Gedichtes nur selten erforderlich; es kann sogar zu Fehldeutungen (z. B. der naiven Gleichsetzung von Autor und sprechendem Ich) führen. Manchmal mag es jedoch sinnvoll sein, über die werkimmanente Interpretation hinauszugehen, um das Interesse der Schüler für den Verfasser zu wecken und sie so stärker zur Auseinandersetzung mit dem Gedicht zu motivieren.

¹⁵ Die möglichst genaue Übersetzung einer schwierigen Stelle, bei der fremdsprachliches Erklären offensichtlich nicht ausgereicht hat, mag hin und wieder sinnvoll sein; vor der Übersetzung eines ganzen Gedichtes in die Muttersprache wird zu Recht gewarnt, weil sie das Kunstwerk eher zerstört (vgl. z. B. Leisinger S. 337; weniger eindeutig: Schubel S. 88, 205, 283). Der Vergleich mit künstlerisch ernstzunehmenden deutschen Nachdichtungen (wie sie z. B. zu Shakespeare-Sonetten vorliegen) kann hingegen lohnend sein, besonders dann, wenn es mehrere Nachdichtungen des gleichen Gedichtes gibt.

¹⁶ Beliebt sind z. B. Zusammenstellungen von Liebesgedichten, Naturgedichten, Kriegsgedichten, Großstadtgedichten. Zu letzteren vgl. u. a. den Aufsatz von A. Nünning, *London-Gedichte / Eine Lyrikreihe für den Englischunterricht auf der Oberstufe*, PRAXIS 4/1990.

¹⁷ Viele weitere interessante Anregungen finden sich bei Maley/Duff ab S. 112.

Hörmaterialien

Daß Schüler im Fremdsprachenunterricht außer der Stimme ihres Lehrers auch die auf Tonträger aufgenommenen Stimmen von (männlichen und weiblichen, jungen und alten) *native speakers* zu hören bekommen müssen, darf als gesicherte Erkenntnis gelten und soll hier nicht weiter begründet werden.[1]

In diesem Kapitel werden zunächst die in Frage kommenden Hörmaterialien[2] und dann unterschiedliche Verfahren systematisch aufgefächert. Danach wird an drei Beispielen die Verknüpfung eines Hörtextes mit bestimmten Verfahren verdeutlicht. Abschließend wird auf das Thema „Hörverständnis-Hausaufgaben" eingegangen.

Hörmaterialien lassen sich unterscheiden
- nach der Herkunft:
  - Das Material wird kommerziell vertrieben.[3]
  - Es handelt sich um eine private Aufnahme.
- nach dem Grad der Verknüpfung mit anderem Material:
  - Das Hörmaterial ist integrierter Bestandteil des Sprachkurses, mit dem die Schüler arbeiten.
  - Es wird vom Verlag als Ergänzung zum Lehrwerk angeboten und bezieht sich inhaltlich darauf, ist aber nicht zwingend erforderlich.
  - Es ist völlig unabhängig von irgendeinem Lehrwerk.
- nach dem Grad der Ausräumung sprachlicher Schwierigkeiten:
  - Am einen Ende der Skala läßt sich eine Aufnahme von Sprechern in einer gewöhnlichen Gesprächssituation denken, in der keinerlei Rücksicht auf eine mögliche spätere Verwendung im Unterricht genommen wird. Die Teilnehmer sprechen in natürlicher Geschwindigkeit, bemühen sich nicht um Klarheit und Deutlichkeit der Aussprache und legen sich keinerlei Einschränkungen im Hinblick auf Wortwahl und Satzbau auf. Möglicherweise sprechen sie Dialekt. Verständniserschwerende Hintergrundgeräusche werden nicht ausgeblendet.
  - Am anderen Ende der Skala stände eine Aufnahme, in der die Sprecher langsam und deutlich schlichte Sätze mit sorgfältig begrenztem Wortschatz formulieren (oder wahrscheinlich ablesen), die offen-

sichtlich für spätere Verwendung im Fremdsprachenunterricht gedacht sind.
- nach Gattung oder Textform:
  - Handelt es sich um eine Erzählung, um eine Kurzgeschichte o. ä., die von einem einzelnen Sprecher vorgetragen wird?
  - Um eine Beschreibung, einen Bericht, eine Reportage; um die Wettervorhersage[4], um eine Nachrichtensendung?[5]
  - Um ein Gespräch, ein Interview, eine Diskussion?
  - Um ein Hörspiel?

Verfahren lassen sich ebenfalls nach verschiedenen Gesichtspunkten gliedern. Die Gliederungsansätze schließen sich nicht gegenseitig aus: es kann also sein, daß manche Verfahren sich unter mehreren Gliederungsüberschriften einfügen lassen, je nach dem Filter, durch das man sie gerade betrachtet.

- Welche Ziele werden angestrebt?
  - Geht es hauptsächlich darum, die Fertigkeit des Hörverstehens zu entwickeln und zu üben?[6]
  In diesem Falle wird man Verfahren wählen, die den Schülern Erfolgserlebnisse verschaffen – Verfahren, die sie nicht unter Druck setzen und die ihnen nicht etwas abverlangen, was mit dem Hörverstehen wenig zu tun hat: die Fähigkeit nämlich, sich korrekt mündlich oder schriftlich in der Fremdsprache zu äußern.
  Beispiele für solche Aufgaben:
  - Jeder, der irgend etwas verstanden hat, darf (in der Fremdsprache) einen Satz über das Gehörte sagen. Dabei kann es sich um eine schlichte Einzelinformation handeln (*"It was John's birthday"*), um eine Teilzusammenfassung (*"In the beginning they had a sort of quarrel"*), aber auch um anspruchsvollere Aussagen (*"It was a play about jealousy"; "The speaker seems to have come to the conclusion that the Liberals have done more harm than good"*).
  - „Wer möchte mal versuchen, das Gehörte auf Deutsch zusammenzufassen?"
  - Soll das Hörverstehen getestet[7] werden?
  - Soll der Schüler sich beim Hören auf sprachliche (lexikalische, grammatische) Einzelheiten konzentrieren und nicht primär auf den Inhalt?
  Aufgabenbeispiele: a) „Schreibe alle Wörter des Hörtextes auf, die etwas mit dem Thema ‚Freizeit' zu tun haben." b) „Versuche, alle im Text vorkommenden Adjektive hinzuschreiben." „Wie viele Fragen kommen im Text vor?" (Das ist weniger einfach, als es zunächst

114

klingen mag: Nicht alle Fragen lassen sich an der Intonation erken-
nen; man muß schon auf die Wortstellung hören, ggf. auch auf die
Umschreibung mit *to do*. Noch anspruchsvoller wird die Aufgabe,
wenn man auch Interjektionen wie *"Really?"*, *"Again?"* oder indirekte
Fragen berücksichtigen läßt, z. B. Sätze wie *"I wonder how many
tourists are aware of this."*)
  – Soll das Hörmaterial hauptsächlich Sprechanlässe liefern; d. h.: geht
    es mehr um die Förderung der Sprechfertigkeit als um das Hörver-
    stehen?
  – Soll der Hörtext vorwiegend aus inhaltlichen Gründen eingesetzt
    werden? (Beispiel: In einem Literaturkurs wird zum Vergleich mit
    gelesenen Werken ein inhaltsverwandtes Hörspiel eingesetzt.)

– Bekommen die Schüler vor dem Hören Hilfen?
  – Das Material wird ohne helfende Einleitung vorgespielt.
    (Im Grunde ist nur dies eine realistische Herausforderung an das
    Hörverständnis. Das heißt aber nicht, daß die folgenden Alternati-
    ven nutzlos oder unangemessen sein müßten. Es kommt auf die
    Zielsetzung an!)
  – Der Lehrer macht es den Schülern leichter, den Hörtext zu verste-
    hen, indem er
    – sie durch ein vorbereitendes Gespräch auf das Thema ein-
      stimmt;
    – die Situation skizziert (z. B. wer die beteiligten Personen sind,
      wann und wo die Handlung spielt und was am Anfang
      geschieht);
    – wichtige Vokabeln vorher anschreibt, vorspricht und erklärt.

– Wann erfährt der Schüler, welche Aufgabe(n) er im Zusammenhang
  mit dem Hörtext lösen soll?
  – Er bekommt vorher gesagt, worauf er sich konzentrieren soll, und
    zwar:
    – auf das Globalverständnis des Textes (er soll, in groben Zügen,
      den Sinn des Ganzen erfassen);
    – auf bestimmte Details (er soll dem Text gezielt einige Informatio-
      nen entnehmen und den Rest nicht weiter beachten);
    – auf die Beantwortung einer übergreifenden Frage (z. B.: „Versucht
      herauszufinden, welche Einstellung die drei Sprecher zu dem
      behandelten Problem haben");
    – auf das, was ihm persönlich wichtig oder interessant vorkommt.
  – Der Schüler erfährt erst nach dem Vorspielen der Aufnahme, was
    von ihm erwartet wird. (Auch in diesem Falle sind alle eben
    genannten Aufgaben denkbar.)

– Wird der Text einmal oder mehrmals vorgespielt?
(Mehrmaliges Vorspielen ist nicht lebensecht – bei einem Auslandsaufenthalt kann der Schüler das Gespräch, das zu verstehen er sich
bemüht, auch nicht einfach zurückspulen und noch einmal hören –,
aber dennoch gibt es oft vernünftige Gründe, den Hörtext – ganz oder
zum Teil – ein zweites oder drittes Mal[8] vorzuspielen, u. U. mit veränderter Aufgabenstellung.)
Einige Spielarten:
– Der Text wird nur einmal vorgespielt.
– Wenn der Lehrer beim Vorspielen eines längeren Textes annehmen
muß, daß eine bestimmte Stelle wegen ihrer Schwierigkeit beim
ersten Hören nur von wenigen Schülern verstanden worden ist,
oder wenn eine Stelle für den Fortgang der Handlung oder der
Argumentation von besonderer Wichtigkeit ist, spult er das Band ein
Stückchen zurück und spielt diese Stelle noch einmal vor.
– Der (kurze) Text wird ein erstes Mal (ohne vorbereitende oder
begleitende Hilfsmaßnahmen) vorgespielt. Dann wird er ein zweites
Mal vorgespielt, aber diesmal können die Schüler mitlesen (d. h. der
Text wird projiziert, oder Textblätter werden verteilt). Beim dritten
Vorspielen konzentrieren sich die Schüler wieder ausschließlich aufs
Hören; die optischen Hilfen sind nicht mehr zugänglich.
(Auf diese Weise werden die Schüler dazu gebracht, sich beim zwei-
ten und dritten Vorspielen gezielt mit den Schwierigkeiten ausein-
anderzusetzen, die sie beim ersten Hören hatten.)
– Beim ersten Vorspielen kann der Text gleichzeitig mitgelesen wer-
den; beim zweiten Vorspielen nicht mehr.
– Welche Art von Reaktion wird von den Schülern erwartet?
– Überhaupt keine Reaktion: Man geht davon aus, daß das Gehörte
verstanden worden ist und daß Folgeaktivitäten nicht nötig sind.
– Verbale mündliche Reaktionen:
– Beantwortung von Lehrerfragen;
– Kettenfragen[9];
– Zusammenfassung oder Nacherzählung;
– Stellungnahme; Würdigung; kritischer Kommentar.
– Verbale schriftliche Reaktionen:
– Beantwortung von Fragen;
– Ausfüllen von Lücken in einem Arbeitsblatt;
– Zusammenfassung oder Nacherzählung;
– Stellungnahme; Würdigung; kritischer Kommentar.
– Non-verbale Reaktionen:
– Ankreuzen von Multiple-Choice-Antworten;

- Unterstreichen bestimmter Wörter in der gedruckten Fassung des Hörtextes;
- Ausführen bestimmter Handlungen nach Anweisung vom Tonträger:
  - Bewegungen u. ä. (Fenster öffnen, zur Tür gehen o. ä.);
  - ein sichtbares Zeichen geben, z. B. den Arm heben, sobald man etwas Bestimmtes hört (z. B. jedesmal wenn auf der Kassette etwas gesagt wird, was nicht stimmen kann);
  - Einzeichnen von Wegstrecken auf einem Stadtplan oder einer Landkarte; Anfertigung einer Skizze oder Zeichnung).
- Ist, zusätzlich zur Tonaufnahme, weiteres Material erforderlich?
  - Außer der Kassette und dem Wiedergabegerät ist nichts weiter nötig. Geschrieben wird, wenn überhaupt, an der Tafel und/oder in den Heften der Schüler.
  - Der komplette Text liegt auch in gedruckter oder geschriebener Form vor:
    - im Lehrbuch, das die Schüler sowieso besitzen,
    - als Fotokopie oder Abschrift aus einem anderen Buch, das dem Lehrer zugänglich ist,
    - auf einer Folie für den Tageslichtprojektor.
  - Teile des Textes (oder: der gesamte Text, aber mit Lücken) liegen auch in gedruckter oder geschriebener Form vor:
    - auf einem fotokopierten oder per Matrize vervielfältigten Arbeitsblatt,
    - auf einer Folie für den Tageslichtprojektor.
  - Es liegt ein Arbeitsblatt vor, das vom Schüler gemäß den aus dem Hörtext zu entnehmenden Informationen bearbeitet werden muß, aber nicht den Text enthält, z. B.:
    - ein Stadtplan oder eine Landkarte (wenn auf der Kassette eine Wegbeschreibung gegeben wird);
    - Multiple-Choice-Aufgaben, bei denen während des Hörens oder danach die entsprechenden Kreuzchen gemacht werden müssen;
    - Aussagen, bei denen der Schüler entscheiden muß, ob sie richtig oder falsch sind;
    - ein Informationsraster, dessen einzelne Felder beim oder nach dem Hören auszufüllen sind (Beispiel: am linken Rande des Blattes stehen untereinander die Namen der im Hörtext vorgestellten Personen; am oberen Rande erscheinen nebeneinander die Kategorien, zu denen Angaben einzutragen sind – z. B. Alter, Eigenschaften, Ansichten, Handlungen).
- Haben alle Schüler die gleiche Aufgabe?

Häufig wird es so sein, daß alle Schüler gleichzeitig den Text hören und auch die gleiche Aufgabe haben. Es gibt jedoch Alternativen:
– Gruppenarbeit; jede Gruppe hat ihren eigenen Kassettenrecorder und arbeitet damit in einer Ecke des Klassenraumes (sofern nicht mehrere Räume benutzt werden können):
  – an der gleichen Aufgabe,
  – an unterschiedlichen Aufgaben.
– Alle Schüler hören gleichzeitig den Text, haben aber verschiedene (z. B. nach Schwierigkeit gestufte) Aufgaben. Angenommen, es handelt sich um eine kurze, aber relativ schwierige Textpassage, könnte das so aussehen:
  – Die Spitzengruppe erhält keinerlei Hilfe und muß den kompletten Text (der mehrmals vorgespielt wird) hinzuschreiben versuchen.
  – Das Arbeitsblatt der mittleren Gruppe enthält einige Vorgaben, durch die bestimmte Schwierigkeiten erleichtert werden.
  – Die schwachen Schüler bekommen ein Blatt, das – bis auf eine Reihe von Lücken – bereits alle wesentlichen Teile des Textes enthält.

Drei praktische Beispiele

Wenn bei den im folgenden genannten Beispielen bestimmte Aktivitäten vorgeschlagen werden, so soll das selbstverständlich nicht heißen, daß nicht auch andere Verfahren ergiebig sein können. Es empfiehlt sich, in jedem Falle die oben zusammengestellte Liste durchzuprüfen. Manche der dort aufgeführten Möglichkeiten verstehen sich von selbst und brauchen deshalb nicht erneut genannt zu werden; andere, die vielleicht auf den ersten Blick nicht zu einem der Beispiele zu passen scheinen, können wieder in die engere Wahl kommen, wenn man sich andere Ziele setzt.

Einführung eines Lehrbuchtextes vom Tonträger

Ausgangssituation: Die Schüler haben den Text nicht zu Hause vorbereitet. Sie haben auch noch keine Gelegenheit bekommen, ihn während des Unterrichts durchzulesen.
Die Entscheidung darüber, ob eine Vorentlastung (Einführung ins Thema, Erklärung vermutlich unbekannter Vokabeln) erfolgen soll, kann je nach den Absichten, die man verfolgt, unterschiedlich ausfallen.
Es empfiehlt sich, die Darbietung mehrfach (z. B. nach jedem größeren Abschnitt) zu unterbrechen und das Verfahren der Verständnisüberprü-

fung immer wieder abzuwandeln. Denkbar ist z. B. eine Folge, bei der die Schwierigkeit ständig steigt:
- Erster Abschnitt: Die Schüler hören den Text zweimal hintereinander; dabei dürfen sie das erste Mal mitlesen, das zweite Mal nicht. Anschließend stellt der Lehrer einige Verständnisfragen.
- Zweiter Abschnitt: Die Bücher sind geschlossen (wie auch bei den weiteren Abschnitten). Die Schüler stellen Kettenfragen.
- Dritter Abschnitt: Nach dem Hören wird ein Schüler aufgefordert, eine Reihe von Fragen zu stellen.
- Vierter Abschnitt: Ein Schüler faßt das soeben Gehörte in freier Rede zusammen.

Arbeit mit einer Erzählung oder einem Kurzhörspiel

Der Text (z. B. eine Schulfunksendung) ist den Schülern nicht bekannt. – Vor dem Vorspielen werden keine Vokabeln angegeben und keine speziellen Aufgaben gestellt. Es wird kein Arbeitsblatt verteilt, und der Text liegt nicht in gedruckter Fassung vor. –
Einige Möglichkeiten, die nicht als Alternativen gemeint sind, sondern eher im Sinne einer Abfolge aufgefaßt werden können:
- Der Lehrer schreibt den Titel an die Tafel und läßt Vermutungen über den Inhalt anstellen.
- Der Text wird mit Unterbrechungen vorgespielt. Die Unterbrechungen können aus verschiedenen Gründen nützlich sein:
    - Schwache, wenig motivierte Schüler geben den Versuch, konzentriert zuzuhören, schnell auf, wenn sie von der Handlung nicht unmittelbar gefesselt werden oder wenn sie Verständnisschwierigkeiten haben. Durch Unterbrechungen (besonders in den ersten Minuten der Sendung) und einige Verständnisfragen – verbunden mit kurzen Erläuterungen, falls auch die guten Schüler nicht in der Lage sein sollten, diese ersten Fragen zu beantworten – kann der Lehrer einerseits die inzwischen „eingeschlafenen" Schüler wieder aufwecken und andererseits sicherstellen, daß anfängliche Verständnisprobleme schnell ausgeräumt werden, bevor sie zu allgemeiner Frustration führen.
    - Unterbrechungen lassen sich gut für Vermutungen über den weiteren Verlauf nutzen,
        - entweder punktuell: *"What do you think she'll say now?"*
        - oder weiter ausgreifend: *"How do you think it will go on?"*; *"Will there be a happy ending?"*
    - Gelegentlich kann es sinnvoll sein, einen guten Schüler um eine Zusammenfassung des bisher Gehörten zu bitten.

- Bevor die Handlung eine entscheidende oder überraschende Wendung nimmt, wird das Vorspielen für eine Stillarbeitsphase unterbrochen, in der die Schüler aufschreiben, wie die Geschichte ihrer Meinung nach enden könnte. Danach werden einige dieser Vermutungen vorgelesen, bevor der letzte Teil des Bandes vorgespielt wird.
- Die Handlung wird – ggf. abschnittweise, von mehreren Schülern – zusammengefaßt.
- Die Schüler können über im Text dargestellte Probleme diskutieren und ihre persönliche Meinung äußern.

In der Oberstufe bietet sich auch eine an der Form orientierte kritische Würdigung des Gehörten an, z. B. wenn es sich um ein literarisch wertvolles Hörspiel[10] handelt.

Arbeit mit einer Nachrichtensendung

Bei Nachrichtensendungen gleichen sich verständniserschwerende Faktoren (hohe Informationsdichte, fehlende Redundanz, kein Zögern, keine längeren Sprechpausen) und verständniserleichternde Faktoren (klare, gepflegte Sprechweise, einheitliches Register, dialektfreie Standard-Aussprache; Schüler sind oft durch die deutschen Medien schon über einige Inhalte informiert) ungefähr aus. –

Voraussetzung: Der Lehrer hat die zu besprechende Nachrichtensendung am Tag vor der Unterrichtsstunde (oder: morgens vor Schulbeginn) aufgenommen und – soweit nötig – gekürzt. –

Für die Phase vor dem Vorspielen bieten sich folgende Möglichkeiten an:

- Einführendes Gespräch ("What's in the news at the moment?"). Dabei können einige wichtige Vokabeln bereits an der Tafel gesammelt werden.
- Ausgabe eines Arbeitsblattes; es enthält
  - inhaltsbezogene Aufgaben, z. B.:
    - einfache Verständnisfragen, die in kurzen, aber vollständigen Sätzen beantwortet werden sollen;
    - Aussagen, bei den jeweils TRUE oder FALSE angekreuzt werden muß;
    - ein Informationsraster (s. o.);
  - sprachbezogene Aufgaben, z. B.:
    - kurze Lückentexte zu verschiedenen Meldungen;
    - eine Liste von Vokabeln, die zugeordnet werden müssen („Welches Wort wurde bei welcher Meldung benutzt?");
    - eine Liste deutscher Wörter, deren fremdsprachliche Entsprechungen eingetragen werden sollen.

- Mündliche Arbeitsanweisungen, z. B. der folgenden Art:
  - „Macht Euch stichwortartige Notizen zu jeder Meldung, so daß Ihr Euch an alle Meldungen erinnern könnt."
  - „Konzentriert Euch bitte besonders auf die Meldungen, die etwas mit der Krise in XYZ zu tun haben."
  - „Wählt eine Meldung aus, die Euch besonders interessiert, und bereitet Euch darauf vor, sie nachher zusammenzufassen."
  - „Die Mädchen notieren möglichst viele Adjektive, die in der Sendung vorkommen; die Jungen möglichst viele Substantive."
  - (Voraussetzung hierfür ist, daß der Lehrer die Nachrichtensendung zweimal aufgenommen hat, z. B. am Morgen und am Abend des Vortages, und die beiden Fassungen nacheinander abspielen kann.) „Jeder konzentriert sich bei den Vormittagsnachrichten auf eine bestimmte Meldung. Kommt die Meldung auch in den Abendnachrichten vor? An der gleichen Stelle? Ist sie genau gleich geblieben, oder hat sie sich verändert?"

Die Darbietung der Sendung kann erfolgen
- ganz oder teilweise
  (Das Vorspielen einer kompletten Nachrichtensendung dürfte eher in der Oberstufe als in der Unter- und Mittelstufe sinnvoll sein, denn jüngere Schüler wären in der Regel sowohl inhaltlich als auch sprachlich überfordert, wenn sie mit einer solchen Menge sprachlich schwierigen Materials konfrontiert würden.)
- ohne Unterbrechung oder mit Unterbrechungen
  (Eine Unterbrechung bietet sich jeweils am Ende einer Meldung an. Unterbrechungen innerhalb einer Meldung sind eigentlich nur dann zu rechtfertigen, wenn den Schülern die Gelegenheit gegeben werden soll, eine wichtige Wendung sofort zu notieren.)
- einmal oder mehrmals
  (Da bei der Arbeit mit Nachrichtensendungen die Wortschatzarbeit in der Regel mindestens ebenso wichtig ist wie das Üben oder Testen des Hörverstehens, wird man jene Meldungen, deren sprachliche und inhaltliche Auswertung sich besonders lohnt, im allgemeinen mehrfach vorspielen.)

Die Auswertung richtet sich danach, wie während der beiden vorigen Phasen die Weichen gestellt worden sind.

Zusätzlich zu den bereits angedeuteten Möglichkeiten bieten sich noch folgende Aktivitäten an:
- Kettenfragen.
- Zusammenfassender Bericht über die gesamte Nachrichtensendung durch einen besonders guten Schüler.

- Weitergehende Wortschatzarbeit (Erstellung von Wortfeldern an der Tafel; Ergänzungen durch Schüler und Lehrer). Eintragungen in entsprechende (stundenübergreifend geführte) Listen, Ringbuchblätter oder Vokabelhefte.
- Weiterführende Hausaufgaben (z. B. Auftrag, zu Hause die weitere Entwicklung einer bestimmten Meldung bzw. eines bestimmten Themas selbständig weiter zu verfolgen – in der Fremdsprache, nicht in den deutschen Medien – und später darüber zu berichten).

Hörverständnis – Hausaufgaben

Begründung:
Das Bemühen, einen gesprochenen Text zu verstehen und ihn, nach mehrmaligem Hören, auch mündlich zusammenfassen zu können, hat alle Vorteile, die auch das selbständige Lesen von englischen Zeitungen oder Büchern bietet: Aktivierung bereits gelernter Vokabeln und Satzstrukturen, Erweiterung des Wortschatzes, Einschleifen von Kollokationen und idiomatischen Redewendungen, Übung der effizienten Wörterbuchbenutzung; Erfolgserlebnisse durch die Erfahrung, auch längere fremdsprachliche Texte selbständig bewältigt zu haben. Es bietet darüber hinaus auch noch die Förderung von Fähigkeiten, die eigentlich im Mittelpunkt des Fremdsprachenunterrichts stehen sollten, aber oft zu kurz kommen:
- Verstehen eines in normalem Sprechtempo von *native speakers* gesprochenen Textes;
- eindringliche Schulung von Aussprache und vor allem Intonation;
- Training der (besonders bei einem Auslandsaufenthalt!) sehr wichtigen Fähigkeit, die mutmaßliche Bedeutung unbekannter Wörter gedankenschnell aus dem Kontext zu erschließen.

Verfahren:
Der Lehrer gibt dem Schüler eine Tonkassette zur selbständigen häuslichen Erarbeitung mit – z. B. die Aufnahme einer aktuellen Nachrichtensendung des britischen Rundfunks, ein Hörspiel, eine Kurzgeschichte oder Romanepisode, eine Dokumentarsendung, eine humoristische Sendung. Die Art der Aufgabenstellung hängt vom Inhalt ab; grundsätzlich lassen sich zunächst zwei Möglichkeiten unterscheiden:
- Der Schüler soll versuchen, die Antwort auf einige vorgegebene Fragen zu finden; er soll sich auf bestimmte *Einzelheiten* (z. B. einer Nachrichten- oder Dokumentarsendung) konzentrieren.
- Der Schüler soll die Sendung *als Ganzes* erfassen. (Beispiel: er soll fähig sein, die Handlung eines Hörspiels nachzuerzählen; er soll das

122

Thema oder die wesentlichen Aussagen der Sendung klar zusammenfassen.)
Auswertung:
– Der Schüler berichtet der Klasse über das Gehörte. Je nach Art des
  Materials und Zielsetzung der Aufgabe
  – spricht er dabei völlig frei,
  – stützt sich auf stichwortartige Notizen,
  – hilft den Mitschülern zusätzlich durch einen geschickten Tafelan-
    schrieb oder ein selbst gefertigtes Merkblatt, die Ergebnisse zu ver-
    stehen und einzuordnen.
– Der Lehrer läßt den Schüler ein Blatt ausfüllen, in dem bestimmte Antworten einzusetzen sind, oder er prüft den Schüler mündlich über das
  Gehörte. (Manchmal möchten einzelne Schüler – aus unterschiedlichen Gründen – „Sonderleistungen" erbringen, und der Lehrer kann
  ihnen auf diese Weise Gelegenheit dazu geben, auch wenn das Material für die anderen Schüler zur Zeit nicht relevant ist oder nicht in den
  Unterricht paßt.)
– Wenn alle Schüler die Möglichkeit haben, eine bestimmte englische
  Radiosendung zu Hause auf Kassette aufzunehmen, kann die „Hörver-
  ständnis-Hausaufgabe" auch zur Grundlage einer Klassenarbeit oder
  eines Tests gemacht werden:
  Die Schüler werden rechtzeitig darauf hingewiesen, wann die Sendung zu empfangen ist (sie können dann untereinander regeln, wer
  wem eine Kopie anfertigt, falls nicht alle Gelegenheit haben, die Aufnahme zu machen!), wann die Arbeit geschrieben wird und welcher
  Art die Aufgaben sein werden.

---

1 Grundsätzliches läßt sich z. B. bei Hunfeld/Schröder (S. 143), bei Bausch/
  Christ/Hüllen/Krumm (S. 201ff. und S. 262ff.) und in dem Aufsatz von Bebermeier (FU Heft 12, Nov. 1969) nachlesen.
2 Sprachlabordrills werden im Sprachlabor-Kapitel behandelt; sie bleiben deshalb
  hier unberücksichtigt.
3 Hier muß vor allem auf die seit 1980 erscheinende „Sammlung Lensing 4" hingewiesen werden, die in jeder Folge nicht nur mehrere Tonaufnahmen, sondern
  auch unterrichtspraktisches Begleitmaterial dazu bietet (Vokabelerklärungen,
  Unterrichtsplanung, fotokopierbare Arbeitsblätter für die Schüler).
4 Ausführliche Anregungen zum Einsatz des Wetterberichts bietet der Aufsatz
  von Jürgen Burg, *"And here's the weather forecast until midnight"* (PRAXIS 3/
  1986).
5 Den Einsatz von Nachrichtensendungen im EU der Oberstufe hat Helga Pfetsch
  beschrieben: *"From the Wires of the A.P. and U.P.I."*, FU Heft 24 (4/1972).

[6] Daß das Entwickeln und Üben dieser Fertigkeit andere Verfahren erfordert als jene, die zum Testen eingesetzt werden, wird nachdrücklich betont in dem Aufsatz „Hörverstehen – gezielt geschult" von M. Arendt (PRAXIS 2/1989). – Einige unterrichtspraktische Hinweise finden sich im Aufsatz von Blombach (FUE Heft 2, April 1991, S. 20ff.)

[7] Vgl. dazu u. a. meinen Aufsatz Hörverständnistests im Englischunterricht (PRAXIS 3/1975).

[8] Wenn man weiß, daß man den gleichen Text mehrfach vorspielen wird, empfiehlt es sich, ihn zwei- oder dreimal hintereinander auf der Kassette zu haben.

[9] Näheres hierzu im Kapitel „Reduzierung der Lehrersprechzeit".

[10] Vgl. z. B. den Aufsatz von H. Groene, The Radio Play in Language Teaching: "Albert's Bridge" by Tom Stoppard, DNS 6/1981.

Songs

Der Begriff „Songs" soll hier recht weit gefaßt werden. Er soll umfassen:
- Volkslieder,
- Kinderlieder,
- Chansons,
- Negro Spirituals,
- Schlager; Pop-Songs,
- Protest-Songs,
- Weihnachtslieder (Christmas Carols),
- Songs, die eigens für den Fremdsprachenunterricht geschrieben wurden.

Songs können im Unterricht eingesetzt werden, um
- bestimmte Wörter und Wendungen einzuführen und/oder zu festigen;
- bestimmte grammatische Strukturen zu veranschaulichen und zu üben;
- das Gespräch über landeskundliche oder sozio-kulturelle Themen zu bereichern;
- andersartiges Diskussionsmaterial für die Behandlung von allgemeinmenschlichen Themen zu liefern, die gerade im Unterricht besprochen werden;
- die Freude der Schüler am Fremdsprachenunterricht zu erhöhen und ihre Motivation zur Mitarbeit aufrechtzuerhalten oder wiederzubeleben.

Selbstverständlich geht es hier nicht um „entweder/oder": in vielen Fällen lassen sich m e h r e r e der genannten Ziele gleichzeitig verfolgen!

Dazu einige Erläuterungen und Beispiele:
- Für die Festigung von grammatischen Strukturen eignen sich besonders Songs, die speziell für den Fremdsprachenunterricht geschrieben wurden. Es gibt etliche solche Sammlungen[1], und viele der Lieder auf diesen Platten oder Kassetten sind musikalisch ansprechend und z. T. auch inhaltlich reizvoll. Ihr Einsatz ist keineswegs auf die Unterstufe beschränkt. Der Lehrer braucht allenfalls gelegentlich etwas psychologisches Geschick, um aus dem Widerstand älterer Jugendlicher, die

nur „echte" Pop-Songs glauben akzeptieren zu dürfen, einen weiteren
lohnenden Gesprächsanlaß zu machen.
Auch Volks- und Kinderlieder sind oft für gezielte Arbeit an der
Sprache hervorragend geeignet, besonders wenn sie einen Refrain
haben oder wenn innerhalb der Strophen einzelne Zeilen immer wie-
derkehren, so daß durch häufige Wiederholung – die in diesem Falle
eher Spaß macht als Langeweile hervorruft – bestimmte Wendungen
nachdrücklich eingeschliffen werden.

– Es kann durchaus sinnvoll sein, einmal einen fremdsprachlichen Song
einzusetzen, *ohne* bestimmte sprachliche oder inhaltliche Ziele damit
zu verfolgen, einfach um den Schülern nach anstrengend-trockener
Arbeit eine Abwechslung zu gönnen und eine Freude zu machen.
Gewarnt werden muß allerdings davor, dies zu oft zu tun. (Anfänger
und besonders Fremdsprachenassistenten erliegen häufig dieser Versuchung!) Das bloße Vorspielen von Pop-Songs ist noch kein Zeichen
für guten Fremdsprachenunterricht; im Gegenteil, es kann leicht zu
einer unverantwortlichen „Beschäftigungstherapie" ausarten. Schüler
nutzen diese Art von naiver Anbiederung und pädagogischer Hilflosigkeit zwar ungeniert aus, machen sich aber untereinander darüber
lustig, und ihre „Lernfortschritte" sind nicht der Rede wert.

Es gibt sehr unterschiedliche Methoden, Songs einzuführen und mit
ihnen zu arbeiten.
Die Wahl der Methode wird u. a. davon beeinflußt,
– wie alt die Schüler sind und wie gut ihr Hörverstehen bereits entwik-
kelt ist;
– ob es sich um einen Song handelt, der zum Anhören und Besprechen
eingesetzt wird, oder um ein Lied, das die Schüler selbst singen sollen;
– ob der Song bekannt oder unbekannt ist;
– ob der Schwerpunkt der Arbeit auf der inhaltlichen oder auf der
sprachlichen Ebene liegen soll;
– ob die technische Qualität der Tonaufnahme so gut ist, daß die Worte
akustisch gut verständlich sind.

Im folgenden werden Erarbeitungsverfahren für drei „typische Fälle"
skizziert:
a) ein Lied (Volkslied, Kinderlied, Negro Spiritual), das in den aktiven
Besitz der Schüler übergehen soll, so daß sie es – gemeinsam mit dem
Lehrer oder auch allein – singen können;
b) ein inhaltlich gehaltvoller, sprachlich möglicherweise schwieriger
Song (Pop Song, Protest Song, Chanson), der zur Grundlage einer
Analyse oder einer Diskussion gemacht werden soll;

c) ein für den Fremdsprachenunterricht geschriebener Song, in dem eine bestimmte grammatische Struktur veranschaulicht wird.

Lied zum Mitsingen ...

1) Zunächst werden die Schüler mit dem Text bekannt gemacht:
– Der Lehrer schreibt den Text (oder zunächst einmal: die erste Strophe!) an die Tafel. Die Schüler schreiben ihn ins Heft ab.
– Der Lehrer legt eine Folie mit dem Text auf den Tageslichtprojektor; die Schüler schreiben ihn ab.
– Der Lehrer verteilt einen Umdruck mit den Worten des Liedes.
– Der Lehrer bringt aus der Hilfsbücherei einen Klassensatz von Lieder-büchern mit; die Schüler schreiben den Text in ihre Hefte ab.
Unbekannte Vokabeln und schwierige Konstruktionen werden erläutert:
– in der Fremdsprache (zu den verschiedenen Möglichkeiten vgl. das Kapitel „Einführung eines Lehrbuchtextes"!);
– in der Muttersprache;
und gesichert:
– einzelne Schüler sprechen die Wörter einzeln nach oder lesen die Liste vor;
– die Wörter werden im Chor nachgesprochen;
– die Wörter werden von einzelnen Schülern in sinnvolle eigene, nicht dem Lied entnommene Sätze eingebaut;
– die Schüler schreiben die Wörter (zusammen mit den Erklärungen oder Übersetzungen, bei bestimmten Wörtern vielleicht auch zusammen mit der Lautschrift) ab.
Der Lehrer liest den Text des Liedes vor; zunächst einmal ganz, dann Zeile für Zeile bzw. Sprechabschnitt für Sprechabschnitt, und die Schüler sprechen im Chor nach.

2) Die Melodie wird eingeübt:
– Wenn es sich um ein musikalisch sehr schlichtes Lied handelt, bei dem keinerlei rhythmische oder melodische Schwierigkeiten (wie z. B. weite Sprünge, ungewohnte Intervalle, Synkopen) auftreten, singt der Leh-rer die erste Zeile vor und läßt die Schüler nachsingen, dann die zweite Zeile usw.
– Wenn die Melodie nicht so einfach ist, kann es sinnvoll sein, die Schwierigkeiten zu entzerren: Der Lehrer *summt* die einzelnen Teile der Melodie vor – ohne die Worte zu benutzen – und läßt die Schüler halblaut nachsummen. Er hört sich nicht immer nur die ganze Klasse

an, sondern konzentriert sich auch einmal auf Teilgruppen. Erst wenn die Melodie „sitzt", werden die Worte mitgesungen.

3) Das Lied wird gemeinsam gesungen (zwei- oder dreimal, jedesmal ein bißchen präziser). Wenn der Lehrer Gitarre spielen kann – um so besser! Dann wird eine Zeitlang etwas anderes getan (z. B. im Lehrbuch weitergearbeitet), und wenn am Ende der Stunde noch Zeit bleibt, kann das Lied zum Abschluß noch einmal gesungen werden. – Wenn es in einer der nächsten Stunden wieder aufgegriffen wird, zeigt sich im allgemeinen, daß die Schüler es noch fehlerfrei beherrschen; und nach einigen weiteren Wiederholungen ist es zum Dauerbesitz geworden.

Song als Gesprächsgrundlage . . .

1) Das Verständnis des Textes muß sichergestellt werden.
– Wenn der Text ausgesprochen schwierig und anspruchsvoll ist – z. B. bei einem Song, dessen Text die Komplexität eines lyrischen Gedichts aufweist und auch ohne die Dimension der Musik bereits ein Kunstwerk ist –, *kann* es sinnvoll sein, die Musik zunächst noch wegzulassen und sich ausschließlich auf die Worte zu konzentrieren:
– Der Lehrer gibt den Schülern den vervielfältigten Text zur häuslichen Vorbereitung auf. (Unbekannte Vokabeln sind nachzuschlagen, ihre Definitionen sind aufzuschreiben und zu lernen. Eventuell kann auch schon eine für die Interpretation wichtige Leitfrage zur schriftlichen Beantwortung aufgegeben werden.)
– Der Lehrer gibt zu Beginn der Stunde den vervielfältigten Text aus. Er liest ihn einmal vor; beantwortet Fragen nach unbekannten Wörtern; stellt von sich aus Fragen, wenn er den Eindruck hat, daß die Schüler bestimmte Schwierigkeiten noch gar nicht erkannt haben (z. B. daß ein Wort in einer anderen, bisher unvertrauten Bedeutung benutzt wird).
– Im allgemeinen ist es aber möglich und auch empfehlenswert, Text und Musik nicht zu trennen, sondern von Anfang an gemeinsam darzubieten:
Der Song wird vom Tonträger (Kassette, Band, Schallplatte) vorgespielt.
– Die Schüler können beim Zuhören bereits den Text mitlesen, der ihnen unmittelbar vor dem ersten Abspielen auf Umdruck oder Fotokopie ausgehändigt wurde.
– Bei der ersten Darbietung konzentrieren sich die Schüler ausschließlich aufs Zuhören. Erst dann bekommen sie den Text – nachdem der Lehrer ein paar allgemeine Verständnisfragen gestellt und erste

Spontanreaktionen hervorgelockt hat –; der Song wird ein zweites Mal vorgespielt, und diesmal lesen die Schüler mit.
- Die Schüler bekommen zwar einen Umdruck mit dem Text des Liedes, aber der Text enthält etliche Lücken; diese Lücken müssen beim mehrmaligen Hören ausgefüllt werden.

Unbekannte Vokabeln und schwierige Konstruktionen werden geklärt:
- Der Lehrer beantwortet Fragen der Schüler, so wie sie gerade kommen.
- Der Lehrer strukturiert die sprachliche Erarbeitung, indem er die Zeilen bzw. Strophen nacheinander durchgeht und von sich aus fragt (*"Can anyone explain the meaning of the second word in line 3?"*; *"Are there any more problems in the third stanza?"*).
- Der Lehrer hat alle vorhersehbaren Vokabelschwierigkeiten bereits ausgeräumt, indem er auf dem Textblatt selbst oder auf einem separaten Blatt Erläuterungen mitvervielfältigt hat – in der Fremdsprache oder vielleicht z. T. auch auf deutsch.

2) Dann beginnt die eigentliche Interpretation:
- in Form eines Unterrichtsgesprächs;
- in Form einer individuellen schriftlichen Stillarbeit mit anschließender Besprechung;
- zunächst im Plenumsgespräch, dann Zusammenfassung in schriftlicher Stillarbeit;
- zunächst als Gruppenarbeit, später Auswertung im Plenumsgespräch:
  - Alle Gruppen befassen sich mit den gleichen Fragen.
  - Die Gruppen haben unterschiedliche Arbeitsaufträge.
  (Zur Vorbereitung der Gruppenarbeit händigt der Lehrer den Schülern Zettel mit Fragen bzw. Aufgaben aus. Er legt fest, wie lange daran gearbeitet werden kann. Auf dem Zettel steht zweckmäßigerweise auch ein Hinweis zum Verfahren wie z. B. *"In the time given, try to discuss as many as possible of the following questions. Please take notes."*

Je nach Art des Songs wird die Interpretation des Inhalts unterschiedliche Akzente setzen – psychologische, landes- und kulturkundliche, politische. Auf jeden Fall wird es sinnvoll sein, auch die Musik in die Besprechung mit einzubeziehen: Wie würde man sie beschreiben? Unterstützt sie den Gehalt des Liedes, oder besteht zwischen ihr und der Aussage des Textes eher ein Widerspruch? (Beispiel: Eine Analyse von Leonard Cohens „Suzanne" bliebe unvollständig, wenn nicht auch der träumerische, an das monotone Plätschern der Wellen des Flusses erinnernde Charakter der Begleitmusik erkannt würde!).

3) Im Anschluß an die Interpretation (die zwar subjektive Momente enthalten wird, aber doch vorwiegend als ein objektiv-sachliches Stück Arbeit anzusehen ist), bietet sich oft auch noch eine Phase der argumentativen Auseinandersetzung mit dem im Song aufgeworfenen Problem an: „Empfinden Sie das Verhalten und die Gefühlsreaktion des ‚sprechenden Ich' als angemessen/unangemessen/reif/unreif?" „Würden Sie sich in einer solchen Situation ebenso verhalten?" Die Schüler erhalten Gelegenheit, ihre persönlichen Empfindungen (natürlich in der Fremdsprache!) zu äußern und zu begründen:
– im Unterrichtsgespräch;
– in schriftlicher Stillarbeit mit anschließender Besprechung;
– zunächst im Gespräch, dann in schriftlicher Stillarbeit oder in einer Hausaufgabe.

4) Als Hausaufgaben kommen auch noch in Frage:
– die Nacherzählung des im Song erzählten Geschehens aus der Sicht einer anderen Figur;
– die Umformung (z. B. des politisch signifikanten Zwischenfalls – vgl. Harvey Andrews, „Soldier"! – oder der unglücklich endenden Liebesgeschichte) in einen Zeitungsbericht;
– der Vergleich mit einem am Ende der Stunde ausgegebenen themenverwandten anderen Text (nicht unbedingt mit einem anderen Song; es kann auch ein Sachtext oder ein Gedicht sein): „Wo liegen die Gemeinsamkeiten? Was sind die Unterschiede?"

Für den Fremdsprachenunterricht geschriebener Song:
Mittel zum (sprachlichen) Zweck . . .

1) Vorentlastung.
Besonders in jüngeren Klassen oder bei lernschwachen Gruppen kann es sich empfehlen, unbekannte Vokabeln vorweg zu klären – z. B. im situativen Zusammenhang einer „Geschichte", die dem Song ähnlich, aber nicht genau gleich ist. Auch sollte die grammatische Struktur, um die es in dem Song geht, vorher bereits eingeführt worden sein – im allgemeinen mit Hilfe des Lehrbuches.
Auf diese Weise kann sichergestellt werden, daß das Hörerlebnis von Anfang an „lustbetont" ist und der übende Umgang mit der relevanten Struktur ohne große Verzögerungen möglich wird.
Bei älteren Schülern wird man auf die Vorentlastung verzichten können.

130

2) Präsentation vom Tonträger:
Der Text wird den Schülern zunächst noch nicht in die Hand gegeben.
Der Song wird vorgespielt:
– strophenweise,
– von Anfang bis Ende.
Der Lehrer stellt (bei beiden Varianten) erste Verständnisfragen, die –
zumindest teilweise – schon so formuliert sind, daß die Schüler bei der
Antwort die gewünschte Struktur benutzen.
Der Song wird ein zweites Mal vorgespielt
– nachdem den Schülern der Text ausgehändigt worden ist, oder
– erneut ohne visuelle Stütze.
(Die Entscheidung, ob mit oder ohne den gedruckten Text gearbeitet
werden soll, hängt einerseits davon ab, wie man weiter vorgehen
möchte, zum anderen aber auch sehr stark davon, wie gut die Tonquali-
tät ist.)
Sofern noch unbekannte Wörter und Wendungen vorkommen, werden
sie erklärt.

3) Übungsphase.
Die grammatische Struktur, die das Lied veranschaulicht, wird nun
„umgewälzt" und gefestigt:
– Der Lehrer stellt Fragen, bei deren Beantwortung die zu übende Form
  benutzt werden muß.
– Die Schüler stellen Kettenfragen (der gleichen Art).
– Jeder Schüler stellt seinem Nachbarn entsprechende Fragen.
– Der Lehrer verteilt ein Arbeitsblatt mit dem Text des Liedes, auf dem
  eine Reihe jener Stellen, die die zu übende Struktur enthalten, ausgelassen sind. Die Schüler tragen die fehlenden Wörter ein. (Das setzt
  natürlich voraus, daß der vollständige Text noch nicht ausgegeben
  worden ist – oder aber, daß er jetzt wieder eingesammelt wird.)
– Ein Schüler faßt den Inhalt des Liedes aus dem Gedächtnis frei zusammen und benutzt dabei möglichst oft die zu übende Struktur.
(Auf diese Übungsphase sollte man nicht verzichten; man sollte sie aber
auch nicht zu lange ausdehnen – sonst verdirbt man den Schülern die
Freude am Song!)

4) Gespräch.
Je nach dem inhaltlichen „Gewicht" des Liedes und nach der fremdsprachlichen Gesprächsfähigkeit der Schüler (in Klasse 5 oder 6 wird
man noch nicht viel erwarten dürfen!) bietet sich eine kleine Diskussion
an. (Eine allgemein gehaltene Frage wie *"Do you like the song?"* lockt erste
Reaktionen hervor – zum Inhalt, aber auch zur Musik –, die dann weiter
auszufächern wären.)

5) Gemeinsames Singen.
Die Stunde sollte damit ausklingen, daß der Song ein letztes Mal vorge-
spielt wird – und vielen Schülern macht es Spaß, dann mitzusingen.
Sie dürfen – aber man sollte sie nicht zwingen!

---

[1] Vgl. z. B.: Ken Wilson, *Mister Monday and other songs for the teaching of English*,
Longman, London 1972 (Tonband, Schallplatte, Kassette; Lehrerbuch). Roy
Kingsbury / Patrick O'Shea, *Sunday Afternoons / Songs for students of English as a
foreign language*, Longman, London 1974 (Tonband, Schallplatte, Kassette; Leh-
rerbuch). Ken Wilson, *Goodbye Rainbow*, Longman, London 1975 (Tonband,
Schallplatte, Kassette; Lehrerbuch).

Video- und andere Filme

Nichts gegen Super-8-Schmalfilme – aber wie viele Lehrer können einen Filmprojektor souverän bedienen? Mit einem Videorecorder dagegen sind die meisten bestens vertraut, weil sie zu Hause einen im Wohnzimmer stehen haben. Außerdem lassen sich Videofilme leichter beschaffen als Schmalfilme; und drittens hat man beim Vorführen von Videofilmen mehr Möglichkeiten zu Tricks und Variationen.

Wir konzentrieren uns also im folgenden auf Videofilme; aber vieles läßt sich natürlich auf Schmalfilme übertragen.

Welche **Vorteile** bietet der Einsatz von Videomaterial im Fremdsprachenunterricht?

– Für viele Kinder und Jugendliche ist Fernsehen die beliebteste Freizeitbeschäftigung. („Leider!" sagen wir, mit Recht, aber das ändert nichts daran.) Alles, was nach Fernsehen schmeckt, trifft also zunächst einmal auf eine positive Erwartungshaltung und schafft damit eine Grundvoraussetzung für erfolgreiches Lernen.

– Viele Filme sind so eindringlich, daß sie den Zuschauer geradezu zwingen, sich zu äußern; sie liefern also erstklassiges Sprechanlaß-Material.

– Wegen der Fülle von visuellen Hilfen, die der Film bietet, ist die Chance, daß man etwas versteht, viel größer, als wenn man eine Radiosendung in der Fremdsprache hört oder eine Kassettenaufnahme – selbst wenn der lexikalische Schwierigkeitsgrad gleich ist. Die Schüler sind also weniger leicht frustriert.

– Videofilme können in jedem der drei traditionellen Bereiche des Fremdsprachenunterrichts (Sprache, Literatur und Landeskunde) wertvolle Beiträge leisten:

  – Im Bereich der Landeskunde mag man an das Sprichwort „Ein Bild sagt mehr als tausend Worte" denken: ob es um berühmte Bauwerke und Kunstschätze geht, um Eigenheiten des Straßenverkehrs, um Innenstadtprobleme, um regionale Besonderheiten, um Wohnungsnot und Arbeitslosigkeit, um Schulen und öffentliche Institutionen oder um Naturschönheiten – vom Film vermittelte Eindrücke prägen sich stärker ein als bloß gelesene und gehörte.

- Literatur ist dazu da, gelesen zu werden – aber das schließt nicht aus, daß der Vergleich eines literarischen Werkes mit seiner Verfilmung neue Ansätze zur Interpretation liefern und die Grundlage für intensive Gespräche bilden kann.
- Wenn es um gesprochene Sprache geht, hat der Film den (für die Entwicklung der rezeptiven und produktiven kommunikativen Kompetenz des Lernenden) unschätzbaren Vorteil, daß er bei Gesprächen die *gesamte* kommunikative Situation erkennen läßt – und dazu gehört (neben dem, was man hören kann) eben auch das Alter und das Aussehen der Sprechenden, ihre Kleidung und ihre Wohnungseinrichtung, ihr Gesichtsausdruck, ihre Gesten und alle anderen Einzelheiten ihrer Körpersprache.[1]
- Die präzise Bedeutung unbekannter Wörter läßt sich mit Hilfe eines Films viel eleganter vermitteln, als wenn man auf unbeholfene verbale Erläuterungen zurückgreifen muß – besonders bei solchen Dingen, die man nicht gut in die Klasse mitbringen und nicht an die Tafel zeichnen kann und für die es vielleicht noch nicht einmal eine treffende deutsche Übersetzung gibt, z. B. weil sie kulturspezifisch sind oder weil sie sehr spezielle technische Einzelheiten betreffen.
- Außerdem machen authentische fremdsprachliche Filme den Schülern nachdrücklich klar, daß es unterschiedliche Dialekte und Akzente in der Fremdsprache gibt und daß es wichtig ist, Hörverstehen nicht nur an der Sprache des Lehrers zu schulen.

Natürlich hat der Einsatz von Video- und anderen Filmen nicht nur Vorteile, sondern auch einen **Nachteil**: Schüler können der Versuchung erliegen, sich in die vom häuslichen Fernsehen vertraute passive Konsumentenhaltung fallenzulassen.
Mit den Möglichkeiten, das zu verhindern, wird sich der Hauptteil dieses Kapitels befassen.

Zuvor aber wollen wir uns eine **Übersicht über einsetzbares Videomaterial** verschaffen:
- Videoaufnahmen eines im deutschen Fernsehen ausgestrahlten Fremdsprachenlehrgangs;
- Videoaufnahmen, die nicht fürs Fernsehen hergestellt wurden, sondern Teile eines kommerziellen multimedialen Sprachlehrkurses darstellen;
- Videoaufnahmen von authentischen fremdsprachigen Fernsehsendungen[2] aller Art (Werbesendungen[3] und Wetterberichte, Kurzdramen, Komödien, Dokumentarfilme, Quiz- und andere Unterhaltungs-

programme, Nachrichtensendungen,[4] politische Programme, Diskussionen usw.):
- privat aufgenommen (vielleicht von einem Bekannten in England);
- käuflich erworben (man kann z. B. etliche Folgen der beliebten englischen Komödienfolge *"Fawlty Towers"* preiswert bekommen);
- Kino-Spielfilme (bei einer Wiederholung im Fernsehen aufgenommen, als fertig bespielte Videokassette gekauft[5] oder bei einer Medienstelle ausgeliehen);
- private Camcorder-Aufnahmen des Lehrers (z. B. bei einer Urlaubsreise).

Wenn dies ein Märchenbuch wäre und die Geschichte von „Fremdsprachenlehrers Schlaraffenland" enthielte, dann würde man darin folgendes lesen:
- Der Held arbeitet mit einem Lehrwerk im Medienverbund (d. h., daß das Lehrbuch, die Folien, das Workbook, die Grammatik, die Tonkassetten, die Computerprogramme und die Videofilmteile aufeinander bezogen sind und sich hervorragend gegenseitig ergänzen).
- Zusätzlich zu dem Videomaterial, das zum Lehrwerk gehört, verfügt er über eine reichhaltige Auswahl von Filmen aller obengenannten Arten, mit denen er bestens vertraut ist.
- Juristische Probleme gibt es nicht;[6] die Erziehung der Jugend hat Vorrang vor kleinlichen Copyright-Interessen.
- Er unterrichtet (ebenso wie jeder seiner Kollegen) in einem großzügig ausgerüsteten Fachraum, in dem nicht nur eine Tafel, sondern auch ein Tageslichtprojektor, Sprachlaborplätze in ausreichender Zahl, Kassettenrecorder und Plattenspieler nebst einem guten Raumlautsprecher, ein paar Computer, ein Fernseher und eine Videoanlage (einschließlich Kamera) ständig zur Verfügung stehen.[7] Ein kleiner Nebenraum für Gruppenarbeit, vom Hauptraum aus einsehbar, ist natürlich auch da; ebenso wie etliche Schränke voller Nachschlagewerke, Fach- und Unterhaltungsliteratur sowie ausleihbarer Ton- und Videokassetten.

Realistischer dürfte es jedoch sein, von folgender Situation auszugehen:
- Die Schule hat ein paar Videokassetten, z. B. einige Folgen eines älteren Schulfunk-Sprachlehrgangs – sofern sie nicht auf Anordnung des gesetzesbewußten Schulleiters gerade wieder gelöscht worden sind. Sie haben mit dem im Unterricht benutzten Lehrwerk nichts zu tun. – Der Lehrer hat vielleicht auch die eine oder andere privat aus dem Fernsehen aufgenommene Sendung zu Hause. Gedrucktes Begleitmaterial ist nicht vorhanden.

– Die örtliche Medienstelle hat zwar einiges Material, aber entweder nicht das, was man haben möchte, oder es ist gerade ausgeliehen, oder die Ausleihprozedur ist zu umständlich, oder die Medienstelle ist in einer Straße, in der man nie einen Parkplatz bekommt.

– Man hat keineswegs immer die Möglichkeit, einen Videofilm zu zeigen, sondern muß die Benutzung des Raumes, in dem das möglich ist, vorher beantragen – manchmal wochenlang vorher.

Das heißt: eine *systematische* Integration von Videomaterial in den Fremdsprachenunterricht ist den meisten Lehrern nicht möglich. Videoeinsatz wird, vermutlich noch für längere Zeit, den Charakter eines gelegentlichen „Sonderangebots" behalten.[8] Deshalb können wir hier auf die Beschreibung von Verfahren verzichten, die sich ausschließlich auf multimediales Lehrgangsmaterial beziehen. Auch die an sich reizvollen Themen „Nutzung der Videokamera im Unterricht"[9] und „Erstellung eines Videofilms als Projekt einer Schülergruppe"[10] übergehen wir, weil sie vom schulischen Alltag doch recht weit entfernt sind.

Wir konzentrieren uns statt dessen auf Verfahren, die zu der eben gegebenen pessimistisch-realistischen Situationsschilderung passen und die auch keine extreme Mehrbelastung für den Lehrer mit sich bringen.[11]

Eine Unterteilung nach dem Zeitpunkt des Einsatzes (vor der Vorführung / während oder nach der Vorführung) soll die Übersicht erleichtern. –

Zuvor jedoch sei das nackte Basismodell vorgestellt, die Null-Version, die Suppe ohne Zutaten:

Der Lehrer sagt: „Heute sehen wir uns mal einen Film an" und führt seine Klasse in den Raum, in dem die Videoanlage steht. Die – ununterbrochene – Vorführung dauert 40 Minuten. Zu einem Gespräch bleibt keine Zeit; auch in der nächsten Stunde nicht, weil da etwas anderes Vorrang hat.

Absolut unmöglich und pädagogisch unverantwortlich? Nicht unbedingt. Die „Berieselung" durch einen interessanten fremdsprachigen Videofilm ist immer noch besser als die Berieselung durch einen langweiligen Lehrer . . . Nüchterner ausgedrückt: Es muß noch keine unverzeihliche Pfuscherei sein, wenn man einmal einen Film ohne Vor- und Nachbereitung zeigt; vorausgesetzt, er ist inhaltlich lohnend und stellt sprachlich keine frustrierende Überforderung dar.

Aber dieses „Basismodell" sollte nicht der Regelfall sein!

Einsatz von Videomaterial:
einige praktische Anregungen

Vor der Vorführung

Private Vorbereitung des Lehrers:

Ansehen des Films. Prüfen des Begleitmaterials, sofern vorhanden.[12] Entscheidung, welche Ausschnitte gezeigt werden sollen (falls – was für viele der im folgenden genannten Aktivitäten der Fall sein wird – der Film als Ganzes zu lang ist). Notizen über Spieldauer und Zählwerkspositionen. Anfertigung von Arbeitsmaterial, soweit erforderlich.

Vorentlastung (durch Lehrervortrag, durch Ausgabe eines Blattes oder im gemeinsamen Gespräch):
- Erklärung einiger zum Verständnis unbedingt nötiger Vokabeln;[13]
- Lieferung wichtiger Sachinformationen (landeskundliche, politische, kulturelle Hintergründe);
- Hinweise auf sprachliche Besonderheiten (Dialekt, Slang);
- Einführung in die Situation (z. B. wenn eine Szene mitten aus einem Film herausgegriffen wird).

Steuerung der Erwartungshaltung:

- Der Lehrer schreibt ein „Reizwort" (oder mehrere) an die Tafel:
  - den Titel;
  - ein Wort, das in die Problematik einführt
    (*"jealousy"*, *"vandalism"*, *"shoplifting"*);
  - eine wichtige Äußerung einer der Figuren;
  - eine Reihe von Wörtern, die (wenn auch nicht in der gleichen Reihenfolge!) in einer Zusammenfassung der Handlung vorkommen würden.
  Dann läßt er
  - Vermutungen über den Inhalt des Films anstellen
    (z. B. bei einem Spielfilm);
  - zusammentragen, was über das Thema bereits bekannt ist
    (z. B. bei Dokumentarfilmen);
  - Wörter an die Tafel schreiben, die in einer Beziehung zu dem bereits angeschriebenen Wort stehen („Assoziogramm");[14]
  - die Schüler Fragen stellen, auf die sie gern eine Antwort hätten
    (*"What would you like to know about the subject?"*);
  - die Schüler ihre Meinung zum Thema sagen
    (s. o. Beispiel *"shoplifting"*).

Ermutigung:

Der Lehrer beugt Mißerfolgserlebnissen vor, indem er den Schülern z. B. sagt, der Film sei recht schwierig und sie könnten stolz sein, wenn sie trotzdem einiges verständen.

Aufgabenstellung (grundsätzliche Möglichkeiten):

Die Schüler bekommen i. a. vorher gesagt, worauf sie sich konzentrieren sollen,[15] z. B.:

- auf das Globalverständnis (sie sollen, in groben Zügen, den Sinn des Ganzen erfassen);
- auf bestimmte Details (sie sollen dem Film gezielt einige Informationen entnehmen und den Rest nicht weiter beachten);
- auf die Beantwortung einer übergreifenden Frage (z. B.: „Versucht herauszufinden, welche Einstellung die drei Sprecher zu dem behandelten Problem haben");
- auf das, was ihnen persönlich wichtig oder interessant vorkommt.

Der Lehrer gibt vorher bekannt, ob Aufgaben nur mündlich oder auch schriftlich zu bearbeiten sind und ob bereits während der Vorführung etwas geschrieben werden soll.

Gelegentlich bietet es sich an, die Schüler in Kleingruppen einzuteilen und ihnen unterschiedliche Arbeitsaufträge zu geben.[16] Die Aufgaben (vorbereitend vervielfältigt, um Unterrichtszeit zu sparen!) können nach ihrem Schwierigkeitsgrad abgestuft sein.

Während oder nach der Vorführung

Ausräumung von Schwierigkeiten

- Nach der ersten Begegnung stellen die Schüler Fragen zu unbekannten Vokabeln, unverständlichen Wendungen usw.; der Lehrer oder die Mitschüler geben Auskunft. (Alternative: sie haben vorher ein Blatt mit Anmerkungen bekommen, das alle vorhersehbaren Schwierigkeiten dieser Art ausräumt.)
- Wenn der Lehrer annimmt, daß eine bestimmte Stelle beim ersten Vorspielen nur von wenigen Schülern verstanden worden ist, oder wenn eine Stelle für den Fortgang der Handlung oder der Argumentation von besonderer Wichtigkeit ist, spult er den Film ein Stückchen zurück und spielt diese Stelle noch einmal vor.[17]
- Der Lehrer kann einem Schüler die Möglichkeit geben, immer dann die Pause-Taste zu drücken, wenn er selbst oder ein Mitschüler etwas nicht versteht.

Erfolgserlebnisse sammeln

Jeder, der irgend etwas verstanden hat, darf (in der Fremdsprache) einen Satz über das Gehörte sagen. Dabei kann es sich um eine schlichte Einzelinformation handeln, um eine Teilzusammenfassung, aber auch um anspruchsvollere Aussagen.

Unterbrechungen

Ein Film wird – sofern nicht ohnehin nur mit kleinen Ausschnitten intensiv gearbeitet wird – i. a. mit Unterbrechungen vorgespielt. Unterbrechungen können aus verschiedenen Gründen nützlich sein:
- Schwache, wenig motivierte Schüler geben den Versuch, konzentriert zu folgen, schnell auf, wenn sie von der Handlung nicht unmittelbar gefesselt werden oder wenn sie Verständnisschwierigkeiten haben. Durch Unterbrechungen (besonders in den ersten Minuten) und einige Verständnisfragen – verbunden mit kurzen Erläuterungen, falls auch die guten Schüler nicht in der Lage sein sollten, diese ersten Fragen zu beantworten – kann der Lehrer einerseits die inzwischen „eingeschlafenen" Schüler wieder aufwecken und andererseits sicherstellen, daß anfängliche Verständnisprobleme schnell ausgeräumt werden, bevor sie zu allgemeiner Frustration führen.
- In der Regel wird es sinnvoll sein, einen guten Schüler um eine Zusammenfassung des bisher Gesehenen zu bitten.
- Unterbrechungen lassen sich gut für Vermutungen über den weiteren Verlauf nutzen,
  - entweder punktuell: *"What do you think she'll say now?"* (in diesem Fall sollen, gestützt auf die im Film schon gegebenen linguistischen und visuellen Hinweise, begründete Vorhersagen über die sprachlichen Mittel gemacht werden, die die Figur einsetzen wird; d. h. es geht nicht nur um inhaltliche Wahrscheinlichkeit und grammatisch-lexikalische Richtigkeit, sondern auch um „Angemessenheit" in der aktuellen kommunikativen Situation!)
  - oder weiter ausgreifend: *"How do you think it will go on?"*; *"Will there be a happy ending?"* (hier sind die Schüler wesentlich freier in der Wahl der sprachlichen Mittel).
- Bevor die Handlung eine entscheidende oder überraschende Wendung nimmt, wird das Vorspielen für eine Stillarbeitsphase unterbrochen, in der die Schüler aufschreiben, wie die Geschichte ihrer Meinung nach enden könnte. Danach werden einige dieser Vermutungen vorgelesen, bevor der letzte Teil vorgespielt wird.

Was können die Schüler tun? (Klassifizierende Übersicht)
VERBALE MÜNDLICHE REAKTIONEN:
- Kettenfragen; Verfahren:

- Ein Schüler (oder der Lehrer) stellt eine Frage. Die Schüler, die die Frage beantworten können, melden sich, und einer von ihnen wird aufgerufen. Wer die Antwort gegeben hat, stellt die nächste Frage, usw.
- Variation: Wer geantwortet hat, braucht nicht selbst die nächste Frage zu stellen, sondern kann bestimmen, wer dies tun soll.
- Partnerarbeit: Nachbarn stellen sich gegenseitig Fragen.
- „Behauptungen": Die Schüler haben ihre Bücher geschlossen, und der Lehrer macht Aussagen zum Text, die manchmal richtig sind (und dann als Antwort nur ein *"That's right"* erfordern), meistens aber falsch (d. h. er verändert Einzelheiten: mal geringfügig, mal in absurd-komischem Maße). Im Englischen empfiehlt es sich, solche Aussagen mit einem *question tag* abzuschließen: *"He seems to like her, doesn't he."* Die Schüler reagieren mit *"No, he doesn't"* oder *"That's wrong, because ..."*.
- Beantwortung von Lehrerfragen.
- Zusammenfassung.
- Nacherzählung (ggf. mit Hilfe einiger Stichworte, die an die Tafel geschrieben worden sind).
- Nacherzählung oder Zusammenfassung mit Perspektivwechsel: Berichte in der Ich-Form aus der Sicht von Figuren, die im Film vorkommen.
- Stellungnahme
  - zu einem Problem, das im Film angeschnitten wird.
  - zum Film selbst: seiner Glaubwürdigkeit, seiner Qualität; seinen stilistischen Eigenheiten. (Ein Eingehen auf speziell filmästhetische Fragen wird allerdings allenfalls in der Oberstufe möglich sein.)

Eine Phase, in der die Schüler ihre ganz persönliche, subjektive Reaktion äußern können, sollte – unabhängig von dem sprachlichen Niveau, auf dem dies geschieht – auf jeden Fall eingeplant werden.

VERBALE UND NON-VERBALE SCHRIFTLICHE[18] REAKTIONEN:[19]
- Beantwortung von Fragen.
- Ausfüllen von Lücken in einem Arbeitsblatt:
  - einzelne Wörter,
  - fehlende Dialogteile.
- Zusammenfassung oder Nacherzählung (Variationen: s. o.).
- Stellungnahme; Würdigung; kritischer Kommentar.
- Multiple-Choice-Aufgaben, bei denen während der Vorführung oder danach die entsprechenden Kreuzchen gemacht werden müssen.
- Aussagen, bei denen der Schüler entscheiden muß, ob sie richtig oder falsch sind.

– Zuordnungsaufgaben (z. B. „Welche der hier aufgeschriebenen Äußerungen wird von welcher Figur getan?").

– Ein Informationsraster, dessen einzelne Felder beim oder nach dem
Ansehen des Filmes auszufüllen sind (Beispiel: am linken Rande des
Blattes stehen untereinander die Namen der Personen; am oberen
Rande erscheinen nebeneinander die Kategorien, zu denen Angaben
einzutragen sind – z. B. Alter, Eigenschaften, Ansichten, Handlun-
gen).

Einige „medienspezifische" Möglichkeiten

– *„Wie war die Reihenfolge?"*
Ein Stück Film mit mehrmaligem schnellem Szenenwechsel wird
gezeigt. Die Schüler bekommen ein Arbeitsblatt mit stichwortartigen
Inhaltsangaben einer Reihe von Szenen – in falscher Reihenfolge. Sie
müssen versuchen, die richtige Reihenfolge zu rekonstruieren.[20]

– *„Untertitel"*
Die Schüler suchen nach Untertiteln für einzelne Szenen oder
Schnitte.

– *„Schnitte zählen"*[21]
Die Schüler sehen eine sehr kurze Szene, ggf. mehrmals, und sollen
anschließend sagen, aus wieviel Einzelschnitten sie zusammengesetzt
ist. (Da mit Sicherheit anfangs unterschiedliche Zahlen genannt werden, ergibt sich ein lebhaftes Beschreibungs- und Begründungsgesp-
räch.)

– *„Sprechblasen"*
Der Lehrer stoppt den Film (Standbild-Schaltung), hält eine aus Pappe
oder Plastikfolie ausgeschnittene Sprechblase[22] über den Kopf einer
Person und läßt die Schüler Vermutungen darüber anstellen,
– was diese Figur als nächstes sagen wird, oder
– was dieser Figur gerade durch den Kopf geht.
Wenn dies Verfahren beim zweiten oder dritten Durchgang angewandt wird, versuchen die Schüler, sich an den genauen Wortlaut der
Äußerung zu erinnern.
Es ist möglich, vorher zu bestimmen, wer sich auf welche Person konzentrieren soll; dann fällt es den Schülern nachher leichter, die Äußerungen „ihrer" Figur zu wiederholen.

– *„Was ging voraus?"*
Der Lehrer zeigt eine kurze Szene mitten aus dem Film. Die Schüler
stellen Vermutungen darüber an, wie es wohl zu der dargestellten
Situation gekommen ist.

- „Drehbuch"
  Der Lehrer hatte Zugang zu einer wörtlichen Transkription des gesprochenen Textes. Er vervielfältigt den Text einer Szene so, daß nur die linke Hälfte eines Arbeitsblattes damit bedruckt ist. Auf der rechten Seite sollen die Schüler das niederschreiben, was jeweils zu sehen ist.

- „Bild ohne Ton"
  Der Lautstärkeregler wird völlig zurückgedreht.

- „Wie heißt das?"
  Schüler sehen einen Ausschnitt des Films ohne Ton und dürfen jedesmal auf die Pausentaste drücken, wenn sie wissen möchten, wie sie etwas in der Fremdsprache benennen könnten – einen Gegenstand, eine Tätigkeit, eine Verhaltensweise u. a.

- „Vermutungen"
  Die Schüler sehen einen kurzen Ausschnitt (z. B. den Anfang) des Films ohne Ton. Dann stoppt der Lehrer den Film. –
  Was geht hier vor? Wer sind die Personen? Was könnte in dieser Szene gesagt worden sein? Was kann man aufgrund der visuellen Informationen über den vermutlichen Inhalt des Films sagen? –
  Es lohnt sich, immer auch nach den Gründen für die geäußerten Vermutungen zu fragen! (Dieses Verfahren ist geeignet, die Schüler die Bedeutung non-verbaler, visueller Mittel erkennen zu lassen: nicht nur für das schlichte Verständnis des Handlungsablaufes, sondern z. B. auch für die genaue Analyse von Kommunikationsvorgängen, Stimmungsgestaltung, Manipulation des Zuschauers usw.)

- "Fast Forward"
  Ein längerer Ausschnitt wird ohne Ton im schnellen Vorlauf (oder, wenn das Wiedergabegerät diese Möglichkeit bietet, sogar im Rücklauf) gezeigt. Die Schüler erzählen, kommentieren, vermuten.

- „Geruchsspur"
  Die Schüler äußern sich zu der Frage „Wenn der Film nicht nur eine Tonspur, sondern auch eine ,Geruchsspur' hätte, was könnten wir hier riechen?"[23]

- „Laufender Kommentar"
  Eine längere Sequenz des den Schülern bereits bekannten Films wird ohne Ton vorgeführt. Dabei werden nacheinander verschiedene Schüler aufgefordert, das Gezeigte zu erläutern und/oder zu kommentieren, oder den inneren Monolog einer Figur[24] zu sprechen, die vielleicht kaum etwas sagt, aber offensichtlich etwas denkt oder fühlt . . . (Anspruchsvoll!)

- *„Ton ohne Bild"*
  Durch Zurückdrehen der Helligkeit und des Kontrastes wird das Bild
  unsichtbar gemacht,[25] und die Schüler hören nur den Ton des vorge-
  führten kurzen Ausschnitts.
  Sie äußern Vermutungen über das, was in der Szene zu sehen sein
  könnte.

- *„Video-Split"*[26]
  Außer „Bild ohne Ton" und „Ton ohne Bild" gibt es noch eine Kombination beider Methoden, die allerdings mehr Arbeit macht und auf-
  wendige organisatorische Maßnahmen erfordert: eine Gruppe sieht
  nur das Bild (sie befindet sich im Videoraum und bekommt den Film
  ohne Ton vorgeführt), die andere Gruppe hört nur den Ton (von
  einem Kassettenrecorder, in einem Nebenraum; der Lehrer hatte vorher die Tonspur des Films auf Kassette überspielt).[27] Dann kommen
  die Gruppen wieder zusammen und versuchen, sich gegenseitig – z. B.
  in Partnerarbeit – eine Vorstellung von dem zu vermitteln, was sie
  jeweils wahrgenommen haben. Abschließend werden Bild und Ton
  zusammen vorgeführt, und beide Gruppen äußern sich zu der Frage,
  ob das jetzt Erlebte ihren Vorstellungen entsprochen hat.

- *„Nachsprechen lassen"*
  Beim zweiten Durchgang stoppt der Lehrer den Film an etlichen Stellen und läßt die Schüler die gerade gehörte Äußerung (ggf. im Chor)
  nachsprechen. (Auf möglichst genauer Nachahmung der Intonation
  bestehen!)[28]

- *„Hättet Ihr es auch so gesagt?"*
  Die Schüler werden – vor dem zweiten Vorspielen einer Filmstelle, in
  der mehrere Sprecher diskutieren oder sich unterhalten – aufgefordert,
  Äußerungen zu notieren, die sie zwar verstehen, auf die sie selbst aber
  nicht gekommen wären. – Die Auswertung kann dann Fragen des
  Registers, der Situationsangemessenheit etc. aufgreifen.[29]

- *„Rollenspiel"*
  Die Schüler haben einen Ausschnitt aus dem (handlungsbetonten)
  Film gesehen. Sie werden aufgefordert,
  - die Szene nachzuspielen;[30]
  - zu spielen, wie es ihrer Meinung nach (an einer spannenden Stelle)
    weitergehen könnte;
  - die gerade gesehene Szene zu verändern (z. B. eine Auseinanderset-
    zung auf konstruktivere Weise zu führen; oder so zu spielen, wie sie
    selbst sich in der gegebenen Situation verhalten hätten).

Wichtig ist, daß es hier nicht um mehr oder weniger gutes „Theater-spielen" geht, sondern um die Angemessenheit der Äußerungen in der vorgegebenen Kommunikationssituation.

Arbeit mit Literaturverfilmungen[31]

Beim Vergleich eines Literaturwerkes mit seiner Verfilmung gibt es, organisatorisch gesehen, drei Möglichkeiten:
- Das Werk (Roman, Kurzgeschichte, Drama) wird zunächst gelesen und im Unterricht besprochen; dann wird der Film gezeigt.
- Das Erlebnis „Film" steht am Anfang der Unterrichtsreihe.
- Eine Mischform – erst wird ein längerer Teil des Textes gelesen, dann die entsprechende Stelle des Films vorgeführt, dann wird die Lektüre fortgesetzt usw. – empfiehlt sich besonders dann, wenn es sich um einen langen Roman oder ein Drama handelt, dessen Behandlung im Unterricht mehrere Wochen dauert.

Es ist nicht immer notwendig (und manchmal gar nicht ratsam), den ganzen Film zu zeigen. Die vergleichende Analyse einiger Kernszenen reicht oft aus.

Auf methodische Einzelfragen braucht hier nicht eingegangen zu werden; eine Übersicht über anwendbare Verfahren ist weiter oben bereits gegeben worden, und die inhaltliche Füllung und didaktische Akzentuierung hängen sehr stark von den besonderen Eigenheiten der literarischen Vorlage und ihrer visuellen Umsetzung ab.

Abschließendes

- Der Lehrer **diktiert** eine kurze, sprachlich anspruchsvolle und/oder inhaltlich wichtige Stelle aus dem Script des Films oder aus dem Begleitmaterial (nicht unbedingt nur zum Zweck des Rechtschreibtrainings, sondern z. B. zur Intensivierung der inhaltlichen Wirkung, zur Vertiefung der Begegnung mit dem Werk).
- Inhaltliche Anregungen für sinnvolle **Hausaufgaben** ergeben sich aus den obengenannten Aktivitäten; außerdem bieten sich gelegentlich noch Möglichkeiten der kreativen Veränderung an, z. B.:
  - Eine Figur des Films schreibt einen Tagebucheintrag über einen bestimmten Vorfall.
  - Ein Ereignis wird aus der Sicht einer anderen Figur erzählt.
  - Eine Figur, die sich gerade in einer schwierigen Situation oder einer inneren Krise befindet, wendet sich mit der Bitte um Rat und Hilfe an eine Person seines Vertrauens. (Diese kann eine andere Figur des Films sein; sie kann aber auch vom Schüler oder vom Lehrer „erfunden" werden.)

- Eine Figur führt eine Unterhaltung mit einer Figur eines anderen Filmes oder eines Buches, das die Schüler kennen (oder mit einem nicht-fiktionalen Charakter, z. B. einem Politiker, einem Psychologen, einem Wissenschaftler . . .).
- Falls der Film ein offenes Ende hatte, schreiben die Schüler eine Fortsetzung.

---

[1] Zu diesen Aspekten finden sich bei Allan (S. 61–71) detaillierte Erläuterungen.

[2] Ausführliche Überlegungen über die jeweilige Eignung solcher Sendungen für den Einsatz im Fremdsprachenunterricht stellt Margaret Allan an (S. 22–30).

[3] Praktische Empfehlungen zur Behandlung von fremdsprachigen Fernseh-Werbespots bietet Lonergan, S. 87f.

[4] Nützliche Hinweise zur Auswertung von Nachrichtensendungen: Stempleski/ Tomalin S. 63.

[5] Reichhaltiges Angebot bei Schauinsland / Video International, Fritz-Reuter-Str. 11, 4690 Herne 2. Aktuellen Katalog anfordern!

[6] In Wirklichkeit gibt es sie sehr wohl. Wer sich keinen Ärger einhandeln möchte, geht am besten von der Grundregel aus, daß alles, was nicht ausdrücklich erlaubt ist, verboten ist. (Vgl. u. a. Lavery, S. 55–57!) In der Praxis hängt die Größe der Gefahr, in die man sich begibt, von der Art des Materials ab. Wer Fernseh-Werbespots im Unterricht analysiert, dürfte wohl kaum Schwierigkeiten bekommen. Wer jedoch einen off-air aufgenommenen englischen oder französischen Spielfilm vorführt, dessen deutsche Fassung noch in Kinos gezeigt wird, legt sich eine Schlinge um den Hals. (Ich kenne einen Fall, in dem ein Lehrer mehrere tausend Mark Strafe zu zahlen hatte.)

[7] Selbstverständlich hinter einer drei Zentimeter dicken Wand aus gehärtetem, schülerfestem Spezialstahl, die auf Knopfdruck (nur der Lehrer kennt den Code des Zahlenschlosses!) geräuschlos zur Seite gleitet.

[8] Das ist besonders für die deutschen Fernsehanstalten bitter, die sich seit zwei Jahrzehnten bemüht haben, geeignete Sprachkurse zu produzieren – durchaus mit Erfolg (auch wenn man über Einzelheiten streiten kann). Sie sind mit Recht enttäuscht über die Diskrepanz zwischen dem erheblichen Aufwand, den sie getrieben haben, und der geringen Akzeptanz durch die Lehrer (die sich in den Ausleihquoten der Medienzentralen zeigt). Daran wird sich aber wohl wenig ändern – es sei denn, die folgenden Voraussetzungen wären gegeben:
1) Alle Schulen sind so gut ausgestattet, daß jeder Lehrer zu jeder Zeit in jedem Raum einen Videofilm vorführen kann.
2) Der multimediale Kurs ist nicht Ergänzungsangebot, sondern Grundlage des gesamten Unterrichts. (Man hat zur Zeit ohnehin Mühe, den Stoff zu bewältigen, den das eingeführte Lehrwerk bietet. Ergänzungsangebote werden allenfalls dann wahrgenommen, wenn sie nicht mit erheblichem Zeitaufwand verbunden sind – und damit sind nicht nur Unterrichtsstunden gemeint, sondern auch die Vorbereitungszeit des Lehrers!)
3) Das gesamte Material einschließlich des gedruckten Begleitmaterials muß an der Schule ständig zur Verfügung stehen (und nicht auf befristete Zeit ausgelie-

hen werden müssen). Vom Lehrer darf auch nicht erwartet werden, daß er aus eigener Tasche teure Ergänzungsbücher anschafft.

9 Hierzu findet sich Hilfreiches bei Lonergan ab S. 91.

10 Daß sich solche Unternehmungen didaktisch und motivationspsychologisch lohnen, zeigt sich immer wieder beim „Bundeswettbewerb Fremdsprachen".

11 Wer Spaß am Einsatz von Videomaterial hat und an einer Schule unterrichtet, die über gute technische Voraussetzungen verfügt, findet eine Fülle von weiteren Anregungen in den Büchern von Allan, Cooper/Lavery/Rinvolucri, Lavery, Lonergan und Stempleski/Tomalin.

12 Wenn es um Produktionen des WDR geht, lohnt es sich, in der Zeitschrift *Praxis Schulfernsehen*, die bei den Bildstellen abonniert wird, nachzuschlagen.

13 Keineswegs immer empfehlenswert, denn man möchte die Schüler ja dahin bringen, zu akzeptieren, daß sie zwar vieles zunächst nicht verstehen, aber trotzdem eine ganze Menge erschließen können.

14 Dieser Begriff wird von Liebelt (PRAXIS 3/1989, S. 252) benutzt.

15 Wer weiß, worauf er achten soll, konzentriert sich intensiver und ausdauernder. Er schaltet nicht so leicht ab und behält das Gesehene auch länger. – Es lohnt sich, die Schüler hierauf hinzuweisen.

16 Ein anschauliches Beispiel findet sich bei Allan (S. 60).

17 Beim ersten Anschauen bemühen sich die Schüler hauptsächlich, die Handlung zu verstehen. Bei der Wiederholung sind sie eher bereit, auch auf Einzelheiten der Sprache zu achten.

18 Es stellt i. a. eine Überforderung dar, wenn die Schüler, während sie sich einen Film ansehen, gleichzeitig schriftliche Aufgaben lösen sollen. Deswegen empfiehlt es sich, entweder Aufgaben zu wählen, für die nur sehr kurze Notizen oder Eintragungen in ein Arbeitsblatt erforderlich sind, oder die Aufgaben in einer Vorspielpause bzw. nach Beendigung der Vorführung erledigen zu lassen.

19 Zu den hier genannten Aufgabentypen stehen z. T. ausführliche Anmerkungen im Kapitel „Tests – Klassenarbeiten – Klausuren: Formen und Bestandteile".

20 Erweiterungen und Variationen dieser Idee: siehe Stempleski/Tomalin S. 94f.

21 Detaillierte Beschreibung bei Cooper/Lavery/Rinvolucri S. 13.

22 Herstellungsanweisung und Zeichnung einer solchen Sprechblase: Liebelt (PRAXIS 3/1989), S. 255. Vgl. auch Stempleski/Tomalin S. 103f.

23 Lavery S. 6; Liebelt (PRAXIS 3/1989) S. 253.

24 Stempleski/Tomalin S. 75.

25 Falls es trotzdem noch schwach sichtbar bleibt, kann man eine Jacke oder ein großes Handtuch über den Bildschirm hängen.

26 Lavery, S. 7.

27 Das erfordert keine komplizierten technischen Manipulationen: es genügt, einen Kassettenrecorder mit Mikrofon vor dem Fernsehlautsprecher aufzustellen. Die Aufnahme wird ein bißchen „rauschen", aber durchaus brauchbar sein.

28 Stempleski/Tomalin S. 77.

29 Cooper/Lavery/Rinvolucri, S. 32.

30 Diese Aktivität ist insofern „medienspezifisch", als die Schüler nicht nur ein sprachliches, sondern auch ein visuelles Modell vorgegeben bekommen. Sie können also nicht nur die gleichen Worte benutzen und die Intonation der Sprecher nachahmen, sondern auch ihren Gesichtsausdruck und ihre Gestik. – Dafür ist selbstverständlich mehrmaliges Ansehen des kurzen Filmausschnitts

nötig. (Detaillierte Beschreibung der bis zum Rollenspiel nötigen Einzelschritte: Lonergan S. 40.)

[31] Zu diesem Thema gibt es eine Reihe von Aufsätzen – besonders im Zusammenhang mit der Reihe *"American Short Stories on Film"* (diese Videokassetten können bei Bildstellen und Amerikahäusern ausgeliehen werden; Aufzählung der erhältlichen Titel u. a. bei Grindhammer und Stiller) –, die z. T. sehr detaillierte Analysen, unterrichtspraktische Vorschläge und auch Hinweise auf weiterführende Literatur enthalten. Vgl. z. B. die im Literaturverzeichnis aufgeführten Aufsätze von Baddock, Docwra, Grindhammer, Grittner, Groene, Heinrichs, Mainka-Tersteegen, Nissen, Platz-Waury, Starkbaum, Stiller.

Bilder

Mit „Bildern" sollen in diesem Kapitel nicht die Illustrationen gemeint sein, die das jeweilige Lehrwerk enthält, oder jene großformatigen, von Schulverlagen eigens für den fremdsprachlichen Anfangsunterricht herausgegebenen Wandbilder, die z. B. eine Straßenszene oder eine stilisierte Familie beim Frühstück oder einen Bauernhof mit Dutzenden von Einzelheiten zeigen.[1] Gewiß, auch mit ihnen kann und soll man arbeiten – aber das ist für die Schüler weniger motivierend, denn erstens fehlt ihnen der Reiz des Neuen, noch nie vorher Gesehenen, und zweitens sind sie i. a. weniger geeignet für die kreativen oder semi-kreativen Aufgaben, von denen im folgenden die Rede ist.

Gemeint sind vielmehr
- große Fotos aus Zeitschriften:
  - aus deutschen Zeitschriften,
  - aus englischen, französischen usw. Zeitschriften (solches Bildmaterial kann u. a. sehr gut zur Illustration landeskundlicher Besonderheiten herangezogen werden!);
- ganzseitige Reklamebilder aus Zeitschriften (auch hierbei kann der landeskundliche Aspekt gelegentlich recht interessant sein!);
- Blätter aus Kunstkalendern;
- Bilder in einem Buch, das nicht für den Fremdsprachenunterricht gedacht ist, das aber an der Schule in Klassenstärke vorhanden ist, so daß jeder Schüler ein Exemplar in die Hand bekommen kann, z. B.
  - Kunstbücher,
  - Bildbände für den Religionsunterricht (enthalten oft gute, nachdenklich stimmende Fotos – der Nachteil ist allerdings, daß man den Text nicht ausblenden kann);
- Bilder in Sprachzeitschriften, zu denen manchmal interessante Fragen und Aufgaben gleich mitgeliefert werden;
- Poster (z. B. Filmplakate: sind oft künstlerisch reizvoll und lassen sich nach illustriertem Katalog bestellen; oder auch Poster, die speziell für den Einsatz in der Schule produziert werden – von einem amerikanischen Verlag gibt es z. B. die *ARGUS Communication Posters*, die allerdings nicht reine Bilder sind, sondern auch eine kurze verbale „Botschaft" enthalten).

Wenn man erst einmal eine Weile gesammelt hat, wird es immer häufiger vorkommen, daß man nicht nur ‚irgendein' Sprechanlaßbild findet, mit dem man einige Minuten lehrbuchunabhängiger Unterrichtsarbeit gestalten kann, sondern ein Bild, das in einer direkten oder indirekten Beziehung zum gerade behandelten Unterrichtsstoff (Lehrbuch oder Lektüre) steht.

Es ist schön, wenn man über eine reiche Auswahl an Bildern verfügt. Man sollte vermeiden, das gleiche Bild für die gleiche Schülergruppe mehrmals zu verwenden (es sei denn, es geschehe in voller Absicht – und dann wahrscheinlich mit einer ganz anderen Aufgabenstellung): davor kann man sich schützen, wenn man auf der Rückseite des Bildes notiert, wann und mit welcher Klasse man es benutzt hat.

Zur Technik des Sammelns und Aufbewahrens:
– Eine große (DIN A3 oder größer) Sammelmappe aus festem Karton nimmt die großformatigen Bilder auf.
– Klassensätze eines fotokopierten Bildes (Format DIN A4) lassen sich am besten in zweiseitig offenen Plastik-Sichthüllen aufbewahren, z. B. in der Hängeregistratur.
– Einzelbilder im A4-Format kann man in jene nur oben offenen, mit Lochstreifen versehenen Klarsichthüllen einschieben, die man in einem Ordner abheften kann. Dadurch sind sie geschützt, und man kann sie immer wieder verwenden. Einzelbilder, die kleiner als A4 sind, klebt man auf kartonstarkes A4-Papier und schiebt sie dann in die Sichthülle. – Diese Schutzmaßnahmen sind besonders dann wichtig, wenn man den Schülern die Bilder zur Gruppen- oder Einzelarbeit in die Hand geben möchte.
– Folien für den Tageslichtprojektor (Schwarzweißfotos oder Zeichnungen lassen sich oft recht gut auf eine Folie kopieren – jedenfalls dann, wenn es nicht auf feine Grauabstufungen ankommt) können – voneinander durch weiße Blätter getrennt – in einem Ordner abgeheftet oder in Sammelmappen abgelegt werden.

Aufbewahrung in der Schule oder zu Haus?
– Eine Aufbewahrung *in der Schule* setzt voraus, daß dem einzelnen Lehrer genügend Schrankraum zur Verfügung steht. Sie empfiehlt sich, wenn man mit einem oder mehreren Kollegen gemeinsam eine Sammlung anlegt.
Sie hat den Vorteil, daß man auch für unvermutete Vertretungsstunden schnell reizvolles Arbeitsmaterial findet; außerdem entfallen die Transportschwierigkeiten (besonders bei großformatigen Bildern, die nicht geknickt werden dürfen und die man auch nicht rollen möchte, weil sie sich sonst nicht schnell genug wieder glätten lassen).

– Eine Aufbewahrung *zu Haus* hat den großen Vorteil, daß man sich auf die Beschäftigung mit einem bestimmten Bild intensiver vorbereiten kann.

– Wer viel Bildmaterial besitzt, kann natürlich einen Kompromiß schließen: einige Bilder, die sich für unvorbereitete „Spontaneinsätze" bewährt haben, werden in der Schule aufbewahrt; die anderen bleiben in der Wohnung.

(Zu Haus hat man eine Liste, damit man auch nach Monaten noch weiß, was man ausgelagert hat!)

„Systematiker" können ihre Bilder auch nach thematischen Gesichtspunkten sortieren und in unterschiedliche Mappen stecken. Das ist allerdings nicht einfach, denn viele Bilder werden zu mehreren Kategorien passen.

Immerhin lohnt sich die Getrennt-Aufbewahrung bei Fotos, die weniger für kreative Aufgaben als für schlichtes Sprachtraining oder landeskundliche Zwecke eingesetzt werden sollen. Man könnte z. B. Mappen für folgende Themen anlegen:

– Gebäude (außen und innen):
  – bekannte Bauwerke des betreffenden Landes;
  – unterschiedliche (besonders: für das betreffende Land typische) Gebäude;
  – typische Räume (Küche, Badezimmer, Wohnzimmer, Garage);
  – Möbel.
– Verkehrsmittel
  – zu Lande: Auto, Bus, Lastwagen, Lieferwagen, Lokomotive, Motorrad, Fahrrad;
  – zu Wasser: Schiffe, Boote;
  – in der Luft: Flugzeuge, Ballons;
  – Reittiere.
– Menschen (vor allem solche, die sich eindeutig dem betreffenden Land zuordnen lassen: für England z. B. *a police officer, a fox hunter, a milkman*).
– Kleidungsstücke.
– (. . .)
– Speisen, Getränke, Genußmittel.
– Wetter und Jahreszeiten.
– Der menschliche Körper.
– Sport.
– Musik und Kunst.
Die Reihe läßt sich beliebig fortsetzen![2]

Ein weiteres „technisches" Problem: Wie erreicht man, daß die Schüler das Bild, mit dem gearbeitet werden soll, gut sehen können?

- Wenn ein Klassensatz von Fotokopien zur Verfügung steht oder wenn jeder Schüler das Buch vor sich hat, in dem sich das Bild befindet, oder wenn mit vielen verschiedenen Bildern gearbeitet wird, die von Hand zu Hand gehen, stellt sich das Problem nicht.
- Wenn der Lehrer dagegen von vorn ein Bild (oder mehrere Bilder) zeigen möchte, gibt es mehrere Möglichkeiten:
  - Das Bild wird mit Reißzwecken an der Pinwand befestigt, sofern eine solche vorhanden ist. (Keinesfalls Reißzwecken in die Tafel pieken!)
  - Das Bild wird mit Hafties, Blu-tak oder ähnlichen wieder ablösbaren(!) und i. a. keine Spuren hinterlassenden Klebepölsterchen kurzfristig an die Wand oder die Tafel geklebt.
  - Feste, kartonstarke Bilder können auf den Ablagerand der Tafel gestellt oder, wenn sie mit einem Aufhänger versehen sind, an den Kartenständer gehängt werden. (Solche Bilder hat man aber nur selten!)
  - Wer oft mit Bildern arbeiten möchte, sorgt dafür, daß die Schule eine tragbare Metalltafel (DIN A2 oder größer) anschafft, die man sich bei Bedarf aus dem Geräteraum holen und in die Klasse mitnehmen kann. Auf ihr wird das Bild mit Magneten festgehalten. (Das ist die eleganteste und für Bilder, Tafeln und Wände langfristig schonendste Lösung.) Eine solche Tafel ist besonders dann nützlich, wenn man mehrere Bilder nebeneinander zeigen möchte. Sie kann auf den Ablagerand der Wandtafel gestellt werden, am Kartenständer hängen oder, wenn sie eine ausklappbare Stütze hat, auf dem Lehrertisch stehen.
  - Bilder, die nicht größer als DIN A4 sind, kann man in ein Clipboard klemmen (eines jener für die Aufnahme von Notizblättern gedachten Klemmbretter) und hochhalten oder an die Tafel lehnen.
  - Wenn sich keine dieser Möglichkeiten anbietet, bittet man einen Schüler, das Bild hochzuhalten!

(Unabhängig davon, welche Vorzeigemöglichkeit man wählt: Man sollte das Bild / die Bilder erst dann zeigen, wenn man mit ihnen arbeiten möchte. Bilder, die schon zu sehen sind, während die Klasse noch mit einer Lehrbuchübung o. ä. beschäftigt ist, verlieren ihren Reiz. Spannung und Überraschung sind wichtige Motivationsfaktoren!)

Nach dem Überblick über die äußerlich-organisatorischen Probleme folgt nun eine Zusammenstellung *inhaltsbezogener* Anregungen. Wie kann man mit Bildern arbeiten?

– Sachlich-nüchterne Aufgaben sind nicht so reizvoll wie phantasievoll-kreative Aufgaben; sie sind aber nützlich, um die Schüler überhaupt erst einmal an die Arbeit mit Bildern zu gewöhnen und ihre Scheu vor freien, unstrukturierten Äußerungen zu verringern. Außerdem lassen sie sich gut als Einstieg verwenden – für eine erste Phase von zwei bis drei Minuten, die zu kreativeren Aufgaben überleitet.

– Schüler geben eine sachliche Beschreibung des Bildes, das der Lehrer ihnen zeigt. Ein Schüler beginnt; wenn er nichts mehr zu sagen weiß, bittet der Lehrer andere Schüler um Ergänzungen. Dabei kann er durch gezielte Fragen nachhelfen.

Auch der Vergleich zweier Bilder kann zunächst einmal auf einer solchen sachlichen, unemotionalen Ebene beginnen.

Bei diesen vorbereitenden Aktivitäten können selbstverständlich auch KETTENFRAGEN eingesetzt werden (vgl. das Kapitel „Reduzierung der Lehrersprechzeit zugunsten der Schülersprechzeit").

– Einige Fragen können dann allmählich schon den Bereich des ‚objektiv Richtigen' verlassen:

– *Könnte das Bild in diesem Jahr entstanden sein?*

– *Wie alt sind die dargestellten Figuren?*

– *Welche Tageszeit ist es?*

– *Welchen Beruf könnte die Frau haben?*

– *Welche Schlüsse können wir aus der Kleidung des jungen Mannes ziehen?*

– *Was könnte wohl links und rechts von der dargestellten Szene zu sehen sein?* (Oder, bei einer Landschaft: *Was liegt wohl hinter dem Horizont?)*

Schon hierbei ist es wichtig, daß es kein „Richtig" oder „Falsch" geben sollte. Allenfalls kann der Lehrer eine Schüleräußerung zur Diskussion stellen: „Würdet Ihr dem zustimmen?" „Ließe sich auch eine andere Antwort denken?"

Dies gilt natürlich um so mehr für die folgenden Aufgaben,[3] bei denen die Kreativität der Schüler stärker angesprochen wird:

– Die Schüler werden aufgefordert, Vermutungen darüber anzustellen, wie es zu der im Bild dargestellten Szene gekommen ist. *Was ging voraus?*

Bei dieser Übung ist es auch möglich, den Akzent nicht ausschließlich auf kreatives Erfinden zu legen, sondern bestimmte grammatische Strukturen spielerisch mitüben zu lassen.[4] Jeder Schüler schreibt einen Satz ins Heft, der einem vorgegebenen Muster folgt, z. B. *"If XXX hadn't xxxed, YYY wouldn't have yyyed . . .".* Die Sätze werden – in Auswahl – vorgelesen und können dann als Anlaß für weitere Vermutun-

152

gen und Einfälle dienen. (Diese Art von Aufgabe läßt sich auch gut
dergestalt ausweiten, daß eine ganze Reihe von unterschiedlichen Bildern herumgegeben werden und jeder Schüler zu jedem Bild einen
entsprechenden Satz aufschreiben muß; nach einiger Zeit werden
dann alle Bilder vorn aufgehängt, und zu jedem Bild werden alle oder
einige der zugehörigen Sätze vorgelesen – was oft zu großer Heiterkeit
führt!)
- *„Was wird als nächstes geschehen?"*
- *„Wenn dies Bild auf dem Umschlag eines Buches (eines Romans? eines
Sachbuches?) zu sehen wäre: wie könnte der Titel des Buches lauten?"*
- *„Wenn dies Bild auf einer Schallplattenhülle zu sehen wäre, was könnte
der Titel der Platte sein?"*
(Die beiden letztgenannten Aufgaben werden von Sprachzeitschriften
gern verwendet und gelegentlich auch in der Sekundärliteratur zitiert;
sie führen in der Praxis allerdings leicht zu Enttäuschungen, weil sie
ein gewisses literarisches Interesse voraussetzen und weil unterdurch-
schnittlich motivierte Schüler sich leicht vor der Arbeit drücken können, indem sie ohne großes Nachdenken zwei oder drei Wörter hinschreiben und dann „abschalten". – Man muß dann schon darauf
bestehen, daß die erfundenen Titel nicht nur vorgelesen, sondern auch
begründet werden!)
- *„Tut so, als sei dies ein Reklamefoto. Für welches Produkt wirbt es? Wie
lautet die Unterschrift?"* (Je weniger das Bild auf den ersten Blick mit
Reklame zu tun hat, desto anspruchsvoller ist die Aufgabe. Humoristische, skurrile, makabre Lösungen sind selbstverständlich willkommen!)
- Die Schüler befassen sich intensiv mit einem auf dem Bild sichtbaren
Menschen:
- Sie erzählen seine Lebensgeschichte:
- in der 3. Person,
- in der Ich-Form.
- Sie skizzieren die momentane Lebenssituation der Figur.
- Sie schreiben den inneren Monolog der Figur auf.
- Die Schüler beantworten die Frage *„Was würdest Du tun, wenn Du Dich
in dieser Situation befändest?"*
- Die Schüler nehmen ein Bild als Anlaß und Vergleichsmaßstab zu
nachdenklicher Selbsteinschätzung: *„Dieses Bild drückt eine menschli-
che Eigenschaft aus. Kannst Du Dich selbst auf einer Skala – sagen wir im
Bereich von 0 bis 5 (von „überhaupt nicht" bis „sehr stark") – diesbezüglich
einordnen? Erkläre und begründe Deine Einschätzung!"*
- Bilder, die zu der Überschrift „Besondere Plätze" passen würden, werden aufgehängt. (Es kann sich um Plätze innerhalb, aber auch außer-

halb des häuslichen Bereichs handeln.) Die Schüler – vielleicht in Kleingruppen aufgeteilt – können sich nun darüber unterhalten, ob es für sie Plätze gibt, „geheime Orte", an die sie sich manchmal in ihrer Phantasie zurückziehen, um dort über etwas nachzudenken, um Trost oder Stärkung zu finden, um allein zu sein. Würde sich eines der ausgehängten Bilder als ein solcher Ort eignen?

– Die Schüler schaffen Beziehungen zwischen zwei oder mehreren Bildern, die vielleicht sehr unterschiedlich sind und nichts miteinander zu tun zu haben scheinen:

– *„Was geht dem Polizisten im untersten Bild durch den Kopf, während er die Jugendlichen in Bild Nr. 4 beobachtet?"*

– *„Der Arbeiter im linken Foto unterhält sich mit der älteren Dame in dem Foto rechts daneben. Schreibe einen Teil ihrer Unterhaltung auf."*

– *„Das Mädchen im linken Bild wird von zwei recht unterschiedlichen Männern umworben: dem jungen Mann in der Lederjacke in Bild 3 und dem Mann, der in Bild 4 am Tisch sitzt. Wie wird ihr künftiges Leben aussehen, wenn sie einen von ihnen heiratet?"* (Hier bietet sich auch gleich die Möglichkeit, bestimmte Satzstrukturen zu üben – Konditionalsätze z. B., oder Ausdrücke des vorsichtigen Vermutens!)

– *„Die drei Bilder sind Illustrationen zu einer Erzählung. Schreibe diese Erzählung."*

– *„Erzähle eine Geschichte, in der diese drei Bilder eine Rolle spielen. Die Reihenfolge kannst Du selbst wählen."*

Die letztgenannten beiden Aufgaben eignen sich auch hervorragend für Gruppenarbeit. Der Lehrer breitet auf einem Tisch etliche Bilder aus, läßt jede Gruppe drei (oder vier oder fünf) davon auswählen und gibt den Gruppen dann zehn oder fünfzehn Minuten Zeit, sich im Gespräch (natürlich in der Fremdsprache!) auf eine Geschichte zu einigen, die zu ihren Bildern paßt. (Stichworte dürfen notiert werden.) Die Gruppe beschließt, welches Mitglied die Geschichte dann erzählen soll.

Gelegentlich läßt sich die Freude der Schüler an solchen kreativen Aufgaben noch erhöhen, wenn der Lehrer für die gelungenste Lösung einen Preis aussetzt, z. B. ein englisches oder französisches Taschenbuch (es muß ja nicht unbedingt neu sein!), oder wenn er – was allerdings Arbeit macht – eine Reihe von guten Arbeiten abtippt und für die Klasse vervielfältigt.

In Klassen, die schon ein wenig an die Arbeit mit Bildern gewöhnt sind, kann es auch sehr motivierend wirken, wenn man die Aufgabenstellung den Schülern überläßt; etwa so:

– *"Have a look at these five pictures. I'd like you to write down three creative tasks."*

Weniger kreativ, aber dennoch ebenfalls reizvoll und lohnend ist der
Einsatz von Bildern im Zusammenhang mit der Besprechung literarischer
Texte in der Oberstufe.
- Der Lehrer bringt z. B. ein Bild mit, das einen Menschen in einer ähnlichen Situation zeigt wie eine der Figuren des Romans (bzw. des Dramas, der Kurzgeschichte), der gerade gelesen wird, und fragt: *"Do you
think this could be Isabel?" "Why not?"*
- Oder er stellt mehrere Bilder zur Auswahl und sagt den Schülern, sie
müßten jetzt entscheiden, welches davon für eine illustrierte Ausgabe
des Werkes benutzt werden sollte, und müßten eine überzeugende
Begründung für ihre Entscheidung geben.
- Einige Bilder, die nicht unbedingt Menschen darstellen müssen, werden zur Auswahl gestellt. Die Aufgaben könnten dann etwa so lauten:
  - *„Welches dieser Bilder würde Jenny* (= die Protagonistin der gelesenen
  Kurzgeschichte) *wohl am ehesten in ihrem Zimmer aufhängen, und
  warum?"*
  - *„Wenn dieser Mann jetzt mit Billy* (= der Romanfigur) *sprechen könnte,
  welchen Rat würde er ihm geben?"*

Zum Abschluß sei noch eine etwas paradox klingende Möglichkeit
erwähnt: Man kann die Schüler veranlassen, über ein Bild zu sprechen,
das sie n i c h t sehen können!
- Der Lehrer hält ein Bild in der Hand, zeigt es den Schülern aber (noch)
nicht, sondern läßt sie Fragen stellen, die er wahrheitsgemäß beantwortet – Fragen, die nicht nur auf objektive Fakten gerichtet zu sein
brauchen, sondern auch subjektive Äußerungen des Lehrers provozie-
ren dürfen.
Die Schüler müssen versuchen, sich auf diese indirekte Weise einen
möglichst genauen Eindruck zu verschaffen. Wenn der Lehrer ihnen
nach einer Weile das Bild zeigt, können sie sich dazu äußern, wie nahe
sie der Wirklichkeit gekommen sind, welche Antworten des Lehrer
wichtig waren und welche Auskünfte sich eher als irreführend erwiesen haben.[5]

---

[1] Eine sehr ausführliche Beschreibung der unterrichtlichen Auswertung zweier
solcher Wandbilder (vom Longman-Verlag) findet sich bei Direder,
S. 141–149.

[2] Die vorliegende Zusammenstellung stammt, stark gekürzt und vereinfacht,
aus dem Bändchen *Visual Impact* von D. A. Hill (S. 2 – 4).

[3] Einige von ihnen sind dem sehr nützlichen Bändchen *The Mind's Eye* von Maley/Duff/Grellet entnommen, das auch viele reizvolle Sprechanlaßbilder enthält. Gute Fotos finden sich auch in *Images* von Ramsey.

[4] Einige konkrete Beispiele mit ausführlichen grammatischen Erläuterungen in: G. Detro, *If-clauses in Cartoons* (FUE 1/1991).

[5] Modifikationen dieser Idee werden bei Hill erwähnt (a.a.O. S. 28).

Cartoons, Bildgeschichten u. ä.

Die Unterscheidung zwischen „Cartoons" und „Bildgeschichten" einerseits und den (im vorigen Kapitel besprochenen) „Bildern" andererseits scheint willkürlich zu sein. Welche Unterschiede lassen sich anführen, die die Behandlung in einem eigenen kleinen Kapitel nahelegen?

- Cartoons und Bildgeschichten sind kleinformatig; wenn man sie den Schülern zeigen will, reicht es nicht aus, sie einfach aufzuhängen, hochzuhalten o. ä.
- Sie laden weniger zu Spekulationen ein; sie fordern eher eine präzise Interpretation. Der Schwerpunkt für den Einsatz im Unterricht wird deshalb nicht so sehr auf Kreativität liegen wie bei den im vorigen Kapitel behandelten „Bildern".
- Sie sind schwarzweiß, nicht farbig. Das Fehlen der Farbe bedeutet einerseits (im inhaltlichen Bereich), daß diesbezügliche Fragen entfallen und daß man sich nicht über Stimmung, Atmosphäre u. ä. unterhalten wird; es bedeutet andererseits (rein technisch), daß Cartoons und Bildgeschichten i. a. gut zu vervielfältigen sind.

Cartoons und Bildgeschichten stellen wertvolles Zusatzmaterial zur Bereicherung des Unterrichts dar. Je mehr man davon hat, desto gezielter kann man sie einsetzen. Es lohnt sich also, zu sammeln. Mögliche **Fundstellen:**

- das Lehrbuch, mit dem die Klasse arbeitet (leider sind manche Lehrwerke sehr knauserig mit Humor im allgemeinen und Cartoons im besonderen!);
- Lehrwerke anderer Verlage;
- Sammelbände mit Cartoons oder Bildgeschichten;
- Zeitschriften:
  - deutsche Zeitschriften (allgemein),
  - englische, französische usw. Zeitschriften (allgemein),
  - Zeitschriften für den Sprachunterricht.

Technische Hinweise:

- Da es sich bei Cartoons und Bildgeschichten i. a. um kontrastreiche Schwarzweiß-Strichzeichnungen handelt, sind sie problemlos zu fotokopieren. Aus Gründen der Ökonomie wird es sich meistens empfehlen, kleine Bildchen zunächst so oft zu kopieren, daß sie – ausgeschnitten und aufgeklebt – vier-, sechs- oder achtmal auf einem A4-Blatt Platz haben; dieses A4-Blatt stellt dann die endgültige Kopiervorlage dar. Die von ihr hergestellten Kopien werden zerschnitten; die kleinen Blättchen werden an die Schüler ausgegeben: ein Blatt für jeden Schüler oder ein Blatt für je zwei Schüler; zum Behalten oder auch zum Wiedereinsammeln.

– Der Cartoon oder die Bildgeschichte kann – mehr oder weniger stark vergrößert, falls das Kopiergerät der Schule diese Möglichkeit bietet – auf eine Folie kopiert und projiziert werden.

Das Arbeiten mit einer Folie bietet eine Möglichkeit, die beim Aushändigen von Fotokopien nicht zur Verfügung steht: Der Lehrer kann Teile des Ganzen zunächst abdecken und erst später zeigen (z. B. den Inhalt einer Sprechblase, die Unterschrift eines Cartoons, die letzte Zeichnung einer Bildgeschichte . . .).

Einsatz im Unterricht: BILDGESCHICHTEN

In der Unterstufe und frühen Mittelstufe können Bildgeschichten eingesetzt werden, um das Erzählen einer Geschichte zu üben. Die dazu verwendeten Bilderfolgen brauchen noch nicht pointiert, witzig oder überraschend zu sein: sie können einfach eine Handlungsabfolge illustrieren.

Manche Sammlungen von Bildgeschichten für den Fremdsprachenunterricht bieten jeweils zusammen mit den Bildern auch gleich eine Liste von Wörtern und Wendungen an, die dem Schüler die Versprachlichung erleichtern.[1]

Die Unterteilung in Einzelaktivitäten kann so aussehen:

1) Beschreibung der einzelnen Bilder durch je einen Schüler. (Was ist auf dem Bild zu sehen? Was ereignet sich gerade?)
(Im Englischunterricht wird man hierbei darauf hinweisen, daß für die Beschreibung der Einzelbilder – *"What is happening in the third picture?"* – das *PRESENT CONTINUOUS* angemessen ist, für die spätere kontinuierliche Erzählung der ganzen Geschichte jedoch das *SIMPLE PAST*.)
2) Zusammenhängende Erzählung der Geschichte durch einen Schüler. (Die Bilder werden jetzt nicht mehr einzeln beschrieben, sondern dienen nur noch als Gedächtnisstütze.) Der Lehrer und die Mitschüler helfen, wenn es Schwierigkeiten gibt. Ggf. wird die Erzählung von einem zweiten Schüler wiederholt. –

Wenn diese Grundlagen gelegt sind, bieten sich wahlweise weitere
Aktivitäten an, z. B.:
- Schriftliche Nacherzählung der Geschichte
  - als individuelle Stillarbeit,
  - in Kleingruppenarbeit,
  - als Hausaufgabe,
- Ausfüllen eines Arbeitsblattes, das die Geschichte als Lückentext
  enthält.
- Mündliche oder schriftliche Nacherzählung o h n e Blick auf die
  Bilder.

Außer diesen nüchternen Standard-Aktivitäten gibt es noch einige
anspruchsvollere Variationen, die um so ergiebiger sind, je reizvoller das
Ausgangsmaterial ist.
Intelligente *CARTOON STRIPS* (mit oder ohne Sprechblasen) mit einer
überraschenden Pointe lassen sich z. B. auch so einsetzen:
- Die Schüler bekommen das letzte Bild, das die Pointe enthält,
  zunächst nicht zu sehen. Sie werden aufgefordert, ein Ende zu erfinden:
  - in individueller Stillarbeit,
  - in Kleingruppenarbeit,
  - im Plenumsgespräch.
  Anschließend werden die Ergebnisse mit dem Original verglichen.
  (Nicht immer muß es das Ende sein, das zurückgehalten wird: es kann
  auch der Anfang sein oder ein wichtiges Mittelstück. Die entsprechenden Fragen wären dann „Wie mag die Geschichte begonnen haben?"
  oder „Was könnte in der Zwischenzeit geschehen sein?")
- Die Reihenfolge der Einzelbilder wird vertauscht (auf der Folie, oder
  bei der Ausgabe der fotokopierten Schnipsel); die Schüler haben die
  Aufgabe – individuell oder in kleinen Gruppen –, die Bilder in die
  richtige Reihenfolge zu bringen. Sie müssen die gewählte Reihenfolge
  auch begründen können.

Einsatz im Unterricht: CARTOONS

Nachdem die Fotokopien ausgeteilt worden sind oder die Folie auf den
Tageslichtprojektor gelegt worden ist, werden die Schüler aufgefordert,
den Cartoon zu beschreiben und zu deuten.
Es ist nur selten ratsam, auf den ersten Schritt – Beschreibung – zu verzichten und gleich zur Interpretation zu kommen. Das nüchterne Benennen dient der Bereitstellung der erforderlichen sprachlichen Mittel; es

bietet auch die Gelegenheit, schwächere Schüler zu beteiligen, die durch eine anspruchsvollere Aufgabe möglicherweise zunächst noch überfordert wären.

Die für die Beschreibung und Interpretation erforderlichen Vokabeln können – soweit es sich als nötig erweist – in gemeinsamer Arbeit von Schülern und Lehrer nach und nach an die Tafel geschrieben werden. Eine Standardaufgabe wie *"Describe and explain the cartoon"* läßt sich in den üblichen Varianten bearbeiten:

- mündlich
  - im gemeinsamen, entwickelnden Unterrichtsgespräch;
  - nach kurzer, stiller Nachdenk-Phase als freiwilliges „Solo" eines Schülers;
  - als „Test" für einen vom Lehrer bestimmten Schüler, dessen mündliche Sprachkompetenz einer Überprüfung bedarf.
- schriftlich
  - als individuelle Stillarbeit;
  - in Kleingruppenarbeit;
  - (falls es sich um einen im Lehrbuch abgedruckten Cartoon handelt:) im Sinne der inneren Differenzierung als sinnvoll-vergnügliche Zusatzbeschäftigung für Schüler, die mit einer Aufgabe schneller als ihre Klassenkameraden fertig geworden sind;
  - als Hausaufgabe.

Weitere Möglichkeiten:

- Der Lehrer verteilt mehrere Cartoons sowie eine Liste mit den dazugehörigen Unterschriften. Die Unterschriften sind aber nicht in der richtigen Reihenfolge. Die Schüler haben die Aufgabe, Bilder und Texte einander zuzuordnen und die Zuordnung zu begründen. (Das braucht keineswegs so einfach zu sein, wie es zunächst klingt. Wenn die Lösung der Aufgabe z. B. differenzierte Kenntnisse im Bereich idiomatischer Wendungen oder in der Anwendung bestimmter Register voraussetzt, kann sie auch Oberstufenschüler ansprechen.)
- Ein Cartoon wird ausgeteilt oder projiziert, aber ohne Unterschrift (sofern er überhaupt eine hatte). Die Schüler haben fünf oder auch zehn Minuten Zeit, sich eine treffende Unterschrift auszudenken. Der Anreiz ist besonders groß, wenn der Lehrer für die beste (witzigste, pointierteste, sprachlich eleganteste, inhaltlich besonders überzeugende) Leistung einen Preis aussetzt ... (Auswertung: Nach der „Besinnungsphase" – in der der Lehrer in der Klasse umhergegangen ist, so daß er schon ungefähr weiß, was zu erwarten ist – lesen alle Schüler ihre Lösungen vor. Etliche erledigen sich von selbst, weil sie

inhaltlich oder sprachlich unbefriedigend sind; die anderen werden an die Tafel geschrieben. Die Klasse darf abstimmen, welche Unterschrift sie am besten findet.)

- Viele Cartoons (zusammen mit ihren Unterschriften, Sprechblasen o. ä.) zeigen nicht etwas Allgemeingültiges und Zeitloses, sondern spiegeln nationale Eigenheiten oder spielen auf aktuelle politische, soziale oder kulturelle Ereignisse an. Der Lehrer, der eine fremdsprachige Zeitung oder Zeitschrift abonniert hat, findet dort regelmäßig Cartoons, die sich als Einstiegs- oder Zusatzmaterial für die Besprechung landeskundlicher Themen eignen!

- Manche Lehrbücher setzen Cartoons recht geschickt zur Veranschaulichung grammatischer Phänomene ein.[2] Man sollte solche Illustrationen ausnutzen und nicht als verzichtbares Beiwerk betrachten, denn sie prägen sich gut ein und helfen, Abstraktes eingängiger zu machen.

- Gelegentlich lassen sich Cartoons finden, die thematisch zu einem im Unterricht gerade gelesenen literarischen Werk passen und die dabei helfen können, das Thema auf eine überraschende Weise zu vertiefen, zu erweitern oder zu verfremden. Dazu zwei Beispiele:

a) In Roger McGoughs kurzem Gedicht *"40-Love"* geht es um ein tennisspielendes Ehepaar, dessen Beziehung nicht mehr die beste ist. *"When the game ends and they go home the net will still be between them"*, heißt es am Ende; und die innere Entfernung der beiden voneinander wird auch im Layout des Gedichtes deutlich: die Kurzzeilen sind so angeordnet, daß das Auge über eine imaginäre Mittellinie hinweg so von Wort zu Wort springen muß, wie es einem Tennisball folgen würde. – Zu diesem Gedicht habe ich zufällig an verschiedenen Orten drei Cartoons gefunden, die sich zum Vergleich (miteinander und mit dem Gedicht) anbieten. Der erste zeigt ein rührend verliebtes tennisspielendes Paar, das anstelle eines Balles ein Herzchen über das Netz schlägt. Auch der zweite zeigt ein tennisspielendes Paar: die bitter blickenden Partner schlagen ebenfalls etwas über das Netz – aber diesmal ist es ihr Kind, und die Unterschrift heißt *"Joint Custody"* (= das den Ehepartnern nach einer Scheidung vom Gericht zugesprochene gemeinsame Sorgerecht). Im dritten Cartoon sitzt ein streitendes, geiferndes, mit den Fäusten auf den Tisch schlagendes Ehepaar sich am Frühstückstisch gegenüber. Der Toaster, der genau in der Mitte steht, erinnert an das Netz, das in den anderen Cartoons zu sehen war; die Anspielung auf ein Tennisspiel wird aber hauptsächlich aus einem anderen Detail deutlich: der kleine Sohn, der an der Längsseite des Tisches in seinem Hochstuhl sitzt, hat offensichtlich die Funktion des Schiedsrichters.

b) Im Zusammenhang mit der Lektüre von James Thurbers Kurzgeschichte *"The Secret Life of Walter Mitty"* benutze ich gern einen von
Thurber selbst gezeichneten Cartoon mit dem Titel *"House and
Woman"*: Ein mickeriges Männlein nähert sich, zitternd vor Angst,
einem großen Haus, dessen Fassade am einen Ende aus Mauerwerk
und Fenstern besteht, am anderen Ende aber in den riesigen, Furcht
einflößenden Kopf und Oberkörper einer Frau mit drohendem
Gesichtsausdruck übergeht. –

Klassenarbeiten:

Nahezu alles, was in diesem Kapitel als Unterrichtsaktivität beschrieben
worden ist, läßt sich auch im Rahmen einer Klassenarbeit oder Klausur
verwenden.
Dazu abschließend noch zwei Hinweise:
– Man sollte vorsichtig sein mit Cartoons, deren Interpretation nicht
  ganz eindeutig ist. Manche Schüler haben große Schwierigkeiten
  damit, die hintergründige Ironie oder subtile Komik eines Bildes in
  Sprache umzusetzen.
– Es empfiehlt sich im allgemeinen, einige Vokabeln anzugeben; besonders dann, wenn bei der Beschreibung oder Deutung Dinge benannt
  werden müssen, die sich nicht umschreiben lassen, aber aller Wahrscheinlichkeit nach nicht zum aktiven Wortschatz der Schüler gehören.

---

[1] Vgl. z. B. F. Meade / F. Kerry, *LOOK, THINK AND WRITE!*, ed. by H. Gutschow,
Cornelsen, Berlin 1973
[2] Vgl. z. B. *ADVANCED MODERN PRACTICE* (Verlag Klett). – Auf den Aufsatz
von Detro, *If-clauses in Cartoons*, wurde im vorigen Kapitel schon hingewiesen. –

Authentisches Anschauungsmaterial

Die Gliederung dieses Kapitels geht vom Theoretischen zum Praktischen:
- Was ist mit „authentischem Anschauungsmaterial" gemeint?
- Warum sollte man es einsetzen?
- Was kann man alles sammeln?
- Woher bekommt man solches Material?
- Was kann man damit machen?

„Authentisches Anschauungsmaterial" ist zum einen all jenes, was man manchmal auch als „Realien" bezeichnet – siehe die Beispiele in der weiter unten eingefügten Liste. Zum anderen sollen auch Texte in die Definition mit einbezogen werden. (Auf Ton- und Videoaufnahmen wird in anderen Kapiteln eingegangen.)

Ein Text kann authentisch genannt werden, wenn er dem „wirklichen Leben" außerhalb der Schule entnommen ist und nicht speziell für den Fremdsprachenunterricht geschrieben wurde. Er nimmt keine Rücksicht auf den psychologischen Entwicklungsstand des Schülers oder auf den Grad seiner Sprachbeherrschung. – Die meisten Lehrbuchtexte sind in diesem Sinne nicht authentisch; aber es kommt durchaus vor, daß der eine oder andere authentische Text in ein Lehrbuch aufgenommen wird.

Warum sollte man gelegentlich authentisches Material einsetzen?

- Es ruft Neugier und Interesse hervor, weil es – im Gegensatz zur sonstigen Kost – nicht vorgekaut und vorverdaut ist.
- Schüler empfinden es als reizvolle Herausforderung, sich mit fremdsprachlichem Material auseinanderzusetzen zu dürfen, das eigentlich „noch zu schwer" für sie ist. Sie sind stolz, wenn sie es schaffen, schwierige Hürden zu nehmen.
- Die Nützlichkeit der Beschäftigung mit der Fremdsprache wird den Schülern unmittelbar deutlich, wenn es ihnen gelingt, authentischem Material Informationen so zu entnehmen, daß sie dadurch in realistischen Alltagssituationen bestehen können.
- Authentisches Material bietet direkte, unkommentierte Einblicke in das Leben des anderen Volkes. Es kann somit ein Gegengewicht –

oder zumindest eine wichtige Ergänzung – zu den oft klischeehaft vereinfachenden (und meistens beträchtlich veralteten) Eindrücken sein, die das Lehrwerk vermittelt.[1]

– Die Arbeit mit authentischen Texten ist geeignet, wichtige fächerübergreifende Fertigkeiten zu üben: schnelle Informationsentnahme, Lesen mit „Filter", Unterscheidung von Wichtigem und Unwichtigem, Setzen von Prioritäten bei komplexen Arbeitsaufträgen.

Anregungen für eine Materialsammlung:

Touristikplakate
Reiseprospekte; Broschüren über bestimmte Regionen
Ansichtspostkarten
Atlanten, Landkarten, Autokarten, Stadtpläne
Fahrpläne (Bahn, Bus, Straßenbahn; Kanalfähren)
Fahrkarten (Bahn, Bus, Straßenbahn)
Prospekte von Sprachschulen
Reisesouvenirs
Bücher, Broschüren, Nachschlagewerke aller Art
Anzeigenseiten aus Zeitungen und Zeitschriften:
– Lebensmittel und Getränke
– Häuser, Wohnungen
– Stellengesuche und -angebote[2]
– Heiratsanzeigen
– Private Anzeigen aller Art
Speisekarten (Fast-Food-Restaurant / Feinschmeckerrestaurant)
Flugblätter; Informations-Handouts
Politische Pamphlete
Artikel aus Zeitungen, Zeitschriften, Nachschlagewerken
Einzelne Exemplare kompletter Zeitungen oder Zeitschriften
„Colour supplements" von Wochenzeitungen
Kataloge von Versandhäusern
Bedrucktes Verpackungsmaterial, z. B. von Lebensmitteln:
    Cornflakekartons, Teebeutelpackungen, Deckel von Käseschachteln,
    abgelöste Etiketten von Flaschen oder Marmeladengläsern, Zucker-
    tüten, Zigarettenschachteln, Umhüllungen von Schokoladenriegeln
    etc.
Arzneimittel-Beipackzettel
Bierdeckel
Formulare aller Art zum Ausfüllen
Rechnungen

Gebrauchsanweisungen
Informationsmaterial über eine Stadt:
- Stadtplan
- Verkehrspläne (Bus-, U-Bahn-, Straßenbahnlinien; Abfahrtszeiten)
- Liste der Hotels und Pensionen
- Liste ausgewählter Restaurants
- Kino- und Theaterprogramme
- Liste der Sportanlagen, Schwimmbäder etc.
- Veranstaltungskalender
- Informationen über Museen, Galerien, Ausstellungen
- Auszüge aus den „gelben Seiten" des Telefonbuches
Schallplattenhüllen
Schutzumschläge von Büchern

Woher bekommt man Material?

- Eigene Auslandsreisen bieten eine günstige Gelegenheit, Anschauungsmaterial zu sammeln. Erst einmal „hamstern" und mit nach Haus
  nehmen – selbst wenn man später manches vielleicht doch nicht verwendet! (Und wenn es sich um eine Urlaubsreise handelt, bei der man
  vermutlich mehr Freizeit hat als zu Haus im Alltagsstreß: gleich eine
  Liste der gesammelten Dinge anlegen; denn eine Liste läßt sich später
  viel schneller durchsehen als Schubladen und Sammelmappen voller
  Materialien!)
- Freunde, Verwandte, Bekannte oder Schüler, die in eines der Länder
  fahren, von denen man Material sammeln möchte, sind gern bereit,
  einiges mitzubringen. Man muß ihnen aber konkret sagen, woran man
  interessiert ist – und daß man ihnen keine ungebührliche Schlepperei
  zumuten möchte (also nur solche Dinge, die den Koffer nicht
  anschwellen lassen: keine dicken Versandhauskataloge, wohl aber
  Formulare, Fahrkarten, Prospekte, einzelne Zeitungsseiten u. ä.).
- In deutschen Reisebüros bekommen wir Werbeprospekte und Informationsmaterial über andere Länder, über touristisch interessante
  Gebiete, auch über Verkehrsverbindungen – im allgemeinen aber leider nur in deutscher Sprache, und das nützt uns wenig. Was uns aber
  eventuell nützt, sind die fremdsprachigen Prospekte über die *eigene*
  Stadt, die man dort erhält. Man kann sie zum Vergleich mit einer Stadt
  im Ausland heranziehen, mit der man sich befassen möchte.
  Wenn man Freunde im Ausland hat, sind sie wahrscheinlich bereit,
  Material aus ihrem örtlichen Reisebüro zu besorgen und es zu ver-
  schicken.

- Offizielle Stellen wie z. B. Ministerien, Botschaften, zentrale Fremden-
verkehrsbüros u. ä.[3] schicken in manchen Fällen kostenlos Informationsmaterial und auch Plakate, wenn man die Bitte angemessen
begründet.
- Viele deutsche Behörden (Einwohnermeldeamt, Gesundheitsamt u. a.)
halten fremdsprachige Formulare für Ausländer bereit, deren Deutsch-
kenntnisse unzureichend sind. Solche Formulare lassen sich z. B. für
Simulationsübungen oder für Vergleiche mit entsprechenden Formu-
laren ausländischer Behörden einsetzen.
- Die Fachkollegen einer Schule können gemeinsam Sammelmappen
(z. B. über die englische oder französische Partnerstadt o. ä.) zusammenstellen, die dann von allen ausgeliehen und ggf. ergänzt werden
dürfen. Auch schulübergreifende Projekte dieser Art sind möglich:
Lehrerfortbildungsinstitute können solche Materialbanken anlegen
und zur allgemeinen Verfügung halten.[4]

Wie kann man authentisches Anschauungsmaterial einsetzen?
Zunächst müssen drei Fragen durchdacht werden:
1) Wieviel Exemplare hat man?
(Ein Fahrplan, ein Formular, ein Flugblatt lassen sich leicht vervielfältigen. Ein Versandhauskatalog oder ein Cornflake-Karton nicht.)
2) Geht es um eine nette kleine Abwechslungsaktivität, die höchstens
eine Unterrichtsstunde (eher weniger!) ausfüllen soll – oder um ein
anspruchsvolles Projekt, an dem man etliche Stunden, vielleicht sogar
mehrere Wochen, arbeiten wird?
3) Soll es nur (?!) um das Gewinnen von Eindrücken, um das Entnehmen
von Informationen, also um die *„receptive skills"* gehen – oder soll die
Beschäftigung mit dem Material auch Anlaß zu mehr oder weniger
anspruchsvollen sprachproduktiven Leistungen sein?

Die Antworten auf diese drei Fragen sind miteinander verflochten, so
daß es wenig sinnvoll ist, getrennte Listen möglicher Aktivitäten aufzustellen. Statt dessen sollen stichwortartig verschiedene Beispiele angeführt werden, die das breite Spektrum der Möglichkeiten zeigen.

LOOK AT THESE POSTERS . . .

Der Lehrer bringt zwei oder drei Touristikplakate von möglichst verschiedenen Landschaften, Städten oder landeskundlich interessanten
Szenen mit, die er sich schicken lassen hat, und hängt sie provisorisch
auf.[5] Wörter und Sätze wie BRITISH TRAVEL ASSOCIATION, *Visit the
Lake District, Beautiful Somerset* o. ä. hat er (wieder ablösbar) überklebt,
damit die Schüler erst einmal Vermutungen anstellen können: *Where do*

you think this is? Why? Can you describe the photo? If you could spend your next holidays at one of these places, which one would you choose? – There are some words here, but you can't see them at the moment. Write down what you think they might be . . . Stillarbeit. Auswertung. Wortschatzerweiterung. Und schließlich: *Shall we put the posters up permanently?*

HOW DO YOU GET FROM THE STATION TO THE SWIMMING-POOL?

Der Lehrer hat ein Stadtplan-Segment (Innenstadt, mit gut lesbaren Straßennamen und ggf. nachträglich eingezeichneten Gebäuden) vervielfältigt oder auf eine Folie kopiert. Die Schüler arbeiten paarweise. Sie stellen sich abwechselnd Aufgaben der obengenannten Art und üben dabei bestimmte Wendungen, die vorher eingeführt wurden.[6]

HOW MUCH ARE THE BAKED BEANS?

Der Lehrer hat, aus einer Zeitungsbeilage, eine Seite mit Sonderangeboten der Lebensmittelabteilung eines Supermarktes, auf der auch die entsprechenden Dosen, Packungen und Flaschen zu erkennen sind, auf eine Folie kopiert. Die Schüler üben das Erfragen von Preisen und festigen und erweitern ihren Wortschatz in den Bereichen „Mengen- und Gewichtsangaben" und „Lebensmittel".[7]

CAN THEY ANSWER OUR QUESTIONS?

Die Klasse wird in Kleingruppen aufgeteilt. Jede Gruppe bekommt ein oder zwei Exemplare einer Broschüre – z. B. der Werbebroschüre einer englischen Sprachschule. Die Gruppenmitglieder einigen sich auf fünf (oder zehn) Fragen, die sie den anderen Gruppen stellen können. Nach einer festgelegten Zeit werden – von Gruppe zu Gruppe – diese Fragen gestellt, wobei immer wieder andere Gruppenmitglieder an die Reihe kommen müssen. Wer – ohne Blick in die Broschüre! – die Frage richtig beantworten kann, bekommt einen Punkt.

'LANDESKUNDE' LOTTERY

Der Lehrer bringt ein Köfferchen voller Anschauungsmaterial mit: Dutzende von unterschiedlichen Dingen, Blättern, Broschüren, Packungen usw. (siehe Liste). Jedes davon ist numeriert. Die Schüler kommen nach vorn und ziehen ein Los, auf dem nicht nur die Nummer des Dinges steht, das sie nun ausgehändigt bekommen, sondern auch die Aufgabe, die sie zu lösen haben:
– *Find twenty different words for articles of clothing in this catalogue and write them on a piece of paper.*
– *Look through THE HIGHWAY CODE and answer the following questions:*

- *What does a double yellow line tell you?*
- *When do you have to dip your headlights?*
- *Who has the right of way at a roundabout?*
- *If you wanted to see a thriller, which of the cinemas would you go to?*
What time does the film start? How much would you have to pay?
- *Does this car use leaded or unleaded petrol?*
- *How would you get from Heathrow to Golders Green? Which lines would*
you use, and how often would you have to change?
Und so weiter! – Wer mit seiner Aufgabe fertig ist, darf mit einem Klassenkameraden tauschen, der auch nichts mehr zu tun hat. – Jeder schreibt ein interessantes oder unbekanntes Wort, das ihm beim Lösen seiner Aufgabe aufgefallen ist, an die Tafel. Später werden diese Vokabeln ausgewertet. – Alle Schüler berichten am Ende kurz, was sie zu tun hatten und was sie herausgefunden haben.

HELP STOP THE SLAUGHTER!

In der Londoner Innenstadt bekam ich ein Flugblatt in die Hand gedrückt: "HELP STOP THE SLAUGHTER / Join the HSA!" Die Vorderseite zeigte das Farbfoto der blutenden Leiche eines Fuchses, den ein grinsender Mann gerade mit einem Spaten erschlagen hatte. Die Rückseite enthielt Informationen über abstoßende Einzelheiten der traditionellen englischen Fuchsjagd – "Hunters call this sport . . . Do YOU?" – und die Aufforderung, die *Hunt Saboteurs' Association* finanziell zu unterstützen oder ihr beizutreten. Als ich gesehen hatte, worum es sich handelte, ging ich sofort zu dem Mann zurück und bat ihn, mir eine Handvoll weiterer Exemplare zu geben, weil ich sie in die Schule mitnehmen wollte. – In unserem Englischbuch für die 10. Klasse stand nämlich ein kleiner Zeitungstext "Foxhunting – yes or no?", inhaltlich gemäßigt und ausgewogen, sprachlich erleichtert und für die Behandlung der *modal auxiliaries* aufbereitet . . .[8]
Einsatz dieser „Beute-Zettel" im Unterricht: nach der Erarbeitung des erwähnten Lesebuchtextes. Ein Exemplar für je zwei Schüler (größer ist mein Vorrat nicht); später werden sie wieder eingesammelt. Ein paar Minuten stilles Lesen; dann zunächst Klärung unbekannter Vokabeln. – Beschreibung des Fotos. Ohne Blick auf den Text: *Do you remember any details?* (Möglichst viele Schüler sagen je einen Satz.) *Would you consider joining this association? Why? Why not?* Rückgriff auf den Lesebuchtext: *Does the text in our book contain anything which this sheet does not mention?* – *Compare the general tone of the two texts.* Falls noch Zeit: *Could someone please sum up what we've talked about today?* und/oder ein „Diktat mit Lücken"[9] aus dem Flugblatt.

DISCOVER A CITY[10]

Der Lehrer hat sich eine Menge Material über eine bestimmte Stadt besorgt: einen Stadtplan, Verkehrspläne, eine Karte der näheren Umgebung, eine Hotelliste, Speisekarten aus Restaurants, Broschüren für Touristen, den Veranstaltungskalender, Kino- und Theaterspielpläne, Informationsblätter und Kataloge von Museen und Ausstellungen, die Gelben Seiten des Telefonbuches, Zeitungs- und Zeitschriftenartikel über die Stadt, Ansichtspostkarten usw. Die meisten dieser Dinge sind in mehreren Exemplaren vorhanden. Die Schüler machen sich nach und nach mit diesem Material vertraut – am besten so, daß sie schon während dieses Kennenlernprozesses laufend kleine Aufgaben lösen müssen –, und am Ende der Woche, die diesem Projekt gewidmet ist, legt jeder Schüler mündlich oder schriftlich einen bis ins einzelne gehenden Plan vor, wie er einen viertägigen Besuch in dieser Stadt gestalten würde: wo er übernachten und wo er essen würde (er bekommt gesagt, wieviel Geld er insgesamt ausgeben kann!), wann und mit welchen Verkehrsmitteln er welche Sehenswürdigkeiten besuchen würde und ähnliches mehr. Er soll all seine Entscheidungen durch Verweise auf das ihm zur Verfügung gestellte Material erläutern und begründen können.

Zwei abschließende Hinweise

– Wenn man mit anspruchsvollem authentischem Material arbeitet, sollte den Schülern deutlich werden, daß der Akzent jetzt wesentlich stärker auf Verständnis und kommunikativer Kompetenz liegt als auf Sprachrichtigkeit.
– Aus vielen Materialien, die auf den ersten Blick langweilig wirken, lassen sich interessante und motivierende Aktivitäten gewinnen, wenn man sich eine ungewöhnliche (überraschende, komische, groteske) Aufgabe ausdenkt!

---

[1] Dies trifft besonders für Länder zu, die in den Lehrbüchern i. a. nur am Rande berücksichtigt werden: z. B. Kanada, Australien, Neuseeland.
[2] Im Rahmen eines Oberstufen-Leistungskurses *"Aspects of Education"* (Bericht darüber: PRAXIS 1/1978) habe ich Stellenangebote für Lehrer aus der TIMES EDUCATIONAL SUPPLEMENT fotokopiert und vervielfältigt. Die Schüler – die im Laufe des Kurses detaillierte Informationen über das englische Schulwesen gewonnen hatten – mußten eine begründete Entscheidung für eine der ausgeschriebenen Stellen treffen und dabei deutlich machen, daß sie eine realistische Vorstellung von den jeweiligen Aufgaben, den Vorteilen und den eventuellen Problemen hatten.

[3] Einige Adressen finden sich am Ende des Aufsatzes von Taborn (PRAXIS 2/1980, S. 160). Taborn weist auch auf ein Buch hin – *"The Treasure Chest for Teachers"*, published by the Schoolmaster Publishing Company, Kettering, Northamptonshire –, das regelmäßig aktualisiert wird und viele weitere Adressen enthält, von denen Material bezogen werden kann (a.a.O. S. 154, Fußnote). Weitere wichtige Adressen – u. a. die der Britischen Fremdenverkehrszentrale – nennt Bogenschneider („Wie bekommt man landeskundliches Material?", PRAXIS 2/1981, S. 204).

[4] Das *Centre for British Teachers* bot vor einigen Jahren den in Deutschland unterrichtenden Gastlehrern die sogenannten *"Profiles"* zur zeitlich begrenzten Ausleihe an: Sammelmappen zu verschiedenen Aspekten des Lebens in Großbritannien und anderen englischsprachigen Ländern. Vgl. Taborn a.a.O. S. 157f.

[5] Praktische Tips dazu: im Kapitel „Umgang mit Bildern".

[6] Diese und andere Stadtplanaktivitäten beschreibt A. Schmitz (ZE 3/1981); der dort abgedruckte *"Enlarged Plan of Town Centre"* ist sehr gut fotokopierbar (wenn auch möglicherweise nicht authentisch!).

[7] Präzise Hinweise zu einzelnen Unterrichtsschritten, auch zu Möglichkeiten innerer Differenzierung, zu Rollenspielen und auch zu Lernerfolgskontrollen finden sich bei Arends (PRAXIS 1/1990; mit fotokopierbarem Arbeitsblatt!)

[8] Außerdem besaß ich die Aufnahme einer älteren Schulfunksendung, *"The Protest March"*, in der das Thema *"Foxhunting"* ironisch glossiert wurde, sowie eine lange, vorwiegend positive Schilderung in deutscher Sprache: „Wenn die Meute singt / Zu Pferde auf der Jagd nach dem Fuchs – wild, atavistisch, schön" (von Reiner Luyken, DIE ZEIT, 19. 1. 1990); ferner einen einer englischen Sammlung entnommenen multiple-choice-test *"Trouble for fox-hunting people"*. – So entstehen allmählich Sammlungen von nützlichem Zusatzmaterial!

[9] Beschreibung des Verfahrens im Kapitel „Test – Klassenarbeiten – Klausuren: Formen und Bestandteile".

[10] Dieses Projekt wird bei Melvin/Stout detailliert beschrieben; ich habe hier nur eine knappe Zusammenfassung gegeben. Die Verfasser erläutern u. a. auch, welche unterschiedlichen Teilaufgaben jeweils für Anfänger und für Fortgeschrittene denkbar sind.

Arbeit im Sprachlabor

Haben Sie überhaupt ein Sprachlabor? Die Wahrscheinlichkeit, daß Ihre Schule noch (oder schon, je nach der Perspektive) über diese „Wunderwaffe" verfügt, von der man einst annahm, sie werde den Fremdsprachenunterricht revolutionieren, ist nicht sehr groß.
Wenn Sie nicht unmittelbar betroffen sind, können Sie sich behaglich zurücklehnen und erst einmal über die vielen Vorteile nachdenken, die man damals[1] ins Feld führte und denen auch heute noch eine gewisse Überzeugungskraft zukommt.

Vorteile des Sprachlabors:

- Alle Schüler werden gleichzeitig aktiviert. Im Verlauf einer Laborstunde ist die Sprechzeit jedes einzelnen Schülers um ein Vielfaches höher als in einer normalen Unterrichtsstunde.
- Wenn der Schüler (in der zweiten Phase eines 4-Phasen-Drills) richtig geantwortet hat und anschließend den gleichen Satz von der Lehrerspur hört, hat er sofort eine Bestätigung; er kann sich auf diese Weise im Laufe der Laborstunde eine Vielzahl von angenehmen „Verstärkungen" verschaffen und wird (so jedenfalls lautete die behavioristische Theorie) dadurch stark zu weiterem Lernen motiviert.
- Das sprachliche Vorbild, das dem Schüler von der Lehrerspur geboten wird, bleibt auch bei vielfacher Wiederholung genau gleich[2] – und verläßlich gut.
- Bei dem Sprecher bzw. den Sprechern handelt es sich i. a. um *native speakers*, deren Aussprache und Intonation in der Regel der eines deutschen Lehrers – auch wenn er die Fremdsprache vorzüglich beherrscht – überlegen sind. Außerdem bekommt der Schüler nicht nur eine, sondern bei den meisten Programmen mindestens zwei verschiedene Stimmen (z. B. eine männliche und eine weibliche) zu hören.
- Schwächere, gehemmte Schüler brauchen keine Angst mehr vor den spöttischen Reaktionen ihrer Mitschüler zu haben, wenn nur der Lehrer ihre Sprechversuche hören kann.
- Der Schüler hört nicht, wie im normalen Unterricht, die vielen falschen und halbrichtigen Antworten von Mitschülern, sondern kann sich an verläßlich richtigen Äußerungen ausrichten.

- Im Sprachlabor (jedenfalls in einem HSA-Labor) kann jeder Schüler gemäß seiner individuellen Lerngeschwindigkeit arbeiten.

Aber die Begeisterung der Labor-Pioniere war von begrenzter Dauer.[3] Bald schon zeigte sich, daß die angebliche Wunderwaffe gelegentlich (um im Bilde zu bleiben) nach hinten losging oder anderen Ärger verursachte. Man begann, die Nachteile des Sprachlabors zu sehen.

Nachteile des Sprachlabors:

- Die Monotonie mancher Drill- und Nachsprechübungen[4] langweilt Schüler.
- Schüler fühlen sich vom Programm eingeengt; sie können die ihnen zur Verfügung stehenden sprachlichen Mittel nicht spontan und kreativ einsetzen.
- Es findet keine echte Kommunikation statt; soziales Lernen wird unterbunden.
- Manche Schüler nehmen – besonders im Bereich der Aussprache und Intonation – die Fehler, die sie machen, nicht wahr und können sie deshalb auch trotz mehrfacher Wiederholung einer Stelle nicht angemessen verbessern.
- Der Lehrer kann (bei durchschnittlicher Klassenstärke) nicht so häufig und so lange bei jedem einzelnen Schüler mithören, wie es zum Helfen und zum Kontrollieren nötig wäre.
- Die Benutzung des Sprachlabors ist an vielen Schulen mit einem beträchtlichen zeitlichen und organisatorischen Aufwand verbunden. Die Schüler müssen in einen anderen Raum gehen (und rechtzeitig und ordentlich wieder in den eigenen Klassenraum zurückgebracht werden); die „Rüstzeit" bis zum Beginn der eigentlichen Arbeit ist relativ hoch; für den Lehrer entsteht (besonders solange er noch nicht hundertprozentig mit der Anlage selbst und mit den zur Verfügung stehenden Programmen vertraut ist) eine erhebliche zusätzliche Arbeitsbelastung.[5]
- Die hohe Störanfälligkeit der Geräte läßt in Lehrern Gefühle der Irritation, Überforderung und Abneigung hochkommen.
- Es ist nicht gesichert, daß Strukturübungen tatsächlich effektiv sind (zumindest nicht in dem Sinne, daß das Geübte später in echten Kommunikationssituationen spontan zur Verfügung steht).
- Sprachlabors sind extrem teuer (Anschaffung, Wartung, Reparaturen, Austausch nicht mehr reparierbarer oder hoffnungslos veralteter Teile), und das Kosten-Nutzen-Verhältnis ist (zumal bei geringer Auslastung der Anlage) nach Meinung der Schulträger nicht wirklich überzeugend.[6]

Es wäre müßig, die genannten Argumente hier im einzelnen zu besprechen. Ich glaube, daß weder die Vorteile noch die Nachteile automatisch
wirksam werden. Sie sind eher als latent anzusehen. Ein hochmotivierter
Lerner, der entschlossen ist, schnelle Fortschritte in der Beherrschung
einer Fremdsprache zu machen, wird vermutlich noch aus dem trocken-
sten mechanischen Grammatikdrill Honig saugen und sich mit Erfolg
bemühen, die gepaukten Strukturen später in Kommunikationssituationen anzuwenden; und den lernunwilligen Dirk Densemüller aus der 9c
wird auch ein hervorragendes Programm nicht daran hindern, Kau-
gummi in die Kopfhörerkontakte zu stopfen und sich an der Hilflosigkeit
des medienmissionarischen Lehrers zu weiden, der verzweifelt nach der
Ursache der Störung sucht.

Die innere Einstellung – sowohl die der Schüler als auch die des Lehrers – trägt wahrscheinlich mehr zum Erfolg oder Mißerfolg der Sprachlaborarbeit bei als alle obengenannten Einzelfaktoren.[7]

Beim Lehrer reicht allerdings die positive Einstellung allein noch nicht
aus. Ein Sprachlabor ist ein – leider ziemlich kompliziertes – Werkzeug,
und wie jedes Werkzeug kann es nur dann Nutzen bringen, wenn der
„Handwerker" geschickt damit umgehen kann.

Wenn Sie Zugang zu einem Sprachlabor haben, dann sind bestimmte
Entscheidungen längst gefallen. HSA- oder HS-Labor? Wie viele Schülerplätze? Spulen- oder Kassettengeräte? Kabinen mit Trennwänden oder
Verzicht auf akustische und optische Abschirmung? Fest eingerichtetes
Sprachlabor oder transportable Anlage?[8] Liegt den bei der Ersteinrich-
tung gekauften Programmen ein „audio-lingualer", ein „situativer", ein
„kognitiver" oder ein „pragmalinguistischer" Ansatz zugrunde?[9] Lauter
Faktoren, die einen beträchtlichen Einfluß auf die praktische Arbeit
haben – aber: Sie können kurzfristig nichts daran ändern. Sie müssen
erst einmal damit leben.

Ich möchte mich deshalb darauf beschränken, einige Empfehlungen
zusammenzustellen, die nicht von Ausstattungsdetails abhängig sind. Sie
sind nicht für „alte Hasen" gedacht, sondern eher für solche Lehrkräfte,
die noch keine Laborerfahrung haben und gerade an eine Schule gekommen sind, an der sie mit einer Sprachlehranlage arbeiten können, möchten oder müssen.

Tips für Einsteiger

– Stellen Sie keine unrealistischen Ansprüche an sich selbst!

Wenn Sie die Bücher und Aufsätze ernst nehmen, die es als selbstverständlich voraussetzen, daß Sie erstens die Technik souverän beherr-

schen, zweitens aus der Fülle der Bänder und Kassetten mit unbeirrbarer Sicherheit die optimal passenden Übungen auswählen und drittens die gesamte Sprachlaborarbeit mit Vor- und Nachbereitung perfekt in Ihren didaktisch und methodisch bis aufs i-Tüpfelchen ausgefeilten multimedialen Unterricht integrieren, dann werden Sie monatelang verkrampft hinter der Lehrerkonsole hocken, mit angstschweißbefeuchteten Fingern nach dem Sammelruf-Hebel anstatt nach der Überspieltaste greifen und sich wie eine Maus mit Minderwertigkeitskomplexen fühlen.

Schleichen Sie sich langsam an! Niemand zwingt Sie, jede Woche eine Stunde mit Ihrer Klasse ins Labor zu gehen. Beschränken Sie sich ruhig zunächst einmal auf unregelmäßige Gelegenheitsbesuche, um Erfahrungen zu sammeln, und arbeiten Sie während der „Laborstunde" nur so lange mit den Geräten, wie Sie selbst ohne Schwierigkeiten klarkommen[10] und die Schüler offensichtlich mit Freude und Aufmerksamkeit bei der Sache sind. Für den Rest der Stunde geben Sie normalen Unterricht. (Auch später, wenn Sie sich sicherer fühlen, sollte es eher die Ausnahme als die Regel sein, daß die Schüler 45 Minuten lang mit den Geräten arbeiten. Eine Phase der gemeinsamen Auswertung, bei der dann möglichst viele der geübten Wendungen ins freie Gespräch eingebracht werden, ist grundsätzlich wünschenswert – ganz abgesehen davon, daß bei angestrengter Laborarbeit die Aufmerksamkeit der Schüler nach etwa 20 Minuten stark nachläßt.)

Machen Sie sich auch anfangs keine Sorgen, wenn das Band, das Sie dabei benutzen, wenig mit dem zu tun hat, was Sie gerade im normalen Unterricht durchnehmen. Die Schüler werden es überleben. Integration kommt, wenn überhaupt,[11] dann später!

- **Sorgen Sie von Anfang an für die unbedingt nötige „Labordisziplin"!**

  - Fertigen Sie sich als Fotokopiervorlage ein Sitzplan-Leerformular an, das die Lage aller Schülerplätze und ihre Bezifferung zeigt, und stellen Sie sich davon einige Arbeitskopien her. Wenn Sie das erste Mal mit einer Klasse ins Labor gehen, entscheiden Sie(!), wer wo sitzen soll (den Schülern vorn in der ersten Reihe können Sie am besten auf die Finger sehen!), und tragen die Namen in die entsprechenden Kästchen Ihres Plans ein. Weisen Sie darauf hin, daß diese Sitzordnung für jede Laborstunde gelten wird und nicht eigenmächtig geändert werden darf. Wer an seinem Platz eine Beschädigung feststellt (dazu gehören nicht nur Funktionsstörungen an den Geräten, sondern z. B. auch Kritzeleien), ist verpflichtet, dies sofort zu melden; andernfalls muß er damit rechnen, selbst dafür haftbar gemacht zu werden. (Alle Beanstandungen müssen von Ihnen im Mitteilungsbuch, das auf der Lehrerkonsole liegen sollte, eingetragen werden.) Wenn diese Regeln nicht von Schülern und Lehrern(!) strikt eingehalten werden, verkommt ein Labor in kurzer Zeit zum Schrotthaufen.

- Taschen und Mäntel dürfen grundsätzlich nicht in die Kabinen bzw. an die Schülerplätze mitgenommen werden, sondern werden an anderer Stelle des Raumes abgelegt. Ob ein Buch und/oder Schreibmaterial mitgenommen werden soll, wird je nach den geplanten Aktivitäten festgelegt; im Regelfall wird es nicht nötig sein.
- Besonders im HSA-Labor muß mit den Schülern erst einmal die Bedienung der Geräte geübt werden: Anpassung der Kopfhörer und des Mikrofons (nicht direkt vor dem Mund!), Einstellung der Lautstärke, Vor- und Rücklauf, Wiederholung, Aufnahme und Korrektur des Aufgenommenen. Am rationellsten erfolgt diese Einführung – bei der auch gleich die häufigsten Übungsformen anhand einfacher Beispiele erklärt werden sollten – mit Hilfe eines „Orientierungsbandes",[12] das man für diesen Zweck besprochen hat und jedesmal auflegen kann, wenn eine neue Lerngruppe in die Laborarbeit eingewiesen werden soll.

In diesem Zusammenhang ist es z. B. auch wichtig, den Schülern zu sagen, daß sie nur halblaut sprechen sollen, damit sie sich nicht gegenseitig stören. Der Abstand des Mikrofons vom Mund und die Stellung des Reglers für die Lautstärke der eigenen Stimme müssen entsprechend angepaßt werden.

- **Versuchen Sie, die Zeit, in der Sie sich einzelnen Schülern als unbemerkter Zuhörer oder aktiver Helfer während der Laborarbeit widmen, sinnvoll zu verteilen.**

„Sinnvoll" heißt nicht „gleichmäßig". Bei braven, motivierten und diszipliniert arbeitenden Schülern genügt ein gelegentliches kurzes Zeichen Ihrer wohlwollenden Anwesenheit; Faulpelzen und Spielkälbern muß man häufig deutlich machen, daß man sehr wohl mitkriegt, was sie gerade treiben,[13] und bei Schülern, die auch bei mehrfacher Wiederholung ihre eigenen Fehler offenbar nicht erkennen, muß man helfend eingreifen.

- **Investieren Sie!**

W e n n Sie – nachdem Sie einige Zeit Erfahrungen gesammelt haben – zu dem Ergebnis kommen, daß Sie gern regelmäßig im Labor arbeiten würden, dann sollten Sie investieren, und zwar sowohl Geld als auch Zeit.

- Der Satz *"Time is money"* ist in diesem Zusammenhang wegen seiner möglichen Umkehrung interessant: Sie können sehr viel Zeit sparen, wenn Sie sich entschließen, **Geld** zu investieren – und zwar für Leerkassetten. Dann können Sie sich das Material von den Originalbändern bzw. -kassetten so überspielen, daß Sie auf jede Kassette nur die paar Übungen kopieren, die zu einer bestimmten Lektion (oder sogar nur zu einem Teil einer Lektion) gehören und die Sie nach persönlicher Prüfung für lohnend halten. Diese Kassetten können Sie dann, entsprechend beschriftet und katalogisiert, bei sich zu Haus aufbewahren (und sicher sein, daß sie da sind, wenn Sie sie brauchen); Sie brauchen nie mehr nach der richtigen Anfangsstelle zu suchen. – Wenn Sie mit einem Lehrwerk arbeiten, zu dem es gutes Labormaterial gibt, das aber an der Schule nicht vorhanden ist und auch in absehbarer Zeit nicht angeschafft werden wird (weil der Etat nicht ausreicht oder weil die Kollegen dem Sprachlabor eher gleichgültig gegenüberstehen), dann ist es einer Überlegung wert, ob Sie sich die entsprechenden Kassetten[14] nicht privat kaufen wollen. Das hätte zum einen den Vorteil, daß Sie all ihre Kopierarbeit und Ihre Unterrichtsvorbereitungen in Ruhe zu Haus erledigen können, ohne (durch das Ausleihen aus dem Laborschrank) Kollegen zu verärgern. Zum anderen sind Sie dann auch nicht immer auf das Sprachlabor angewiesen, sondern können gelegentlich einfach eine Übung im Klassenraum vorspielen[15] und mit den Schülern verabreden, daß sie so tun, als seien sie im Labor – d. h. leise und diszipliniert nachsprechen.
- Auch **Zeit** werden Sie anfangs investieren müssen: Sprachlaborarbeit ist eine schwierige Materie, und Sie sollten schon ein bißchen mehr lesen[16] als die Einsteigertips in diesem Kapitel, wenn Sie auf die Dauer ergiebige Arbeit leisten wollen. Einige Zeit wird es Sie auch kosten, sich mit den vorhandenen Programmen vertraut zu machen: Bänder und Kassetten abhören, gedrucktes Begleitmaterial lesen; überlegen, was an welcher Stelle Ihres normalen Unterrichts eingesetzt werden könnte (es sei denn, die Schule verfügt über das Labormaterial zum eingeführten Lehrwerk – aber davon ist vermutlich auch längst nicht alles gleich gut!).
Aber, wie gesagt: investieren Sie nur dann Zeit und Geld, wenn Sie g e r n mit dem Sprachlabor arbeiten und den Eindruck haben, daß auch Ihre Schüler sich dabei wohl fühlen. Andernfalls kommt nichts Vernünftiges dabei heraus, und Sie reihen sich in die Reihe derer ein, die das Schlagwort „Fehlinvestition Sprachlabor" zitieren, ohne diesem potentiell wertvollen Unterrichtsmittel wirklich gerecht geworden zu sein.

176

¹ Damals, vor mehr als 30 Jahren, als Aufsätze in Fachzeitschriften noch Titel wie *„Erfahrungen mit dem Sprachlaboratorium"* (Mueller, PRAXIS 4/1957) oder *„Im Sprachlaboratorium einer amerikanischen High School"* (Czermak, PRAXIS 4/ 1965) trugen . . .

² Detaillierte Begründung der Wichtigkeit dieses Faktors bei Schiffler (1973), S. 25.

³ Wer sich genauer über die „Sprachlabor-Krise" informieren möchte, findet Vernünftiges und gut Lesbares u. a. an folgenden Stellen: in den Büchern *Fehlinvestition Sprachlabor?* von Jung/Haase und *Unterrichtsmittel Sprachlabor* von Freudenstein, in dem Kurzbeitrag *Disillusion* (nur eine Seite!) von L. G. Alexander (ZE 1/1975, S. 13) und in den Aufsätzen von Mindt (PRAXIS 2/1978, S. 119 ff.) und Aßbeck (PRAXIS 4/1990, S. 352ff.).

⁴ Selbstverständlich gibt es auch andere Übungsformen. Vgl. z. B. Beile, *Typologie von Übungen im Sprachlabor*, oder Ely, *Bring the lab back to life.* – Interessante Einzelideen werden in den Aufsätzen von Doherty, Forrest, Gramer und Lübke vorgestellt (siehe Literaturverzeichnis). – Bevor man nichtkommunikative Übungen pauschal verurteilt, sollte man die ausgewogenen Kommentare von Mindt (PRAXIS 2/1978, bes. S. 128) beherzigen.

⁵ Wer nicht ohnehin schon zu Depressionen neigt und im Detail nachlesen möchte, welche hohen Anforderungen Sprachlaborarbeit an einen gewissenhaften Lehrer stellt, lese die Seiten 118–124 in Freudensteins Buch *Unterrichtsmittel Sprachlabor.*

⁶ Vgl. hierzu z. B. Freudenstein, PRAXIS 2/1973, S. 116. – Auch Untersuchungen in anderen Ländern lassen berechtigte Zweifel aufkommen: vgl. den Bericht von P. Green und die in dem Aufsatz von Riley zitierten weiteren Forschungsergebnisse.

⁷ Zu einer ähnlichen Einschätzung kommt Harper, der auch konstruktive Vorschläge zur Verbesserung der inneren Einstellung bei Lehrern und Schülern macht (siehe Literaturverzeichnis).

⁸ Für die Beschäftigung mit diesen technischen Fragen ist der Aufsatz von Stentenbach (PRAXIS 4/1978, S. 348ff.) nützlich; nicht zuletzt wegen der ausführlichen weiterführenden Literaturangaben.

⁹ Einen sehr lesenswerten und anregenden Rückblick bietet der Aufsatz von Mindt (PRAXIS 2/1978, S. 119ff.); in ihm werden auch die zitierten Begriffe erklärt.

¹⁰ Das kann z. B. bedeuten, daß Sie erst einmal nur die HS-Funktion nutzen und die Schülerplätze noch nicht für die individuelle Überarbeitungsphase freigeben.

¹¹ Mit diesen absichtlich etwas spöttisch formulierten Bemerkungen möchte ich keineswegs ausdrücken, daß man im Labor letztlich tun (oder lassen) kann, was man will, weil es ohnehin keinen Unterschied macht. Meine Erfahrungen deuten aber darauf hin, daß zur Zeit an vielen Schulen die Bedingungen für eine saubere Integration der Sprachlaborarbeit in den Unterricht nicht erfüllt sind. Entweder ist das zum Lehrwerk gehörende Labormaterial gar nicht als integrierender Bestandteil des Kurses konzipiert, sondern als Zusatzangebot (auch die Verlage wissen, wie es um die technische Ausstattung der Schulen bestellt ist!); oder es konnte noch nicht angeschafft werden, weil der knappe Etat nicht reichte; oder man kommt, wenn es vom Stoff her passen würde, gerade nicht ins Labor (z. B. weil es entgegen dem Konferenzbeschluß als Klassenarbeits-

raum mißbraucht wird); oder man kommt zwar ins Labor, aber es sind mal wieder etliche Schülergeräte defekt . . . Die Liste ließe sich fortsetzen!

[12] Praktische Vorschläge zur Gestaltung eines solchen Bandes macht Stack (S. 60ff.).

[13] Lassen Sie sich nicht durch einen betont harmlosen Gesichtsausdruck täuschen! Wenn Paulchen Pennowski plötzlich gebannt lauscht, anstatt wie bisher gelangweilt mit dem Bleistift auf der Trennwand herumzukritzeln, liegt das nicht daran, daß ihm die Wichtigkeit Ihres Haferschleim-Vierphasendrills für die Hebung seiner kommunikativen Kompetenz einleuchtet, sondern daran, daß er beim Abhören bis zum ungelöschten Rest des Schülerbandes vorgedrungen ist, auf dem der französische Assistent unanständige Chansons hinterlassen hat . . .

[14] Das Labormaterial zu den neuen Englisch-Lehrwerken von Cornelsen und Klett ist z. B. (im Vergleich zu dem für die älteren Lehrwerke der gleichen Verlage bestimmten Material) so „geschrumpft", daß eine private Anschaffung schon im Rahmen des Möglichen liegt.

[15] In den Verlagsprospekten steht mittlerweile meistens ohnehin schon die Wendung „für Klassenraum und(!) Sprachlabor".

[16] Die einschlägigen Veröffentlichungen Freudensteins (besonders das Buch *Unterrichtsmittel Sprachlabor*) sind sehr empfehlenswert. Englischlehrern möchte ich auch das Kapitel *"Tape Recorders and Language Laboratories"* in Wilga M. Rivers, Buch *Teaching Foreign-Language Skills* (S. 318–357) ans Herz legen: es ist, wie das ganze Buch, ausgesprochen vernünftig und ausgewogen. Außerdem sei noch hingewiesen auf die Bücher von Beile, Dakin, Ely, Groene/Jung/Schilder, Jung, Jung/Haase und Stack. – Sie können sich auch von der Medienstelle drei Videofilme (Verleih-Nummern: 4200084-86) ausleihen, die die „*Arbeit mit Sprachlehranlagen*" veranschaulichen: Teil I = „*Sprachlabor – wozu?*", Teil II = „*Übungsformen zur Sprachproduktion*", Teil III = „*Kommunikativer Fremdsprachenunterricht im Medienverbund*".

Einsatz des Computers

Mit dem Computer müssen wir leben. In nahezu allen Bereichen des Lebens hat er sich hineingedrängt; keine Schule kommt ohne Computer aus; immer mehr Lehrer nutzen ihn privat als Arbeitsmittel;[1] immer mehr Schüler sind fasziniert von ihm. Aus dem Fremdsprachenunterricht können wir ihn nicht heraushalten – selbst wenn wir das wollten.

Aber wollen wir es denn? Sollten wir es wollen? Der Computer ist, ebenso wie der Videorecorder oder das Sprachlabor, ein Werkzeug, das man geschickt oder ungeschickt einsetzen kann. Im Vergleich mit anderen im Fremdsprachenunterricht eingesetzten Medien schneidet er sogar ausgesprochen gut ab, denn „in ihm treten positive Merkmale gebündelt auf, die bei den anderen Medien nur isoliert genutzt werden können."[2]

Wünschenswert wäre es, wenn man ihn souverän und zielstrebig in den Unterricht integrieren könnte; aber das wird man erst können, wenn
– die räumlichen und technischen Voraussetzungen gegeben sind (mehrere Computer in jedem Klassenraum, oder mehrere Computerräume in der Schule, in die man jederzeit hineinkann);[3]
– an der Schule eine Auswahl guter Software zur Verfügung steht;
– der Lehrer sowohl mit den Geräten als auch mit den Programmen vertraut ist.

Es wird noch eine Weile dauern, bis diese Voraussetzungen an allen Schulen erfüllt sind – aber die Aussichten sind wahrscheinlich wesentlich günstiger als beim Sprachlabor (zum einen aus finanziellen Gründen, zum anderen, weil Computer in allen Fächern genutzt werden können und weil ihr Anwendungsspektrum – auch im Fremdsprachenunterricht – viel breiter ist).

Bis es soweit ist, haben wir noch eine Weile Narrenfreiheit und dürfen – zusammen mit den begeisterten Schülern – „spielen", dem Lock-RUF(!)[4] folgen und Erfahrungen sammeln, ohne daß uns die ernsthaften deutschen Didaktiker indigniert den Finger von der ESC-Taste ziehen können.

Schluß mit der Vorrede: Verschaffen wir uns einen Überblick!

Welche Vorteile bietet der Computer?

- Er zieht viele Schüler geradezu magisch an; man kann sie selbst nach dem Klingeln kaum von den Geräten wegbekommen.[5]
- Viele Programme sind (ganz abgesehen von ihrem sprachlichen Inhalt) so nett gemacht – Layout, Farbe, Bewegung, Humor –, daß es Freude macht, mit ihnen zu arbeiten. Von Lehrwerken (oder gar Vokabelheften) läßt sich das nicht sagen: selbst wenn sie gut gestaltet sind, bleiben sie doch immer gleich; es „ereignet" sich nichts, wenn man Wörter hineinschreibt oder eine Seite umblättert. Am Computer dagegen können ein paar Tasteneingaben plötzlich verblüffende Wirkungen auslösen.
- Der Computer reagiert sofort, in Sekundenschnelle, auf das, was man eintippt. Die Schüler brauchen nicht zu warten, bis der Lehrer auf sie eingeht; sie brauchen sich nicht ‚langweilige' Erklärungen zu Problemen, die sie persönlich gar nicht haben, mit anzuhören.
- Die Reaktion des Computers beschränkt sich auf das jeweils Nötige – was man keinesfalls von allen Lehrern behaupten kann . . . Der Anteil der Schüler-„Handlungszeit" (von Sprechzeit kann man in diesem Falle ja nicht reden) ist dadurch erfreulich hoch.
- Der Computer ist unendlich geduldig und reagiert nie gereizt, selbst wenn der Schüler immer wieder die schauerlichsten Fehler macht.
- Fehler werden unmittelbar angezeigt, müssen sofort korrigiert werden und setzen sich deshalb gar nicht erst im Gedächtnis fest.
- Manche Programme bieten dem Schüler weitgehende Entscheidungsfreiheit: er kann aus vielen abgespeicherten Texten den auswählen, der ihn inhaltlich interessiert und der ihm sprachlich weder zu leicht noch zu schwer erscheint; er kann einen leichteren oder schwereren Aufgabentypus wählen; er kann Einfluß auf die Geschwindigkeit des Programmablaufs nehmen u. a. m.
- Bei vielen Programmen kann sich der Schüler auf Knopfdruck Hilfe holen – genausoviel, wie er braucht. (Da er Punkte verliert, wenn er Hilfe anfordert, wird er darauf verzichten, den Weg des geringsten Widerstandes zu gehen und sich sofort die richtigen Lösungen anzeigen zu lassen.)
- Richtige Eingaben werden von den meisten Programmen unmittelbar „belohnt" – durch ein Lob, durch Punktgewinn o. ä.; die Schüler fühlen sich dadurch stark angespornt.
- Beim Lernen und Üben am Computer kann der Schüler sein individuelles Arbeitstempo einhalten; er wird weder gehetzt noch künstlich zurückgehalten.

- Wenn etliche Programme zur Verfügung stehen und der Schüler sich (nach Beratung durch den Lehrer) aussuchen kann, womit er arbeiten möchte, läßt sich das Üben noch weiter individualisieren.
- Die praktische Arbeit am Computer bringt den Schülern auch fachübergreifenden Nutzen. Die Fähigkeit, mit einem Computer umzugehen, wird in Zukunft ebenso selbstverständlich vorausgesetzt werden wie der Besitz des Führerscheins.

Wer arbeitet wann wo mit dem Computer?
(Liste der Möglichkeiten)

- Der Schüler sitzt allein vor seinem häuslichen Computer – in vielen Fällen einem moderneren Computer, als ihn die Schule besitzt.
- Schüler arbeiten während der regulären Unterrichtszeit mit ihrem Lehrer im Computerraum der Schule (je nach Ausstattung entweder einzeln oder – wahrscheinlicher – in Gruppen von zwei bis vier Schülern pro Gerät).
- Schüler arbeiten, aus eigenem Antrieb, außerhalb der regulären Unterrichtszeit im Computerraum der Schule. Die erforderlichen Programmdisketten haben sie sich vom Fachlehrer oder von einer verantwortlichen Aufsichtsperson aushändigen lassen. (Oder, wenn die Computer vernetzt sind: von der Festplatte des Hauptgerätes auf die einzelnen Arbeitsplätze überspielt bekommen.)
- Der Lehrer (oder ein ausgewählter Schüler) bedient die Tastatur eines im Klassenraum befindlichen Computers; alle Schüler können von ihrem Platz aus den Bildschirm sehen. Dafür gibt es zwei Möglichkeiten:
  - Ein LCD-Display wird auf einen Tageslichtprojektor gelegt, und die Bildschirmanzeige wird von dort auf eine Leinwand übertragen.
  - Der Computer ist an einen erhöht aufgestellten großformatigen Demonstrationsmonitor angeschlossen.
- Schüler arbeiten während der Unterrichtszeit an Geräten, die zur Dauerausstattung des normalen Klassenraums gehören:
  - alle Schüler, während einer in den Verlauf der Stunde eingeplanten Computerarbeitsphase;
  - ein Teil der Klasse, für eine bestimmte Zeit; danach kommt eine andere Gruppe an die Reihe (Rotationsverfahren: Gruppengröße abhängig von der Zahl der Computer; die anderen Schüler haben bis dahin eine andere Aufgabe – i. a. Vor- oder Nachbereitung der Computerarbeit);

– individuelle Schüler, die mit einer anderen Aufgabe wesentlich schneller als die anderen fertig geworden sind und nun am Computer arbeiten dürfen und sich vom Lehrer das gewünschte Programm geben lassen.
– Der Lehrer sitzt zu Haus am Computer und benutzt ihn zur Unterrichtsvorbereitung: zum Erstellen von Arbeitsblättern und Klassenarbeiten, vielleicht auch zum Anfertigen von Computerübungen für seine Schüler (mit Hilfe eines Autorenprogramms).

Welche Programme lassen sich für den Fremdsprachenunterricht verwenden?

Bevor einzelne Arten von Programmen genannt werden, sei auf einen wichtigen **grundsätzlichen Unterschied** hingewiesen:
– Unveränderliche Programme *(dedicated programmes)* sind „fertig"; man hat keine zusätzliche Arbeit mit ihnen. Man benutzt sie, solange man sie als nützlich empfindet und/oder Spaß an ihnen hat (das kann durchaus eine lange Zeit sein, wenn sie gut gemacht sind!), aber man kann sie nicht erweitern, mit eigenen Inhalten füllen oder sonstwie abändern.
– „Autorenprogramme" *(authoring programmes)* bieten dem Lehrer außer einigen Mustertexten und fertigen Übungen auch die Möglichkeit, eigene Texte (oder Sätze oder Wörter) und eigene Kommentare einzugeben; er kann also z. B. das Sprachmaterial des an der Schule verwendeten Lehrwerks zur Erstellung von Übungen benutzen.[6]

Weiterhin können wir unterscheiden zwischen Programmen, die speziell für den Einsatz im Fremdsprachenunterricht bzw. für das computerunterstützte Fremdsprachenlernen geschaffen wurden – sie werden im folgenden der Kürze wegen als „CALL-Programme" bezeichnet – und solchen, die zwar für diesen Zweck eingesetzt werden können, aber an sich für andere Aufgaben bestimmt sind.

C A L L - Programme

Es gibt mittlerweile eine kaum noch überschaubare Fülle von Programmen für das computerunterstützte Fremdsprachenlernen.[7]
Sie haben ihren inhaltlichen Schwerpunkt i. a. in einem der folgenden Gebiete:
– Wortschatzfestigung und -erweiterung;
– Rechtschreibtraining;
– Grammatiktraining;

– Training der Lesefertigkeit (z. B. mit Hilfe von „Leselabyrinthen":[8] Geschichten mit immer neuen Wahlmöglichkeiten und daraus folgenden Handlungsverzweigungen) und der effizienten Informationsentnahme;[9]
– Förderung der Texterstellung, des planvoll strukturierenden Schreibens, auch des kreativen Schreibens;
– Vermittlung landeskundlicher Kenntnisse.

Bei den Vokabel-[10] und Grammatikprogrammen findet man vorwiegend Verfahren wieder, die man aus traditionellen schriftlichen Tests kennt: Auswahlaufgaben, Einsetzaufgaben, Zuordnungsaufgaben. Es gibt aber auch Programme, bei denen der Computer mit dem Benutzer ein Frage-und-Antwort-Gespräch führt (z. B. so, daß der Lerner nur dann eine Antwort bekommt, die ihm hilft, sein Spiel-Ziel zu erreichen, wenn er eine sprachlich korrekte und inhaltlich sinnvolle Frage eingetippt hat). Größere Programme können auch mehrere Schwerpunkte haben. So gibt es z. B. landeskundlich orientierte Simulationsspiele,[11] bei denen man nicht nur etwas über Land und Leute erfährt und – je nach den Entscheidungen, die man trifft – in spaßige, peinliche oder gefährliche Situationen gerät, zu deren Bewältigung man bestimmte sprachliche Mittel[12] braucht, sondern auch, ganz realistisch, während der „Reise" von einem Ort zum anderen in der Bahn ein Kreuzworträtsel lösen kann, bei dem man an der Festigung des Wortschatzes arbeitet. – Bei einem Textrekonstruktionsprogramm wie *"Story Corner"* kann man nicht nur komplette Texte durch linguistisch abgestützte Ratestrategien wieder auf den Bildschirm zurücklocken; man kann auch, wesentlich nüchterner, mit Hilfe eines modifizierten Cloze-Verfahrens die Vokabeln der letzten Lektion abtesten.

Programme, die nicht speziell für den Fremdsprachenunterricht geschrieben wurden

Hier lassen sich zwei Gruppen unterscheiden, die wir der Einfachheit halber als Spielprogramme und Arbeitsprogramme[13] bezeichnen wollen.
– S p i e l p r o g r a m m e :
    – Abenteuerspiele. Sie reichen von primitiv-brutalen Abschießorgien oder technisch recht aufwendig gestalteten Kriegsspielen und *"fantasy games"* mit eindrucksvoller Grafik über vergnüglich-unanständige Anzüglichkeiten wie *"Larry"*[14] bis hin zu, wenn man es freundlich ausdrücken will, Popularisierungen literarischer Werke wie *"The Hobbit"*, *"The Fourth Protocol"* oder *"The Hitchhiker's Guide to the Galaxy"*. (Fragen Sie Ihre Schüler!)
    Abenteuerspiele können recht spannend und reizvoll sein, haben allerdings zwei Nachteile: zum einen ist die in ihnen verwendete

Sprache z. T. schwierig und etwas abseitig, zum anderen braucht man u. U. Wochen oder Monate, um die verwunschene Prinzessin endlich zu befreien. Für den Einsatz im Unterricht kommen sie deshalb weniger in Frage. Wir müssen uns damit begnügen, daß die Schüler das Abendland nur in ihrer Freizeit aus den Klauen der bösen Mächte retten.

- Simulationen. In ihnen geht es meistens um eine geschäftliche ("Fast Food")[15] oder politische ("Yellow River Kingdom")[16] Situation, in der man laufend Entscheidungen treffen muß und dann – meistens mit Schrecken – erfährt, welche Konsequenzen sich daraus ergeben.
- Arbeitsprogramme:
  - Textverarbeitungsprogramme;
  - Programme zur Überprüfung des Geschriebenen (man kann die Rechtschreibung und die Zeichensetzung vom Computer kontrollieren lassen; manche Programme prüfen grammatische Richtigkeit und sogar stilistische Angemessenheit[17]; viele Programme zählen die Wörter eines Textes);[18]
  - Kalkulationsprogramme;
  - Datenbankprogramme;
  - Nachschlagprogramme, z. B. elektronische Wörterbücher und Enzyklopädien;[19]
  - Telekommunikation.[20]

Besonders Textverarbeitungsprogramme lassen sich gut im Fremdsprachenunterricht verwenden,[21] weil die Schüler mit ihrer Hilfe zügig eigene Texte erstellen und verbessern können, ohne immer wieder alles neu schreiben zu müssen. Der Ehrgeiz, ein inhaltlich, sprachlich und ästhetisch ansprechendes „Endprodukt" abzuliefern, den die meisten Schüler sehr vermissen lassen, läßt sich allmählich entwickeln, wenn sie in der Schule Gelegenheit haben, die Vorzüge eines Textverarbeitungsprogramms kennenzulernen, und wenn der Lehrer ihnen erlaubt, zu Haus ihre Hausaufgaben auf dem Computer zu schreiben.

Tips für den Anfang

Gespräch mit den Schülern: Bestandsaufnahme

Wenn Sie ein CALL-Neuling sind, sollten Sie erst einmal herausfinden, was Sie bei Ihren Schülern voraussetzen können.
- Wie viele Schüler sind schon einmal im Computerraum der Schule gewesen? Mit welchem Lehrer, in welchem Fach? Was können sie darüber berichten?

- Wie viele Schüler haben zu Haus einen Computer? (Gibt es diesbezüglich einen deutlichen Unterschied zwischen Jungen und Mädchen?) Welche Marke, welches Betriebssystem? (Kompatibel mit den Geräten der Schule?)
- Wozu benutzen die Computerbesitzer ihre Geräte? Ausschließlich für Spiele – oder gibt es auch jemanden, der selbst programmiert, sich mit Textverarbeitung beschäftigt o. a.?
- Welche Software haben die Schüler? Ist auch etwas in englischer oder (eher unwahrscheinlich) französischer Sprache dabei?
- Wissen die Schüler, daß sich Computer fürs Fremdsprachenlernen einsetzen lassen? Welche Vorstellungen haben sie davon?

Ein solches Gespräch ist in mehrfacher Hinsicht nützlich:
- Sie erfahren eine Menge Wissenswertes dabei – nicht nur das, was Sie als Entscheidungsgrundlage für einen eventuellen CALL-Einsatz wissen müssen, sondern auch einiges über die Einstellungen und das Freizeitverhalten Ihrer Schüler.
- Sie schaffen eine natürliche, realistische Sprechsituation, in der alle Beteiligten motiviert sind, eigene Gedanken und Erfahrungen auszudrücken. Daß das Gespräch in der Fremdsprache geführt werden sollte, braucht wohl nicht ausdrücklich betont zu werden!
Sie haben dabei gleich Gelegenheit, an der Tafel das zugehörige Wortfeld aufzubauen: Gerätebezeichnungen *(monitor, CPU, disk drive, keyboard, printer)*, die Namen wichtiger Tasten *(space bar, Return, function keys)*, wichtige Tätigkeiten *(load, save, delete, copy)*, Bezeichnungen von Programmgattungen *(word processor, spreadsheet programme, database programme, adventure game)* usw.
All das ist auf jeden Fall nützlich – selbst wenn Sie letztlich doch nicht mit der Klasse in den Computerraum gehen.

Erste Schritte

Wenn Sie beim Stande Null anfangen müssen (damit sind jetzt nicht die Schüler gemeint, sondern der Softwarebestand an der Schule und bei Ihnen zu Haus; daß die Schule einen Computerraum hat und daß in Ihrem häuslichen Arbeitszimmer ein PC steht, sei vorausgesetzt!), kaufen Sie sich zunächst einmal privat das Programm *"Story Corner"* (Verlag Westermann). Es ist so preiswert, daß das wirklich kein großes Problem ist. Arbeiten Sie sich in seine Möglichkeiten ein – das geht schnell. Versuchen Sie dann, die Fachkonferenz zu bewegen, dieses Programm für die Schule anzuschaffen.
Dann gehen Sie bei günstiger Gelegenheit (z. B. wenn aus irgendeinem Grunde nur die Hälfte der Klasse da ist) mal mit einer kleinen Gruppe

(höchstens zwei Schüler pro Gerät für den Anfang; besser noch: pro Gerät nur ein Schüler) in den Computerraum. Starten Sie die Geräte persönlich (es sei denn, Sie haben sehr vertrauenswürdige und erfahrene Schüler dabei, die wissen, wie man mit Disketten umzugehen hat) und legen Sie auch persönlich die Programmdisketten ein. Lassen Sie, nachdem Sie ein paar Erklärungen gegeben haben, die Schüler eine Stunde lang *"Story Corner"* spielen, während Sie selbst von Platz zu Platz gehen und, wenn nötig, durch kleine Tips helfen – natürlich auf englisch. Ich wette mit Ihnen, daß beim Klingeln alle gern noch weiterarbeiten würden!

Weitere Entwicklung

Mögliche weitere Schritte seien nur stichwortartig skizziert:
- Allmählicher Aufbau einer schuleigenen Programmbibliothek.
- Ermöglichung eigenverantwortlicher Computerbenutzung der Schüler außerhalb des Unterrichts (z. B. so, daß einige Geräte in der Bibliothek stehen, wo Programme ausgeliehen werden und wo unter Aufsicht gearbeitet werden kann).
- Nutzung der privaten und/oder schuleigenen Computer für Hausaufgaben und Referate.
- Aufbau von E-Mail-Partnerschaften zu einer Schule im Ausland.
- Mitarbeit interessierter Schüler an Aufbau und Pflege einer Internet-"Home page" der Schule.

Motivierung der Eltern

Informieren Sie bei Elternabenden die Eltern über CALL-Software, die zur privaten Anschaffung empfohlen werden kann – möglichst genau, mit Verlagsangabe, Bestellnummer und Preis. Die nötigen Anregungen gewinnen Sie aus Gesprächen mit Schülern, mit Kollegen (auch anderer Schulen), aus Fachzeitschriften für den Fremdsprachenunterricht, aber auch aus Computerzeitschriften. Bitten Sie Ihre Kollegen um Mitarbeit!

Der Computer ist kein Ersatz für den Lehrer!

Von ein paar ersten Experimentierstunden abgesehen, sollte die Arbeit am Computer grundsätzlich nicht so aussehen, daß der Lehrer seine Schüler sozusagen an die Steckdose anschließt und dann die ganze Stunde vor sich hin wursteln läßt. Ideen für sinnvolle Integration der „Computerphase" in den Rahmen des Unterrichts finden Sie in der einschlägigen Literatur[22]; entsprechende Aufsätze erscheinen zunehmend häufiger in den Fachzeitschriften für Fremdsprachenlehrer.

Es darf nicht dazu kommen, daß die Kommunikation (das fremdsprachliche Gespräch zwischen dem Lehrer und den Schülern, aber auch zwischen den Schülern) leidet. Im Gegenteil: richtig eingesetzt, kann die Arbeit am Computer (z. B. wenn zwei oder drei Schüler sich ein Gerät teilen) viele neue Sprechanlässe liefern. Der Lehrer muß aber darauf achten, daß dann nicht in die Muttersprache ausgewichen wird.

Warnungen...

- Nicht übertreiben! Solange Computerarbeit ein „Extra" bleiben muß (also: solange Sie mit der Klasse nicht jederzeit unbeschränkt und ohne zusätzlichen Aufwand Zugang zu einer ausreichenden Anzahl von Computern haben und solange nicht etliche Programme unterschiedlicher Art und Schwierigkeit zur Verfügung stehen), genügt es vollauf, wenn Sie mit der Klasse alle drei Wochen einmal (gut vorbereitet) in den Computerraum gehen.
- Arbeiten Sie nicht mit Raubkopien. Es kann sehr unangenehme juristische Folgen haben.

Es kann auch noch andere unangenehme Folgen haben – und damit kommen wir zur letzten Warnung und zu einem etwas düsteren Ende dieses Kapitels:

- Hüten Sie sich vor Viren!!!
  - Sorgen Sie dafür, daß alle Betriebssystem- und Programmdisketten von Anfang an mit Schreibschutz versehen werden, der grundsätzlich nicht entfernt werden darf.
  - Wenn die Schulgeräte mit Festplatten ausgerüstet sind, müssen sie regelmäßig auf Virenbefall geprüft werden. Ein gutes Virenerkennungsprogramm gehört heutzutage zu jenen Software-Anschaffungen, auf die zu verzichten als sträflicher Leichtsinn bezeichnet werden muß.
  - Stecken Sie Ihre privaten Disketten nur dann in einen Schul-PC, wenn sie garantiert schreibgeschützt sind.
  - Leihen Sie sich keine Disketten oder selbstgebrannte CD-ROMs von Schülern aus, um sie sich zu Haus in Ihrem Privatcomputer einmal anzusehen.
  - Informieren Sie sich über Computerviren und über die Möglichkeiten zur Vermeidung, Erkennung und Bekämpfung.[23]

Hoffentlich haben Sie jetzt nicht die Lust verloren, sich auf das Abenteuer „CALL" einzulassen!

¹ Falls Sie noch nicht dazugehören, lesen Sie unbedingt das (uneingeschränkt positive) Buch *Computer – Werkzeug für alle Lehrer* von Menzel/Thode/Plieninger; vielleicht auch das (teilweise ironische) Computerkapitel in *So schaffen Sie den Schulalltag* (Schaefer).

² Legenhausen/Wolff, DNS 2/1986, S. 136; dort genaue Begründung.

³ Ich kenne Schulen in England und in den USA, an denen dies bereits der Fall ist. In Deutschland sind es bislang eher Universitäten und Institute für Erwachsenenbildung, die entsprechend ausgerüstet sind.

⁴ Für Nichteingeweihte: „CALL" ist die offizielle Abkürzung von "*computer-assisted language learning*"!

⁵ Natürlich wird diese Motivation nicht ewig halten – aber welche Motivation tut das? Es sei auch gern zugegeben, daß die Schüler zum Teil aus den „falschen" Gründen motiviert sind – sprich: daß es ihnen nicht primär um die Festigung ihrer Fremdsprachenkenntnisse geht. Solange sie trotzdem etwas dabei lernen, können wir das in Kauf nehmen.

⁶ Viele illustrative Beispiele – mit farbigen Bildschirmfotos – werden bei Jones/Fortescue (ab S. 41) gegeben. Beschreibungen und kritische Analysen von in Deutschland einsetzbaren Autorenprogrammen finden Sie z. B. in den Aufsätzen von Multhaup (PRAXIS 2/1989, S. 122ff. und NM 4/1990, bes. S. 241f.) und Voss. – Einige moderne Autorenprogramme sind in der Lage, einen Text linguistisch zu analysieren und auf der Grundlage dieser Analyse dann unterschiedliche Übungen zu erstellen; sie verfügen über eine Konkordanzfunktion, ein umfangreiches Wörterbuch o. ä. – sind aber dann auch entsprechend teuer. Nicht teuer, aber ausgesprochen hilfreich ist das "Toolbox"-Programm (Cornelsen-Verlag), mit dem man z. B. automatisch Lückentexte erstellen lassen kann. – Ein selbsthergestelltes Vokabellern-Autorenprogramm wird von Burghardt/Hauer beschrieben (NM 1/1987, S. 42ff.).

⁷ Die Zahl der Programme, die man tatsächlich für die Schule anschaffen könnte, ist jedoch kleiner, da manche von ihnen in Deutschland nicht erhältlich sind oder für andere Betriebssysteme geschrieben wurden. Von den Programmen, die übrigbleiben, sind einige leider so unbefriedigend, daß man sie nicht ernsthaft zur Anschaffung empfehlen kann, weder für die Schule noch für die Schüler privat. (Vgl. die Negativbeispiele bei Legenhausen/Wolff a.a.O., bes. S. 142–142.) Nützliche Hinweise auf bei uns einsetzbare Programme bieten der Aufsatz von Voss in NM 4/1991 sowie die Beiträge von Jung, Schmid-Schönbein, Schulz, Erdmenger, Lengenhausen/Wolff und Wiegand in FUE 4/1991. Dort auch viele weitere Literaturangaben. – Seit dem ersten Erscheinen des vorliegenden Buches sind viele gute Programme hinzugekommen.

⁸ Ein anschauliches Beispiel findet sich bei Jones/Fortescue, S. 32.

⁹ Vgl. hierzu z. B. das bei Jones/Fortescue (S. 17) beschriebene Programm „*Reconstruction*". – Anregungen zum Selbstbasteln von Programmen finden sich im Aufsatz von Erdmenger (*„Leseübungen auf dem Computer"*, PRAXIS 2/1991, S. 145ff.).

¹⁰ In seinem Aufsatz „*Vokabellernen mit Computer?"* (PRAXIS 4/1986, S. 387 ff.) vergleicht D. Lübke das Vokabellernen mit Computerprogrammen mit traditionelleren Verfahren (Lernen aus dem Lehrbuch, aus dem Vokabelheft, aus einem Lernwörterbuch usw.) und kommt zu dem Ergebnis, daß der Computer dabei „außerordentlich gut abschneidet". Verschiedene in Deutschland erhältliche Programme werden in diesem – mittlerweile natürlich z.T. veralteten – Aufsatz beschrieben.

188

¹¹ Z. B. das bekannte *"London Adventure"*, ausführlich beschrieben in der Broschüre *Neue Technologien und das Fach Englisch* (hsg. v. R.-P. Berndt) sowie bei
Jones/Fortescue S. 75f.; oder *"The Oregon Trail"* (kritisch besprochen bei Klobusicky-Mailänder, PRAXIS 3/1987, S. 306f.). – Für den Französischunterricht:
"GRANVILLE" (vgl. den gleichnamigen Aufsatz von Legenhausen/Wolff in
DNS 1/1989, S. 60ff.).
¹² Es kann z. B. nötig sein, daß man sich einer ausgesprochen höflichen Formulierung bedient – sonst kommt man nicht weiter!
¹³ Große Teile des Buches von Hardisty/Windeatt bestehen aus Anregungen für
den Einsatz solcher an sich für die Verwendung in Beruf und Büro gedachten
Programme im Rahmen des Fremdsprachenunterrichts.
¹⁴ Bitte nicht in der Schule einsetzen!
¹⁵ Beschrieben bei R.-P. Berndt sowie bei Jones/Fortescue S. 67. Vgl. auch den
Aufsatz von Erdmenger (NM 4/1991).
¹⁶ Jones/Fortescue S. 66f.
¹⁷ In der Zeitschrift *"Electric Word"*, die inzwischen leider nicht mehr erscheint,
wurde laufend über Programme berichtet, die für Menschen gedacht sind, die
ständig beruflich mit Texten arbeiten müssen. Faszinierend – aber meistens
auch entsprechend teuer!
¹⁸ Nützlich für Schüler, die zu Haus schnell wissen wollen, ob die Hausaufgabe
schon die vom Lehrer gewünschte Länge hat. Nützlich für Lehrer, die z. B. vor
Klausuren oder vor dem Einreichen von Abiturvorschlägen prüfen möchten, in
wieviel Wörtern sich eine bestimmte Frage angemessen beantworten läßt.
¹⁹ Der Verlag Langenscheidt bietet z. B. ein (zweisprachiges) „PC-Wörterbuch
Englisch" an, das etwa 60 000 Stichwörter umfaßt, zusätzliche computerspezifi-
sche Funktionen bietet und auch speicherresident gehalten werden kann.
²⁰ Seit einigen Jahren haben ausgewählte Schulen die Gelegenheit, sich am *"International Newspaper Day"* zu beteiligen: sie bekommen an diesem Tage auf dem
Wege der elektronischen Datenfernübertragung ständig aktuelle Presseagentur-
meldungen der *TIMES* (oder französische Meldungen von AFP), können eigene
Meldungen ins Ausland schicken und bemühen sich, aus dieser Materialfülle
eine Zeitung in englischer Sprache zu erstellen – mit allen Raffinessen des *Desk-
top publishing*. Ein interessanter Bericht über ein solches Projekt findet sich in
der Klett-Hauszeitschrift *"close-up"*, GYM, Nr. 5, Frühjahr 1991. Dort werden
auch die nötigen Hinweise für eine eventuelle Beteiligung gegeben.
²¹ Vgl. die im Literaturverzeichnis genannten Aufsätze von L. Dam, L. H. Klingen,
R.-J. Simon und Voss.
²² Für die „Erstbegegnung" möchte ich nachdrücklich das Buch von Jones/Fortes-
cue empfehlen, weil es sehr lebendig und verständlich geschrieben und mit vielen farbigen Bildschirmfotos hervorragend illustriert ist. Gute Anregungen für
den Unterricht finden sich auch in den Büchern von Ahmad et al., Davies/
Higgins, Hardisty/Windeatt, Kenning/Kenning, Rüschoff, Stenzel und Schulz.
²³ Die Broschüre *Trojanische Pferde, Viren und Würmer / Eine ernstzunehmende
Gefahr für PC-Anwender?*, hsg. von G. Mußtopf, ist gegen eine geringe Gebühr
vom perComp-Verlag, Hamburg, Holzmühlenstr. 84, zu beziehen.

Wie bekommen die Schüler den Text?
(Logistisch-organisatorische Hinweise)

„Es muß nicht immer Kaviar sein" heißt der Titel eines bekannten Unterhaltungsromans – und man ist versucht, diesen Satz in „Es müssen nicht immer Fotokopien sein" abzuwandeln, wenn man beobachtet, wie hemmungslos fotokopiert wird.

Natürlich ist das Fotokopieren in den meisten Fällen die bequemste und in vielen Fällen die beste Methode, um zu erreichen, daß jeder Schüler den zu bearbeitenden Text in die Hand bekommt. Trotzdem ist es sinnvoll, zumindest gelegentlich auch andere Möglichkeiten in Erwägung zu ziehen:

- Schüler und Lehrer arbeiten mit einem Buch und beschränken sich – von seltenen Ausnahmen abgesehen – auf die Arbeit mit dem Material, das dieses Buch zur Verfügung stellt. (Glauben Sie nicht, das sei eine Selbstverständlichkeit – an manchen Schulen wird in manchen Fächern monatelang ausschließlich mit Fotokopien gearbeitet . . .!). Die Arbeit mit einem Buch hat immerhin einige Vorteile:
  - Ein Buch bleibt. Zettel werden schnell unansehnlich; sie werden leicht verlegt oder auch absichtlich weggeworfen. Nach einiger Zeit ist die Wiederholung vergangenen Stoffes nur noch den ausgesprochen ordentlichen Schülern möglich.
  - Der Lehrer erspart sich den beträchtlichen Arbeitsaufwand, der mit der ständigen Fotokopiererei (und dem lästigen Einsammeln kleiner Geldbeträge) verbunden ist.
  - Copyright-Probleme treten gar nicht erst auf; man geht kein Risiko ein.
- Der Lehrer tippt den Text auf eine Matrize und stellt die nötige Zahl von Umdrucken her. Das kostet weniger Geld als das Fotokopieren, ist aber natürlich mühsam – es sei denn, man hat den Text (oder die Bausteine, aus denen er sich zusammensetzt) bereits im Computer gespeichert und braucht ihn nur noch auf die Matrize drucken zu lassen.
- Der Lehrer hat den Text im Computer und läßt ihn so viele Male ausdrucken, wie er Schüler in der Klasse hat. (Wenn man ein kurzes Text-

chen von weniger als einer halben Seite hat und es sich z. B. um eine
Arbeitsgemeinschaft handelt, die nur aus sechs oder sieben Schülern
besteht, mag das verständlich sein; grundsätzlich ist es aber ein viel zu
aufwendiges und teures Verfahren – besonders wenn man die Bean-
spruchung der Geräte bedenkt.)
- Der Lehrer projiziert mit dem Tageslichtprojektor eine Folie, von der
die Schüler den Text abschreiben.
- Der Lehrer verknüpft die „Vervielfältigung" des Textes mit einer Dik-
tatübung: er diktiert den Text, wobei ein Schüler an die verdeckte
Tafel schreibt. Das Tafelbild wird anschließend in gemeinsamer Arbeit
auf Fehler durchgesehen und dient als Korrekturhilfe.
- Oft genügt es, wenn die Schüler einen Text nur für die Dauer der
Beschäftigung geliehen bekommen:
- Lehrbücher, Anthologien, Lektürehefte etc. werden von der Schule
in Klassenstärke angeschafft; sie werden vom Lehrer an die Schüler
ausgegeben und später wieder eingesammelt. In erster Linie betrifft
dies die Arbeit mit Büchern, die über einen längeren Zeitraum
benutzt werden; aus verständlichen Gründen kommt es nicht sehr
häufig vor, daß ein Lehrer mit einem schweren Korb voller Bücher
in die Klasse geht und am Ende der Stunde das gleiche Muskeltrai-
ning erneut absolviert. (Auch ist die Ausstattung mancher Schulen
mit geeigneten Klassensätzen nicht gerade überwältigend.)
- Der Lehrer hat – aus der Erkenntnis heraus, daß „Mehrfachbenutzbarkeit" ein wichtiges Stichwort für die Rationalisierung der persönlichen Arbeit ist – im Laufe der Jahre für seinen individuellen Bedarf
eine Sammlung von Einzelblatt-Klassensätzen (= fotokopierten Blättern oder Matrizenabzügen) aufgebaut, d. h. von Texten und
Arbeitsblättern, die er kurzfristig ausgibt und am Ende der Stunde
wieder einsammeln läßt. (Es empfiehlt sich, solche Blätter deutlich
zu kennzeichnen – z. B. mit einem roten Stempel „Rückgabe erbeten! Bitte nicht beschreiben und nichts anstreichen!")

Abschließend noch drei Hinweise zum Fotokopieren, die auf jeden Fall
sinnvoll sind – unabhängig davon, ob die Blätter wieder eingesammelt
werden oder bei den Schülern bleiben.

- Überlegen Sie sich **vor** dem Fotokopieren, welche Hilfen oder Hinweise Sie mit aufs Blatt bringen möchten und wie sich das Layout opti-
mieren läßt – nachher ist es zu spät!
- Es empfiehlt sich z. B. sehr, grundsätzlich – besonders bei mehrspal-
tigen, kleingedruckten, unübersichtlichen Zeitungstexten – Zeilen-
zahlen an den Rand zu schreiben (in Fünfer- oder Zehnersprüngen):

viel Zeit geht sonst damit verloren, wenn Schüler nach Vokabeln fragen, ohne schnell und genau die Fundstelle angeben zu können.

- Auch Vermerke wie das obenerwähnte „RÜCKGABE ERBETEN" u. ä. lassen sich gut schon vor dem Kopieren aufs Blatt setzen (obwohl sie natürlich in Rot noch stärker auffallen).

- Überlegen Sie aber auch in der anderen Richtung: Gibt es Dinge, die Sie vielleicht besser nicht mitkopieren sollten? (Nicht alle Aufgaben z. B., die in Anthologien oder Loseblattsammlungen zu einem Text gestellt werden, sind für Ihre konkrete Unterrichtssituation geeignet; nicht alle Vokabelerklärungen sind nötig – und manche sind schlichtweg falsch.) – Vielleicht kann es ja auch einmal reizvoll sein, das Ende eines Textes nicht mitzukopieren – und dann die Schüler Vermutungen anstellen zu lassen!

- Kopien von Kopien von Kopien sind – besonders wenn es sich auch noch um Verkleinerungen handelt – oft kaum noch lesbar. Achten Sie also darauf, daß Sie Ihr Original bzw. Ihre „Ur-Kopie" nicht aus Versehen weggeben, sonst können sie u. U. keine brauchbare „Neuauflage" mehr herstellen. Kennzeichnen Sie die Vorlage als solche – z. B. dadurch, daß Sie oben rechts ein Eckchen abschneiden.

- In der Mappe mit dem „Klassensatz" eines Textes (am besten geeignet sind Klarsichthüllen – durchsichtige, an zwei Seiten offene Plastikhüllen, die sich gut in die Hängemappen einer Hängeregistratur einstellen lassen) sollte sich immer ein deutlich gekennzeichnetes „Lehrerexemplar" befinden, auf dem man sich notiert, wann und mit welcher Klasse man das Blatt benutzt hat; außerdem kann es Vokabelerläuterungen enthalten, Interpretationsansätze, Aufgaben für Stillarbeitsphasen, Anregungen für Hausaufgaben, eine Tafelbildskizze und anderes mehr.

„Nach den Ferien"
(Thema mit Variationen)

Wenige Lehrer werden es übers Herz bringen, in der ersten Stunde nach den Ferien gleich das Lehrbuch aufzuschlagen und zur trockenen Alltagsroutine überzugehen. Statt dessen wird man die günstige Gelegenheit nutzen, den Mitteilungsdrang der Kinder geschickt zu kanalisieren und sie zum Erzählen ihrer Ferienerlebnisse zu bringen – natürlich in der Fremdsprache!

Das schlichteste Verfahren besteht darin, Schüler nacheinander aufzurufen und berichten zu lassen:
- Wenn die Gruppe klein genug ist, erzählen alle (aber möglichst nicht in einer genau vorhersehbaren Reihenfolge).
- Wenn zu viele Schüler in der Klasse sind, wird die Zahl der Erzähler beschränkt:
  - Der Lehrer läßt nur die erzählen, die sich freiwillig melden.
  - Er trifft von sich aus eine Auswahl (und „mischt" dabei: Jungen und Mädchen, gute und schwächere, zurückhaltende und ungehemmte Schüler).

Auf die Korrektur von Fehlern wird er weitestgehend verzichten (es sei denn, ein Schüler sagt etwas Unverständliches oder Mißverständliches). Statt dessen wird er ermutigen, durch kleine Ergänzungsfragen sein Interesse zeigen und – besonders in Unterstufenklassen – Anerkennung ausdrücken dafür, daß die „Mitteilung" in der Fremdsprache gelungen ist.

Abgesehen vom einfachen (unvorbereiteten und unstrukturierten) Erzählenlassen gibt es aber noch verschiedene andere Möglichkeiten, auf die man – je nach Äußerungsbereitschaft, Disziplin und sprachlichem Leistungsstand der Lerngruppe – zurückgreifen kann.

Wenn man befürchtet, daß spontanes Erzählen nicht gelingen würde (aus sprachlichen oder auch aus psychologischen Gründen), oder wenn man besonderen Wert darauf legt, alle Schüler zu aktivieren, empfiehlt es sich, eine **Vorbereitungsphase** einzubauen. Sie kann unterschiedliche Formen annehmen:

- Nach kurzem Nachdenken kommen nacheinander alle Schüler an die Tafel und schreiben an irgendeiner Stelle ein Wort an: ein einzelnes Wort, das für sie mit einem Ferienerlebnis verknüpft ist. Wenn alle Wörter an der Tafel stehen, wird ein Schüler gebeten, eines der über die ganze Tafel verstreuten Wörter auszusuchen, zu dem er gern Näheres hören möchte. Der „Besitzer" des Wortes erzählt dann (je nach Klassenstufe und Leistungsvermögen in ein bis zwei Sätzen oder in einem etwas ausführlicheren Bericht), warum er es angeschrieben hat. In schneller Folge werden dann andere Wörter abgerufen. Möglicherweise würde es zu lange dauern und zu langweilig werden, alle Schüler auf diese Weise zu Wort kommen zu lassen; aber immerhin darf man davon ausgehen, daß auch die, die nicht mehr aufgerufen werden, sich inzwischen intensiv überlegt haben, wie sie sich ausdrücken können, und daß sie dadurch etwas gelernt haben. (Diese Überlegung gilt auch für andere im folgenden noch genannte Verfahren.)

- Der Lehrer kündigt an, daß nach einer kurzen Phase des Nachdenkens jeder Schüler einen Satz über seine Ferienerlebnisse sagen muß. Um allzu großer Bequemlichkeit vorzubeugen, gilt folgende Bedingung: Kein Satzbaumuster darf sklavisch wiederholt werden! Das heißt: Sobald ein Schüler gesagt hat *"I spent my holidays in Italy"*, darf keiner mehr sagen *"I spent my holidays in Italy, too"* oder *"I spent my holidays in Spain"*; er muß eine Variation anbieten – z. B. *"For the first two weeks we went to Italy"*. Daraus ergibt sich, daß es sich während der kurzen Vorbereitungsphase für die Schüler nicht lohnt, ihre Sätze aufzuschreiben – weil sie ja damit rechnen müssen, daß ein anderer ihnen das gewählte Satzbaumuster schon „weggenommen" hat.

- Manchmal ist es eine gute Idee, **sprachliche Vorgaben** zu machen, um sozusagen zwei Fliegen mit einer Klappe zu schlagen und bei der „Auswertung" der Ferienerlebnisse gleich eine bestimmte Struktur zu üben. Jeder Schüler muß einen Satz ins Heft schreiben, der sich auf seine Ferienerlebnisse bezieht; dieser Satz folgt einem bestimmten Satzbaumuster, z. B. *"If... hadn't...,... wouldn't have..."*, oder *"If... had...,... would have..."*. In den Heften der Schüler könnten dann Sätze stehen wie *"If we hadn't missed the boat, we would have arrived a day earlier"* oder *"If my English had been better, I would have invited her to come to the disco with me"*.

– Um zu verhindern, daß sich die Aussagen auf „Wetterberichte" und ähnliche Trivialitäten beschränken, können in der Mittel- und Oberstufe **inhaltliche Vorgaben** gemacht werden. Die Schüler haben einige Minuten Zeit, in denen sie nachdenken, ihre Ferienerlebnisse „filtern" und sich Notizen machen; danach sollen sie zu jedem der folgenden Punkte etwas sagen können:
– *a moment that I really enjoyed*
– *an experience that made me angry*
– *something that made me laugh*
– *something that I hadn't realized before*
– *an interesting conversation*
(Die letzten beiden Punkte sind hauptsächlich für Oberstufenschüler geeignet.)

– Hohe Anforderungen an die sprachliche Geläufigkeit stellt das aus BBC-Rundfunksendungen bekannte Spiel *"Just a Minute"*, dessen Regeln für den Fremdsprachenunterricht allerdings etwas vereinfacht werden sollten. Auf unser Thema bezogen, würde die Aufforderung (an freiwillige Teilnehmer) etwa lauten: *"Try to speak for exactly one minute about your holidays – without hesitation and without repetition"*. (Das in der Originalversion ebenfalls noch erwähnte dritte Kriterium *"without deviation"* – „ohne abzuschweifen" – wird man unberücksichtigt lassen; statt dessen kann man *"without serious grammatical mistakes"* hinzufügen). Auf das Startzeichen hin beginnt der Kandidat zu sprechen. Sobald er länger als eine vorher festgelegte Zahl von Sekunden zögert, sobald er sich wiederholt oder – wenn man will – sobald er einen schweren Fehler macht, kann ihn ein anderer Schüler unterbrechen, muß das aber überzeugend begründen. Wenn er recht hat, darf e r nun versuchen, sich eine Minute lang über Wasser zu halten . . .
Wer es schafft, bekommt einen kleinen Preis – oder zumindest begeisterten Beifall von den anderen!

– **Partnerarbeit** bietet eine gute Möglichkeit, von Anfang an alle Schüler zum Sprechen zu bringen. Die Arbeitsanweisung kann etwa so lauten: *"In the next ten minutes, tell your partners about what you did and felt during the holidays – and find out what they did and felt, too: because afterwards I'm going to ask some of you to tell the class what you have found out about your partners."*
Auf diese Weise wird erreicht, daß man nicht nur redet, sondern auch einander zuhört, und die Aussicht, im Plenum über den Nachbarn Auskunft geben zu müssen, trägt dazu bei, daß während des vorbereitenden Gespräches tatsächlich die Fremdsprache benutzt wird.

– Auch die folgende Aktivität, „Gemurmel", bewirkt, daß alle Teilnehmer in hohem Maße sprachlich aktiviert werden. Sie bringt einen beträchtlichen Verblüffungseffekt mit sich, wenn sie zum ersten Mal durchgeführt wird, und wird erfahrungsgemäß als interessante Herausforderung empfunden. Voraussetzung ist allerdings, daß die Schüler willig und diszipliniert sind.

„Gemurmel" läßt sich am besten mit einer relativ kleinen Lerngruppe durchführen. Jeder Teilnehmer erzählt von seinen Ferien – und zwar so, daß er ganz leise vor sich hinmurmelt. Der Lehrer läßt dieses Gemurmel zunächst eine Weile ohne Unterbrechung ablaufen: das gibt jedem die Chance, seine Geschichte auszuprobieren, ins Unreine zu sprechen, zu verbessern – und wieder von vorn anzufangen, wenn er am Ende angekommen ist. Nach ein paar Minuten beginnt die zweite Phase: der Lehrer fordert einzelne Schüler auf, die Stelle, bei der sie gerade angekommen sind, laut zu sagen. (Die anderen murmeln derweil ihre eigene Geschichte nicht weiter, sondern hören zu!) Nach jedem Beitrag wird erst wieder ein bißchen weitergemurmelt, bevor die nächste Unterbrechung kommt. Wenn mehrere – oder alle – Schüler auf diese Weise ein Bruchstück ihrer Erzählung laut gesprochen haben (in einer kleinen Gruppe wird es auch möglich sein, jeden Teilnehmer mehrmals laut werden zu lassen), beginnt die dritte, abschließende Phase: die Teilnehmer werden gefragt, wessen „Bruchstück" sie so interessiert, daß sie gern mehr hören würden – und der betreffende Schüler wird gebeten, seine Erzählung von Anfang bis Ende vorzutragen.

Nicht nur die Schüler haben in den Ferien etwas erlebt. Auch der **Lehrer** kann vermutlich Interessantes erzählen!

– Das sollte er auch tun – besonders dann, wenn seine Ferienreise ihn in das Land geführt hat, dessen Sprache er unterrichtet. Seine persönlichen Beobachtungen und Kommentare werden wahrscheinlich tiefere Eindrücke hinterlassen als manches, was im Lehrbuch steht – vorausgesetzt, er kann spannend und lebendig erzählen –, und seine eigene Motivation zu weiterer Beschäftigung mit der Sprache, dem Land und seiner Kultur kann sich auf die Schüler übertragen.

– Wenn er nicht möchte, daß die Klasse „nur" zuhört, kann er die Schüler auch dazu bringen, daß sie sich sprachlich anstrengen und ihm einige Einzelheiten „abringen". Er bedient sich dazu eines Verfahrens, das nicht nur in der ersten Stunde nach den Ferien nützlich ist, sondern sich auf viele andere Situationen und Inhalte übertragen läßt: er schreibt einige **Antworten** an die Tafel, und die Schüler müssen versuchen, Fragen zu stellen, auf die er eben jene Antworten geben kann.

Das ist gar nicht so leicht. Zum einen müssen die Schüler zunächst einmal darauf achten, daß die Frage grammatisch korrekt ist und daß die angeschriebene Antwort von der Sprachlogik her zu ihr paßt. Zum anderen müssen sie versuchen, genau jene Frage zu stellen, die der Lehrer im Sinn hatte – denn es gibt viele sprachlich korrekte Fragen, die zwar theoretisch zu der angeschriebenen Antwort führen könnten, aus inhaltlichen Gründen aber doch nicht zu ihr passen. Es geht also um einen Prozeß der allmählichen inhaltlichen Annäherung, bei dem der Lehrer durch kleine Gegenfragen und vorsichtig dosierte Informationen solange hilft, bis die „richtige" Frage gefunden ist.

Zwei – etwas gestraffte – Beispiele mögen dies verdeutlichen.

a) An der Tafel steht die Antwort *"On the 27th of July."*

Schülerfrage: *"When were you in England?"*

Lehrerantwort: *"Not bad; it is a correct question. But I was there for more than just one day!"*

Schülerfrage: *"When did you leave Braunschweig?"*

Lehrerantwort: *"Very good, you're nearly there! But my answer to your question would be 'On the 26th of July'!"*

Schülerfrage: *"When did you arrive in England?"*

Lehrerantwort: *"That's it! On the 27th of July."*

b) An der Tafel steht die Antwort *"Yes, a mohair pullover."*

Schülerfrage: *"Bought you a pullover?"*

Lehrerantwort: *"That doesn't sound right, does it. Can anyone help him?"*

Schülerfrage: *"What did you buy?"*

Lehrerantwort: *"The question is better now. But would I really answer 'Yes, a mohair pullover' if you asked me 'What did you buy'?*

Schülerfrage: *"Did you buy anything in England?"*

Lehrerantwort: *"That is a correct question, and I could certainly give you this answer. But I bought several things while I was in England. And perhaps it would help you if I asked you if you have ever seen me in a mohair pullover . . ."*

Schülerfrage: *"Did you buy a present for your wife?"*

Lehrerantwort: *"Now you've got it!"*

Entscheidend für den Erfolg oder Mißerfolg dieses Verfahrens ist die sorgfältige Auswahl der an die Tafel zu schreibenden Antworten. Es darf nicht zu schwer sein, die „richtigen" Fragen herauszufinden, sonst haben die Schüler schnell keine Lust mehr!

Jenseits des Lehrwerks

Auch wenn das Lehrbuch noch so gut gestaltet ist – unsere Schüler freuen sich, wenn sie sich gelegentlich mit etwas anderem beschäftigen dürfen. Etliche Möglichkeiten hierzu sind bereits in eigenen Kapiteln behandelt worden:
Gedichte / Hörmaterialien / Songs / Video- und andere Filme / Bilder / Cartoons, Bildgeschichten u.ä. / Umgang mit authentischem Anschauungsmaterial / Einsatz des Computers;
andere wurden zumindest vorübergehend erwähnt –
vgl. z. B. die Kapitel „Motivation", „Womit kann eine Stunde anfangen?", „Sozialformen des Unterrichts" und „Nach den Ferien".
Hier sollen noch einige Aktivitäten vorgestellt werden, die Schülern Spaß machen, weil sie sich dabei auf das WAS (den Inhalt) anstatt auf das WIE (die sprachliche Korrektheit) konzentrieren dürfen und weil sie merken, daß sie mit dem Gelernten etwas Sinnvolles anfangen können.

Erzählen

Man erzählt sich etwas: die Schüler einander, der Lehrer den Schülern, die Schüler dem Lehrer. Selbsterlebtes[1], Gesehenes, Gehörtes, Gelesenes. Vorfälle des Alltags, aber auch Literarisches: Märchen, spannende Geschichten.[2] Man kann auch gemeinsam Geschichten erfinden: einer beginnt, ein anderer denkt sich eine Fortsetzung aus.

Contradiction passages

Kleine Texte voller Widersprüche, die von den Schülern entdeckt werden müssen, sind das Material für diese reizvolle Aktivität. Hier ist ein Beispiel:[3]
My friend Peter, who is 23 years old and a bachelor, has just bought a 14th century bungalow on the estate behind our house. I have known Peter ever since we started school together 32 years ago, and was delighted to hear that he would be living so near. Last Sunday we decided to visit him and his wife in their new home, and we got the bus at the Town Hall. It took us about 35 minutes to get there, although I have to admit we didn't walk very fast. . . .

Der Text wird mit dem Tageslichtprojektor an die Leinwand projiziert, und zwar so, daß zunächst nur der erste Satz zu sehen ist. (Notfalls kann man die Texte auch vervielfältigen und die Schüler veranlassen, jeweils nur einen einzigen Satz laut vorzulesen und zu untersuchen.) Der Lehrer fragt, ob der Satz korrekt ist – und wenn nicht, was an ihm falsch ist. Wenn die Schüler die Widersprüche gefunden haben, kommt der nächste Satz an die Reihe. (Möglicherweise enthält er etwas, was zwar richtig klingt, wenn man den Satz isoliert betrachtet – was aber offensichtlich falsch ist, wenn man den Zusammenhang berücksichtigt!) Vielleicht haben die Schüler Lust, ähnliche Texte selbst zu erstellen?

Psychologisches...

Die meisten Menschen sprechen gern über sich selbst – und da Schüler Menschen sind und nicht nur Gefäße, in die wir Vokabeln, grammatische Strukturen und landeskundliche Informationen abfüllen, sollten wir ihnen Gelegenheit geben, über sich selbst zu sprechen – ihre Neigungen und Abneigungen, Wünsche und Sorgen, Gefühle und Überzeugungen. Das kann sehr ergiebig sein – nicht nur fremdsprachendidaktisch, sondern auch atmosphärisch. Allerdings: man darf es nicht übertreiben; man darf weder zu häufig „psychologisieren" noch in Tiefen vorzudringen versuchen, vor denen offensichtlich Zäune und Begrenzungsschilder aufgestellt sind. Taktgefühl und menschliche Wärme sind unerläßliche Voraussetzungen – nicht nur für den Lehrer, sondern auch für den Umgang der Schüler miteinander, und wo diese Voraussetzungen nicht gegeben sind, läßt man besser die Finger von – ja, wovon eigentlich? Was ist konkret gemeint? Ich denke an die folgenden drei Bereiche:
- Populär-„wissenschaftliche" psychologische Tests[4] und Fragebögen (auch Meinungsumfragen), z. B. aus Zeitschriften oder auch aus geeigneten Sammlungen[5].
- Gespräche über provozierende Fragen. Manches, was dem Lehrer als brisantes moralisches Problem erscheint, entlockt Schülern allerdings nur ein gelangweiltes Gähnen. Es kann eine gute Idee sein, die Schüler entsprechende Fragen stellen zu lassen (sie können sie z. B. anonym auf Zettelchen schreiben). Viele Anregungen – allerdings nur für ältere und sprachlich gewandte Schüler, denn das Buch ist nicht für den Fremdsprachenunterricht gedacht – finden sich in *The Book of Questions* von G. Stock. Ein Beispiel:

> *You are given the power to kill people simply by thinking of their deaths and twice repeating the word "good-bye". People would die a natural death and no one would suspect you. Are there any situations in which you would use this power?*[6]

- Spiele (Brettspiele, Kartenspiele, Schreibspiele), deren Ziel nicht das Gewinnen ist, sondern Selbst- und Fremderfahrung. Als Beispiel mögen einige Kärtchen aus dem in den USA beliebten Spiel "The Ungame"[7] dienen. (Ich habe es gelegentlich mit Oberstufenschülern gespielt und gute Erfahrungen damit gemacht.) Der Spieler, der das Kärtchen aufdeckt, muß es vorlesen und dann der Aufforderung nachkommen.
  - *What was the best day of the past week and what made it so?*
  - *Share three things for which you are thankful.*
  - *Complete the statement "I can hardly wait to . . .".*
  - *Choose one member of the group and ask him (or her) a personal question.*
  - *If you were the parent, how would you feel about having yourself for a child?*
  - *Say something nice to each member of the group.*
  - *How would you describe yourself to someone who does not know you?*
  - *Will you bring up your own children in a different way from how you have been brought up yourself? If so, in what respect?*

Spiele

Nicht von anspruchsvollen Rollenspielen[8] und „Simulationen" soll hier die Rede sein, sondern von bescheidenen, harmlosen Spielchen, die sich ohne nennenswerten Aufwand an Vorbereitung, Zeit oder Material[9] durchführen lassen. Grundsätzliches über Spiele im Fremdsprachenunterricht (Klassifizierung, Sinn, Nutzen, Gefahren,[10] methodologische Probleme) kann man leicht an entsprechender Stelle[11] nachlesen, wenn man das Bedürfnis hat; der Praktiker wird sich einige Spielesammlungen[12] besorgen und sich jeweils das heraussuchen, was zu seinen Schülern und zu seinen unterrichtlichen Absichten paßt – und dabei stets im Auge behalten, daß der zeitliche Aufwand in einem vernünftigen Verhältnis zum sprachpraktischen Effekt stehen sollte. (Aus diesem Grunde halte ich z. B. nicht viel von dem ach so beliebten Spiel "Hangman",[13] mit dem Schüler gern die Zeit totschlagen!) Hier mag es genügen, ein paar Spiele vorzustellen, die sich immer wieder bewähren und leicht durchzuführen sind:

Die alphabetische Katze

"The Parson's cat is an angry cat." "The Parson's cat is a beautiful cat." "The Parson's cat is a common cat." Und so weiter, bis sich das geplagte Tier durchs Alphabet geschlichen hat. Es ist erstaunlich, wie viele Adjektive den Schülern einfallen!

Wer es etwas anspruchsvoller haben möchte, verändert gleich mehrere Wörter: *"My friend Eric is an energetic engineer; he lives in Eastbourne."*

Das Wort als Steinbruch

"How many English words can you make from the letters in the word RAABE-SCHULE?"[14] *as, able, ale, bus, bee, bar, bear, car, care, ease, ear . . .* Alle Schüler schreiben. Nach einer Weile wird an der Tafel gesammelt. Wörter, die nicht allen bekannt sind, werden – auf Englisch – erklärt.

Yes or No

Das Opfer – ein Schüler, der sich freiwillig meldet – wird mit einem Feuerwerk von Fragen bombardiert, die er ohne zu Zögern beantworten muß, ohne die Wörter *Yes* und *No* zu benutzen.
"Do you watch television every day?" "I don't like watching TV." "Do you really expect us to believe that?" "Of course I do." "But you told us that you watch 'Dallas' every week!" "No, I didn't!" Reingefallen . . .

Blip

Grundidee: Man muß herausfinden, an welche Tätigkeit der andere denkt; bei den Fragen setzt man anstelle des unbekannten Verbs immer eine Form von *blip* ein. Verfahren: entweder ganz schlicht (der Lehrer denkt sich etwas aus, und die Schüler stellen ihm Fragen) oder etwas aufwendiger (zwei bis drei Schüler werden hinausgeschickt; die Klasse entscheidet sich für ein Wort – *smoke, drink* oder *kiss* sind immer sehr beliebt –, und die wieder hereingerufenen Schüler dürfen abwechselnd Fragen stellen).
"Have you blipped today?" "Can I blip under water?" "Is blipping fun?" "Do you blip regularly?" "Have you ever been blipped?" "Could I blip you?" Großes Gelächter bei den anderen, die die Antwort kennen, wenn der Frager in aller Unschuld eine verfängliche Frage stellt!
Natürlich dürfen die Antworten über ein trockenes *"Yes"* oder *"No, you can't"* hinausgehen: *"Well, you might, but I don't think you'd like it . . .!"*

Witze

Ab und zu zur Auflockerung mal einen Witz erzählen – warum nicht? Mit einem kleinen Trick kann man dafür sorgen, daß die Schüler nicht nur nachsichtig lächelnd lauschen, sondern sich erst einmal etwas anstrengen müssen, bevor sie die Pointe erfahren. Man schreibt vor der Stunde die beiden Hälften eines kurzen Witzes[15] links und rechts an die Innenseiten der Tafel (Alternative: man zeigt eine Folie und deckt einen Teil zunächst ab), zeigt – je nach Witz – entweder die linke oder die

rechte Seite und fordert die Schüler auf, Vermutungen anzustellen, was
wohl an der anderen Seite stehen mag (mündlich oder auch schriftlich –
vielleicht mit einem kleinen Preis für den besten Einfall?).
Die Vermutungen werden zusammengetragen und verglichen; erst dann
wird die andere Seite aufgedeckt . . .
Wollen Sie es mal probieren? Bitte, hier sind zwei Beispiele!
1) (?????)[16] / *"Ask your mother. She puts everything away."*
2) *"Mum, now that I'm fifteen, can I wear eye-shadow and lipstick and mascara and perfume and wear high-heeled shoes?"* / (?????)[17]
Aber erzählen Sie nicht zu oft Witze; Sie könnten Disziplinprobleme
bekommen. Besonders dann, wenn Sie unglücklicherweise auch noch
schielen:
"Did you hear about the cross-eyed teacher? She couldn't control her pupils . . ."

---

[1] Vgl. das Kapitel „Womit kann eine Stunde anfangen?"

[2] Anregungen in Fülle finden sich bei Morgan/Rinvolucri, *Once upon a time.*

[3] Ich habe es (stark gekürzt) dem Beitrag *"Contradiction Passages"* von Christine Frank (PRAXIS 4/1976, S. 423f.) entnommen. Am besten kopieren Sie sich diese beiden Seiten; sie enthalten nicht nur weitere Beispiele, sondern auch noch eine andere hübsche Idee, *"Two stories in one"*, die sich ebenfalls gut im Unterricht verwenden läßt.

[4] Vgl. Bliemel, „*Populärwissenschaftliche Tests als kreativer Schreibanlaß im Englischunterricht"*, ZE 4/1981.

[5] Recht ergiebig: G.P. Ladousse, *Speaking Personally / Quizzes and questionnaires for fluency practice,* CUP 1988.

[6] A.a.O. S. 19

[7] Bestelladresse: The Ungame Co., Anaheim, California 92806, USA.

[8] Vgl. zunächst die Bemerkungen im Kapitel „Sozialformen des Unterrichts". – Wer sich ausführlich mit Rollenspielen befassen möchte (ihren Vorteilen, ihren Nachteilen, ihren Problemen), findet eine Fülle von psychologischen und unterrichtspraktischen Hinweisen in den (im Literaturverzeichnis genannten) Aufsätzen von Finocchiaro, Freudenstein, Kerr und Knight sowie in den Büchern von Maley/Duff, Hadfield und Jones/Edelhoff/Meinhold/Oakley. – Material für Rollenspiele, das man übernehmen kann (Arbeitsanweisungen, Rollenbeschreibungen, *"cue cards"*), findet sich z. B. bei Peter Watcyn-Jones, *ACT ENGLISH / A book of role cards,* Penguin, Harmondsworth 1978; oder vom gleichen Verfasser: *Impact,* Penguin, Harmondsworth 1979. Für Oberstufenschüler: Heyworth, *The Language of Discussion / Role-play exercises for advanced students,* Hodder & Stoughton, London 1978. – Speziell zum Thema *"Drama Techniques"* (nicht absolut identisch mit „Rollenspiel"!) vgl. unbedingt Maley/Duff (= der „Klassiker"!) und auch Charlyn Wessels.

[9] Inzwischen gibt es Sammlungen, die praktischerweise gleich Kopiervorlagen enthalten; z. B. Clarke/Preedy, Hadfield, Klippel.

[10] Man kann des Guten auch zuviel tun. Wenn die leistungsstärkeren Schüler den Eindruck haben, daß der Fremdsprachenunterricht zur freundlichen Beschäftigungstherapie oder zur läppischen Spielerei degradiert, läßt ihr Interesse deutlich nach.

[11] Vgl. die im Literaturverzeichnis genannten einschlägigen Publikationen von Bliemel, Häuptle-Barceló, Kleppin, Klippel, Lee und Löffler. Besonders ergiebig ist die tabellarische Aufschlüsselung etlicher Spielesammlungen bei Klippel, PRAXIS 4/1983 sowie die kritische Würdigung einiger Sammlungen im Aufsatz von Häuptle-Barceló.

[12] Siehe Literaturverzeichnis: Bloom/Blaich/Löffler, Carrier, Chamberlin/Stenberg, Dorry, Edmundson, Friedrich/von Jan, Hadfield, Klippel, Lee, Manley/Rée, McCallum, Parlett, Wright/Betteridge/Buckby.

[13] Falls Sie – wie ich – zu den Leuten gehören, die immer wieder vergessen, aus wieviel Balken sich der Galgen zusammensetzt und wie viele Striche zur Vervollständigung des hängenden Männleins gehören: kopieren Sie sich die Skizzen im Heft 4/1986 der PRAXIS, S. 393 (Lübke)!

[14] So heißt die Schule, an der ich unterrichte.

[15] Unerschöpfliche Quelle für kurze Kalauer: G. Brandreth, *The Ultimate Joke Encyclopedia*.

[16] *"Dad, where are the Himalayas?"*

[17] *"No, Charles, you may not."*

Hausaufgaben

Hausaufgaben – ja oder nein?

Hausaufgaben sind nicht unumstritten.[1] Immer wieder einmal wird die Forderung erhoben, auf Hausaufgaben zu verzichten – i. a. mit einem oder mehreren der folgenden Argumente:

- Hausaufgaben rauben den Kindern zuviel von ihrer ohnehin zu knappen Freizeit.
- Hausaufgaben quälen nicht nur das Kind selbst; sie belasten auch die Eltern; sie machen manches gemeinsame Vorhaben unmöglich und haben oft einen negativen Einfluß auf die Stimmung der ganzen Familie.
- Hausaufgaben sind – politisch und soziologisch betrachtet – unfair; sie begünstigen Kinder, die zu Haus ungestört in einem eigenen Zimmer arbeiten und, wenn ihnen etwas nicht klar ist, ihre Eltern um Hilfe bitten können.
- Hausaufgaben sind ein Ärgernis, weil sie oft stumpfsinnig-mechanisch sind und unverhältnismäßig viel Zeit verschlingen, ohne einen nachweisbaren Lerneffekt zu haben.
- Hausaufgaben sind schon deshalb wirkungslos, weil sie meistens nur widerwillig hingeschludert werden – es ist bekannt, daß ein Übungserfolg nur dann eintritt, wenn wirklicher Übungswille vorliegt – und weil viele Lehrer sich ohnehin nicht darum kümmern, ob sie gut oder schlecht oder überhaupt nicht gemacht werden.
- Schüler machen beim Anfertigen der Hausaufgabe viele Fehler, die nie entdeckt werden und die sich deshalb verfestigen können.

Keines dieser Argumente ist völlig aus der Luft gegriffen; und es mag Situationen geben, in denen sie uneingeschränkt zutreffen.

In diesem Kapitel soll jedoch davon ausgegangen werden, daß die genannten Thesen einseitig, verzerrt und übertrieben sind und daß den Argumenten, die f ü r Hausaufgaben sprechen, in der Regel das größere Gewicht zukommt:

- Die Ziele des Unterrichts (jedenfalls des Fremdsprachenunterrichts) können – auch wenn man sie ziemlich niedrig ansetzt – nur dann erreicht werden, wenn sich die Schüler auch außerhalb der knappen Unterrichtszeit noch mit dem Lehrstoff beschäftigen.

- Manche Aktivitäten, die sinnvoll und nützlich sind (Einprägen von Vokabeln, stilles Vorbereiten eines längeren Textes mit Hilfe eines Wörterbuches, Auswendiglernen eines Gedichts oder einer Textstelle), sollten nicht während des Unterrichts ablaufen, weil sonst dort zu wenig Zeit bleibt für das, was eben nur in der Klasse geschehen kann.
- Speziell für den fremdsprachlichen Anfangsunterricht gilt folgendes Argument: Kinder möchten sich zu Haus mit dem neuen Fach weiterbeschäftigen. Sie erwarten vom Lehrer, daß er ihnen dies durch sinnvolle kleine schriftliche Hausaufgaben ermöglicht. Wenn man – wie es manchmal von extremen Befürwortern eines rein phonetisch orientierten „Vorkurses" vertreten wird – wochen- oder gar monatelang auf die Einführung des Schriftbildes verzichtet, zehren sie von ihren „akustischen Erinnerungen", machen sich ihre eigenen merkwürdigen Vorstellungen davon, wie die neuen Wörter geschrieben werden, und wenden sich auch an Familienmitglieder (was meistens dazu führt, daß die in der Schule eingeübten lautlichen Feinheiten wieder zerstört werden).
- Jeder Mensch hat sein individuelles Lern- und Arbeitstempo. Schüler müssen die Gelegenheit erhalten, zumindest einen Teil der Leistungen, die man ihnen abverlangt, ohne Gruppendruck so langsam oder so schnell zu erledigen, wie es ihnen persönlich angemessen ist.
- Es gibt Aufgaben, die man lieber (und auch besser) allein erledigt. Zum einen deshalb, weil man dann weniger äußeren Störungen ausgesetzt ist (nicht jedem ist es gegeben, sich in einem Raum voller anderer – und nicht immer ruhiger – Menschen zu konzentrieren); zum anderen aber auch, weil manche Gedanken und Gefühle sich in ruhiger Abschirmung ganz anders entfalten können: beim Schreiben eines Aufsatzes zum Beispiel, oder bei der Erstbegegnung mit einem literarischen Text.
- Kinder müssen lernen, selbständig zu arbeiten, ohne ständig beobachtet, angetrieben oder ermutigt zu werden; sie müssen lernen, Verantwortung für ihre eigene Arbeit zu übernehmen.

All diese Argumente, so gewichtig sie auch sind, sollen aber keineswegs so aufgefaßt werden, als ob unbedingt jedesmal eine Hausaufgabe gestellt werden müßte. Es darf durchaus Tage geben, an denen der Lehrer auf das Stellen einer Hausaufgabe verzichten kann, ohne deshalb ein schlechtes Gewissen haben zu müssen. Es ist vernünftiger, keine Hausaufgabe zu stellen als eine, die von den Schülern als sinnlos empfunden wird, als bloße Beschäftigung um der Beschäftigung willen.

Welche Ziele können Hausaufgaben haben?

- <u>Festigung</u> des in der Klasse durchgenommenen Unterrichtsstoffes
  Stichworte: Übung, Verstärkung, Automatisierung; Wiederholung
  (ggf. auch eines schon etwas weiter zurückliegenden Lernpensums).
- <u>Vertiefung</u> des behandelten Stoffes
  Stichworte: Weitere gedankliche Durchdringung, ggf. unter veränderter Fragestellung; Transfer.
- <u>Vorbereitung</u> neuen Unterrichtsstoffes
  - Sprachliche Vorbereitung (Beispiel: Erarbeitung eines unbekannten Textes mit Hilfe eines Wörterbuches).
  - Inhaltliche Vorbereitung (Beispiel: Überlegungen zu einer Frage oder einem Problem, das in einem den Schülern noch nicht ausgehändigten, in der nächsten Stunde einzuführenden Text vorkommen wird).
- <u>Nicht direkt unterrichtsbezogene</u>, aber sinnvolle (z. B. kreative) <u>Anwendung</u> der Fremdsprache
  D. h.: Die gestellte Hausaufgabe bezieht sich weder auf den unmittelbar vorher behandelten Stoff, noch dient sie der Vorbereitung; sie ist übergreifend und (zumindest bei oberflächlicher Betrachtung) unterrichtsunabhängig.

Welche Arten von Hausaufgaben lassen sich unterscheiden?

Die Lehrbücher, *Workbooks* u. ä., mit denen im Fremdsprachenunterricht der Unter- und Mittelstufe gearbeitet wird, bieten eine Fülle von Möglichkeiten zum Stellen sinnvoller Hausaufgaben an: nahezu jede Übung und jeder Text können auf die eine oder andere Weise für Hausaufgaben benutzt werden. Zusätzliche Anregungen sind den Kapiteln „Möglichkeiten der weiteren Arbeit mit Lehrbuchtexten", „Lektüren (Unter- und Mittelstufe)", „Grammatik" und anderen zu entnehmen.
Für Oberstufen-Hausaufgaben finden sich Hinweise in den Kapiteln „Längere literarische Texte (Prosa, Drama)", „Gedichte", „Hörmaterialien", „Songs", „Bilder", „Vermittlung von Arbeits- und Lerntechniken" und „Umgang mit authentischem Anschauungsmaterial".
An dieser Stelle mag es deshalb genügen, <u>typische Formen</u> von Hausaufgaben aufzulisten.

Schriftliche Hausaufgaben:

- Textstück abschreiben (Anfangsunterricht!)
- Vokabeln, die im Vokabelverzeichnis angegeben werden, im Text unterstreichen

- Vokabeln abschreiben
- Vokabeln nach Sachgruppen, Wortfeldern, Wortarten oder anderen Kriterien zusammenstellen und aufschreiben
- Ausfüllen eines Lückentextes, z. B. im WORKBOOK oder auf einem vervielfältigten Arbeitsblatt (läßt sich rasch und ohne großen Arbeitsaufwand überprüfen!)
- Vervollständigen oder Umwandeln von Sätzen nach bestimmten Vorgaben
- Ausgesparte Teile in einem Dialog ergänzen
- Untertitel für die einzelnen Abschnitte eines Textes finden
- Vom Buch vorgegebene oder vom Lehrer gestellte Fragen beantworten
- Bildbeschreibung
- Handlungsablauf einer Bildgeschichte erzählen
- Persönliche Stellungnahme
- Fragen zu einem Text aufschreiben
- Schreiben eines Briefes
- Übersetzen einer Textstelle in die Muttersprache
- Herausschreiben der Definitionen (oder Übersetzungen) aus einem einsprachigen (oder zweisprachigen) Wörterbuch bei der Vorbereitung eines Textes
- Zusammenfassung oder Nacherzählung eines Textes
- Bericht über Gelesenes / Gehörtes / Gesehenes / Erlebtes
- Stundenprotokoll

Mündliche Hausaufgaben:

- Den Verlauf der vergangenen Stunde ausführlich wiedergeben können
- Vokabeln lernen
  Zu den mannigfachen Varianten dieser Aufgabe vgl. den Abschnitt ‚Möglichkeiten der mündlichen Kontrolle' im Kapitel „Überprüfung des Vokabellernens"!
- Sich einen Text (oder mehrere Texte, z. B. ein bis zwei Seiten des Lehrwerks) optisch so gut einprägen, „daß Ihr bei einem Diktat daraus keine Fehler mehr machen würdet"
- Auswendiglernen einer Prosastelle
- Auswendiglernen eines Gedichts
- Das Übernehmen einer Rolle (oder: verschiedener Rollen) in einem im Buch abgedruckten Dialog oder Mehrpersonengespräch so gut einüben, daß es in der Klasse dann ohne Zögern gelingt
- Vorlesen eines Textes üben (sinndarstellender Vortrag, mit korrekter Aussprache und Intonation, in angemessenem Tempo)
- Zusammenfassung oder Nacherzählung eines Textes

- Aufgaben, die das Lehrbuch zu einem Text stellt, so gründlich vorbereiten, daß sie in der Klasse ohne Zögern mündlich gelöst werden können
- Bericht über Gelesenes / Gehörtes / Gesehenes / Erlebtes
- Referat (Hinweis: Selbstverständlich kann sich ein Referat auf schriftliche Notizen stützen. Wenn es hier als *mündliche* Hausaufgabe eingeordnet wird, soll damit deutlich gemacht werden, daß es in der Regel nicht „abgelesen", sondern relativ frei vorgetragen werden sollte – damit die Mitschüler nicht einschlafen!)

Praktische Hinweise zum Stellen von Hausaufgaben

Hausaufgaben müssen so detailliert und unmißverständlich formuliert werden, daß jeder genau versteht, was er zu tun hat (nicht nur in der Klasse, sondern auch noch zwei Tage später zu Hause!).
Wenn eine Aufgabe gestellt wird, bei der anzunehmen ist, daß nicht alle Schüler sie auf Anhieb verstehen werden, sollte man sicherstellen, daß genügend Zeit für Fragen bleibt. (Die Hausaufgabe muß vor dem Klingeln gestellt werden, und nicht erst in den letzten Sekunden!) Gelegentlich – z. B. wenn es sich nicht mehr lohnt, etwas Neues anzufangen – kann man auch erlauben, daß die Schüler am Ende der Stunde schon mit der Anfertigung der Hausaufgabe beginnen; auf diese Weise zeigt sich schnell, ob zusätzliche Erklärungen erforderlich sind.

Hausaufgaben sollten so gestellt werden, daß es in der nächsten Stunde keine Äußerungen wie „Das haben Sie aber nicht gesagt!" oder „Das habe ich nicht gehört!" geben kann.
Es gibt drei Möglichkeiten, diesen Forderungen gerecht zu werden:
- Der Lehrer diktiert die Hausaufgabe. D. h.: Er verlangt, daß das, was er sagt, wörtlich aufgeschrieben wird; er gibt sich nicht damit zufrieden, daß z. B. jemand nur ein Kreuzchen ins Buch macht.
- Der Lehrer schreibt die Hausaufgabe an die Tafel (am besten während einer Stillarbeitsphase), und am Ende der Stunde übertragen die Schüler das Angeschriebene in ihre Hefte. (Wenn der Lehrer sich erst im Laufe der Stunde für eine bestimmte Aufgabe entschieden hat, sollte er sich auch selbst notieren, was er an die Tafel geschrieben hat – andernfalls findet er sich vielleicht nach einer Woche in der peinlichen Situation, daß er sich nicht mehr erinnern kann, welche Aufgabe er gestellt hat!)
Um eine Zersplitterung der Aufmerksamkeit zu vermeiden, empfiehlt es sich, die Aufgabe an einen verdeckten Teil der Tafel zu schreiben

und den Flügel erst dann aufzuklappen, wenn die Zeit dafür gekommen ist.
- Der Lehrer gibt Zettelchen mit dem genauen Wortlaut der Aufgabe aus.
Dies empfiehlt sich z. B. bei komplizierten, aus mehreren Sätzen bestehenden Oberstufen-Hausaufgaben, bei denen das Diktieren oder Anschreiben ziemlich viel Zeit kosten würde und bei denen vielleicht auch das Layout, die optische Präsentation, eine gewisse Rolle spielt. Die Mühe, solche Zettel herzustellen, lohnt sich hauptsächlich dann, wenn man weiß, daß man die gleiche Hausaufgabe vermutlich noch öfter stellen wird (in anderen Klassen). –
Eine „Schnipselvorlage" läßt sich am einfachsten so herstellen, daß man die Aufgabe mit dem Computer oder auf einer Speicherschreibmaschine schreibt und speichert und sie dann – natürlich mit Zwischenräumen – so oft ausdrucken läßt, wie auf einem A4–Blatt Platz ist. Dieses Blatt dient als Kopiervorlage. Das Original wird gekennzeichnet und aufgehoben; die Kopien werden zerschnitten; die „Schnipsel" werden an die Schüler ausgegeben.

Das (einmalige) Ausgeben vervielfältigter Zettel empfiehlt sich auch, wenn man weiß, daß man häufig mit einer bestimmten „Standard-Hausaufgabe" arbeiten wird, deren genaue Erklärung man nicht jedesmal neu diktieren oder anschreiben möchte. Als Beispiel sei hier noch einmal die im Kapitel „Einführung eines Lehrbuchtextes" erwähnte Standard-Hausaufgabe „Vorbereitung eines Textes" angeführt:

Unter „Vorbereitung des Textes" soll – sofern nicht ausdrücklich etwas anderes angegeben worden ist – grundsätzlich folgendes verstanden werden:

+ *Vokabeln, die im Vokabelverzeichnis angegeben sind, gründlich durcharbeiten und einprägen (einschließlich der korrekten Aussprache).*
+ *Unbekannte Vokabeln, die nicht angegeben sind, auf einen Zettel schreiben, so daß ihre Bedeutung am Anfang der Stunde geklärt werden kann.*
+ *Bei geschlossenem Buch Fragen zum aufgegebenen Text, die vom Lehrer oder von anderen Schülern gestellt werden, beantworten können.*
+ *Bei geschlossenem Buch selbst Fragen zum Text stellen können.*
+ *Bei geschlossenem Buch den aufgegebenen Text nacherzählen und/oder zusammenfassen können.*

Im allgemeinen wird der Lehrer allen Schülern die gleiche, vorher von ihm festgelegte Hausaufgabe aufgeben. Gelegentlich kann es jedoch durchaus sinnvoll sein, von dieser Praxis abzuweichen und sich für eine der folgenden Möglichkeiten zu entscheiden, die den Vorteil haben, daß die Schüler mit mehr Freude (oder doch zumindest mit weniger Widerwillen) an die Hausaufgabe herangehen:

- Der Lehrer stellt zwei oder mehrere Aufgaben zur Wahl und läßt durch Abstimmung entscheiden, welche davon (von allen) bearbeitet werden soll.
- Der Lehrer teilt die Schüler in zwei (z. B.: Mädchen und Jungen) oder mehrere Gruppen ein und gibt jeder Gruppe eine andere Aufgabe.[2]
- Der Lehrer stellt zwei oder mehrere Aufgaben zur Wahl; die Schüler können individuell entscheiden, welche davon sie bearbeiten möchten.
- Der Lehrer gibt einen Rahmen vor; innerhalb dieses Rahmens kann der Schüler seine Hausaufgabe weitgehend selbst bestimmen. (Beispiel: *"Write down three questions which you would like us to discuss in connection with this text, and answer one of them in writing."*
- Der Lehrer verzichtet völlig auf inhaltliche Vorgaben. Jeder Schüler muß sich selbst eine Aufgabe stellen, die etwas mit dem gerade behandelten Stoff zu tun hat und die er für angemessen und lohnend hält. (Diese Variante eignet sich für kleine, überschaubare Lerngruppen aus arbeitswilligen und interessierten Schülern. Sie setzt voraus, daß man sich schon eine Zeitlang kennt und daß die Schüler aus dem vorangegangenen Unterricht bereits gelernt haben, welche Aufgaben – z. B. im Zusammenhang mit der Arbeit an einem Werk der Literatur – sinnvoll und ergiebig sein können.)

---

[1] Eine ausführliche und ausgewogene Auseinandersetzung mit dem Problem – wenn auch nicht speziell für den Fremdsprachenunterricht – bietet Aschersleben (S. 89–101). Er nennt die Argumente der Befürworter und der Gegner, unterscheidet verschiedene Typen von Hausaufgaben und ihre Vor- und Nachteile, zählt die Faktoren auf, von denen die Effektivität von Hausaufgaben bestimmt wird, und gibt (fachübergreifende) praktische Ratschläge, die auf wissenschaftlich abgesicherten Befunden beruhen. – Ebenfalls lesenswert: Glänzel (S. 136–139); Geissler (S. 280–286); Bowley (S. 87–91).

[2] Differenzierungsmöglichkeiten speziell im Bereich der mündlichen Hausaufgaben werden in dem Aufsatz von E. Pap (PRAXIS 3/1989) beschrieben.

Kontrolle und Besprechung der Hausaufgaben

Kontrolle der Hausaufgaben ist nötig. Wenn Hausaufgaben nie kontrolliert werden, machen Schüler sie entweder überhaupt nicht mehr oder nur noch sehr oberflächlich. Nichtbeachtung ist – hier wie überall – schlimmer als Kritik; und besonders bei jüngeren Kindern sollte sich der Lehrer darüber im klaren sein, daß sie die Hausaufgaben nicht um der Sache willen, sondern hauptsächlich für ihn anfertigen. Sorgfältiges, individuelles Eingehen auf seine Hausaufgabe gibt dem Schüler das Gefühl, Sinnvolles und Wichtiges zu tun; es kann ihn zu größerer Anstrengung und Gewissenhaftigkeit motivieren.

Der Lehrer wäre jedoch völlig überfordert, wenn er ständig alle Hausaufgaben nachsehen wollte. Kompromisse werden nötig sein, und unterschiedliche Formen der Überprüfung bieten sich an.

– Traditionelle Hausaufgabenüberprüfung und -besprechung:

Der Lehrer geht in der Klasse herum (zweckmäßigerweise während einer – schon allein aus diesem Grund vorher eingeplanten – Stillarbeitsphase) und prüft nach, ob die Hausaufgaben bei allen vorhanden sind, ob der Umfang stimmt und das äußere Erscheinungsbild zufriedenstellend ist. Dabei wird er auch schon den einen oder anderen Fehler entdecken und verbessern. Außerdem nimmt er jedes Mal ein paar Hefte (oder: in größeren Abständen alle Hefte) mit nach Haus. (Er hat eine Liste, in der er einträgt, wann er wessen Heft geprüft hat.)

– Er prüft, verbessert und kommentiert nur die letzte Hausaufgabe.
– Er blättert weiter zurück, verschafft sich einen Überblick über die durchschnittliche Qualität der Heftführung bei dem betreffenden Schüler und macht sich entsprechende Notizen.

Im Unterricht werden die Hausaufgaben **besprochen:**

Sie werden Satz für Satz von einzelnen Schülern vorgelesen und begutachtet:

– soweit wie möglich von den Mitschülern;
– sofern nötig, vom Lehrer.

In Unterstufenklassen wird es sich bei kurzen, gut überschaubaren Hausaufgaben oft empfehlen, die richtigen Sätze an der Tafel erscheinen zu lassen:

- Ein Schüler schreibt alle Sätze an.
- Mehrere Schüler schreiben je einen Satz an.
- Der Lehrer schreibt an.
Alle Schüler sind verpflichtet, Fehler, die sie dabei in ihrem eigenen Heft finden, zu verbessern.
Das Besprechen und Korrigieren der Hausaufgabe sollte nicht zu lange dauern; es kann, wenn es einen größeren Teil der Stunde aufzehrt, ausgesprochen langweilig, lähmend und frustrierend wirken.

- **Andere Formen der Überprüfung und Besprechung schriftlicher Hausaufgaben:**

  a) vorwiegend für Unter- und Mittelstufe:
  - Der Lehrer projiziert eine Folie mit den richtigen Sätzen bzw. mit einer Musterlösung; die Schüler vergleichen das, was sie geschrieben haben, mit dieser Lösung. Der Lehrer beantwortet (während des stillen Vergleichs und/oder in der anschließenden gemeinsamen Besprechung) Fragen nach Alternativlösungen.
  Falls satzweise vorgegangen werden soll, benutzt der Lehrer eine Maske und deckt immer nur den gerade zu vergleichenden Satz auf; den Rest der Folie können die Schüler nicht sehen.
  Gelegentlich können die Schüler auch aufgefordert werden, ihre Hefte zu tauschen und die Hausaufgabe des Nachbarn zu korrigieren. (Vorteil: Es bleiben weniger Fehler unentdeckt und unkorrigiert. Nachteil: Es gibt etwas mehr Unruhe; außerdem ist es lernpsychologisch ergiebiger, sich auf die Verbesserung der eigenen Leistung zu konzentrieren.)
  - Der Lehrer liest die richtigen Sätze langsam und deutlich (ggf. zwei- oder dreimal) vor – ohne optische Hilfen für die Schüler. Die Schüler stellen Fragen, falls ihnen nicht klar ist, warum ihr eigener Satz weniger richtig ist; sie korrigieren das, was sie geschrieben haben. (Vorteil: Es geht schnell. Nachteile: Schwächere Schüler entdecken möglicherweise beim bloßen Hören ihre Fehler nicht; manche Schüler machen sich nicht die Mühe, zu fragen.)
  - Herausragende Spitzenschüler (die sich vielleicht bei dem, was in der nächsten Phase der Unterrichtsstunde mit der Klasse durchgearbeitet werden muß, ohnehin langweilen würden) werden vom Lehrer gebeten, die Hausarbeiten einiger Mitschüler durchzusehen und ggf. zu verbessern.

  b) vorwiegend für Mittel- und Oberstufe:
  - Zwei bis drei Schüler schreiben (während der Lehrer mit dem Rest der Klasse schon etwas anderes tut) ihre Hausaufgabe an die Tafel

(z. B.: zwei Schüler schreiben von hinten an die halb aufgeklappten Flügel der Tafel, ein dritter schreibt auf die offene Mitte). Später wird gemeinsam besprochen, was an der Tafel steht. (Es kann sinnvoll sein, zunächst – d. h. während an der Tafel noch geschrieben wird – im allgemeinen Gespräch die inhaltlichen Probleme zu klären und sich später bei der Besprechung der zwei bis dre „Tafel-Werke" auf sprachliche Einzelheiten zu konzentrieren.)

c) für alle Klassenstufen geeignet:
– Schüler sehen paarweise gegenseitig ihre Hausarbeiten durch (dabei kann der Arbeitsauftrag u. U. begrenzt werden: „Achtet diesmal bitte besonders auf den korrekten Gebrauch der Zeiten!" o. ä.); der Lehrer hält sich bereit, Auskunft zu geben, wenn einem Schüler nicht klar ist, ob eine bestimmte Formulierung in dem vor ihm liegenden Heft richtig oder falsch ist. – Beim Herumgehen gewinnt der Lehrer gleichzeitig einen (wenn auch ungenauen) Eindruck davon, wie sorgfältig gearbeitet worden ist.
– Während einer Stillarbeitsphase läßt sich der Lehrer einzelne Hefte geben und sieht sie durch.
– Der Lehrer gibt vervielfältigte Blätter mit der Musterlösung aus (zur Herstellung von „Schnipselvorlagen" vgl. das vorige Kapitel!) Er beantwortet (während des stillen Vergleichs und/oder in der anschließenden gemeinsamen Besprechung) Fragen nach Alternativlösungen.

– **Möglichkeiten der Kontrolle mündlicher Hausaufgaben:**
 – Der Lehrer stellt einzelnen Schülern Fragen.
 – Zwei Schüler stellen sich gegenseitig Fragen.
  (Dabei merkt der Lehrer, wie gut sie sich vorbereitet haben!)
 – Ein Schüler kommt nach vorn und stellt den anderen Schülern Fragen (was recht gut zeigt, wie gut er selbst den Stoff beherrscht!)
 – Schüler stellen Kettenfragen (siehe Kapitel „Reduzierung der Lehrersprechzeit"!). Wenn der Lehrer den Eindruck hat, daß bestimmte Schüler dabei auffallend zurückhaltend sind, kann er „nachhaken".

Weitere Hinweise finden sich im Kapitel „Überprüfung des Vokabellernens".

„Vergessene" Hausaufgaben ...

Immer wieder einmal geschieht es, daß ein Schüler seine Aufgabe nicht vorweisen kann:

– Er hat sie nicht gemacht, weil er keine Lust hatte oder weil ihm seine Freizeitbeschäftigungen wichtiger waren. (Nur sehr hartgesottene Delinquenten geben das offen zu.)

– Er hat sie nicht gemacht, weil er „keine Zeit hatte", z. B. weil er sich auf eine Mathematikarbeit vorbereiten mußte, weil sein Referat für Geschichte unbedingt abgegeben werden mußte, weil er den ganzen Nachmittag Konfirmandenunterricht hatte, weil die Oma 75jährigen Geburtstag hatte oder der Goldhamster zum Tierarzt gebracht werden mußte.

(Subjektiv mag das alles stimmen; und ein „menschlicher" Lehrer wird sich in solchen Fällen gelegentlich nachsichtig zeigen – besonders, wenn die Aufgabe von einem Tag zum nächsten aufgegeben wurde. Wenn mehrere Tage dazwischenlagen, sieht die Sache schon anders aus: auch Kinder und Jugendliche müssen lernen, zu planen und ihre Zeit vorausschauend einzuteilen.)

– Er hat sie nicht gemacht, weil er sie „nicht verstanden hat".

(Wenn etliche Schüler zu Beginn der Stunde ankommen und sich beklagen, daß die Hausaufgabe unverständlich oder zu schwer war, ist es immerhin wahrscheinlich, daß der Lehrer den Schwierigkeitsgrad falsch eingeschätzt hatte. Es gibt aber auch Schüler, die eine nicht rein mechanische Hausaufgabe als empörende Zumutung empfinden und sofort mit „Das verstehe ich nicht!" reagieren, wenn der Lehrer es gewagt hat, ihnen ein bißchen Nachdenken abzuverlangen.)

– Er hat sie (angeblich) gemacht, aber leider das Heft zu Haus liegenlassen.

(Dies ist die bei weitem beliebteste Variante. Ob sie stimmt oder nicht, läßt sich oft feststellen, wenn man den Schüler auffordert, mündlich über die Hausaufgabe zu berichten: Worum ging es? Worauf kam es an, und wo lagen die Schwierigkeiten? Kann er sich an einzelne Sätze erinnern?)

Wie auch immer die Begründung lauten mag: der Lehrer muß irgendwie reagieren. Und wenn er neu in der Klasse ist, wird seine Reaktion sehr aufmerksam beobachtet: Wird man Hausaufgaben ernst nehmen müssen, oder kann man sie ungestraft vernachlässigen?

Hier sind einige Reaktionsmöglichkeiten, die im Schulalltag anzutreffen sind:

– Der Lehrer fordert den Schüler auf, ihm die Hausaufgabe in der nächsten Stunde zu zeigen, und macht sich eine diesbezügliche Notiz. Das Nichtvorzeigenkönnen der Hausaufgabe hat für den Schüler keine negativen Folgen, weder in Form einer schlechten Zensur noch in

Form einer Mehrarbeit – es sei denn, er hat die Hausaufgabe beim nächsten Mal wieder nicht. –
(Problem: Die Schüler werden diese Möglichkeit, anfallende Arbeiten zu „verschieben", vermutlich ziemlich häufig ausnutzen – besonders dann, wenn durch die zu erwartende ausführliche Besprechung im Unterricht Schwierigkeiten, die sie sonst gehabt hätten, ausgeräumt werden, so daß die Erledigung nun wesentlich leichter ist und weniger Zeit kostet.)

– Der Lehrer macht sich einen Vermerk, der möglicherweise (d. h. wenn sich solche Eintragungen summieren) eine negative Auswirkung auf die Halbjahreszensur haben wird. Damit ist der Vorfall abgeschlossen; Nachlieferung oder zusätzliche Arbeiten werden nicht verlangt. –
(Problem: Das nächste Zeugnis liegt vielleicht noch in weiter Ferne, und der Schüler geht davon aus, daß er den negativen Eindruck, den er jetzt hinterläßt, ohne weiteres wieder ausbügeln kann. Das kleine Restrisiko, das bleibt, nimmt er gern in Kauf, wenn er auf diese Weise länger im Freibad bleiben oder eine Stunde eher zur Disco gehen kann . . .)

– Der Lehrer macht sich einen Vermerk, der möglicherweise (d. h. wenn sich solche Eintragungen summieren) eine negative Auswirkung auf die Halbjahreszensur haben wird. Wenn der Schüler jedoch beim nächsten Mal die betreffende Hausaufgabe in angemessener Qualität unaufgefordert vorzeigt, wird dieser Vermerk wieder gestrichen.
(Problem: Manche Hausaufgaben lassen sich eben nicht „nachholen" – entweder weil sie nach der inzwischen erfolgten Besprechung im Unterricht keine sinnvolle Leistung mehr darstellen oder weil sie inzwischen sachlich so „überholt" sind, daß der Lehrer nicht noch einmal darauf zurückkommen mag.)

– Der Lehrer fordert den Schüler auf, beim nächsten Mal die Hausaufgabe in zweifacher Ausfertigung vorzuzeigen: im Heft und zusätzlich auf einem Zettel. Der Vorfall bleibt ohne Auswirkung auf die Zensur.
(Problem: Diese Art von mechanischer Bestrafung wird, da sie den Schülern lästig ist, die Zahl der vergessenen Hausaufgaben stark reduzieren; sie dürfte aber kaum einen positiven Einfluß auf die Übungsmotivation haben!)

– Der Lehrer fordert den Schüler auf, beim nächsten Mal die Hausaufgabe nachzuliefern; zusätzlich gibt er ihm eine weitere Aufgabe auf (z. B. eine Übung aus dem WORKBOOK, die bisher noch nicht bearbeitet worden ist, o. ä.). Der Vorfall bleibt ohne Auswirkung auf die Zensur.

(Pädagogisch und psychologisch betrachtet, hat diese Lösung viel für sich. Sie bringt aber eine spürbare Belastung für den Lehrer mit sich, der solche zusätzlichen Aufgaben vorher heraussuchen und anschließend durchsehen muß.)

– Sobald ein Schüler in einem bestimmten Zeitraum (z. B.: in einem Monat) dreimal seine Hausaufgaben nicht vorweisen konnte, erfolgt automatisch eine Benachrichtigung der Eltern.
(Eine wirksame Abschreckungsmaßnahme – wirksam, weil sie Angst erzeugt. Aber will man das? Sollte man es wollen? Man kann sich recht unbeliebt damit machen – manchmal sogar bei den Eltern.)

Es gibt keine Ideallösung. Man wird sich – mit mehr oder weniger schlechtem Gewissen – für das eine oder andere Verfahren entscheiden müssen; und die Entscheidung wird beeinflußt werden vom Alter der Schüler, von der allgemeinen Motivations- und Disziplinsituation in der Klasse, vom Grad der gegenseitigen Vertrautheit, zum Teil vielleicht auch von Konferenzbeschlüssen und von den Erwartungen der Eltern.

Wichtig ist auf jeden Fall, daß man konsequent ist und sich wirklich an das hält, was man mit den Schülern abgesprochen hat. Ein Lehrer, der die Nachlieferung einer Hausaufgabe verlangt, aber drei Tage später nicht mehr daran denkt, wird nicht ernstgenommen!

Überprüfung des Vokabellernens

Ohne Vokabellernen geht es nicht: Vokabeln müssen zu lernen aufgegeben werden (wenn auch nicht unbedingt jedesmal), und die Erfüllung
dieser Aufgabe muß überprüft werden. – Grundsätzlich ist dabei zu
beachten, daß das Lernen in sinnvollen Zusammenhängen effektiver ist
als das Lernen isolierter Wortgleichungen (obwohl letzteres bei Schülern
und Lehrern im allgemeinen beliebter ist – bei den Schülern, weil sich
Wortgleichungen mechanisch „pauken" lassen, und bei den Lehrern, weil
man Wortgleichungen zügig abfragen kann und keine Mühe und/oder
Kreativität für andere Überprüfungsformen aufzuwenden braucht . . .).

- Möglichkeiten der **mündlichen** Kontrolle:
  - Der Lehrer stellt einzelnen Schülern Vokabelfragen:
    - Er sagt das deutsche Wort und verlangt das englische oder fran-
      zösische Wort.
    - Er sagt das englische/französische Wort und erwartet die deut-
      sche Übersetzung.
    - Er sagt das englische/französische Wort und erwartet eine Defini-
      tion in der Fremdsprache bzw. einen Satz, in dem das Wort rich-
      tig benutzt wird.
    - Er gibt eine fremdsprachliche Definition des Wortes und erwartet
      das Wort selbst.
    - Er sagt einen Satz, z. B. aus dem Lehrwerk, in dem das Wort vor-
      kommt, spricht das Wort aber nicht aus, sondern pfeift oder
      klopft statt dessen an jener Stelle. Ein Schüler muß das Wort
      sagen.
    - Er buchstabiert das Wort (englisch oder französisch), und die
      Schüler müssen es richtig aussprechen; außerdem verlangt er
      dann noch die Übersetzung, die Definition oder die Einbettung in
      einen Satz.
  - Zwei Schüler stellen sich gegenseitig bei geschlossenem Buch Fra-
    gen. Möglichkeiten: wie oben.
    (Dabei merkt der Lehrer, wie gut sie sich vorbereitet haben!)
  - Ein Schüler kommt nach vorn und stellt den anderen Schülern Fra-
    gen (was recht gut zeigt, wie gut er selbst den Stoff beherrscht!)

- Schüler stellen Kettenfragen (siehe Kapitel „Reduzierung der Lehrersprechzeit"!) – Wenn der Lehrer den Eindruck hat, daß bestimmte
Schüler dabei auffallend zurückhaltend sind, kann er „nachhaken".

- Möglichkeiten der **schriftlichen** Kontrolle:
  - Der Lehrer stellt Fragen (Möglichkeiten: siehe oben!) und läßt die
  Antworten aufschreiben:
    - Alle Schüler schreiben ihre Antworten auf einen mit Namen ver-
    sehenen Zettel oder in ihr Heft.
    - Bei der anschließenden Besprechung korrigieren die Schüler
    ihre Ergebnisse gegenseitig; der Lehrer geht dabei umher und
    verschafft sich hier und da stichprobenartig einen Eindruck.
    - Der Lehrer sammelt alle oder einige Zettel bzw. Hefte ein und
    sieht sie zuhaus durch.
  - Zwei Schüler schreiben ihre Antworten auf die Rückseite der aufgeklappten Tafelflügel; die anderen Schüler schreiben ins Heft.
  Im Anschluß daran – nachdem die beiden Schreiber sich wieder
  gesetzt haben – werden die beiden Tafelbilder gemeinsam korrigiert.
  - Der Lehrer läßt eine Vokabelarbeit schreiben, deren Gerüst er vorher erstellt und per Fotokopie oder Matrizenumdruck vervielfältigt
  hat (Möglichkeiten der Aufgabenstellung: siehe oben).

Umgang mit Schülerfehlern

Zu der Frage „Wie geht man mit Fehlern um, die Schüler während des Unterrichts machen?" gibt es zwei völlig gegensätzliche Positionen:
- „Ein Schüler, der auf Fehler hingewiesen wird, verliert den Mut und sagt lieber gar nichts mehr."
- „Fehler müssen sofort korrigiert werden, damit sie sich gar nicht erst im Langzeitgedächtnis festsetzen können."

Natürlich sind diese Thesen extrem vereinfacht.[1] Als Leitsätze für die praktische Arbeit sind sie deshalb in dieser Form unbrauchbar. Wir kommen nicht darum herum, zunächst einmal sorgfältig zu differenzieren. Ob Fehler verbessert werden sollten (und, falls ja, wann und auf welche Weise), hängt von mehreren Faktoren ab:
- von der Persönlichkeit des Schülers,
- von der Art des Fehlers,
- von der Unterrichtssituation,
- vom Aufwand-Wirkung-Verhältnis,
- vom Anspruchsniveau.

Diese Faktoren, einige ihrer Unteraspekte und ihr jeweiliger Einfluß auf die Art des Umgangs mit Fehlern in mündlichen Schüleräußerungen sollen im folgenden kurz dargestellt werden.

Persönlichkeit des Schülers

- Charaktereigenschaften und Motivationstypus:
  - Schüler, bei denen es psychologisch unbedenklich ist, wenn ihre Fehler korrigiert werden, lassen sich so charakterisieren:
  Sie haben ein stabiles, gut ausgeprägtes Selbstwertgefühl. Sie stehen sich selbst nicht besonders kritisch gegenüber. Sie sind stärker vom Streben nach Erfolg motiviert als von dem Bemühen, Mißerfolge zu vermeiden. Sie sind risikofreudig, extravertiert und gesprächig.
  - Schüler, die Fehlerkorrekturen nicht so gut vertragen, weisen folgende Merkmale auf:
  Sie haben kein sehr ausgeprägtes Selbstwertgefühl. Sie fühlen sich oft unsicher und stehen sich selbst kritisch gegenüber. Sie sind eher scheu und empfindlich und ziehen sich in sich selbst zurück, wenn

sie sich verletzt oder unverstanden fühlen. Sie haben Angst davor, in irgendeiner Weise aufzufallen, und noch größere Angst davor, sich zu blamieren und kritisiert zu werden. Mißerfolge zu vermeiden, ist ihnen wichtiger, als Erfolge anzustreben.
- Augenblickliche Verfassung:
Sicherheit und Selbstwertgefühl sind nicht immer gleich. Ein Schüler, der gerade durch häusliche Auseinandersetzungen oder andere persönliche Probleme belastet ist oder im Laufe des Vormittags bereits mehrere Mißerfolgserlebnisse eingesteckt hat, wird auf „Kritik" (und als solche wird Fehlerkorrektur meistens empfunden) ganz anderes reagieren als einer, dem es gerade ausgesprochen gutgeht.
- Der einzelne und die Gruppe:
Was man (als Lehrer) dem einzelnen „antut", hat immer auch einen Einfluß auf die gesamte Lerngruppe. Das ängstliche Kind, das hört, wie der Satz seines Banknachbarn zerpflückt wird, hat möglicherweise nun schon gar keinen Mut mehr, sich zu melden. – Andererseits ziehen die Mitschüler, die hören, daß die offensichtlich grob fehlerhafte Äußerung eines Klassenkameraden unbeanstandet durchgeht, daraus leicht den Schluß, daß es auf Korrektheit nicht ankommt, solange man sich irgendwie verständlich machen kann.

Art des Fehlers

- Wenn eine Äußerung unverständlich oder mißverständlich ist, ist eine Verbesserung wichtiger, als wenn sie zwar falsch, aber durchaus verständlich ist. Bevor man dieses in der Sekundärliteratur[2] sehr beliebte Entscheidungskriterium („Wird die Kommunikation beeinträchtigt oder nicht?") als Leitprinzip übernimmt, sollte man allerdings zweierlei bedenken:
- Wenn die deutschen Mitschüler und der deutsche Lehrer eine falsche Äußerung ohne Schwierigkeiten trotzdem verstehen – weil sie nämlich mit dem der Äußerung zugrundeliegenden Gedanken-Irrweg aufgrund der gemeinsamen Muttersprache bestens vertraut sind –, so heißt das noch lange nicht, daß ein *native speaker* das Gesagte ebenfalls richtig verstehen würde.
In manchen Fällen ist es sogar so, daß wir eine Äußerung ohne weiteres verstehen und noch nicht einmal als „falsch" einstufen würden, ein *native speaker* sie jedoch als ruppig, unfreundlich, unhöflich und „typisch deutsch" empfinden könnte.
- Es ist (man mag sagen: leider) unsere Aufgabe, Schüler nicht nur zu erfolgreicher Kommunikation in der Fremdsprache zu befähigen, sondern sie auch auf formale Prüfungen vorzubereiten, in denen

nun einmal bestimmten Fehlern auch dann beträchtliches Gewicht zugemessen wird, wenn sie die Kommunikation gar nicht beeinträchtigen. (Diese Überlegung hat im gymnasialen Mittel- und Oberstufenunterricht natürlich einen anderen Stellenwert als z. B. im Englischunterricht der Hauptschule.)

– Die Frage, wo der Fehler hinsichtlich seiner <u>Ursache</u> anzusiedeln ist[3] (also z. B. ob es sich um einen *„interlingualen"* Fehler – d. h. um eine fälschlich in Analogie zur Muttersprache gebildete Form – oder um einen *„intralingualen"* Fehler[4] – die Übergeneralisierung einer gelernten zielsprachlichen Regel – handelt) und die Frage, zu welchem <u>Bereich</u> der Sprache (Grammatik, Lexik, Aussprache, Intonation) er gehört, sind für den Linguisten zwar interessant, haben für die alltägliche Unterrichtspraxis aber wohl keine große Bedeutung. Zumindest liegen noch keine eindeutigen Erkenntnisse darüber vor, ob bei Fehlern der einen Art eine Korrektur nötiger oder erfolgversprechender ist als bei Fehlern der jeweils anderen Art.

Wichtiger wäre wohl eine andere Frage: Läßt sich der Fehler darauf zurückführen, daß der Schüler etwas noch nicht richtig verstanden hat, oder weiß er zwar theoretisch, wie die richtige Form lauten müßte, hat dieses Wissen aber noch nicht hinreichend automatisiert? Im ersteren Falle wäre eine Erklärung notwendig – im letzteren Falle zusätzliche Übung, vielleicht in Form eines Drills. Manchmal (aber nicht immer) ergibt sich die Antwort auf diese Frage aus der Art, wie der Schüler auf eine Korrektur reagiert, und dann kann man geeignete Maßnahmen einplanen.

Unterrichtssituation

Sowohl <u>Richtigkeit</u> als auch <u>Geläufigkeit</u> sind wichtige Ziele, und die Frage, ob die Korrektur einer fehlerhaften Äußerung empfehlenswert ist oder nicht, hängt davon ab, welches der beiden Teilziele gerade im Vordergrund steht. Die meisten Unterrichtsstunden haben Phasen, in denen es e n t w e d e r um Sprachrichtigkeit geht (bei der Einführung neuer Strukturen, beim Üben) o d e r um Kommunikation (in der Diskussion, beim Gespräch, bei einer persönlichen Antwort), aber nicht um beides in gleichem Maße.

Immer dann, wenn der Schüler dem Lehrer oder seinen Klassenkameraden in der Fremdsprache etwas <u>mitteilen</u> möchte, wenn also die Aufmerksamkeit der Zuhörer auf den Inhalt der Äußerung gerichtet sein sollte und nicht so sehr auf ihre sprachliche Form, sollte die Verbesserung von Fehlern aus psychologischen Gründen weitgehend in den Hintergrund treten oder ganz unterbleiben.

Aufwand-Wirkung-Verhältnis

Es gibt Fälle, in denen die Verbesserung eines Fehlers zwar sprachlich sinnvoll und psychologisch unbedenklich sein mag, sich aber trotzdem einfach nicht lohnt, z. B.

- wenn es sich um das (auch ihm selbst) bekannte Problem eines einzelnen Schülers handelt, dessen erneute „Behandlung" für den Rest der Klasse zeitraubend und langweilig ist;
- wenn es um ein Wort oder eine Wendung von relativ geringem Gebrauchswert geht;
- wenn die Erklärung, warum ein an sich brauchbarer Ausdruck im vorliegenden Falle nicht paßt, unverhältnismäßig lange dauern würde.

Kurzum: immer dann, wenn der für eine effektive Korrektur nötige Zeitaufwand das Erreichen anderer Ziele, die im Augenblick höhere Priorität haben, gefährden würde.

Anspruchsniveau

Ob eine sprachliche Äußerung als korrekturbedürftig angesehen wird, hängt nicht zuletzt auch davon ab, wie hoch die Ziele angesetzt werden. Ein Extrembeispiel kann das verdeutlichen:
Die gleiche Äußerung kann freudige Rührung und verdientes Lob auslösen oder aber die Gesichtszüge des Prüfenden in ungläubigem Entsetzen erstarren lassen – je nachdem ob sie von einem Schüler im englischen Anfangsunterricht der Hauptschule oder Orientierungsstufe getan wird, wo sie als gelungener fremdsprachlicher Kommunikationsversuch angesehen werden kann, oder von einem Staatsexamenskandidaten nach mehreren Jahren Universitätsausbildung („Unmöglich! Zwei Grammatikfehler in einem Satz! Und die Wortwahl ist nicht mit der hier geforderten Stilebene vereinbar!").
Sachlicher ausgedrückt: Man darf nicht alles auf einmal verlangen. Eine Äußerung, die in Klasse 11 korrigiert werden müßte, wird in Klasse 7 unbeanstandet bleiben, weil bestimmte Kenntnisse und Teilfertigkeiten zu diesem Zeitpunkt noch nicht erwartet werden können.

Aber nicht nur das von außen vorgegebene Anspruchsniveau (bestimmt durch Schulform, Klassenstufe, angestrebte Abschlußqualifikation, Prüfungsanforderungen u. a.) kann als Entscheidungskriterium herangezogen werden. Auch das individuelle Anspruchsniveau spielt eine Rolle. Ein leistungsstarker und ehrgeiziger Schüler, der wirklich an einer stetigen Verbesserung seiner Fremdsprachenkenntnisse interessiert ist, wird Fehlerverbesserungen dankbarer aufnehmen und konstruktiver mit ihnen umgehen als einer, der eigentlich nur „überleben" und eine ausreichende Zensur bekommen möchte. –

Nach dieser Untersuchung der Faktoren, die als Entscheidungshilfen eine Rolle spielen können, sollen nun mögliche Vorgehensweisen skizziert werden.

Verschiedene Möglichkeiten der Reaktion auf Schülerfehler

- Der Fehler wird nicht korrigiert (weder sofort noch später; weder durch den Lehrer noch durch Mitschüler).
- Der Lehrer unterbricht das Gespräch bzw. den Vortrag eines Schülers nicht, sondern notiert unauffällig die Fehler, die gemacht werden. Er wartet ab, bis sich ein natürlicher Einschnitt im Unterrichtsgeschehen ergibt, und kommt dann auf die Fehler (besser gesagt, *einige* der gemachten Fehler, wobei Häufigkeit des Vorkommens und Schwere die Auswahlkriterien sein können) zurück: Korrektur – ggf. durch andere Schüler –; Wiederholung des Richtigen; bei Bedarf Vergegenwärtigung der zugrundeliegenden Gesetzmäßigkeiten. Weitere Einzelheiten siehe beim nächsten Punkt.
- Wenn ein Fehler gemacht wird, reagiert der Lehrer unmittelbar. Je nach Klassenstufe, Art des Fehlers, Atmosphäre in der Klasse bieten sich verschiedene Möglichkeiten an:
  - Der Lehrer unterbricht den Schüler, sagt (ohne das Falsche zu wiederholen) das Richtige und läßt es vom Schüler wiederholen.
  - Der Lehrer unterbricht nicht, sagt aber halblaut oder flüsternd das Richtige. Der Schüler kann die Verbesserung aufgreifen, wird aber nicht dazu gezwungen.
  - Der Lehrer unterbricht, indem er eine Frage stellt (*"What did he do?"*) oder einen Hinweis gibt (*"Past Tense!"*; *"Pronunciation!"*), der dem Schüler hilft, sich selbst zu korrigieren. (Selbstkorrektur ist effektiver als Fremdkorrektur!)
  - In manchen Fällen kann er auch einen geeigneten Mustersatz zitieren, der der Klasse das – an sich bekannte – Problem anschaulich ins Gedächtnis zurückruft: *"The next street is the nearest way to the station"; "Take this letter to the post-office and bring me some stamps please".*[5]
  - Der Lehrer unterbricht wie beschrieben, aber mit einer kleinen Verzögerung, d. h. er läßt den Schüler seinen Satz erst zu Ende führen, oder er unterbricht in einer Sprechpause oder reagiert erst am Ende des Schülerbeitrags.

- Der Lehrer macht nicht mit Worten, sondern durch eine Geste (Klopfen, Handzeichen) darauf aufmerksam, daß etwas nicht in Ordnung war. (Begründung: Reduzierung der Lehrersprechzeit!) In manchen Fällen können auffällige Gesten auch gleich signalisieren, welcher Art der Fehler war: drei erhobene Finger für „3. Person Singular" (wenn das s vergessen wurde); verschränkte Arme mit in entgegengesetzte Richtungen weisenden Händen bei falscher Wortstellung; schlagende Handbewegung bei Betonung auf der falschen Silbe u. ä. (Natürlich muß den Schülern die Bedeutung der Gesten vorher erklärt worden sein.)
- Der Lehrer fordert die Mitschüler (oder: einen Mitschüler) zur Korrektur auf. Der Schüler, der den Fehler gemacht hat, wiederholt das Richtige.

(Um die Eigenaktivität des betroffenen Schülers und der anderen Schüler zu aktivieren, empfiehlt sich folgende „Eskalation" der Maßnahmen: Zunächst durch geschickte Fragen oder Hilfen versuchen, den Schüler selbst das Richtige finden zu lassen; wenn es nicht gelingt, Mitschüler heranziehen; erst wenn auch das ergebnislos bleibt, selbst das Richtige sagen. – Manchmal ist es allerdings aus Zeitgründen nicht möglich, sich an diese lernpsychologisch und pädagogisch sinnvolle Reihenfolge zu halten.)
- Aus dem Punkt „Wiederholung des Richtigen", auf den man wegen der positiven Verstärkung i. a. nicht verzichten darf (es sei denn, die Fehlerkorrektur erfolgt in einer eindeutig kommunikationsbetonten Unterrichtsphase, wo die Unterbrechung kurz und unaufdringlich sein sollte, wenn sie überhaupt nötig ist) kann man – besonders mit jüngeren Schülern – ein bißchen Spiel und Spaß herausholen:
  - Eine erste Wiederholung erfolgt in normaler Lautstärke; dann wird das Richtige ein zweites Mal wiederholt, dramatisch und laut; schließlich ein drittes Mal, eindringlich flüsternd . . .
  - Auch die (einmalige oder mehrmalige – siehe oben!) Wiederholung im Klassenchor empfiehlt sich gelegentlich – und zwar nicht nur bei Aussprache- oder Intonationsfehlern, sondern auch bei anderen Verstößen.

Abschließende Empfehlungen

Theoretisch kann man sich einen Super-Lehrer vorstellen, der jeweils mit der Schnelligkeit und unbeirrbaren Treffsicherheit eines Computers alle im ersten Teil des Kapitels genannten Faktoren (Persönlichkeit des Schülers, Art des Fehlers, Unterrichtssituation, Aufwand-Wirkung-Verhältnis,

Anspruchsniveau) abwägt und dann aus der Vielzahl der möglichen Reaktionen die beste auswählt.

Da aber weder Sie noch ich zu dieser Gattung gehören, werden wir uns damit abfinden müssen, daß wir manchmal falsch reagieren oder uns in zweifelhafte Kompromisse flüchten; daß wir Schaden anrichten oder Sinnvolles versäumen.

Zum Abschluß deshalb drei Empfehlungen, die uns – wenn wir sie ernst nehmen – helfen können, beim „Umgang mit Schülerfehlern" keine allzu groben Fehler zu machen:

- Es ist wichtig, mit den Schülern über das Problem der Fehlerverbesserung zu sprechen. Sie sollten wissen, warum korrigierendes Eingreifen oft nötig ist; aber auch, warum der Lehrer manchmal Fehler unbeanstandet durchgehen läßt. Sie sollten sich auch dazu äußern dürfen, ob und wann und wie sehr sie sich durch Korrekturen gestört fühlen.

- Welche Variante des Eingreifens oder der nachträglichen Fehleraufarbeitung der Lehrer wählt, ist nicht so wichtig wie der allgemeine Stil seines Umgangs mit Schülern.

Wo eine freundliche Atmosphäre des gegenseitigen Vertrauens und der gegenseitigen Achtung herrscht, richtet ein vereinzelter methodologischer Mißgriff keinen bleibenden Schaden an.

- Fehler zu verbessern, mag wichtig sein – aber noch wichtiger ist es, gute Leistungen anzuerkennen und zu loben!

---

[1] Wer sich mit grundsätzlichen Erwägungen zum Thema „Fehlerkorrektur" ausführlicher auseinandersetzen möchte, sei auf den Aufsatz *Dealing with Errors: What is the Classroom Teacher to Do?* von W. R. Lee und das Büchlein *Mistakes and Correction* von Julian Edge hingewiesen.

[2] Vgl. z. B. Rivers S. 194, Lewis/Hill S. 119, Gower/Walters S. 148 sowie die Aufsätze in FU Heft 71 (1984).

[3] Eine gute allgemeine Einführung in diese Problematik gibt G. Nickel, *Problems of Error Analysis in Foreign Language Instruction*, in: FOCUS '80 / Fremdsprachenunterricht in den siebziger Jahren, hsg. von R. Freudenstein, Cornelsen & Oxford University Press, Berlin 1972

[4] Weitere Erläuterungen und Beispiele finden sich z. B. bei Multhaup, Einführung in die Fachdidaktik Englisch, S. 137f., sowie in dem Aufsatz von Herold, Schülerfehler im Unterrichtsgespräch, NM 3/1985, S. 166.

[5] Diese und weitere Beispiele finden sich bei Heuer, a.a.O. S. 145f.

Arbeit an Aussprache
und Intonation der Schüler

Die Schulung der richtigen Aussprache und Intonation[1] gehört aus zwei Gründen zu den wichtigsten Aufgaben des Fremdsprachenunterrichts.

- Zum einen (und dies ist ein Argument, das in einer Zeit zunehmender akustischer Kontakte durch Radio und Fernsehen und auch persönlicher Begegnungen mit Ausländern eine wachsende Rolle spielt), weil sie hilft, Kommunikationsprobleme zu vermeiden:
  - Ein falsch ausgesprochener Vokal oder Konsonant kann die Bedeutung eines Wortes völlig verändern.
  - Bestimmte typisch deutsche Ausspracheeigentümlichkeiten machen auf Ausländer einen ungünstigen Eindruck. Franzosen und Engländer empfinden z. B. den deutschen Kehlkopfverschlußlaut *(glottal stop)* als aggressiv.[2]
  - Die Betonung des falschen Wortes im Satz kann die Bedeutung des Satzes ändern.
  - Unangemessene Intonation eines Satzes kann dem Zuhörer einen völlig falschen Eindruck von der Stimmung oder Einstellung des Sprechers vermitteln.
- Zum anderen wegen der Lernökonomie:
  - Fehler und Unterlassungen im Bereich der Ausspracheschulung haben negative Auswirkungen auf andere Fertigkeitsbereiche, z. B. Hörverständnis und Orthographie.
  - Mängel in diesem Bereich, die sich während des Anfangsunterrichts verfestigen, lassen sich später nur mit erheblicher Mühe und unverhältnismäßig großem Zeitaufwand wieder ausbessern, weil es sich – stärker als im Bereich der Lexik oder Grammatik – um eingeschliffene Automatismen handelt, die nicht mehr bewußt kontrolliert werden.

Der Arbeit an Aussprache und Intonation der Schüler stellen sich jedoch beträchtliche Schwierigkeiten entgegen.

- Zum Teil liegen sie in der Sache selbst:

- Die Beziehung zwischen Schriftbild und Aussprache (besonders des Englischen, zum Teil auch des Französischen) wird von deutschen Schülern als sonderbar und widersprüchlich erlebt.
- Muttersprachliche Gewohnheiten bei der Lautbildung führen zu Ungenauigkeiten und Verzerrungen bei jenen Lauten der Zielsprache, die scheinbar gleich, in Wirklichkeit aber doch anders sind. Manche Schüler sprechen auch das, was ihnen richtig vorgesprochen wurde, immer wieder falsch nach, weil sie den Unterschied wirklich nicht hören.
- Zum Teil sind sie motivationspsychologischer Natur:
  - Verständlicherweise erscheint es den Schülern (manchmal vielleicht auch dem Lehrer) wichtiger, sich auf den Inhalt einer Äußerung zu konzentrieren; auf die Wahl der richtigen Vokabeln oder Satzkonstruktionen. Für Aussprache und Intonation bleibt dann nicht mehr viel Aufmerksamkeit übrig.
  - Je älter der Lernende, desto unangenehmer ist es ihm oft, etwas nachzuahmen, was ihm gemessen an den vertrauten Lauten der Muttersprache als unnatürlich und albern erscheint. (Dieses Vermeidungsverhalten wird dadurch verstärkt, daß das Imitationsvermögen mit zunehmendem Lebensalter abnimmt.)[3]
  - Die Motivation vieler Schüler ist ausschließlich sekundär, nicht primär: sie wollen eine ausreichende oder befriedigende Zensur erreichen, aber sich nicht etwa wirklich mit Ausländern unterhalten; und da es sich herumgesprochen hat, daß niemand eine Fünf bekommt, „nur" weil er eine scheußliche Aussprache hat, besteht für sie wenig Anlaß, sich auf diesem Gebiet Mühe zu geben.

Entscheidend für die Überwindung dieser Schwierigkeiten, entscheidend vor allem aber für den Aufbau und die Weiterentwicklung verläßlicher Grundkenntnisse und -fertigkeiten ist das Vorbild des Lehrers – und zwar auf allen drei Lernzielebenen:[4]
- Er kann die Haltung der Schüler dahingehend beeinflussen, daß sie angemessene Aussprache und Intonation nicht als schmückendes Beiwerk ansehen, sondern als notwendige Komponenten der Beherrschung einer Fremdsprache.
- Er kann ihnen Einsichten in Gesetzmäßigkeiten der fremdsprachlichen Lautbildung und Stimmführung vermitteln und ihnen erklären, wie bestimmte Schwierigkeiten zustande kommen und wie sie überwunden werden können. Bewußtmachung kann den Lernweg verkürzen.
- Er kann durch den Einsatz geeigneter Verfahren dafür sorgen, daß die betreffenden Teilfertigkeiten effektiv geübt und gefestigt werden.

Auf diese drei Aspekte soll im folgenden unter den Überschriften EIN-
STELLUNG, EINSICHT und ÜBUNG näher eingegangen werden.

Einstellung

- Die am Anfang dieses Kapitels genannten Begründungen für die
  Wichtigkeit intensiver Aussprache- und Intonationsschulung müssen
  den Schülern vermittelt werden. Bloßes Aufzählen in Form eines Leh-
  rervortrages wird nicht genügen: die Schüler müssen – in einem
  Unterrichtsgespräch, das auf ihre eigenen Beobachtungen und Erfahrungen zugreift – möglichst viel selbst herausfinden. („Wie hört es sich
  an, wenn Ausländer Deutsch sprechen? Gebt mal Beispiele! Habt Ihr
  Euch schon mal darüber amüsiert, wenn jemand mit starkem fremdsprachlichem Akzent spricht? Wäre es Euch angenehm, wenn im Ausland Menschen über Euch lachen oder Eure Art zu sprechen unsym-
  pathisch finden?")
- In den anschließenden Unterrichtsstunden ist es wichtig, daß der Lehrer durch seine Reaktionen auf die Bemühungen der Schüler immer
  wieder deutlich werden läßt, daß er korrekte Aussprache und Intonation wirklich für wichtig hält: durch lobende Anerkennung guter Leistungen, aber auch durch den Verzicht auf ein vorschnelles "Good!",
  wenn eine Äußerung zwar lexikalisch und grammatisch richtig ist,
  aber Fehler in der Aussprache oder Intonation enthält. Das erfordert
  pädagogisches Fingerspitzengefühl und eine realistische Einschätzung
  dessen, was man von den Schülern im jeweiligen Stadium des Fremdsprachenunterrichts erwarten darf[5] – wobei die Antwort auch von
  Schüler zu Schüler unterschiedlich ausfallen kann.

Einsicht

Der Lehrer erklärt, wie die einzelnen Laute gebildet werden.[6]
- Er spricht den einzuführenden Laut immer wieder so sorgfältig und
  deutlich vor (selten völlig isoliert, im allgemeinen in ein Wort oder,
  noch besser, in einen kleinen Satz eingebettet), daß den Schülern nicht
  nur durch die akustische Wahrnehmung, sondern auch durch die
  Beobachtung der Zungen- und Lippenstellung eine korrekte Nachahmung möglich wird.
- Er stellt an der Tafel Wörter zusammen, die den gleichen Laut enthalten, und unterstreicht die betreffenden Buchstaben (ggf. mit farbiger
  Kreide); dabei faßt er Wörter, die auch in der Schreibung gleich sind,
  zu Gruppen zusammen, so daß die Schüler erste Einsichten in den
  Zusammenhang zwischen Schreibung und Lautung gewinnen.[7]

– Er führt nach und nach die Lautschriftzeichen ein, wobei er dafür
sorgt, daß jedes Zeichen sich im Gedächtnis der Schüler mit einem
leicht zu behaltenden Schlüsselwort verbindet.
Er kann die Schüler veranlassen, in ihren Büchern Lautschriftzeichen
an jenen Stellen über den Text zu schreiben, an denen sonst leicht
falsch ausgesprochen wird; ebenso wird er sie (jedenfalls im Anfangsunterricht) dazu bringen, Bindebögen und Betonungszeichen einzu-
fügen.
– Er stellt Wörter mit wichtigen Phonemunterschieden (z. B. v/w,
th/stimmhaftes s usw.) nebeneinander und hilft den Schülern, den
Unterschied zu hören und nachzuahmen.
– Auch später, wenn die wichtigsten phonetischen Grundlagen längst
gelegt worden sind, wird sich immer wieder die Gelegenheit ergeben,
auf bestimmte Gesetze oder Tendenzen hinzuweisen, deren Kenntnis
es den Schülern erleichtert, neue Wörter sofort richtig auszusprechen.[8]

Übung

Das schlichteste, aber auch wichtigste Übungsverfahren besteht darin,
daß die Schüler nachsprechen, was der Lehrer vorgesprochen hat. Die
Dauerwirkung des Lehrervorbildes, an dem sich die Schüler bewußt oder
unbewußt immer wieder orientieren, läßt sich durch technische Medien
nicht ersetzen,[9] obwohl diese durchaus ihren Stellenwert bei der Ausspracheschulung haben (siehe unten). –
Das Nachsprechen kann erfolgen:
– nacheinander durch einzelne Schüler
  (Vorteil: der Lehrer hört sofort, ob etwas noch nicht ganz in Ordnung
  ist, und kann gezielt individuell helfen. Nachteil: Wenn mehrere Schüler auf diese Weise abgehört worden sind und noch kein Ende abzuse-
  hen ist, beginnen die anderen sich zu langweilen; sie „schalten ab" und
  werden unruhig.)
– im Chor
  (Vorteile: Unsichere, schüchterne Schüler machen ihre ersten Versuche lieber im Schutz der Menge; sie brauchen dann nicht soviel Angst
  zu haben, sich zu blamieren. – Alle Schüler sind gleichzeitig aktiv;
  Übungszeit wird rationeller genutzt; niemand braucht sich zu langweilen. Nachteil: Fehler gehen im allgemeinen Gemurmel leicht unter;
  präzise Beobachtung individueller Schwierigkeiten ist unmöglich. –
  Der Lehrer muß darauf achten, daß der Chor weder „schleppt" noch
  „brüllt". Normale, eher gedämpfte Lautstärke ist zu empfehlen.)
– in kleinen Gruppen, Bankreihen o. ä.

(Ein Kompromiß, bei dem sowohl die Vorteile als auch die Nachteile geringer sind.)

In der Praxis hat es sich bewährt, die genannten Verfahren im Wechsel anzuwenden. – Wer vorhat, sich bei der Einführung eines neuen Lautes wegen der gerade am Anfang so wichtigen Genauigkeit jedem Schüler einzeln zuzuwenden, tut gut daran, die anderen solange mit einer schriftlichen Aufgabe zu beschäftigen.

Technische Medien können eine wichtige Hilfe für die Schulung angemessener Aussprache und Intonation sein.

Filme, Fernseh- und Rundfunksendungen sind in diesem Zusammenhang nur insofern erwähnenswert, als der Schüler in ihnen den Stimmen verschiedener (d. h.: männlicher und weiblicher, junger und alter, gebildeter und ungebildeter) ausländischer Sprecher begegnet – was nicht nur ganz allgemein sein Hörverstehen fördert, sondern ihm auch deutlich macht, daß es bei der Aussprache von Einzelwörtern eine gewisse Bandbreite gibt.

Von größerer Bedeutung (im Rahmen dieses Kapitels) ist der Einsatz von Sprachlabor und Kassettenrecorder.

Das Sprachlabor bietet folgende Vorteile:
- Es wird – im Gegensatz zum Lehrer – nicht müde und nicht ungeduldig. Auch bei der siebzehnten Wiederholung reagiert es weder gelangweilt noch gereizt.
- Es bietet das nachzusprechende Muster immer wieder in genau gleicher Form an. Solange es um die Bildung einzelner Laute oder die Aussprache von Einzelwörtern geht, ist das noch kein gewichtiges Argument; wichtiger wird es bei der Wiederholung von Sätzen, denn dem Lehrer wird es kaum gelingen, den gleichen Satz immer wieder mit genau der gleichen Intonation zu sprechen. (Und selbst wenn es ihm gelänge: sein Vorbild wird in *diesem* Bereich selten so perfekt sein wie das eines Engländers oder Franzosen.)
- Alle Schüler können zur gleichen Zeit zum Sprechen gebracht werden, und zwar – im Gegensatz zum Chorsprechen im Klassenraum – ohne daß sie sich gegenseitig stören, denn die Kopfhörer dämpfen die aus anderen Richtungen kommenden Geräusche.
- Der Schüler kann seine eigene Leistung aufnehmen, mehrfach abhören und immer wieder korrigieren.

Aber das Sprachlabor hat auch Nachteile:
- Das Lehrerband ist kein „Partner": es kann nicht auf den Schüler eingehen. Es kann – im Gegensatz zum Lehrer – weder langsamer noch

schneller sprechen; es kann die Art des Korrigierens nicht dem gemachten Fehler anpassen.
- Der Schüler kann nur hören. Er kann nicht gleichzeitig die Lippen des Sprechers beobachten.
- Wenn der Schüler die Fehlerhaftigkeit seiner eigenen Leistung gar nicht erkennt, weil er den Unterschied zwischen seiner Version und dem vom Lehrerband vorgegebenen Modell nicht wahrnimmt, kann er nicht sinnvoll üben. (Der Lehrer kann nicht bei jedem Schüler so häufig mithören, daß diese Gefahr ausgeschaltet werden könnte.)

Ein Kassettenrecorder bietet natürlich nicht alle Möglichkeiten und Vorteile eines Sprachlabors, aber er steht praktisch immer zur Verfügung (was man vom Sprachlabor nicht behaupten kann), und man kann durchaus hin und wieder Tonmaterial, das eigentlich für die Sprachlaborarbeit gedacht ist, im Klassenraum vom Kassettenrecorder abspielen und die Schüler einzeln oder im Chor in die Lücken hineinsprechen lassen.
Auf jeden Fall ist sein Einsatz unerläßlich, um von Anfang an den Schülern auch *native speakers* als sprachliche Vorbilder zu präsentieren.

Tips

Nach der systematisch-allgemeinen Darstellung folgen nun noch einige praktische Tips, die sich schlecht in ein Schema pressen lassen, aber trotzdem nützlich sind.

- Es erweist sich oft als nützlich, sich beim Üben gezielt auf den Unterschied zwischen zwei Lauten zu konzentrieren:
  - in Diskriminationsübungen zur Hörschulung:
    Der Lehrer sagt nacheinander eine Reihe von Wörtern; die Schüler heben die linke oder die rechte Hand, je nachdem ob sie den Laut 1 oder den Laut 2 gehört haben.
  - beim Nachsprechen:
    An der Tafel stehen viele Wörter, in denen entweder der Laut 1 oder der Laut 2 vorkommt. Der Lehrer deutet (wobei er sich nicht an eine vorhersagbare Reihenfolge hält) auf einzelne Wörter; die Schüler müssen sie richtig aussprechen.
  - in schriftlichen Einsetz- und Zuordnungsübungen:
    „Unterstreiche alle Wörter, die den Laut 1 enthalten."
    „Trage alle Wörter, die den gleichen Laut wie *cow* enthalten, in die linke Spalte ein; alle Wörter, die den gleichen Laut wie *blow* enthalten, in die rechte Spalte."

(Solche Aufforderungen sind auch denkbar als Zusatzaufgaben zu einem Diktat, in dem man viele entsprechende Wörter untergebracht hat.)

„Im Arbeitsblatt fehlen bei manchen Wörtern wichtige Buchstaben. Achtet genau darauf, wie ich diese Wörter ausspreche; dann tragt das Fehlende ein."

Minimal pairs (Wörter, in denen bis auf den entscheidenden „kleinen Unterschied" alles gleich ist: *had/hat, no/now, wrote/rode, vet/wet, believe/belief, ship/sheep*), sind bei dieser Art von Übung besonders wertvoll.

- Schüler, die mit der Unterscheidung von [v] und [w] Probleme haben, kann man – indem man gleichzeitig die entsprechende Lippenstellung drastisch übertreibend vormacht – daran erinnern, daß sie ein *"hamster face"* (d. h. Zähne auf die Unterlippe, beim [v]) oder ein *"fish face"* (gespitzter Kußmund, beim [w]) machen sollen.
  Wer immer wieder ein [w] spricht, wo ein [v] hingehört, wird an die berühmten „Wiener Waschweiber" erinnert, die er im Deutschen ja auch nicht mit [w] aussprechen würde!

- Zungenbrecher (*"Robert Rawley rolled a round roll around"*, *"The three thieves stole 33 thimbles and 333 yards of thin thread"*) und ähnliche Sätze,[10] in denen bestimmte Lautschwierigkeiten gehäuft vorkommen, machen den Schülern Spaß. Man kann (solange es noch zu vergnügtem Gelächter führt und nicht mit gelangweiltem Stöhnen ertragen wird) jeden, der im Unterricht kein sauberes *th* spricht, damit „bestrafen", daß er einen solchen Spruch aufsagen muß!

- Je nachdem, in welcher Gegend Deutschlands man unterrichtet, wird man bei der Einführung und Übung der fremdsprachlichen Laute andere Schwerpunkte setzen müssen. Süddeutsche Schüler haben andere Schwierigkeiten als norddeutsche!

- Immer dann, wenn ein Schüler beim Lesen oder Sprechen zögert und man weiß, daß er das nächste Wort vermutlich falsch aussprechen wird, sollte man die richtige Aussprache selbst vorweg nehmen, damit der Fehler gar nicht erst gemacht wird.

- Wenn man erreichen will, daß ein längerer Satz mit angemessener Intonation nachgesprochen wird, empfiehlt sich (zumindest im Englischen) das *"back-chaining"*: Erst wird das letzte Häppchen des Satzes vor- und nachgesprochen; dann das vorletzte zusammen mit dem letzten, usw.

– Der Lehrer sollte nicht unnatürlich langsam sprechen, weil sich Lautbildung und Intonation dadurch verändern. Schüler müssen daran
gewöhnt werden, Äußerungen in normalem Sprechtempo zu verstehen; andernfalls werden sie große Schwierigkeiten haben, wenn sie
nicht den Lehrer, sondern einen *native speaker* sprechen hören (vom
Tonträger oder in einer Realsituation).

– Unterstufenschüler sind oft begeisterte Anhänger des sogenannten
„Fehlerlesens": Ein Schüler beginnt zu lesen; sobald er einen Aussprachefehler gemacht hat, wird er von einem Mitschüler, der es gemerkt
hat (und den Fehler verbessern kann), unterbrochen. Der liest weiter,
bis er selbst unterbrochen wird – usw.![11]

– Das Auswendiglernen (eines Gedichtes oder eines kleinen Prosatextes,
z. B. einer Stelle aus dem Lehrwerk) sollte gelegentlich zur Festigung
von Aussprache und sinndarstellender Intonation eingesetzt werden –
allerdings nur dann, wenn vorher im Unterricht genau besprochen
und geübt worden ist, worauf es ankommt. (Es empfiehlt sich, die
Schüler nichts auswendig lernen zu lassen, was sie als „unter ihrer
Würde" – weil kindisch oder belanglos – empfinden!)

– Nicht jedermanns Sache (der Lehrer muß dynamisch, schwungvoll
und seiner Sache sicher sein, sonst hat es keinen Zweck!), aber recht
reizvoll: die von Carolyn Graham geschaffenen *"Jazz Chants"* – jazz-
artig rhythmisierte, dramatisch-theatralische Wiederholungen von
Sätzen zum Einschleifen bestimmter Intonationsmuster.[12]

– Immer wieder kommt es vor, daß man eine Mittelstufenklasse übernimmt, die (mehr oder weniger glaubhaft) versichert, die Lautschrift
nie gelernt zu haben. Da man sich damit nicht einfach abfinden darf
(schließlich sollten die Schüler in der Lage sein, selbständig Wörter
nachzuschlagen und dabei auch die Aussprachebezeichnung zu ent-
schlüsseln), andererseits aber wahrscheinlich nicht die Zeit hat, viel
Unterrichtszeit für das nachträgliche Ausfüllen dieser Lücke einzusetzen, gibt man eine (aus einem Wörterbuch fotokopierte) Liste der
Lautschriftzeichen und der ihnen zugeordneten Schlüsselwörter aus –
sofern nicht das Lehrbuch ohnehin eine solche Liste enthält – und bittet die Schüler, sich im Laufe der nächsten Zeit diese Zeichen einzu-
prägen; die nächste Klassenarbeit werde u. a. einen in Lautschrift
geschriebenen Satz enthalten, der in normale Schrift zu übertragen
sei . . . Es wirkt Wunder!

– Eine sinnvolle Antwort auf die gelegentlich zu hörende Frage von
Eltern, wie sie ihrem Kind denn zusätzlich helfen könnten, kann so

lauten: „Kaufen Sie die Kassette mit den Texten des Lehrbuches und sorgen Sie dafür, daß Ihr Sohn / Ihre Tochter regelmäßig damit arbeitet!"

Abschließende Hinweise

Am Schluß dieses Kapitels sollen zwei Empfehlungen stehen, die über die punktuellen „Tips" hinausgehen.

– Viele Schüler lesen nicht (nur) deshalb schlecht, weil sie Schwierigkeiten mit der Aussprache bestimmter Laute oder Wörter haben. Sie lesen im Englischen oder Französischen schlecht, weil sie auch im Deutschen schlecht lesen. Es gelingt ihnen nicht, spontan die Struktur eines Satzes oder Sinnabschnittes zu erfassen und dementsprechend die wichtigen Wörter hervorzuheben. Sie können Wesentliches nicht von Unwesentlichem unterscheiden – nicht nur beim Lesen, sondern auch beim Denken. Ihre Schwierigkeiten sind vielleicht auch psychologischer Natur: sie murmeln und nuscheln, sie scheuen sich, klar, nachdrücklich und ausdrucksvoll zu sprechen. – Das sollte für den Fremdsprachenlehrer kein Anlaß zur Resignation sein. Hier geht es um mehr als um Vokale und Konsonanten und Intonationsmuster. „Wer an der Sprache eines Menschen arbeitet, arbeitet an dem Menschen selbst" – und vielleicht können wir, auch im Fremdsprachenunterricht, doch dem einen oder anderen Schüler in diesem Sinne ein wenig weiterhelfen.

– Aus dem Vorangegangenen sollte deutlich geworden sein, wie entscheidend wichtig das Vorbild des Lehrers für die Schulung von Aussprache und Intonation ist. Sind Sie sicher, daß Sie Ihren Schülern in dieser Hinsicht ein gutes Vorbild sind? Wenn nicht: finden Sie sich nicht einfach damit ab![13]

---

[1] Die beiden Begriffe „Aussprache" und „Intonation" sollen hier stellvertretend für mehrere Teilaspekte stehen, die der Lehrer zwar getrennt analysieren kann, die aber im Unterricht im allgemeinen eng miteinander verknüpft sind: Betonung (= Akzentuierung bestimmter Silben), Intonation (= die „Melodieführung" eines Satzes, das Steigen und Fallen der Stimme), Aussprache von Einzellauten (= korrekte Aussprache der verschiedenen Vokale und Konsonanten; Benutzung von Schwachformen), Lautverknüpfungen (innerhalb eines Wortes; z. B. die als schwierig empfundene Aussprache ungewohnter Konsonantenverbindungen; aber auch wortübergreifend: vgl. z. B. das „Hinüberschleifen" von einem Wort zum anderen oder die Abhängigkeit der Aussprache von *"the"* vom Beginn des

234

folgenden Wortes), Sprechfluß (= die Darbietung eines Satzes oder Textabschnittes als eines zusammenhängenden Sinnganzen.

[2] Leisinger, *Elemente des neusprachlichen Unterrichts,* S. 140

[3] Bei älteren Lernern hat es deshalb wenig Sinn, Fremdsprachenunterricht vom Lautlichen her anzufangen. Vgl. dazu die bei Zimmermann (1977) auf S. 83f. zitierten Forschungsergebnisse.

[4] Vgl. das Kapitel „Welche Ziele kann eine Unterrichtsstunde in einer modernen Fremdsprache haben?"

[5] In diesem Zusammenhang sei auf das bei Heuer (1979) zitierte Bonmot verwiesen, daß es immer noch besser ist, nicht ganz richtig zu sprechen als ganz richtig zu schweigen! (a.a.O. S. 134)

[6] Hierzu finden sich i. a. ausführliche Anleitungen in den die Lehrwerke für den Anfangsunterricht begleitenden Lehrerhandbüchern.
Weitschweifige, fremdwortgespickte Erklärungen aus dem Bereich der theoretischen Phonetik, gestützt auf Wandkarten mit schematischen Zeichnungen des menschlichen Kehlkopfes, haben bei Zehnjährigen nur geringe Wirkung. Wenn ein Lehrer phonetisch so gut ausgebildet ist (wenige von uns sind es!), daß er beim Hören sofort weiß, wo die physiologische Ursache der fehlerhaften Aussprache eines Lautes zu suchen ist, kann er dem betreffenden Schüler wahrscheinlich am besten helfen, wenn er ihm in einer Pause (wenn kein Mitschüler stört) bei seinen Aussprachebemühungen genau zuhört und aus nächster Nähe zuschaut und ihm dann individuell erklärt, wie er die Schwierigkeit überwinden kann.

[7] Es ist oft darauf hingewiesen worden, daß die Begegnung mit dem Schriftbild das saubere Erlernen der neuen Laute eher gefährdet als fördert, weil die Versuchung, die Buchstaben so auszusprechen, wie man es in der Muttersprache tun würde, groß ist. Früher pflegte man aus diesem Grunde zu fordern, daß das Einführen der Schrift so lange wie möglich hinausgezögert werden sollte. Es wurde mit phonetischen „Vorkursen" gearbeitet, bei denen das Schriftbild den Schülern wochenlang vorenthalten wurde. Von dieser Art Purismus ist man abgekommen – nicht, weil man die Gefahr der Aussprachegefährdung nicht mehr sieht, sondern weil man erkannt hat, daß der Verzicht auf die zügige Einführung der Schrift noch größere Nachteile mit sich bringt. Wer sich mit den verschiedenen Argumenten auseinandersetzen möchte, sei u. a. auf *The Teaching of Pronunciation* von Brita Haycraft und *The Psychologist and the Foreign-Language Teacher* von Wilga M. Rivers verwiesen, sowie auf die Aufsätze *Kritische Gedanken zum modernen Fremdsprachenunterricht, insbesondere zum Anfangsunterricht* von Wilfried Rumpf und *Das Schriftbild: Lernhilfe oder Störfaktor im fremdsprachlichen Anfangsunterricht?* von Wolfgang Butzkamm (dort auch sehr ausführliche Bibliographie).
Als Lehrer tut man hier sicher am besten daran, nicht das Rad neu zu erfinden, sondern sich darauf zu verlassen, daß das Lehrwerk, mit dem man im Anfangsunterricht arbeitet, vermutlich vernünftige Kompromisse geschlossen hat.

[8] Als Beispiel ließe sich hier anführen, daß im Englischen die Endung *-ate* nur in Verben [eit], in Substantiven oder Adjektiven jedoch [it] ausgesprochen wird: *to associate, to estimate, to separate, to indicate* – aber: *the associate, the estimate, the delicate, adequate . . .* (zitiert nach Schubel, S. 145).

[9] Sinngemäß zitiert nach Leisinger, *Elemente des neusprachlichen Unterrichts,* S. 146; dort noch ausführlichere Begründung.

10 Eine vielzitierte Quelle ist das Buch *Better Spoken English* von Barnard (1961). Ebenfalls lohnend: das Bändchen *English Pronunciation Illustrated* von Trim (mit lustigen Zeichnungen). Man kann es als Klassensatz anschaffen und gelegentlich mit in den Unterricht nehmen. Es gibt auch Kassetten dazu.

11 Siehe auch das Kapitel „Lesen – laut und leise".

12 Carolyn Graham: *Jazz Chants / Jazz Chants for Children / Jazz Chant Fairy Tales / Small Talk*, jeweils mit *Students' Book* bzw. *Song Book* und Tonkassetten; Oxford University Press, Oxford ab 1978, in Deutschland über Cornelsen erhältlich. – Anregungen, wie man seine eigenen *Jazz Chants* entwickeln kann, finden sich in Sheelagh Dellers Buch *Lessons from the Learner* (S. 38).

13 Einige Anregungen enthält das Kapitel „Möglichkeiten der eigenen Fortbildung". Wer nach Material sucht, sei auf die im Literaturverzeichnis aufgeführten Kassetten nebst Handbüchern von Arnold, Baker, Gimson, Green, Mortimer, O'Connor, Rogerson und Wessels hingewiesen.

Tests – Klassenarbeiten – Klausuren:
Formen und Bestandteile

Es gibt kaum einen Bereich des Fremdsprachenunterrichts, in dem Wunschvorstellungen und Wirklichkeit so weit auseinanderklaffen wie bei den Klassenarbeiten:

- Wünschenswert wäre, daß alle Schüler, die sich Mühe geben, fleißig für die Klassenarbeit arbeiten und dabei auch wirklich eine Menge lernen, mit einer guten Note rechnen können.
Tatsächlich ist es jedoch meistens so, daß die schwachen Schüler sich noch so sehr anstrengen können: sie bekommen trotzdem wieder eine schlechte Note, denn der Lehrer orientiert sich bei der Zensierung an seiner persönlichen Einschätzung der Schwierigkeit der Arbeit und am Leistungsdurchschnitt der Klasse, nicht aber am individuellen Lernfortschritt des Einzelschülers.
- Wünschenswert wäre, daß der Lehrer im unmittelbaren Anschluß an eine Unterrichtsreihe eine Klassenarbeit schreiben läßt, mit der er das Erarbeitete überprüft.
Tatsächlich richtet sich der Termin einer Klassenarbeit meistens nicht danach, ob gerade ein bestimmtes Lernpensum abgeschlossen worden ist, sondern nach äußeren, organisatorischen Gründen.
- Wünschenswert wäre, daß sich der Lehrer bei der Erstellung einer Klassenarbeit genau an den Stärken und Schwächen eben dieser Lerngruppe orientiert; daß er die Erfahrungen berücksichtigt, die er in den letzten Tagen und Wochen vor der Arbeit mit seinen Schülern gemacht hat.
Die Wirklichkeit sieht eher so aus, daß er – in verständlichem Bemühen um Rationalisierung – eine Arbeit aus der Schublade holt, die er vor zwei oder fünf Jahren (bei möglicherweise deutlich anderen unterrichtlichen Voraussetzungen) für eine andere Klasse erstellt hat.
- Wünschenswert wäre, daß die Schüler nach einem Test sofort erfahren, was sie richtig und was sie falsch gemacht haben, damit Fehler gar nicht erst ins Langzeitgedächtnis absinken und sich verfestigen können – und natürlich auch, damit die Rückmeldung über den Erfolg als Motivierungsfaktor wirksam werden kann.

Die Wirklichkeit sieht jedoch so aus, daß Klassenarbeiten erst nach einigen Tagen (im Extremfall, bei umfangreichen und umständlich zu korrigierenden Oberstufenarbeiten: nach mehreren Wochen) zurückgegeben werden, wenn die Schüler an den sprachlichen Detailproblemen, die die Arbeit aufwarf, längst kein Interesse mehr haben und allenfalls noch an der Zensur interessiert sind.

– Wünschenswert wäre, daß in den Klassenarbeiten Fertigkeiten überprüft werden, die in der Liste der Ziele des Fremdsprachenunterrichts obenan stehen – also z. B. die Fähigkeit, die Fremdsprache in einer kommunikativ relevanten Situation effektiv einzusetzen.
In der Praxis werden jedoch meistens Kenntnisse und Fertigkeiten überprüft, die, wenn überhaupt, allenfalls indirekt etwas mit kommunikativer Kompetenz zu tun haben.

– Wünschenswert wäre eine objektive, von Außenstehenden ohne weiteres nachzuvollziehende Zensierung der Klassenarbeiten.
Tatsächlich können aber bereits bei den schlichten Arbeiten der Unterstufe, in denen einfach Fehler gezählt oder Punkte addiert werden, verschiedene Lehrer zu verschiedenen Zensuren kommen, je nachdem, wie sie die einzelnen Teile der Arbeit gewichten; und bei den komplexen Arbeiten der Mittel- und Oberstufe ist der subjektive Ermessensspielraum des Korrigierenden beängstigend groß, trotz aller Augenwischerei in „Einheitlichen Prüfungsanforderungen in der Abiturprüfung" und ähnlichen offiziellen Veröffentlichungen.

Wunsch und Wirklichkeit klaffen also auseinander. Warten Sie nun auf die Aufforderung, ab sofort alles ganz anders zu machen?
Langsam, langsam. Von wem kommen denn die aufgelisteten Wünsche? Von Lernpsychologen und Testtheoretikern; zum Teil sicher auch von den Schülern. Aber wer muß die Klassenarbeiten entwerfen, korrigieren und zensieren? Wir Lehrer – und es läßt sich nicht leugnen, daß es zum einen massive organisatorische Sachzwänge gibt, die uns oft daran hindern, die genannten Wünsche zu erfüllen, und daß wir zum anderen auch berechtigte eigene Wünsche haben. Wir wünschen uns z. B. Klassenarbeiten, die einigermaßen zügig und unproblematisch zu korrigieren sind. Wir wünschen uns auch, daß die Klassenarbeiten eine brauchbare Streuung der Zensuren ermöglichen, weil sie nun einmal eine wichtige Grundlage für die Zeugnisnoten darstellen. Beide Wünsche können uns in Konflikt mit einigen der obengenannten Ansprüche bringen – und damit müssen wir leben.

Es soll deshalb in diesem Kapitel nicht um hehre, unrealistische Forderungen gehen, sondern um zwei bescheidene, aber hoffentlich in der Praxis nützliche „Service-Leistungen":

- erstens um einige übergreifende Empfehlungen, die bei der Erstellung von Klassenarbeiten berücksichtigt werden können (d. h. hier zunächst nur um Hinweise zur inhaltlichen Füllung und zur Ausführlichkeit der Vorweg-Informationen für die Schüler; praktisch-organisatorische „Basteltips" kommen im nächsten Kapitel!);
- zweitens um eine (mit Tips und weiterführenden Fußnoten angereicherte) Liste von Aufgabentypen, die – teils in Kombination, teils allein – in der Schulpraxis eingesetzt werden oder einsetzbar sind.

In beiden Fällen ist dabei in erster Linie an die „normale Klassenarbeit" gedacht, die der Lehrer selbst erstellt und in einer einzelnen Klasse einsetzt. (Klassenübergreifende Tests, meistens von mehreren Lehrkräften gemeinsam erstellt, wie sie z. B. an Orientierungsstufen und Gesamtschulen häufig verwendet werden, haben andere Rahmenbedingungen und müssen sich z. T. an anderen Ansprüchen ausrichten.)[1]

EMPFEHLUNGEN

- Sorgen Sie für Abwechslung bei den Klassenarbeiten:
  - Wechseln Sie zwischen Arbeiten, die Einzelkenntnisse und -fertigkeiten überprüfen (Vokabeln, Grammatik, Lautdiskrimination, Hörverstehen, Rechtschreibung usw.), und solchen, die zusammenhängende schriftliche Äußerungen verlangen.[2] (Gelegentlich können auch beide Arten von Aufgaben in einer Arbeit vorkommen.)
  - Testen Sie nicht immer die gleichen Teilfertigkeiten[3], sondern wechseln Sie mal die Schwerpunkte!
  - Das Wechseln der Schwerpunkte kann auch so erreicht werden, daß zwar mehrere Klassenarbeiten den gleichen Aufbau haben (z. B. ein Aufgabenblock vom Typ X, einer vom Typ Y und einer vom Typ Z), daß aber die Bedeutung, die die einzelnen Blöcke für die Endnote haben, wechselt: z. B. bei der einen Arbeit X = 20 %, Y = 50 % und Z = 30 %; bei der nächsten Arbeit X = 40 %, Y = 10 % und Z = 50 %. (Auch auf diese Weise trägt man der Tatsache Rechnung, daß Schüler unterschiedliche Stärken haben und daß es gut ist, wenn man die Chancen einmal etwas anders verteilt.)
  - Schreiben Sie nicht n u r Arbeiten, bei denen punktueller Fleiß (z. B. die brave Wiederholung angegebener Teile der letzten *Unit*) belohnt wird, sondern auch einmal solche, bei denen die Schüler zeigen können, daß der Fremdsprachenunterricht der letzten Monate (Jahre?) sie befähigt hat, ihre Englisch- oder Französischkenntnisse „unit-übergreifend" einzusetzen.

- Hinweise auf eine bevorstehende Klassenarbeit können sich im Genauigkeitsgrad von Mal zu Mal unterscheiden.
Den **Termin** einer bevorstehenden Klassenarbeit sollte man immer vorher bekanntgeben, und zwar rechtzeitig. Die Genauigkeit der inhaltlichen Hinweise darf jedoch unterschiedlich sein – je nachdem, ob man gerade kleinschrittiges „Pauken" belohnen möchte oder selbständig-intelligente Auseinandersetzung mit dem vorliegenden Material. (Beides hat seine Berechtigung – aber man muß sich darüber klar sein, daß man jeweils unterschiedlichen Schülertypen dabei entgegenkommt.) Manchmal wird man ganz genau sagen, aus wieviel Teilen die Arbeit besteht, wie diese Teile aussehen und auf welche im Buch durchgenommenen Übungen sie sich beziehen werden; ein anderes Mal wird man sich vielleicht auf allgemeinere Angaben beschränken: „Die Arbeit bezieht sich auf die letzten drei Seiten der Unit 2 und auf die ganze Unit 3. Grammatische Probleme werden diesmal nur eine Nebenrolle spielen. Ich erwarte aber, daß Ihr alle Vokabeln wiederholt und daß Ihr Euch an die Inhalte aller Texte und Übungen erinnert."
- Verwenden Sie – zumindest gelegentlich – Aufgaben, die nicht nur steril auf die klappernde Mechanik des Fremdsprachenunterrichts bezogen sind (*"Replace the words in italics with gerunds"*), sondern einen für Schüler erkennbaren lebenspraktischen Bezug haben (z. B. sprachliche Bewältigung einer Alltagssituation).
- Achten Sie beim Erstellen einer Klassenarbeit nicht n u r darauf, daß sie zu einem guten Prüfungs- und Selektionsinstrument wird. Versuchen Sie auch, Elemente einzubauen, die den Schülern Spaß machen und eine positive Rückwirkung auf ihre Lernbemühungen haben können.
Klassenarbeiten sind immer auch pädagogische Veranstaltungen. Gewiß, nicht jede Aufgabenform, die in Klassenarbeiten verwendet wird, genügt wissenschaftlichen Ansprüchen an *Validität, Reliabilität* und *Objektivität*[4] – aber Aufgabenformen, die testtheoretisch unanfechtbar sind, sind deshalb noch längst nicht pädagogisch wertvoll.
- Gelegentlich kann man sogar einmal eine Klassenarbeit schreiben lassen, die von einem Schüler zusammengestellt wurde: Alle Schüler bekommen die Hausaufgabe, einen Wiederholungstest zu schreiben, der in dieser Klasse verwendet werden kann. Jeder Schüler stellt nur solche Aufgaben, die er selbst auch lösen kann. Der Lehrer sucht einen davon aus (oder Teile aus mehreren) – sagt aber nicht, wessen Test er gewählt hat. Er vervielfältigt ihn und läßt ihn angesagt oder unangesagt an einem bestimmten Tag schreiben. – Aus

der Art der von den Schülern zusammengestellten Aufgaben lassen sich wertvolle Rückschlüsse auf die Schwierigkeiten ziehen, die sie bei der Erarbeitung des Stoffes gehabt haben!

AUFGABENTYPEN

Auswahlaufgaben (Multiple choice questions)[5]

Mit Auswahlaufgaben lassen sich nahezu alle Einzelkomponenten der Beherrschung einer Fremdsprache überprüfen (Grammatik, Lexik, Rechtschreibung, Lautdiskriminierung, Hör- und Leseverständnis usw.), aber natürlich nicht komplexe Fertigkeiten wie kommunikative Kompetenz und aktive Sprachproduktion. – Auswahlaufgaben sind auf allen Stufen des Fremdsprachenerwerbs möglich; sie brauchen keineswegs immer leicht und anspruchslos zu sein.

Vorteile (korrekte Konstruktion vorausgesetzt): sehr schnelle Auswertbarkeit (ggf. sogar mit Lochschablone), Eindeutigkeit, Objektivität. – Nachteil: die Erstellung guter Multiple-choice-Testitems erfordert wegen der Schwierigkeit, glaubwürdige Distraktoren zu finden, einen beträchtlichen Zeitaufwand, der sich oft gar nicht lohnt.[6] Nur bei Mehrfachbenutzbarkeit ergibt sich ein annehmbares Aufwand-Wirkung-Verhältnis.

Alternativaufgaben (True-false questions)

Grundsätzliches: wie bei Auswahlaufgaben. – Etwas leichter zu erstellen als diese, da man nicht so viele Distraktoren erfinden muß. – Nachteil: schon durch bloßes Raten hat der Schüler eine 50-%-Chance, die richtige Lösung anzukreuzen.

Einsetzaufgaben (Fill-in tests)

Vielseitig einsetzbar. Möglichkeiten und Grenzen: ähnlich wie bei Auswahlaufgaben. Nicht ganz so schnell und objektiv zu korrigieren wie diese, da sich gelegentlich (vom Lehrer nicht vorhergesehen) mehrere annähernd gleichwertige Lösungsmöglichkeiten ergeben.
- **Ergänzung fehlender Wörter in Einzelsätzen**
  Überprüfung von Lexik- und Grammatikkenntnissen.
- **Ergänzung fehlender Wörter in einem zusammenhängenden Text**
  Wie zuvor; zusätzlich auch Prüfung der Kenntnis von Strukturwörtern und satzverknüpfenden Elementen. Kann z. T. auch zeigen, ob der Inhalt des Textes richtig verstanden wurde. – Beliebtes Mittel zur Überprüfung der Vokabeln einer Lektion.
- **Ergänzung fehlender Wortteile in einem unbekannten Text**

Diese Aufgabe hat als „C-Test" einen festen Platz im BUNDESWETT-BEWERB FREMDSPRACHEN. Es werden unbekannte Texte mit vielen Lücken vorgelegt, bei denen aber der oder die Anfangsbuchstaben bereits eingetragen sind. – Guter Indikator für allgemeine Sprachbeherrschung. – Nicht leicht zu erstellen (man muß lange suchen, um geeignete unbekannte Texte zu finden), aber man kann sich die Bundeswettbewerbs-Aufgaben vergangener Jahre besorgen und bei Gelegenheit einmal einen „C-Test" (bzw. einen Teil davon) in eine Klassenarbeit integrieren. Man kann das Prinzip auch auf *bekannte* (bzw. leicht veränderte) Texte übertragen.[7] (Dann gelten die beim vorigen Spiegelstrich gemachten Bemerkungen.)

Cloze-Test[8]

Eine Sonderform der Einsetzaufgabe: die Lücken werden nicht gezielt eingefügt, sondern mechanisch: z. B. fehlt jedes fünfte, sechste oder siebte Wort des Textes. Auf diese Weise verschiebt sich der Schwerpunkt von der Überprüfung bestimmter im vorhergehenden Unterricht vermittelter Vokabeln in Richtung auf eine viel allgemeinere Überprüfung des Textverständnisses (für Cloze-Tests werden oft unbekannte Texte verwendet), des Sprachgefühls und der Sprachproduktion. Cloze-Tests gelten als gute Indikatoren für allgemeine Sprachbeherrschung.[9]

Zuordnungsaufgaben

Der Schüler muß eine Anfangsliste und eine Bezugsliste miteinander vergleichen. Die Bezugsliste ist meistens länger als die Anfangsliste und enthält einige Items, die nicht zur Anfangsliste passen. Äußerlich kann die Aufgabe so aussehen, daß neben den Elementen der Anfangsliste Platz für die passenden Elemente aus der Bezugsliste ist. Ein platzsparendes Verfahren besteht darin, die eine Liste mit Zahlen und die andere mit Buchstaben zu versehen und dann Antworten vom Typ „1f", „2b", „3h" usw. zu verlangen. –
Beispiele für die Inhalte solcher Listen (links Anfangsliste / rechts Bezugsliste):
– Liste von Wörtern / Liste von Definitionen
– Erste Hälfte / zweite Hälfte von Sätzen
– Dialogstücke (Äußerungen / Reaktionen)
– Bilder / sprachliche Äußerungen

Satzrekonstruktion (Jumbled sentences)

A / an / example / is / jumbled / of / sentence / this.
Solche Aufgaben sind gelegentlich ganz lustig; sie bringen aber nicht viel. Hauptproblem: Es ist meistens kaum möglich, beim Korrigieren und

242

Punktevergeben glaubhaft zwischen verschiedenen Graden der Richtigkeit zu unterscheiden. Es ist auch schwer, beim Erstellen der Aufgabe
den angemessenen Schwierigkeitsgrad zu finden. Kurze Sätze werden
vermutlich von allen Schülern richtig hingeschrieben; an langen Sätzen
scheitern selbst die besten.

Textrekonstruktion

Hierbei geht es nicht um Einzelsätze, sondern um ein zusammenhängen-
des Textstück.
– **Sätze in die richtige Reihenfolge bringen**
  Die einzelnen Sätze eines kurzen Textes, vom Lehrer in eine willkürli-
  che Reihenfolge gebracht, müssen wieder geordnet werden. – Als
  Unterrichtsmittel besser geeignet als als Prüfungsaufgabe; es gibt
  leicht Abstufungs- und Bewertungsschwierigkeiten. Außerdem ist es
  nicht leicht, Texte zu finden, bei denen die Anordnung der Einzelsätze
  absolut zwingend ist.
– **Fehlende Buchstaben und Zeichen eines (i. a. nicht völlig
  unbekannten) Textes ergänzen**
  Eine sehr unkonventionelle Aufgabe – für Computer-Freaks!
  Beispiel:
  HELP! A computer virus[10] has started to destroy this text! It started by
  eliminating all spaces between words and all commas and semicolons and
  full stops etc. Then it erased all the a's, all the b's, all the c's and all the
  d's . . .
  Can you reconstruct the text and write it down in its original form?
  Dieser Text sähe „angefressen" dann so aus:
  helpomputervirushsstrtetoestroythistextitstrteyelimintingllspes
  etweenworsnllommsnsemiolonsnfullstopsetthenitersellthesllthe
  sllthesnllthesnyoureonstruttthetextnwriteitowninitsoriginlform
  Den meisten Schülern macht eine solche Aufgabe Spaß. Sie führt,
  wenn man den Schwierigkeitsgrad[11] richtig hinbekommt, zu einer besseren Streuung als die vorher genannten Rekonstruktionsaufgaben.
  Aber natürlich sollte man ihr keinen allzu hohen Einfluß auf die
  Gesamtnote der Arbeit einräumen.

Ergänzung eines Dialogs

Teile eines Dialogs sind vorgegeben – z. B. alles, was der eine Gesprächspartner sagt –; der Schüler muß das Fehlende ergänzen. – Eine beliebte
und sinnvolle Aufgabe, die in gewissem Maße auch kommunikative
Kompetenz prüft (es sei denn, es handelt sich um einen Lehrbuchdialog,
den die Schüler auf Geheiß des Lehrers oder aus eigenem Lernstoff-Wie-

derholungs-Bemühen auswendig gelernt haben). – Der subjektive Ermessensspielraum bei der Bewertung ist relativ hoch (inhaltliche und sprachliche Angemessenheit der Äußerungen müssen abgewogen werden).

Hinschreiben angemessener sprachlicher Reaktionen auf bestimmte Situationsvorgaben

Beispiele: *"You want to get off the bus but there is somebody standing in front of you. What do you say?"* Oder: *"You are in a friend's flat and want to make a phone call. What do you ask him?"*[12]

Hinschreiben einer auswendig gelernten Textstelle

Wird gelegentlich im Anfangsunterricht als Klassenarbeit oder Teil einer Klassenarbeit eingesetzt. Ist aber wenig empfehlenswert, weil es kaum etwas mit der Überprüfung von Fremdsprachenkenntnissen zu tun hat, sondern nur das mechanische Auswendiglernen belohnt.

Kreuzworträtsel

Ein Kreuzworträtsel macht nicht nur Spaß,[13] es kann auch ein recht ergiebiges Diagnoseinstrument sein. Es testet Vokabelkenntnis, aber auch Rechtschreibung, Leseverstehen und Beherrschung der Grundgrammatik (Verbformen, Singular/Plural u. ä.). – Man benutzt zweckmäßigerweise Kreuzworträtsel, die speziell für den Fremdsprachenunterricht geschrieben wurden; andernfalls liegt der Schwierigkeitsgrad zu hoch. Man kann sie kaufen[14] (das hat den Nachteil, daß fast jedes Rätsel ein paar Wörter enthält, die die Schüler noch nicht kennen); man kann sie auch selbst herstellen und so z. B. den Wortschatz einer Lektion wiederholen – aber das ist natürlich sehr zeitaufwendig.[15]
Für die *Auswertung* hat es sich bewährt, in den Schülerarbeiten Zeile für Zeile alle nicht ausgefüllten oder falsch ausgefüllten Einzelkästchen mit Leuchtstift zu überstreichen. Anschließend werden sie gezählt und von der maximal erreichbaren Zahl richtiger Einzelkästchen abgezogen. So ergibt sich eine einigermaßen faire Bewertungsgrundlage. (Das Zählen richtiger Wörter ist weniger empfehlenswert, weil es zu Ungerechtigkeiten führt.)

Diktat

Das Diktat als Prüfungsinstrument ist umstritten.[16] Testexperten greifen es an, weil es nicht (oder zumindest keineswegs ausschließlich) das testet, was es zu testen vorgibt. Lehrer lieben es, weil es leicht zu erstellen, ohne Aufwand durchzuführen und schnell zu korrigieren ist.

Immerhin scheint festzustehen, daß die Ergebnisse von Diktaten eine befriedigende Korrelation mit den Ergebnissen anderer Prüfungsformen aufweisen.[17]

– **Traditionelles Diktat**
Verfahren: Vorlesen des gesamten Textes in normalem Sprechtempo. Diktieren in Sinnabschnitten (ca. sieben bis zehn Wörter); jeweils einmal wiederholt. Abschließend nochmaliges Vorlesen des ganzen Textes.

– **Diktat mit Textvorgabe (Einsetz-Diktat)**
Der Lehrer liest den ganzen Text vor; die Schüler füllen jedoch nur die Lücken in einem Vordruck aus. Dieses Verfahren spart Zeit (jedenfalls Diktierzeit und Korrigierzeit, wenn auch nicht Erstellungszeit); und der Prüfende kann gezielt jene Wörter abtesten, auf die es ihm ankommt.

– **Diktat mit Lücken**
Die Schüler bekommen keinen Vordruck, sondern müssen einen zusammenhängenden Text (den der Lehrer aus dem Stoff des vorangegangenen Unterrichts zusammengestellt hat) hinschreiben. Beim Diktieren läßt der Lehrer an einigen Stellen ein Wort aus: er pfeift, klopft auf den Tisch oder sagt *"gap"*. Die Schüler füllen diese Lücken aus – entweder, wenn ihnen sofort das richtige Wort einfällt, gleich während des Diktats, oder danach.[18] – Die Praxis zeigt, daß diese anspruchsvollere Variante des Diktats meistens zu einer etwas stärkeren Streuung führt.
Variante (etwas leichter für die Schüler): Beim ersten zusammenhängenden Vorlesen werden die Lückenwörter mitgelesen (ohne besondere stimmliche Hervorhebung!). Erst beim eigentlichen Diktieren und beim abschließenden erneuten Vorlesen werden sie ausgelassen.

Übersetzung einzelner deutscher Sätze in die Fremdsprache

Wenn es sich um Sätze handelt, die in genau dieser Form (oder nur ganz geringfügig abgewandelt) vorher im Unterricht behandelt worden sind – z. B. um Beispielsätze aus einem grammatischen Beiheft o. ä. –, mag man auf diese Weise überprüfen, ob eine bestimmte grammatische Erscheinung gelernt worden ist. Häufig tritt jedoch das Problem auf, daß das, worauf es dem Lehrer ankam, zwar richtig gemacht wird, der Satz aber wegen muttersprachlicher Interferenzen an anderen Stellen Fehler enthält. – Weniger empfehlenswert!

Hörverständnisüberprüfung

Etliche der im Kapitel „Hörmaterialien" beschriebenen Verfahren lassen sich auch für Klassenarbeiten verwenden.[19]

Sowohl objektive Testverfahren (Auswahl- oder Alternativantworten, Einsetzaufgaben) als auch Fragen, die eine freie Antwort verlangen, kommen in Betracht.

Leseverständnisüberprüfung[20]

Die Schüler bekommen einen unbekannten Text vorgelegt. Mit Hilfe von frei zu beantwortenden Fragen, ggf. auch mit Hilfe von Auswahl- oder Alternativaufgaben wird überprüft, wie gut sie ihn verstanden haben. – Meistens wird erwartet, daß der ganze Text gründlich gelesen und verstanden wird. Eine interessante (und „lebenspraktische") Variante besteht darin, den Schülern etliche Texte (oder einen recht langen Text) zu geben und sie in begrenzter Zeit bestimmte Informationen „herausfiltern" zu lassen. Das erfordert eine andere Lesetechnik (die natürlich im Unterricht vorher geübt werden sollte).

Satzumformung

Vom Singular in den Plural, vom Aktiv ins Passiv, von der Gegenwart in die Vergangenheit oder Zukunft – alle Lehrbücher enthalten Übungen, in denen Sätze auf die eine oder andere Weise umgewandet werden müssen; und natürlich kann man beim Zusammenstellen einer Klassenarbeit auch auf solche Übungen zurückgreifen. Man sollte sich allerdings davor hüten, Sätze zu verlangen, die zwar formal möglich sind, die ein *native speaker* aber nie benutzen würde. (Die Umformung von Aktiv ins Passiv z. B. ergibt keineswegs immer authentisches Englisch!) – Besondere Erwähnung verdient in diesem Zusammenhang noch die Aufgabe, zu den unterstrichenen Wörtern eines Aussagesatzes die zugehörige Frage zu stellen. (Beispiel: *They flew to Australia in the summer.* → *When did they fly to Australia?*)

Beantwortung von Fragen zum Unterrichtsstoff (ohne Textvorlage)

Um eine einigermaßen einheitliche Bewertungsgrundlage zu erhalten, empfiehlt es sich, eine Mindest- und Höchstwortzahl anzugeben.

Beantwortung von Fragen zu einem vorgelegten Text

Solche Fragen können sich auf das Verständnis des Inhalts, aber auch auf die formale Gestaltung eines Textes sowie auf die persönliche Stellungnahme des Schülers zum Text beziehen.[21]

Aufgaben zur Benutzung von Hilfsmitteln, z. B. des einsprachigen Wörterbuches oder der Grammatik

Anregungen lassen sich z. B. den Begleitheften entnehmen, die Lehrern von den Verlagen der bekannten einsprachigen Wörterbücher zur Verfügung gestellt werden.[22] – Natürlich können solche Aufgaben nicht zeigen, wie gut jemand die Fremdsprache beherrscht. Da aber – zumindest in der Mittel- und Oberstufe – die Fähigkeit, Hilfsmittel effizient zu benutzen, ein Teilziel des Fremdsprachenunterrichts ist, haben sie ihre Berechtigung.

Auswertung einer visuellen Vorgabe

- **Wegbeschreibung**
  Eine Stadtplanskizze mit Straßen- und Gebäudenamen und eingezeichneter Streckenführung wird vorgegeben.
- **Beschreibung eines Bildes**
  Es empfiehlt sich, die Aufgabe etwas zu strukturieren (z. B. durch Leitfragen) und Wortzahlgrenzen anzugeben.
- **Beschreibung und Deutung eines Cartoons**[23]
- **Versprachlichung einer Bildgeschichte**
  Als Hilfe kann ggf. eine Vokabelliste ausgegeben werden.

Nacherzählung

- **Traditionelle Nacherzählung**
  Ein unbekannter erzählender Text wird zweimal vorgelesen. Danach wird er von den Schülern, die sich beim Vorlesen keine Notizen machen durften, aus dem Gedächtnis nacherzählt. – Die Nacherzählung war viele Jahre lang die dominierende Form von Mittel- und Oberstufen-Klassenarbeiten und Abiturarbeiten. Dann geriet sie in Verruf, weil sie zum einen nur wenig mit dem laufenden Unterricht zu tun hatte und zum anderen Schüler mit einem guten Kurzzeitgedächtnis sehr begünstigte.[24]
  Zumindest der zweite Kritikpunkt läßt sich durch Modifikationen etwas entschärfen:
- **Nacherzählung mit Mitlesemöglichkeit**
  Während der Lehrer vorliest, können die Schüler den gedruckten Text verfolgen (Fotokopie oder Umdruck). Dann geben sie die Blätter wieder ab (aufpassen, daß keiner sein Blatt behält; nachzählen!) und beginnen mit der Niederschrift. – Vorteil: Der Text wird über zwei Kanäle gleichzeitig aufgenommen; er wird verläßlicher verstanden und prägt sich besser ein.[25]
- **Gelenkte Nacherzählung**
  - **Nacherzählung nach Stichwörtern oder Gliederungsbild**
    Mehr oder weniger umfangreiche Hilfen können (auf einem Umdruck oder an der Tafel) gegeben werden.
  - **Skelett-Nacherzählung**

Bei dieser Form der Nacherzählung[26] – die im Grunde schon keine Nacherzählung mehr ist, sondern eine Textrekonstruktion – kommt es fast gar nicht mehr auf das Kurzzeitgedächtnis an, sondern in erster Linie auf grammatische Sicherheit: alle sinntragenden Wörter sind – in der richtigen Reihenfolge – vorgegeben; nur eine Reihe von Pronomen, Präpositionen, Artikeln, Konjunktionen u. ä. fehlen, und bei den Verben steht der Infinitiv anstelle der korrekten Zeitform.

Zusammenfassung (Summary)

Eine beliebte Aufgabenform besonders in der Mittel- und Oberstufe. Eine Zusammenfassung ist allerdings schwer zu zensieren, weil die Beurteilungskriterien ziemlich subjektiv sind; und längst nicht alle Texte sind geeignet.[27]

Précis

Eine besonders in England beliebte Spezialform des *Summary:* die Zusammenfassung soll genau ein Drittel der Länge des Originals haben und dieses in seinem Aufbau spiegeln; wörtliche Übernahmen aus dem Text sind zu vermeiden.[28]

Kommentar

Im Gegensatz zum Essay nimmt der Kommentar bezug auf einen vorgelegten oder vorgelesenen Text.

Vergleich themenverwandter Texte (Prosa oder Gedichte)

Eine typische Oberstufenaufgabe. Sie wird i.a. durch Leitfragen etwas vorgegliedert.

Essay

Extrem schwer!

Inhaltsbezogene Stoffwiederholungs-Arbeit

Auf etlichen vervielfältigten Seiten werden v i e l e Fragen und Aufgaben zum gesamten Stoff der vergangenen zwei oder drei Semester gestellt, und zwar zum I n h a l t der gemeinsam erarbeiteten Texte, nicht zu sprachlichen Problemen. Ein großer Teil dieser Aufgaben (Auswahl-, Einsetz- und Zuordnungsaufgaben) fordert keine sprachliche Leistung vom Schüler, sondern nur den Nachweis der Vertrautheit mit den Inhalten; ein paar Fragen, die in ein bis zwei Sätzen frei zu beantworten sind, kommen auch vor. Längere zusammenhängende Äußerungen werden jedoch nicht erwartet. – Sinn: Die Schüler, die rechtzeitig (d. h. schon

Monate vorher) auf die Besonderheit dieser Klausur hingewiesen werden, sollen veranlaßt werden, das gesamte Unterrichtsmaterial der vergangenen Semester erneut durchzulesen (was gleichzeitig eine gute Vorbereitung auf das mündliche Abitur darstellt).[29]

Übersetzung eines zusammenhängenden Textes ins Deutsche

Die Fähigkeit, einen fremdsprachigen Text in gutes Deutsch zu übertragen, ist nicht identisch mit der Fähigkeit, fremdsprachige Texte zu verstehen! – Vgl. dazu die Bemerkungen im Kapitel „Einsatz der Muttersprache".

Übersetzung eines zusammenhängenden Textes in die Fremdsprache

Hier scheiden sich die Geister. Manche Lehrer (und auch: manche Länder) sehen die Übersetzung in die Fremdsprache als ein entscheidendes
Kriterium der Sprachbeherrschung an – andere sind davon keineswegs
überzeugt. – Auf jeden Fall gilt: W e n n Übersetzungen als Klassenarbeiten oder Teile von Klassenarbeiten gefordert werden, dann muß das
Übersetzen im Unterricht geübt werden.[30]

---

[1] Die Entstehung eines solchen Tests wird detailliert und anschaulich beschrieben
in dem Kapitel „Leistungskontrolle" von Franz Biglmaier, in: Gutschow, Englisch
/ Didaktik, Methodik, Sprache, Landeskunde (1974), ab S. 318

[2] „Die Frage, inwieweit die Überprüfung von Teillernzielen gültige Aussagen
auch über komplexere Fertigkeiten im Sinne der Kommunikationsfähigkeit
zuläßt, ist noch nicht klar zu beantworten. Zur Überprüfung von kommunikativen Fertigkeiten haben Lernkontrollen von komplexeren Sprachleistungen wohl
einen höheren Aussagewert als die Ergebnisse der Überprüfung von Teilkompe-
tenzen" (Hunfeld/Schröder, Grundkurs Didaktik Englisch, S. 175).

[3] Ich habe Kollegen kennengelernt, bei denen jede Klassenarbeit mit tödlicher
Regelmäßigkeit den gleichen Aufbau hatte: ein Diktat, dann ein oder zwei einsprachige Grammatikaufgaben und schließlich die Übersetzung deutscher Sätze
in die Fremdsprache.

[4] Prägnante, gut lesbare Erläuterungen dieser Begriffe z. B. bei Kahl (NM 4/1971,
S. 201f., auch Glossar S. 198); Kamratowski (ENGLISCH 4/1971, S. 97f.);
Brings (PRAXIS 1/1972 S. 17).

[5] Auf die unterschiedlichen Formen von Auswahlaufgaben (Frage- oder Aussage-
form; Layoutprobleme) braucht hier nicht eingegangen zu werden. Näheres bei
Heaton, S. 27–40; Schrand (ZE 4/1973, S. 22f.); Toth (PRAXIS 2/1972).

[6] Vgl. Heaton S. 27

[7] Einige praktische Hinweise dazu bei Schiffler, PRAXIS 1/1991, S. 82f.; dort
auch Literaturangaben zum „C-Test". Vgl. auch Stenzel (PRAXIS 3/1991,
S. 311 ff.)

[8] Lesenswertes zum Cloze-Test: Heaton S. 16f., Bailey und Schrand (ZE 4/1976, S. 24ff.); Cripwell und Radice (MET 1/1976, S. 4ff.); Stenzel (PRAXIS 3/1991, S. 311 ff.)

[9] Heaton S. 17

[10] In Wirklichkeit war es natürlich kein Computervirus, sondern der Lehrer, der mit dem Befehl „Ersetzen" seines Textverarbeitungsprogrammes diese Textverstümmelung betrieben hat. – Wenn man über ein komfortables Programm verfügt, bastelt man sich ein Makro, das die einzelnen Vorgänge automatisch erledigt.

[11] Leicht: Satzzeichen und Großbuchstaben bleiben erhalten; für Anfänger sogar noch die Wortzwischenräume. Schwer: auch das „e" wird noch entfernt; oder: Löschung sämtlicher Vokale.

[12] Die Beispiele sind dem Prüfungsteil *"Social Situations"* einer ARELS-Prüfung (einer Sprachlabor-Prüfung mit offiziell anerkanntem Status, die man seit 1973 in England ablegen kann) entnommen. *ARELS = Association of Recognized English Language Schools.*

[13] Grundsätzliches findet sich bei Blenkle, *„Kreuzworträtsel im Englischunterricht"* (PRAXIS 3/1990).

[14] Z. B.: Hill/Popkin, *Let's Do Crosswords*, CVK+OUP 1978.

[15] Allerdings gibt es inzwischen schon ein Computerprogramm, das dabei hilft! Vgl. die entsprechenden Informationen im Aufsatz von Blenkle (siehe dort Fußnote 7).

[16] Gegner u. a.: Freudenstein (FU 2/1970); Befürworter u. a. Oller/Streiff (ELT Okt. 1975), Cartledge (ELT Mai 1968); Diskussion: ZE 2/1979

[17] Siehe u. a. Kahl (NM 4/1971, S. 201)

[18] Diese und viele andere interessante Varianten werden bei Davis/Rinvolucri (1988) beschrieben.

[19] Vgl. meinen Aufsatz *„Hörverständnistests im Englischunterricht"*, PRAXIS 3/1975. Etliche Anregungen auch bei Richterich/Oppel/Willeke, bei Heaton, Harris, Lado, Valette und anderen.

[20] Vgl. hierzu auch das Kapitel „Lesen – laut und leise".

[21] Vgl. die *„Einheitlichen Prüfungsanforderungen in der Abiturprüfung"* der einzelnen Bundesländer.

[22] Stellvertretend für alle Hefte dieser Art sei hier genannt: Antor/Ward, *Getting the Most out of Your Oxford Advanced Learner's Dictionary*, Cornelsen, Berlin 1989.

[23] Anspruchsvolle Materialsammlung (für Oberstufe!): Egon Werlich, *Comics & Cartoons / Translating visual elements into language*, Lensing, Dortmund 1980.

[24] Vgl. z. B. Loebner, *„Die Nacherzählung – nur noch ein Kadaver?"* (PRAXIS 2/1973); Lübke, *„Nacherzählung oder Textinterpretation?"* (DNS 8/1972).

[25] Detaillierte Darstellung bei Loebner, *„Die Relevanz des Schriftbildes für die ‚Nacherzählung'"* (DNS August 1972, S. 463–473).

[26] Ergiebige Materialquelle: Hill/Popkin, *Intermediate Stories for Composition*, OUP, London 1970

[27] Vgl. Oswalt Stein, *„Der zusammengefaßte Gänserich"* (PRAXIS 2/1980).

[28] Näheres in den Aufsätzen von Bongartz, *"Dem Précis eine Gasse"* (FU 4/1967) und di Guiliomaria, *"How to make a précis"* (PET Feb. 1981, S. 12 ff.).

[29] Ich habe mit solchen Arbeiten experimentiert. Sie haben zwar nur am Rande etwas mit der Beherrschung der Fremdsprache zu tun, lassen sich aber meines

Erachtens aus pädagogischen Gründen trotzdem rechtfertigen: das Wiederlesen großer Textmengen dient sowohl dem Sprachtraining als auch der erneuten Auseinandersetzung mit der erarbeiteten Literatur. – Die Ergebnisse waren psychologisch interessant (wegen der Einsicht in den Arbeitsstil der Schüler) und im wesentlichen erfreulich; auch die Rückmeldung war großenteils positiv. – Dennoch möchte ich das Experiment nicht unbedingt zur Nachahmung empfehlen: die Erstellung einer solchen Klausur ist unglaublich arbeitsaufwendig!

[30] Vgl. das im Kapitel „Einsatz der Muttersprache" Gesagte sowie die dort angegebene Literatur.

Tests – Klassenarbeiten – Klausuren: Handwerkliches

Im vorigen Kapitel ging es um den Inhalt von Klassenarbeiten; in diesem Kapitel geht es um praktische Tips zu den einzelnen Stadien, die auf dem Wege von der Planung bis zur Ablage durchlaufen werden müssen.

Entwerfen

Quellen für Anregungen und Material:

– Texte und Übungen des im Unterrichts verwendeten Lehrbuches. (Kleine Abwandlungen einbauen! Nicht mechanisches Auswendiglernen soll gefördert werden, sondern verständiges Erarbeiten!)
– Texte und Übungen des *WORKBOOK*, das zum Lehrwerk gehört.
– Vom Verlag herausgegebene Tests oder „Kontrollaufgaben" zum benutzten Lehrwerk. (Vorsicht: oft schon bekannt!)
– Texte und Übungen aus anderen Lehrwerken, in denen der gleiche Stoff behandelt wird. (Sicherstellen, daß keine unbekannten Vokabeln vorkommen. Ggf. Hilfen geben.)
– Material aus lehrwerkunabhängigen im Handel erhältlichen Tests und Aufgabensammlungen. (Selten ganz ohne Änderungen übernehmbar; das gilt besonders dann, wenn das Material nicht speziell für deutsche Schüler entworfen wurde.)
– Arbeiten, die von Kollegen erstellt wurden. (Den Kollegen, der gerade eine Arbeit fotokopiert oder von der Matrize abzieht, fragen, ob man ein Exemplar abbekommt . . . / Auf Fachkonferenzen und Seminarsitzungen Anregungen austauschen . . . / Ältere Klassenarbeitshefte der Schüler durchsehen: Was für Arbeiten hat der Vorgänger schreiben lassen?)
– Arbeiten, die von Schülern entworfen wurden. (Vgl. dazu die Bemerkungen im vorigen Kapitel!)

252

Herstellen

Vorteile der Benutzung eines Computers oder einer Speicherschreibmaschine:

- Tippfehler, inhaltliche Unstimmigkeiten und Layout-Fehlplanungen können schnell und ohne Aufwand auf dem Bildschirm korrigiert werden, bevor sie aufs Papier kommen.
- Möglichkeit der Speicherung ganzer Arbeiten (in separaten Dateien) oder einzelner Aufgaben und häufig gebrauchter Layout-Komponenten (in Textbausteinsammlungen).
  - Wenn die Matrize verbraucht ist, läßt sich schnell eine neue drucken.
  - Teile einer Arbeit, die sich als ungeeignet erwiesen haben, können leicht durch andere ersetzt werden, ohne daß alles neu geschrieben werden müßte.
  - A- und B-Fassungen einer Arbeit (zur Erschwerung des Mogelns) lassen sich problemlos herstellen. – Möglichkeiten, die wenig Arbeit machen:
    - Aufgabengruppen sind zwar identisch, erscheinen aber bei A und B an verschiedenen Stellen und ggf. in etwas anderem Layout (z. B. kursiv statt normal).
    - In einer bestimmten Aufgabengruppe steht Satz 1 bei A an erster, bei B aber an dritter Stelle.
    - Ein Satz, der bei A im Präsens steht, steht bei B in der Vergangenheit o. ä.
    - Namen oder andere Einzelangaben, die auf das (z. B. grammatische) Problem keinen Einfluß haben, werden verändert.
  - „Kopf" der Klassenarbeit, Anweisungen, Erklärungen, Beispiele usw.: das optimale Layout braucht nicht immer wieder neu gefunden zu werden.
- Das Eigenexemplar des Lehrers läßt sich in anderem Layout ausdrucken (z. B. mit größeren Zwischenräumen zwischen den Aufgabengruppen; mit doppeltem Zeilenabstand u. ä.); auch können vor dem Ausdruck noch die für die einzelnen Aufgaben vorgesehenen Lösungen, die geplanten Rohpunktzuweisungen u. a. eingegeben werden.

Fotokopieren:

- Störendes und Überflüssiges auf einer Kopiervorlage (z. B. nicht gewünschte Textpassagen; Aufgabenteile, die diesmal nicht genommen werden sollen; veraltete Datums- oder Klassenangaben) kann man kurzfristig mit weißen Haft-Korrekturstreifen (z. B. von *Scotch*)

abdecken. Dieses Material läßt sich hinterher mühelos ohne Rückstand
wieder abziehen.
– Nach Möglichkeit keine Originale aus der Hand geben – weder (aus
Versehen) an Schüler noch an Kollegen noch an die Bezirksregierung
(beim Einreichen von Abiturvorschlägen). Denken Sie an die Mehrfachbenutzbarkeit!

Matrizen:

Auf jeden Fall mehr Exemplare herstellen (lassen), d. h. mindestens
genug für eine weitere Klassenarbeit, selbst wenn man noch nicht sicher
ist, ob man die Arbeit erneut verwenden kann. Dies kleine Verschwen-
dungsrisiko wird mehr als aufgewogen durch die eingesparte „Rüstzeit".
Beschriebene Matrizen sind erstaunlich haltbar. Wenn die „Erstauflage"
nicht groß war, lassen sich noch etliche Jahre später weitere Umdrucke
herstellen.

„Mehrblättrige" Arbeiten:

Vorher zusammenheften! Andernfalls werden nachher einzelne Blätter
aus Versehen nicht abgegeben, oder es ist nicht mehr klar, welches Blatt
von welchem Schüler stammt.

Durchführung

Schülerfragen während der Arbeit?

Bei Unter- und Mittelstufenarbeiten kann es vernünftig sein, Fragen
nicht zuzulassen. Nahezu alle Fragen zeigen nämlich, daß der Betreffende nicht genau hingesehen hat oder daß er eine Wissenslücke hat, die
auf eigenes Verschulden zurückgeht. Bei manchen Schülern ist das Fra-
genstellen nur ein ängstliches Bemühen um Kontaktaufnahme, ein
Wunsch nach der beruhigenden Bestätigung von Selbstverständlichem.
Jedenfalls kann die Fragerei zu einem beträchtlichen Unruhefaktor werden. Andere Schüler werden gestört – oder nutzen die Gelegenheit zum
Mogeln. – In der Oberstufe wird man sich zugänglicher zeigen und die
Frage zumindest erst einmal anhören.

Organisatorische Anweisungen: in welcher Sprache?

Manche Lehrer geben während der Arbeit alle mündlichen Anweisungen in der Fremdsprache, andere tun es auf deutsch. Beides ist vertret-
bar. Nur: man sollte nicht hin- und herschwanken.

Thema „Täuschungsversuche":

- Wenn Klassenräume überfüllt sind und keine Einzeltische zur Verfügung stehen, ist die Erstellung einer A- und einer B-Version in Unter- und Mittelstufe oft die einzig befriedigende Präventivmaßnahme (es sei denn, die Schule verfügt über einen „Klassenarbeitsraum", für den man sich rechtzeitig anmelden muß!). Das ist natürlich nur bei bestimmten Aufgabenformen möglich – aber bei anderen, freieren Aufgaben ist es auch nicht mehr so wichtig.
- Es muß feste „Spielregeln" geben. Den Schülern muß klar sein, was sie sich einhandeln, wenn sie beim Mogeln erwischt werden; dann gibt es hinterher keine langen Diskussionen.
- Das Umsetzen einiger Schüler (nicht immer die gleichen wählen!) vor Beginn der Arbeit ist in den meisten Fällen eine unumgängliche Präventivmaßnahme. (Freundlich, aber bestimmt die entsprechenden Anordnungen geben; gar nicht erst ein Problem daraus werden lassen.)

Verhalten des Lehrers während der Aufsichtszeit

Die Atmosphäre sollte durch einen sinnvollen Kompromiß zwischen effizienter Beaufsichtigung und entspannter Freundlichkeit gekennzeichnet sein. Wie dieser Kompromiß aussieht, hängt zum einen von der Klasse ab (Unter-, Mittel- oder Oberstufe; Schüler eng nebeneinandersitzend oder getrennt), zum anderen von der Art der Arbeit. (Bei *Multiple-choice*-Aufgaben, Lückentests oder Diktaten ist die Versuchung zum Mogeln sicher größer als bei freier Meinungsäußerung in einer Oberstufenklausur.) Gelegentliches Umhergehen ist nützlich:
- Manchmal entdeckt man auf diese Weise etwas unter dem Tisch oder in einem Heft, was da keineswegs sein sollte . . .
- Manchmal stellt man beim Blick in die Hefte fest, daß sich an einer bestimmten Stelle für viele Schüler eine schlimme Falle aufgetan hat, die man gar nicht stellen wollte. Man erspart sich Ärger und zusätzliche Korrekturzeit, wenn man durch einen kleinen Hinweis diese Schwierigkeit aus dem Wege räumt.

Korrigieren und Bewerten

Schrittweises Durchsehen der Hefte

Im allgemeinen empfiehlt es sich, nicht jede Schülerarbeit von Anfang bis Ende in einem einzigen Arbeitsgang durchzuprüfen, sondern schrittweise von Heft zu Heft fortzuschreiten, d. h. z. B. erst in allen Heften die

Aufgabe 1 anzusehen, dann überall die Aufgabe 2 usw. So fällt es leichter, bei der Bewertung von Teilleistungen einen einheitlichen Maßstab anzuwenden; insofern dient dieses Verfahren der Gerechtigkeit. Es dient aber auch der Rationalisierung, denn die Konzentration auf einen kleinen Ausschnitt entlastet das Gedächtnis, automatisiert die in diesem Bereich erforderlichen Mini-Entscheidungen und führt zu einer Art Kurzzeit-Routine, die deutlich Zeit sparen hilft (auch wenn man berücksichtigt, daß die Hefte bzw. Blätter dadurch häufiger bewegt und umgeblättert werden müssen).

„Standardisierung" von Randbemerkungen

Beim Korrigieren von aufsatzähnlichen Arbeiten kann man Zeit sparen, wenn man bestimmte häufig vorkommende Randbemerkungen nicht jedesmal ausschreibt, sondern durch Ziffern ausdrückt. (Dieses Verfahren setzt voraus, daß alle Schüler eine – vom Lehrer nach seinen persönlichen Erfahrungen zusammengestellte – Liste besitzen, die sie konsultieren, wenn sie am Rande ihrer Arbeit eine solche Ziffer sehen.)[1]

Vermerke im eigenen Exemplar

Beim Korrigieren sollte man sich in seinem eigenen Exemplar Vermerke machen, wie man bei bestimmten typischen Verstößen entschieden hat: ob halber oder ganzer Fehler oder nur Verbesserung am Rande; oder, wenn man mit Rohpunkten arbeitet: auf welche Version man wieviel Rohpunkte gibt – damit man nicht Schüler für den gleichen Verstoß unterschiedlich behandelt. (Das kann besonders dann leicht vorkommen, wenn man die Korrektur der Arbeit auf mehrere Tage verteilen muß und sich an Einzelheiten nicht mehr genau erinnert.)

Nützliche Listen

– Zum Eintragen von Punktzahlen, Teil- und Endergebnissen und Zensuren braucht man eine Namenliste. Zweckmäßigerweise schreibt man am Schuljahresanfang eine Namenmatrize von jeder Klasse und legt sich einen kleinen Vorrat von Abzügen hin; man kann sie häufig gebrauchen, nicht nur für Klassenarbeiten.
– Wer häufig Arbeiten zu korrigieren hat, bei denen die Fehler- oder Rohpunktzahl das Hauptkriterium für die Endbewertung ist, sollte sich per Umdruck oder Fotokopie einen Vorrat von A4-Blättern herstellen, auf denen in mehreren Spalten bereits alle in Frage kommenden Zahlen stehen (z. B. von 0 bis 50, oder bis 100, oder auch eine Folge, die halbe Fehler bzw. Punkte berücksichtigt: 0, ½, 1, 1½, 2 usw.). Wenn man in einer Schülerarbeit die Fehler oder die Punkte ausgezählt hat, trägt man diese Zahl zunächst auf der Klassenliste

beim Namen des Schülers ein; außerdem macht man auf der eben beschriebenen Zahlenliste einen Strich neben der betreffenden Zahl. So entsteht eine anschauliche Übersicht über die Fehler- bzw. Punkteverteilung, die das Festsetzen der Zensurengrenzen sehr erleichtert. (Man erspart sich das Feilschen um halbe Punkte – „Warum habe ich für diesen Satz nur dreieinhalb Punkte gekriegt? Wenn ich einen halben Punkt mehr gehabt hätte, hätte ich noch eine Vier!" –, wenn man die Zensurengrenzen so legt, daß sie etwas Abstand zur nächstniedrigeren Schülerleistung halten. D. h.: Man versucht zu vermeiden, daß drei Schüler mit 17 Rohpunkten eine Fünf bekommen, ein anderer mit 17,5 Rohpunkten aber schon eine Vier erreicht.)
– Eine <u>Checkliste</u> sorgt dafür, daß keine der Einzeltätigkeiten, die routinemäßig bei der Korrektur- und Verwaltungsarbeit anfallen, vergessen wird.[2]

Zensieren

Aus praktischen Gründen richten sich die meisten Lehrer bei der Zensierung von Klassenarbeiten in etwa nach der sogenannten „Normalverteilung" oder „Gaußschen Glockenkurve". Bei einer Sechser-Skala entfallen dann je etwa ein Drittel auf „3" und „4"; je ein Sechstel der Noten liegt darüber bzw. darunter, wobei die Extremwerte „1" und „6" sehr selten sind.[3]
Ob das – bezogen auf die Lerngruppe und auf den einzelnen Schüler – immer „gerecht" und „objektiv" ist, läßt sich bezweifeln; und es gibt sicher gute Gründe, gelegentlich eine Arbeit anders ausfallen zu lassen. Trotzdem: als erste Orientierungshilfe ist die Gaußsche Kurve recht nützlich.

Vorbereitung der Besprechung und Rückgabe

Es empfiehlt sich, schon während der Korrektur Notizen über Punkte zu machen, die man am Tage der Rückgabe besprechen möchte.
– Wenn es um grundsätzliche, die Einzelarbeit übergreifende Fehler und Probleme geht (besonders um solche, die genaues Hinsehen und einiges Nachdenken erfordern: Unstimmigkeiten in einer komplizierten Satzkonstruktion, interessante Verstöße gegen die Logik, ungeschickte Verknüpfungen, stilistische Schwächen), kann es sinnvoll sein, eine Liste mit Beispielen aus den Heften auf Matrize zu tippen und zu vervielfältigen.
– Wenn sich dieser Zeitaufwand nicht lohnt, schreibt man auf einen Zettel, in welchen Heften Dinge stehen, auf die man eingehen möchte. (In den Heften sind diese Stellen durch kleine Bleistifteckchen gekennzeichnet, so daß man sie sofort wiederfindet, und oben an die Seite

kann man eines jener wieder ablösbaren Haftnotiz-Zettelchen kleben, so daß man gleich die richtige Seite aufschlägt.)

– *Last but not least:* Nach Möglichkeit (nicht nur schriftlich in den Heften, sondern auch vor der Klasse bei der Besprechung:) auch etwas finden, was man l o b e n kann!

Rückgabe

Es ist günstiger, die Arbeit erst zu besprechen und dann zurückzugeben – nicht umgekehrt! Sobald Schüler ihr Heft zurückbekommen haben, sind sie nur in den seltensten Fällen noch fähig und bereit, über Probleme nachzudenken, die sie persönlich nicht betreffen, und die Effektivität der Besprechung ist gleich Null. (Die Raum-Lautstärke dagegen ist beträchtlich höher . . .)

Ordnen und Aufbewahren

Jede Klassenarbeit oder Klausur, die sich mehrfach benutzen läßt, bedeutet für den Lehrer einen erheblichen Zeitgewinn – und da man bei jeder Benutzung Erfahrungen macht, die zu kleineren oder größeren Verbesserungen führen (wie schön, wenn man die Arbeit oder ihre Bestandteile im Computer hat . . .), wird sie allmählich zu einem immer besseren Prüfungsinstrument. (Natürlich wird man eine Arbeit nicht gerade Wiederholern aus der vorigen Klasse erneut vorsetzen. Vorsicht empfiehlt sich auch, wenn ältere Geschwister oder Freunde die gleiche Arbeit schon einmal geschrieben haben.)

Voraussetzung ist allerdings, daß man die Arbeit (= die Matrize, die restlichen Umdrucke, die Kopiervorlage; die Dateien oder Textbausteine im Computer) tatsächlich wiederfindet, ohne stundenlang suchen zu müssen. Dazu ist eine vernünftige Ablage wichtig – und ein gutes System der Kennzeichnung, „Buchführung" und Katalogisierung.

– Als vernünftige Ablage bietet sich eigentlich nur eine Hängeregistratur an (entweder ein richtiger Stahlschrank mit mehreren Zügen oder zumindest eine Sammlung jener Plastikboxen – von LEITZ oder ELBA –, die Hängemappen aufnehmen).

– Zur Kennzeichnung der Arbeiten (am besten gleich auf der Matrize oder Kopiervorlage; wenn man das nicht möchte oder vergessen hat: später auf dem Eigenexemplar) kann man einen Code aus Buchstaben und Zahlen benutzen, aus dem hervorgeht, für welche Klassenstufe, zu welchem Buch, zu welcher Unit die Arbeit entworfen worden ist.

– Mit „Buchführung" sollen die Aufzeichnungen gemeint sein, die man sich nach Abschluß der Korrektur macht, damit man die Übersicht behält, wann man mit welcher Klasse welche Arbeit geschrieben hat – etwa nach folgendem Muster: Datum / Bezeichnung der Klasse (mit ein bis zwei Schülernamen zur leichteren Erinnerung) / Dauer der Arbeit / Art und Zusammensetzung der Arbeit / Relevanz; Ausfall; Streuung / Kommentare, Probleme, Empfehlungen für den Fall einer Wiederbenutzung. (Haben sich bestimmte Aufgaben als ungeeignet erwiesen? Hätten die Schüler mehr Zeit bekommen sollen?)[4]

– „Katalogisierung" kann z. B. bedeuten, daß man einen oder mehrere Ordner hat, in denen man alle Klassenarbeiten, Tests und Klausuren abheftet, zusammen mit dem eventuellen Begleitmaterial (Lösungsbögen, Bewertungsschemata o. ä.), und zwar geordnet nach Klassenstufen / Lehrbuchbänden / Units innerhalb des Lehrwerks / lehrwerkunabhängigen Arbeiten usw.

Auch die Listen der im Computer gespeicherten Textbausteine mit Einzelaufgaben und Layoutkomponenten können hier aufbewahrt werden.

---

[1] Einzelheiten: vgl. K. Schaefer, *„Am Rande bemerkt . . . / Korrekturhilfen für Oberstufenklausuren"*. PRAXIS 3/1990

[2] Meine eigene Checkliste (per Matrize vervielfältigt) sieht z. B. so aus (Punkte, die durch *** gekennzeichnet sind, betreffen nur Oberstufenklausuren!):
   – Fehler- bzw. Rohpunktzahlen in die Namenliste
   – Fehler- bzw. Rohpunktzahlen ins Ziffern-Übersichtsblatt
   – Grenzwerte für die einzelnen Zensuren festlegen; Ausfalldiagramm (Tafelanschrieb) vorbereiten
   – Noten in die Namenliste
   – Noten unter die Arbeiten; Unterschrift
   – *** Einzelgutachtenblätter ausfüllen
   – Noten in die rosa Klassen-(= Schülernamen-)Liste, die Zeugnisnoten und alle Klassenarbeitenzensuren enthält
   – *** Noten in die Schülernamenspalte im KURSBUCH eintragen
   – *** Noten in das Ausfalldiagramm im KURSBUCH eintragen
   – *** Noten in den „semesterübergreifenden Begleitbogen" eintragen
   – Auswertung: Besprechungspunkte für die Rückgabe?
   – Details *speichernd* auf das allgemein-chronologische klassenübergreifende Blatt „Geschriebene Arbeiten" tippen. Die gespeicherte Formulierung dann noch ausdrucken lassen auf:
      – das laufende klassenübergreifende, aber klassenstufenspezifische chronologische Merkblatt;
      – die Rückseite der rosa Schülerliste mit Zeugnisnoten und Klassenarbeits-Ergebnissen;

- das Handexemplar der Arbeit;
- *** den semesterübergreifenden Begleitbogen
- Ergebnisse ins Klassenbuch (Schule)
- Überzählige Text-, Aufgaben- und Hilfsblätter wegordnen
- Einsammeln der Arbeiten und Verbesserungen

[3] Zitiert nach Göller, Zensuren und Zeugnisse, S. 26. – Wer sich eingehend mit der Problematik der Ziffernzensuren, des Zensierens überhaupt, der jeweiligen Vor- und Nachteile strengen und milden Zensierens usw. auseinandersetzen möchte, sollte dieses (sehr gut lesbare) Buch unbedingt durcharbeiten.

[4] Diese Bemerkungen – i. a. drei bis sechs Zeilen – tippe ich auf eine ständig fortlaufende Liste und speichere sie dabei; den gleichen Text lasse ich dann noch mehrmals von der Maschine ausdrucken (vgl. Fußnote 2).

Anfertigung von Verbesserungen

Warum?

Wenn eine Klassenarbeit zurückgegeben worden ist, müssen die Schüler eine Verbesserung anfertigen. Müssen sie? Warum eigentlich? Weil es so im Erlaß steht. Weil die Schulbehörde es angeordnet hat. Weil es immer schon so war . . .
Trotz der Skepsis, die sich aus dieser Einleitung heraushören läßt, wollen wir zunächst einmal konstruktiv und ohne Ironie die Gründe nennen, aus denen die Anfertigung von Verbesserungen verlangt wird.

- Dadurch, daß der Schüler das Richtige noch einmal ins Heft schreibt, soll seine Einsicht in die zugrundeliegenden sprachlichen Gesetzmäßigkeiten vertieft und seine Sicherheit beim korrekten Gebrauch der Fremdsprache gefestigt werden: die Verbesserung soll einen Übungseffekt haben.
- Das Kind/der Jugendliche muß lernen, daß man es nicht einfach bei einer fehlerhaften Leistung belassen darf; wenn man etwas falsch gemacht hat, muß man sich bemühen, es in Ordnung zu bringen.
- Was bei der Klassenarbeit in ängstlicher Verkrampfung und unter Zeitdruck hastig hingeschmiert wurde, soll nun mit ruhiger Konzentration in eine saubere, auch äußerlich ansprechende Form gebracht werden.

Nur der erste Grund hat etwas mit der „Sache" (in unserem Falle: dem Lernen der Fremdsprache) zu tun; die beiden anderen sind allgemeinpädagogischer Natur.
Alle drei Gründe drücken eine Hoffnung aus – eine Hoffnung, die sich manchmal erfüllen mag, die aber im allgemeinen eher enttäuscht wird. Wie oft machen Schüler die gleichen Fehler, die schon in mehreren Klassenarbeiten angestrichen und später auch brav verbessert wurden, trotzdem immer wieder! Wie oft ärgert man sich als Lehrer darüber, daß in den Verbesserungen vieles erneut falsch hingeschrieben wurde und daß die Schrift noch genauso chaotisch ist wie vorher!
Warum ist das so?

- Ein wirkliches Interesse an der Lösung der in der Arbeit auftretenden sprachlichen Einzelprobleme besteht beim Schüler, wenn überhaupt, dann nur während der Klassenarbeit. Bis er die Arbeit zurückbekommt, vergehen (unter sehr günstigen Bedingungen) zwei bis drei Tage; es können aber auch zwei Wochen werden. Die Verbesserung wird dann wahrscheinlich nicht am gleichen Tage angefertigt, sondern nach einer weiteren Verzögerung. Wen wundert es, daß der Schüler diese Klassenarbeit inzwischen als „kalten Kaffee" empfindet und sich nur mit Widerwillen erneut mit ihr befaßt? Selbst wenn er gehorsam seine Verbesserung hinschreibt – seine Übungsbereitschaft ist gleich Null, und es ist nun einmal ein bekanntes Gesetz der Lernpsychologie, daß sich ohne Übungsbereitschaft kein Übungserfolg einstellt.

– Wenn eine Sekretärin auf Tippfehler hingewiesen wird, muß sie den Brief neu schreiben, denn er soll fehlerfrei das Haus verlassen – das ist einzusehen.[1] Die Verbesserung einer Klassenarbeit jedoch ist nicht in der gleichen Weise sinnvoll. Die Klassenarbeit hat ihre eigentliche Funktion, die Testfunktion, erfüllt; die spätere Überarbeitung nützt nichts. Das spürt der Schüler, und deshalb hat er so wenig Lust dazu und erledigt die Aufgabe eher schlecht als recht.

Fazit: Es gibt sicher Stellen, an denen die Arbeitskraft des Schülers (und auch die des Lehrers, denn er muß nachprüfen!) effektiver eingesetzt werden kann als bei der „Verbesserung" von Klassenarbeiten.

Da wir aber mehr oder weniger gezwungen sind, Verbesserungen anfertigen zu lassen, müssen wir sehen, wie wir damit zurechtkommen.

Am Rande der Arbeit . . .

Was schreibt der Lehrer an den Rand der Arbeit? Worauf kann sich der Schüler bei der Verbesserung stützen?

Auf jeden Fall kennzeichnet der Lehrer das „Gewicht" des Fehlers (waagerechter Strich, senkrechter Strich, Kreuz) und seine Art (z. B. „W" für falsches Wort, „Gr" für Grammatikfehler usw.) – das hat sich allgemein eingebürgert und steht nicht weiter zur Diskussion. Interessant wird es erst bei der Frage, was er außerdem noch hinschreibt. Einige Möglichkeiten:

– keine weiteren Hilfen
  (Zwingt den Schüler, nachzudenken; führt allerdings auch oft dazu, daß er nicht versteht, was er eigentlich falsch gemacht hat und wie er es berichtigen kann.)

– die richtige Form
  (Führt oft zu mechanischer Übernahme, immerhin aber zum Hinschreiben des Richtigen.)

- die richtige Form – aber nur dann, wenn der Schüler vermutlich von
selbst nicht darauf kommt
(Ein sinnvoller Kompromiß.)
- Kurzhinweise auf die Regel, gegen die verstoßen wurde („Adverb!"
„SPO!" – oder auch nur die Ziffer des betreffenden Grammatikpara-
graphen)
(Nicht schlecht, wenn man sich darauf verlassen kann, daß die Schüler
wirklich nachschlagen. Mehrarbeit für den Lehrer – es sei denn, er
kennt die Nummern der Grammatikparagraphen auswendig!)
- „Schlüsselziffern": Zahlen, die bestimmten häufig vorkommenden
Randbemerkungen entsprechen[2]
(Erspart dem Lehrer einige Arbeit.)

Wie soll die Verbesserung angefertigt werden?

Die Normalform der Verbesserung sieht etwa so aus:
Der Schüler versieht jede Fehlermarkierung am Rande seiner Arbeit mit
einer Nummer. Die gleichen Nummern schreibt er vor die entsprechen-
den Sätze der Verbesserung.
- Im Anfangsunterricht, solange es nur um kurze Sätzchen oder um ein-
zelne Vokabeln geht, verlangen manche Lehrer, daß das Richtige drei-
mal hingeschrieben wird.
- Im allgemeinen lautet die Anweisung: Jeder Satz, in dem etwas falsch
ist, wird einmal richtig hingeschrieben.
Dabei wird die Stelle, auf die es ankommt (also die, an der vorher der
Fehler war), unterstrichen. –
Hier sind einige Varianten oder Alternativen:
- Schüler, die eine mangelhafte oder ungenügende Note bekommen
haben, fertigen anstelle einer Verbesserung eine Abschrift der ganzen
Arbeit an.
- Wenn in einem langen Satz nur ein Wort oder eine kurze Stelle falsch
war, darf der Schüler den Satz sinngemäß kürzen.
- Der Schüler schreibt nicht nur das Richtige hin, sondern auch gleich
noch die passende Regel, oder ein weiteres Beispiel, das zeigt, daß er
jetzt das zugrundeliegende Prinzip verstanden hat.
(Pädagogisch sicher sehr wertvoll und gut gemeint. Aber erstens ist
der Schüler dabei in vielen Fällen schlichtweg überfordert, und zweitens entsteht für den Lehrer eine kaum zu rechtfertigende Mehrbelastung, denn diese Art von Verbesserung muß sehr sorgfältig nachge-
prüft werden.)
Eine kleine Abwandlung: Die Schüler entscheidet selbst, an welchen
Stellen er solche „intelligenten Zusätze" schreibt (z. B. immer dann,

wenn er das Gefühl hat, daß es ihm hilft, sich die betreffende Regel noch einmal nachdrücklich ins Gedächtnis zu rufen).
- Nicht alle Teile einer aus unterschiedlichen Aufgaben zusammengesetzten Klassenarbeit werden verbessert, sondern nur diejenigen, bei denen der Verbesserung (bei realistischer Einschätzung) ein gewisser Übungseffekt unterstellt werden kann.
- Der Schüler darf eine Auswahl treffen. Er kann sich z. B. fünf fehlerhafte Sätze aus seiner Arbeit aussuchen, aus deren Verbesserung er glaubt, etwas lernen zu können. Nur diese verbessert er; allerdings besonders sorgfältig. In der nächsten Unterrichtsstunde kann er aus dem Gedächtnis darüber Auskunft geben, was er verbessert hat und welche Regeln er beim nächsten Mal beachten muß.
- Wenn ein bestimmter Teil der Arbeit (z. B. eine frei zu formulierende Antwort auf eine Frage, die sich als besonders schwierig erwies) bei allen Schülern so unbefriedigend ausgefallen ist, daß das Korrigieren der einzelnen Fehler zwar eine gewisse Verbesserung darstellen, aber insgesamt immer noch keine akzeptable Leistung ergeben würde, kann der Lehrer eine Musterlösung ins Übungsheft diktieren, die dann von allen noch einmal sauber ins Klassenarbeitsheft abgeschrieben wird.
- Der Lehrer diktiert (oder vervielfältigt) die Musterlösung zu einer bestimmten Aufgabe; die Schüler lernen sie auswendig (anstelle des Abschreibens ins Klassenarbeitsheft, oder zusätzlich).
- Der folgende Punkt gehört eigentlich nicht mehr zum Thema, denn er betrifft nur die Verbesserung von Hausaufgaben, nicht von Klassenarbeiten:
  In den Vereinigten Staaten reichen viele Schüler und Studenten ihre Hausaufgaben (z. B. Essays) in Form eines Computerausdrucks ein. Der Lehrer markiert Fehler und gibt am Rande weitere Hinweise und Anregungen. Die Schüler bearbeiten ihren Aufsatz – da sie den Text gespeichert haben, brauchen sie nicht alles neu zu tippen – und geben beim nächsten Mal eine vollständige, verbesserte Neufassung ab, wiederum sauber ausgedruckt.
  Es wird sicher noch einige Zeit dauern, bis sich dieses Verfahren in Deutschland einbürgert – aber vielleicht kann man den Computer-Enthusiasten unter den Schülern inzwischen schon die Möglichkeit einräumen, freiwillig auf diese Weise ihre Arbeiten zu verbessern!

Kontrolle

Wenn der Lehrer sich überhaupt nicht um die Verbesserungen kümmert, werden die meisten Schüler sie bald entweder überhaupt nicht mehr oder nur noch äußerst flüchtig erledigen. Hier sind einige mögliche Kontrollverfahren:

- Sobald der Lehrer die Klassenarbeitshefte mit den Verbesserungen zurückbekommen hat, prüft er sie gründlich. Er streicht Fehler an, macht sich Notizen (die später bei der Zensurengebung am Ende des Halbjahres herangezogen werden können) und gibt Schülern, deren Verbesserung nicht in Ordnung ist, die Hefte zur Nachverbesserung zurück.
- Er beschränkt sich bei diesem Verfahren auf Stichproben.
- Er prüft nur kurz in allen Heften, ob die Verbesserung überhaupt gemacht worden ist. Wenn nicht, geht das Heft an den Schüler zurück; die übrigen Hefte werden in den Schrank gelegt.
- Der Lehrer delegiert das gründliche Durchsehen der Verbesserungen an die Schüler: er gibt die eingesammelten Heft noch einmal so aus, daß jeder das Heft eines Mitschülers bekommt. Die Schüler beschäftigen sich ein paar Minuten mit der Überprüfung der vor ihnen liegenden Verbesserung. Der Lehrer geht umher, sieht sich hier und dort ein Heft an und beantwortet Fragen, wenn jemand nicht sicher ist, ob das, was er vor sich hat, in Ordnung ist.
- Der Lehrer sieht sich die Verbesserung der Arbeit Nr. 1 erst an (gründlich oder oberflächlich), wenn er mit der Korrektur der gerade geschriebenen Arbeit Nr. 2 beginnt; wenn er dabei etwas entdeckt, was ihm nicht gefällt, macht er einen entsprechenden Vermerk ins Heft (und in seine eigene Liste).
- Der Lehrer sorgt lediglich dafür, daß die Schüler den *Eindruck* haben, er prüfe Verbesserungen nach. Er sagt der Klasse, daß er regelmäßig etliche Stichproben durchführt; in Wirklichkeit sucht er nur ab und zu schnell mal ein Heft heraus, bei dem zu vermuten ist, daß es nicht ganz in Ordnung sein wird. In diesem Heft hinterläßt er Spuren von roter Tinte und gibt es dem betreffenden Schüler vor der Klasse mit der Aufforderung zur Nachverbesserung zurück – in der Hoffnung, daß die anderen Schüler glauben, sie seien nur zufällig diesmal nicht erwischt worden, es könne sie aber beim nächsten Mal treffen.

Die Frage, für welches Verfahren man sich entscheidet, wird nicht nur davon abhängen, wieviel Zeit man erübrigen kann, sondern auch von der Motivation, Gewissenhaftigkeit und Selbstdisziplin der Lerngruppe.

---

[1] Dieses Beispiel wird bei Leisinger, *Elemente des neusprachlichen Unterrichts,* angeführt (S. 308).
[2] Einzelheiten werden in meinem Aufsatz *„Am Rande bemerkt . . . / Korrekturhilfen für Oberstufenklausuren"* beschrieben (PRAXIS 3/1990).

Vermittlung von Arbeits- und Lerntechniken

Allgemeine, nicht fachspezifische Strategien und Arbeitstechniken

Die Vermittlung grundlegender Arbeitstechniken[1] wird zwar offiziell als fächerübergreifendes Unterrichtsziel angesehen, kommt aber in der Schule zu kurz. Jeder Fachlehrer hat das Gefühl, daß die Unterrichtszeit schon zur Erfüllung der fachspezifischen Aufgaben nicht ausreicht, und glaubt deshalb keine Zeit für die Schulung allgemeiner Fertigkeiten aufwenden zu können. Das mag kurzsichtig sein, ist aber verständlich; und es wird sich auch kaum ändern. Anstatt den Mond anzuheulen, philosophische Betrachtungen über die tieferen Ursachen anzustellen oder nach Schuldigen zu suchen (möglichst noch unter Berücksichtigung der Frage, ob die Schule Aufgaben erfolgreich bewältigen kann, bei denen das Elternhaus versagt hat), wollen wir lieber überlegen, auf welche Weise der Fremdsprachenlehrer hier seinen bescheidenen Beitrag leisten kann.

- Er kann sich bemühen, als **Vorbild** zu wirken. Das soll in diesem Zusammenhang heißen, daß seine Schüler ihn (in der Art, wie er seinen Unterricht anlegt und durchführt, wie er seine anderen beruflichen Aufgaben bewältigt, wie er das menschliche Miteinander gestaltet) als einen Menschen erleben, der
  - Prioritäten setzen kann und Wichtiges von weniger Wichtigem zu unterscheiden weiß;
  - zu effizienter Planung und Organisation fähig ist;[2]
  - mit seiner eigenen Zeit und mit der Zeit der ihm anvertrauten Menschen vernünftig umgeht;
  - differenziert denkt und seine Gedanken klar strukturiert;
  - sich souverän der für seine Aufgaben nötigen Arbeitstechniken bedient;
  - Freude an geistiger Arbeit ausstrahlt.
- Er kann im Unterricht mit den Schülern über ihre Arbeitstechniken sprechen. Ausgangspunkt für ein solches Gespräch könnte z. B. die Frage sein, wie die einzelnen eine bestimmte Hausaufgabe in Angriff genommen haben oder wie sie sich auf eine Klassenarbeit oder ein Referat vorbereiten. Dabei kann es sich ergeben, daß nützliche Anregungen nicht nur von ihm, sondern durchaus auch von Mitschülern kommen können.

Er wird dabei versuchen, den Schülern gewisse grundlegende **Einsichten** zu vermitteln,[3] die sie dann selbständig auf die jeweils anstehenden Einzelaufgaben übertragen können:

- „Motivation" ist ein Schlüsselwort, dessen Bedeutung gar nicht hoch genug eingeschätzt werden kann. Wer mit Freude und Interesse an eine Aufgabe herangeht, wird sie leichter und besser lösen, als wenn er lediglich eine lästige Pflicht erfüllt. „Selbst-Motivation" ist möglich und lohnend!
- Lernstoff prägt sich besser ein, wenn man ihn über mehrere Kanäle aufnimmt: hörend, lesend, schreibend, laut vor sich hin sprechend . . . (Beispiel: Vokabellernen!) Beachten: nicht alle Menschen lernen auf die gleiche Weise. Man muß herausfinden, was für ein „Lerntyp" man ist, und unter Umständen einen Kanal stärker berücksichtigen als andere.
- Lernstoff prägt sich dauerhafter ein und steht verläßlicher zur Verfügung, wenn man ihm in immer wieder unterschiedlichen Zusammenhängen begegnet. (Anwendungsbeispiel: Lernkartei!)
- Es lohnt sich, zu investieren. Zweckmäßige und schöne Hilfsmittel anzuschaffen, hat nicht nur praktischen Nutzen; es ist auch psychologisch wichtig. Man „kriegt sich leichter an die Arbeit" damit.
- **Konkrete Anregungen und Anweisungen** brauchen Schüler z. B. auf folgenden fachübergreifenden Gebieten:
  - Beschaffung von Informationen:
    - Lesetechniken (kursorisches, selektives und intensives Lesen);[4]
    - Mitschrift und Protokoll;
    - Nutzung von Bibliotheken (Schlagwortkatalog, systematischer Katalog, alphabetischer Katalog; Dezimalklassifizierungssystem).
  - Verarbeitung von Informationen:
    - Karteien und Zettelkästen anlegen;
    - (Oberstufe:) Bibliographieren;
    - Material gliedern;
    - Zusammenfassungen erstellen;[5]
    - Analyse und Interpretation von Texten.[6]
  - Nutzung und Weitergabe von Informationen:
    - Referat;
    - sachdienliche und menschlich angemessene Teilnahme an Gesprächen und Diskussionen;
    - Leitung einer Diskussion.
- Der Lehrer kann die Schüler auf **Bücher** hinweisen, die sich zur selbständigen Beschäftigung mit Arbeitsstrategien, Zeitplanung, Lerntechniken usw. eignen.[7] Er kann dazu beitragen, daß solche Bücher in der

Schülerbücherei zur Verfügung stehen. Er kann sie den Schülern zeigen; vielleicht auch einmal Ausschnitte daraus vorlesen.
- Er kann bei **Elternabenden** auf Fragen der Arbeitstechnik eingehen (z. B. auf lernpsychologische Gesetzmäßigkeiten des Übens, systematisches Einlegen von Pausen, Organisation des Arbeitsplatzes, ergonomische Gesichtspunkte, zweckmäßige Hilfsmittel u. a.). – Es empfiehlt sich, ein Blatt zu vervielfältigen, auf dem die wichtigsten Punkte zusammengefaßt sind, und es den Eltern mitzugeben.[8]

Fachspezifische Lern- und Arbeitstechniken

Der Fremdsprachenunterricht muß den Schülern helfen, u. a. folgende fachspezifische Fertigkeiten zu erwerben:
- Sinnvolles Vokabellernen (s. o. „mehrere Kanäle" und „unterschiedliche Zusammenhänge"; außerdem weiter unten: Stichwort „Lernkartei").[9]
- Effektives, zeitökonomisches Einprägen grammatischer Zusammenhänge (z. B. mit Merksätzen oder Signalwörtern).
- Erschließung der Aussprache neuer Wörter:
  - Beachtung allgemeingültiger Lautregeln,
  - Kenntnis der Lautschrift.
- Erschließung der Bedeutung unbekannter Wörter (aus dem Kontext, aus der Kenntnis anderer Fremdsprachen, aufgrund etymologischer Verwandtschaft mit der Muttersprache, aus der Kenntnis bestimmter Präfixe und Suffixe, durch Rückgriff auf ein anderes Glied der Wortfamilie).[10]
- Effiziente Benutzung[11] wichtiger Hilfsmittel:
  - zweisprachiges (später auch einsprachiges) Wörterbuch:
    - Bedeutung,
    - Aussprache,
    - Kollokationen,[12]
    - stilistische Einordnung,
    - grammatische Hinweise;
  - Grammatik.
Zusätzlich zu den konkreten Anleitungen, die der Lehrer hier geben muß, wird er immer wieder versuchen, Einfluß auf **grundlegende Einstellungen** der Schüler zu nehmen. Zum einen soll hier noch einmal auf die oben schon genannte „Bereitschaft zum Investieren" eingegangen werden; zum anderen auf die Bereitschaft zum häufigen Verwenden der Fremdsprache und auf das Lernen in sinnvollen Zusammenhängen.
- **Sinnvolle, Freude machende Hilfsmittel anschaffen:**

- Nachschlagewerke (zusätzlich zu denen, deren Anschaffung ohnehin vorgeschrieben ist), z. B.
  - ein- und zweisprachige Wörterbücher (alphabetisch geordnet),
  - Lernwörterbücher (nach Sachgruppen geordnet),[13]
- Abonnement einer fremdsprachigen Zeitschrift;
- zusätzliche, für die selbständige Erarbeitung gedachte Übungsbücher (möglichst mit Schlüssel, damit man sehen kann, ob man die richtigen Lösungen gefunden hat);[14]
- Rätselsammlungen;
- Holzkasten und Karteikärtchen für die „Lernkartei";[15]
- Computer-Lernprogramme und -Lernspiele;[16]
- Fremdsprachige Unterhaltungsliteratur.
- **Im Unterricht so mitarbeiten, daß man den größtmöglichen Nutzen für sich selbst daraus zieht:**
  - In jeder Stunde einige Male etwas in der Fremdsprache sagen;
  - nach der Verbesserung von Fehlern durch den Lehrer bewußt durch (lautes oder leises, ggf. mehrmaliges) Nachsprechen des richtigen Satzes dafür sorgen, daß sich das Richtige im Gedächtnis festsetzen kann;
  - nicht „abschalten", wenn ein Mitschüler aufgerufen wird, sondern zuhören und mitdenken; ggf. die geforderte Antwort still für sich selbst zu formulieren versuchen;
  - Notizen machen (auch ohne ausdrückliche Aufforderung).
- **Möglichst oft auch außerhalb des Unterrichts die Fremdsprache benutzen:**
  - Rezeptiv:
    - lesen;
    - fernsehen;
    - Radio hören.
  - Produktiv:
    - mit sich selbst sprechen (halblaut oder unhörbar in der Fremdsprache alles ausdrücken, was man gerade tut, sieht, hört, fühlt oder denkt – immer dann, wenn man unbeobachtet ist!);
    - mit anderen sprechen;
    - Brieffreundschaften;
    - Tagebuchnotizen in der Fremdsprache;
    - Ausfüllen von Rätseln[17] u. ä.; Bearbeiten zusätzlichen Übungsmaterials (der Lehrer sollte eine reichhaltige, gelegentlich aktualisierte Auswahl solcher Materialien besitzen, zeigen, Stellen daraus vorlesen oder fotokopieren, Bestellnummern und Preise angeben – denn nur mit etwas Nachdruck und Reklame wird man erreichen, daß sich Schüler zur Anschaffung entschließen!);[18]

- geeignete kleine Textstellen auswendig lernen.
- **In sinnvollen Zusammenhängen lernen, anstatt isolierte „Wissens-häppchen" zu pauken:**
Konkrete Anwendungsmöglichkeiten dieses Prinzips ergeben sich aus den zuvor genannten Ansätzen zur *Benutzung* der Fremdsprache, aber auch für das „Pauken" – z. B.: Vokabeln nach Möglichkeit nicht als Einzelwörter lernen, sondern in Kollokationen oder in kurzen Sätzen.

Einige Einschränkungen ...

Wir müssen uns bemühen, vernünftige Arbeitstechniken zu vermitteln. Wir dürfen aber nicht zu enttäuscht darüber sein, daß unsere Bemühungen weniger Erfolg haben, als wir gern möchten. Es gibt gewichtige Gründe dafür:
- Viele Schüler (auch auf dem Gymnasium) sind nicht wirklich daran interessiert, „die Fremdsprache zu lernen"; ihnen geht es allenfalls darum, eine annehmbare Zensur zu bekommen, und da die meisten der hier erwähnten Anregungen zwar mittel- und langfristig erfolgversprechend sind, aber keinen sofort sichtbaren Einfluß (z. B. auf den Ausfall der nächsten Klassenarbeit) haben, sind sie für diese Schüler wenig überzeugend.
- Wenn ein Schüler gewissenhaft seine Hausaufgaben (die meistens aus anderen Dingen als dem Abschreiben von Vokabeln bestehen) macht, hat er in vielen Fällen nicht mehr die Zeit, Wörter auf Kärtchen zu schreiben, mit einer Lernkartei zu arbeiten, zusätzliche Bücher durchzuarbeiten u. ä.
- Die überwältigende Reichhaltigkeit der Sprache nimmt manchem den Mut. Selbst wenn man lernt und lernt und lernt – und zwar effektiv und gewissenhaft –, bleiben immer noch viele Tausende von Wörtern, Wendungen, Regeln, Informationen, die man nicht beherrscht. Man sieht – nach den ersten beiden Jahren – keinen deutlichen Fortschritt mehr und wird müde.
- Bei einem Lehrerwechsel wechseln häufig auch die Schwerpunkte des Unterrichts, die Anforderungen und die vom Schüler erwarteten Arbeitsverfahren. Schüler ziehen daraus ihre Schlüsse.

Trotzdem – wir sollten den Versuch nicht aufgeben, unsere Schüler zu sinnvollem, langfristig wirkungsvollem Lernen anzuregen![19]

---

[1] Zur terminologischen Abgrenzung („Arbeitstechniken", „Lerntechniken", „Lernstrategien", „Lernverfahren" usw.) vgl. den Aufsatz von U. Rampillon (FUE April 1991, S. 2ff.).

² Vgl. das Kapitel „Planen oder Durchwursteln?" in Schaefer, *So schaffen Sie den Schulalltag.*

³ Wenn er verhindern möchte, daß die im Gespräch gewonnenen Einsichten schnell wieder vergessen werden, kann er entsprechende Leitsätze und Anregungen vervielfältigen und die Schüler bitten, das Blatt aufzuheben und gelegentlich wieder durchzulesen.

⁴ Siehe Kapitel „Lesen – laut und leise". – Wichtig ist, daß die Schüler lernen, zunächst präzis ihr Leseziel festzulegen und danach dann die angemessene Lesetechnik zu wählen bzw. u. U. an das gleiche Buch mit unterschiedlichen Lesetechniken heranzugehen: so wie der Autofahrer, der seine Geschwindigkeit und seine Konzentration automatisch nach der Verkehrsdichte und den Straßenverhältnissen richtet. Das Ziel der Beschäftigung mit Lesetechniken heißt nicht „Schneller lesen", sondern „Rationeller lesen"!

⁵ Als Hilfsmittel für Oberstufenschüler kommt hier in Frage: Bliesener, *Summary writing – leicht gemacht* (Lensing) oder Bongartz, *Summary and Précis Writing* (Klett).

⁶ Hilfsmittel: z. B. Bliesener, *Textarbeit Englisch – leicht gemacht;* Rotter/Bendl, *Your Companion to English Texts* und *Your Companion to English Literary Texts.*

⁷ Hier wären z. B. die im Literaturverzeichnis aufgeführten Bücher von Beer, Hasselhorn, Hülshoff/Kaldewey, Kugemann, Leitner, Naef, Ott, Schräder-Naef, Thomas und Zielke zu nennen. –
Speziell auf das Lernen von Fremdsprachen bezogen: Raasch, *Fremdsprachen lernen – aber wie?* Hueber, München 1982; Rampillon, *Lerntechniken im Fremdsprachenunterricht / Handbuch,* Hueber, München 1985; Rampillon, *Englisch lernen – Mit Tips und Tricks zu besseren Noten,* Hueber, München 1985; Krais, *Fremdsprachen richtig lernen,* Expert Taschenbuch Nr. 34, Ehningen 1990 (eher für Erwachsene!); Yorkey, *Study Skills For Students of English as a Second Language,* McGraw-Hill, London 1970

⁸ Vielleicht ist auch der Hinweis auf einschlägige Bücher willkommen. (Außer den in den anderen Fußnoten genannten Werken könnte hier noch Freudenstein, *Unser Kind lernt fremde Sprachen,* berücksichtigt werden.) Auch hier: am besten gleich eine Liste vervielfältigen!

⁹ Zum Grundsätzlichen vgl. Aßbeck, Didaktilus, Gairns/Redman, Rampillon, Scherfer, Wunsch (genaue Angaben im Literaturverzeichnis). Daß das „Vokabelheft" alter Prägung (im Gegensatz zu Ringbüchern oder Karteien) kein sonderlich sinnvolles Arbeitsmittel ist – weil es nicht übersichtlich ist und nicht gezielt ergänzt und ‚ausgemistet' werden kann –, hat sich in der Sekundärliteratur seit Jahrzehnten herumgesprochen; trotzdem lassen viele Lehrer ihre Schüler weiterhin regelmäßig die Wörter aus dem Lehrbuch in diese „Vokabelgräber" übertragen.

¹⁰ Details: siehe Kapitel „Lesen – laut und leise".

¹¹ Bevor man die Hilfsmittel effizient benutzen kann, muß man sich mit ihnen vertraut machen. Das bedeutet nicht nur, daß im Unterricht geübt werden muß, wie man etwas nachschlägt; es bedeutet auch, daß die Schüler zu Haus ihr Wörterbuch und ihre Grammatik gründlich durchblättern, so daß sie wissen, an welcher Stelle sie welche Informationen suchen können. Beim Wörterbuch bedeutet das z. B. nicht nur, daß man die Abkürzungen und graphischen Konventionen im alphabetischen Teil versteht, sondern auch, daß man weiß, welche

Anhänge es bietet (z. B. Eigennamen, geographische Bezeichnungen, Maße und Gewichte, unregelmäßige Verben usw.). Der Lehrer kann dafür sorgen, daß die Kennenlern-Aufgabe wirklich ernstgenommen wird, indem er einen kleinen Test zur Benutzung des Wörterbuchs oder der Grammatik schreiben läßt . . .

12 Vgl. hierzu die Aufsätze von Estor, Hohmann und Spörl.

13 Z. B. Pollmann, *How to use your words / Lernwörterbuch in Sachgruppen*, Lensing, Dortmund 1990; oder Berold, Klaus: *Words You Can Use / Lernwörterbuch in Sachgruppen*, Cornelsen & OUP, Berlin 1987.

14 Hier gibt es inzwischen eine Fülle von nett gestaltetem, motivierendem Trainingsmaterial. Vgl. z. B. die im Literaturverzeichnis genannten Titel von Balik/Dietl, Bischoff, Clarke, Soussan, Gildhoff, Nickolaus, Kuntze/Müller/Hölker, Rampillon, Redman/Ellis, Watcyn-Jones. – Unterstufenschülern, die nicht ohnehin mit dem Lehrwerk ENGLISH G von Cornelsen arbeiten, könnte man den zu diesem Werk gehörenden *„Wordmaster"* empfehlen.

15 Die „Lernkartei" (ausführliche Begründung, Anleitung zur Herstellung und zum Arbeiten mit ihr: siehe Leitner, S. 56–74) soll deshalb hier besonders hervorgehoben werden, weil sie nicht nur lernpsychologisch gut durchdacht ist, sondern – im Gegensatz zu manchen liebevoll ausgedachten „Wortschatzheften" (Direder, S. 154ff.), „Vocab Sheets" (Estor, PRAXIS 4/1989, S. 387ff.) und „sprachlichen Sammelheften" (Hohmann, NM 3/1985, S. 144ff.) – ein so einfaches, flexibles und individuell einsetzbares Arbeitsinstrument darstellt, daß sie noch am ehesten Aussicht hat, von den Schülern über einen Lehrerwechsel hinaus weiterbenutzt zu werden. Eine Lernkartei läßt sich nicht nur für Vokabeln verwenden, sondern auch für Grammatik, Literatur, Landeskunde – und natürlich auch für den Wissensstoff anderer Fächer. – Vgl. auch die amüsanten Passagen über die Benutzung der Lernkartei im Aufsatz von Schratz (PRAXIS 4/1978, S. 361f.). – Es gibt fertig zu kaufende Lernkarteien, d. h. Sammlungen von bereits bedruckten Kärtchen. Dagegen ist nichts einzuwenden, wenn sie gut sind – aber das ist nicht immer der Fall. Natürlich ist es auch nicht der Sinn der Sache, eine Sammlung der angeblich wichtigsten 1500 Wörter zu kaufen, diese zu lernen und dann die Kartei in den Schrank zu stellen. Sie muß ergänzt und ausgebaut werden; Erledigtes muß von Zeit zu Zeit aussortiert und durch Neues ersetzt werden usw. – Einige nützliche unterrichtspraktische Hinweise zur Benutzung einer Lernkartei (allerdings in diesem Falle einer vorgefertigten, im Handel erhältlichen) finden sich im Aufsatz von Wolff (FUE Heft 2, April 1991).

16 Für PC z. B. *„Story Corner"* (Verlag Westermann) oder *„Quartext"* (Verlag Langenscheidt-Longman). – Siehe auch das Kapitel „Einsatz des Computers".

17 Das Lösen von Rätseln, z. B. Kreuzworträtseln, ist keineswegs bloßer Zeitvertreib. Die Schüler betreiben dabei sehr intensive Wortschatzarbeit, denn sie müssen zunächst einmal die *„clues"* verstehen (Training des Leseverstehens!) und dann die Wörter, die ihnen dazu durch den Kopf gehen, auswerten. Sie tun das i. a. mit Ausdauer und großem Interesse. – Material z. B.: Amor, *Training Grundwortschatz Englisch*; Amor/Maetz, *Training Aufbauwortschatz Englisch*; Römelsberger, *Wortschatzrätsel für den Englischunterricht*; Hill/Popkin, *Let's do crosswords*; oder den *„Wordmaster"* zum Lehrwerk ENGLISH G (Verlag Cornelsen).

[18] Beim Blättern in den Verlagskatalogen findet man inzwischen sehr viel Material dieser Art, meistens auch mit Schlüssel (wichtig fürs Selbststudium).

[19] Weitere nützliche Hinweise, nicht nur zu Lern- und Arbeitstechniken, sondern generell über die gezielte Unterstützung von Schülern, die zusätzliche Anstrengungen investieren möchten, finden sich im Aufsatz „Der Fremdsprachenlehrer als Lernberater" von Andreas Müller (PRAXIS 2/1986, S. 174ff.). – Ausführliche Begründung und Betonung der Wichtigkeit der Vermittlung von Lerntechniken: siehe Rampillon, FUE Heft 2, April 1991, S. 2ff.

Nachspeisen:
Jenseits des eigentlichen Unterrichts

Außerunterrichtliche Kontakte
der Schüler mit der Fremdsprache

Der Englisch- oder Französischunterricht in der Schule hat immer etwas Künstliches an sich, selbst wenn der Lehrer sein Handwerk versteht und nicht nur „über" die Fremdsprache unterrichtet, sondern dafür sorgt, daß sie auch in der Klassenraumsituation oft zu sinnvoller Kommunikation benutzt wird.

Der Lehrer wird deshalb versuchen, seine Schüler zu zusätzlicher, nicht auf den Unterricht bezogener Beschäftigung mit der Fremdsprache zu bewegen – so, daß sie individuelle Bedürfnisse dabei befriedigen können und Freude an der als sinnvoll und nützlich erlebten (rezeptiven oder produktiven) fremdsprachlichen Leistung haben.

Wenn ihm das gelingt, kann er indirekt (sozusagen auf dem Wege der Delegation) viel zur Förderung ihrer Kenntnisse und ihrer langfristigen Motivation beitragen.

Möglichkeiten dazu gibt es viele!

Lesen

- Die Schüler sollten angeregt werden, eine jener illustrierten Sprachzeitschriften zu abonnieren, die von verschiedenen Verlagen herausgegeben werden.
- Für die Schülerbücherei sollten zwei oder drei wichtige englische und französische Wochenzeitungen oder Zeitschriften abonniert werden, die dort zum Lesen in einer Freistunde o. ä. ständig ausliegen.
- Wenn ein Fachraum (oder zumindest ein Raum mit einem abschließbaren Schrank) zur Verfügung steht, kann der Lehrer dort Stapel von älteren Zeitschriften, Anthologien, Lektürehefte, landeskundliches Anschauungsmaterial usw. aufheben, mit dem sich die Schüler z. B. dann beschäftigen dürfen, wenn sie mit einer Aufgabe viel eher als ihre Klassenkameraden fertig geworden sind.
- Der Lehrer hat ein Köfferchen mit Lektüreheften, leicht verständlichen Romanen u. ä., das er gelegentlich mitbringt. Jeder, der möchte, darf sich etwas ausleihen.

– In der Schülerbücherei gibt es – hoffentlich – geeigneten fremdsprachlichen Lesestoff. Der Lehrer beläßt es nicht bei einem allgemein-unbe-
stimmten Hinweis, sondern geht mit seinen Schülern hin und zeigt
ihnen, was vorhanden ist und wie sie es ausleihen können.
– Die öffentliche Bücherei der Stadt hat wahrscheinlich eine fremdsprachliche Abteilung, in der Massen von interessanten Büchern zu
finden sind (und viel zuwenig genutzt werden).
– Der Lehrer kann gelegentlich Bücher aus seinem privaten Bücher-
schrank verleihen, wenn sich dafür ein Anlaß ergibt – z. B. wenn ein
Schüler von einem im Unterricht besprochenen Werk so beeindruckt
ist, daß er gern mehr von dem betreffenden Verfasser lesen möchte.

Hören und Sehen

– Der Lehrer sollte seine Schüler ermutigen, möglichst oft Sendungen
des englischen bzw. französischen Rundfunks zu hören. (An vielen
Orten ist das völlig unproblematisch, weil ein solcher Sender in her-
vorragender Qualität auf UKW zu empfangen ist. Wenn nicht, sollte
man herausfinden, ob ein Kurz- oder Mittelwellensender gut herein-
zubekommen ist, und den Schülern die Frequenz nennen.) Er kann sie
auf bestimmte Sendungen hinweisen, die seiner Erfahrung nach
besonders gut zu verstehen oder besonders interessant sind.
– Schüler sollten auf geeignete Schulfunksendungen hingewiesen werden. (Das bedeutet, daß der Lehrer sich rechtzeitig die Sendepläne
besorgt und ggf. auch um die Zusendung des Begleitmaterials bittet,
falls solches erhältlich ist.)
– Ein etwas aufwendiges, aber lohnendes Projekt ist der regelmäßige
Austausch von „Klingenden Briefen" mit der Klasse einer Partnerschule in England oder Frankreich.[1]
– Schüler können sich Tonkassetten ausleihen und sie zu Haus anhören:[2]
  – Begleitkassetten zu Lektüren (viele Verlage bieten inzwischen Kassetten an, auf denen geschulte Sprecher den Text des Lektüreheft-
  chens – oder Teile daraus – vorlesen);
  – Kassetten mit Aufnahmen von Schulfunksendungen;
  – Kassetten, auf denen der Lehrer (oder vielleicht auch ein Mitschüler)
  eine lohnende Sendung des englischen, amerikanischen oder französischen Rundfunks aufgenommen hat.
– Wer die Möglichkeit hat, fremdsprachliche Fernsehsendungen zu
empfangen, sollte sie nutzen. Dadurch, daß man nicht nur hört, sondern auch sieht, versteht man viel mehr (nicht nur bei einer „dramati-
schen" Handlung, sondern auch schon durch die vielen nicht-verbalen

Signale z. B. in einem Gespräch), so daß man schneller Erfolgserlebnisse hat als beim Verfolgen von Rundfunksendungen – ein Faktor,
der für die Motivation schwächerer Schüler sicher wichtig ist. (Das
Aufzeichnen solcher Originalsendungen mit dem Videorecorder und
Vorführen in der Schule ist aus juristischen Gründen problematisch;
aber es spricht nichts dagegen, daß der Lehrer – oder ein Schüler, der
über die entsprechenden Empfangsmöglichkeiten verfügt – alle Interessierten einmal abends einlädt, wenn es etwas besonders Sehenswer-
tes gibt!)

Schreiben

– Viele Schüler korrespondieren bereits mit Partnern im Ausland. Agen-
turen, die gegen eine geringe Gebühr geeignete Adressen vermitteln,[3]
wenden sich gelegentlich an die Schulen und bitten darum, daß Lehrer
bei den Schülern für solche Brieffreundschaften werben. Da es sich
dabei nicht ums „große Geschäft", sondern eher um eine gemeinnüt-
zige Unternehmung handelt, sollte man dieser Bitte ruhig nachkommen.

Technisch gesehen, gibt es verschiedene Varianten von Brieffreundschaften:

– Der deutsche Schüler schreibt in der Fremdsprache, sein englischer
oder französischer Partner schreibt deutsch.
(Dies scheint das verbreitetste Verfahren zu sein, obwohl beide
Partner dabei oft an die Grenzen dessen stoßen, was sie sprachlich
bewältigen können – besonders wenn es sich um Mittel- oder gar
Unterstufenschüler handelt. Aber vielleicht ist die unfreiwillige
Komik mancher solcher Briefe auch ein motivierender Faktor!)
– Der deutsche Schüler schreibt deutsch; sein Partner benutzt seine
eigene Muttersprache.
(Auf diese Weise läßt sich vermeiden, daß die Briefe allzusehr an der
Oberfläche bleiben. Andererseits gibt es gelegentlich Verständnis-
schwierigkeiten. Ein gutes Wörterbuch ist unbedingt nötig, und
manchmal muß der Lehrer helfen, eine Stelle zu übersetzen.)
– Beide Partner benutzen eine dritte Sprache (z. B.: der deutsche
Schüler und sein griechischer Brieffreund korrespondieren auf Englisch).
– Für Schüler, die – gemessen an ihren Altersgenossen – bereits über-
durchschnittlich gute Leistungen in der Fremdsprache zeigen, kommt
die Teilnahme am *Bundeswettbewerb Fremdsprachen* (in dem es allerdings nicht nur ums Schreiben, sondern auch um Hörverstehen und
dialogisches Sprechen geht) in Frage. Natürlich bekommt dort nicht

jeder Teilnehmer einen Preis – aber schon das Mitmachendürfen ist eine schöne Anerkennung; und die Aufgaben, die bei diesem Wettbewerb gestellt werden, sind wohltuend „anders" als das, was im schulischen Alltag geschieht.

– Besonders tüchtige Oberstufenschüler sollten auf die Möglichkeit hingewiesen werden, sich einer jener außerschulischen Prüfungen zu stellen, die weltweit als überzeugender Nachweis überdurchschnittlicher Englischkenntnisse anerkannt werden (z. B. die Zertifikatsprüfungen der Universitäten Oxford oder Michigan; die – ausschließlich mündliche, im Sprachlabor durchgeführte – ARELS-Prüfung).[4]

– Schließlich sei noch auf eine psychologisch ergiebige Variante des außerunterrichtlichen Schreibens hingewiesen, bei der es weniger auf das Sprachtraining ankommt als auf die Vertiefung der Lehrer-Schüler-Beziehung: „persönliche Briefe" der Schüler an den Lehrer und umgekehrt.

Ich gebe z. B. meinen Schülern (zugegeben: nicht allen, denn das würde zu zeitaufwendig; ich beschränke mich auf Mittel- und Oberstufe) einen Zettel mit folgendem Inhalt:

PERSONAL LETTERS
--- Special offer! --- Only for those who are interested! ---
--- Absolutely no obligation! ---

Whenever you feel like it, you can write me a letter. You can make it long or short, and it is entirely up to you WHAT you write about. (The only rule is that it should always include some personal information, something about yourself, so that we get to know each other better. I will do the same!)

This will help you to realize that you can use your English for real communication, not just for school purposes. It may also have a positive influence on our relationship.

Your letters will be treated as real letters, not as "homework" or as a test. I.e.:

– I will not show them to anybody else.
– I will not correct them.
– You will not get marks for them – neither bad marks nor good marks.
– You will not get your letters back.
– I will always write an answer, commenting briefly on what you have told me and also telling you something about myself.

Sprechen

– Am wirkungsvollsten ist natürlich ein Aufenthalt in dem betreffenden Land. Vier Möglichkeiten bieten sich an:

278

- Eine private Familien-Ferienreise.
(Darauf haben wir als Lehrer wenig Einfluß.)
- Teilnahme am Austausch mit der Partnerschule.
(Eine Schulpartnerschaft, mit regelmäßigen Besuchen und Gegenbe-
suchen, wobei manche Schüler auch mehrmals teilnehmen und im
Laufe der Zeit wirkliche Freundschaften schließen, ist einer der
nützlichsten und motivierendsten Unterstützungsfaktoren für den
Fremdsprachenunterricht an einer Schule!)
- Ein drei- oder vierwöchiger Aufenthalt bei einer Gastfamilie, i. a.
verbunden mit einem Feriensprachkurs, durchgeführt von einer
jener Organisationen, deren in verschwenderischer Fülle verschickte
Werbebroschüren allerdings manchmal mehr versprechen, als später gehalten wird.[5]
Hier kann man als Lehrer beratend eingreifen, indem man zwar
einerseits die Teilnahme an einem solchen Kurs grundsätzlich positiv beurteilt, andererseits aber den Schülern und vor allem ihren
Eltern bestimmte Kriterien nennt, auf die sie vor der Anmeldung
achten sollten:
- Wird der Unterricht am Ort von erfahrenen Fremdsprachenleh-
rern erteilt – oder (was durchaus vorkommt) von hilflosen Haus-
frauen und jungen Studenten?
- Wird der Schüler der einzige deutsche Gast bei der Familie sein?
(Es ist wichtig, hierauf zu bestehen, obwohl dafür manchmal eine
zusätzliche Gebühr verlangt wird, denn sonst sprechen die
Jugendlichen doch hauptsächlich Deutsch!)
- Wie viele Schüler werden maximal in einer Lerngruppe sein?
- Ist dafür gesorgt, daß am Anfang des Kurses eine sinnvolle Differenzierung vorgenommen wird, damit es nicht zu extremen
Unter- oder Überforderungen kommt?
In der Zeitschrift „TEST" sind schon mehrfach die Leistungen ver-
schiedener Feriensprachschulen miteinander verglichen worden.[6] Es
lohnt sich, solche Berichte zu lesen. Außerdem kann man Schüler,
die schon einmal an einem Kurs der betreffenden Organisation teil-
genommen haben, nach ihren Eindrücken fragen.
- Die „Maxi-Lösung": ein einjähriger Aufenthalt mit vollem Familien-
anschluß und Schulbesuch im Ausland, vermittelt durch eine der
darauf spezialisierten Organisationen.
Auch hierbei ist Vorsicht geboten. Geeignete Gastfamilien sind
Mangelware, da viele deutsche Jugendliche an einem einjährigen
Auslandsaufenthalt (besonders in den USA) interessiert sind; und
nicht alle der (laut Prospekt) „sorgfältig ausgesuchten" Gasteltern
werden der Verantwortung, die sie mit einer solchen Einladung auf

sich nehmen, wirklich gerecht. Manche Schüler machen enttäu-
schende, ja empörende Erfahrungen. Wie hoch das Risiko ist, hängt
offenbar auch von der Organisation[7] ab, der man sich anvertraut:
manche Organisationen (z. B. AFS) schauen bei der Auswahl der
Gastfamilien genauer hin als andere – was dann aber auch dazu
führt, daß sie jeweils nur eine begrenzte Zahl von Plätzen anbieten
können und recht strenge Auswahlkriterien an die interessierten
deutschen Schüler anlegen.
– Abschließend sei noch auf einen wesentlich bescheideneren „außerunterrichtlichen Sprechanlaß" hingewiesen, den der Lehrer seinen (Ober-
stufen-)Schülern verschaffen kann. Er kann Interessierte gelegentlich
zu einem „englischen (oder französischen) Abend" zu sich in die Wohnung[8] einladen. Da gibt es dann keine große Mahlzeit, allenfalls
Getränke und etwas zu knabbern; es gibt auch kein festes Programm
und keine Liste von Themen. Alles darf sich so entwickeln, wie es sich
eben entwickelt. Es gibt nur eine Regel: es darf kein Deutsch gesprochen werden! Wenn es gelingt, für diesen Abend auch noch einen
native speaker einzuladen – z. B. einen englischen Bekannten des Lehrers, oder die englische Assistentin der Schule –, fällt es besonders
leicht, diese Regel einzuhalten. Wenn das Eis erst einmal gebrochen
ist – wozu der Lehrer durch Humor, Einfühlungsvermögen und interessierte Zuwendung viel beitragen kann –, machen solche Abende
großen Spaß!

---

[1] Einzelheiten lassen sich in dem Aufsatz von K. Moehl (PRAXIS 4/1975) nachlesen.
[2] Vgl. hierzu auch das im Kapitel „Umgang mit Hörmaterialien" über Hörverständnis-Hausaufgaben Gesagte.
[3] Z. B.: International Youth Service (IYS) Laaksonen & Pirkkala, PB 125, SF-20101
Turku, Finnland.
[4] Kurse, die auf das Oxford-Zertifikat vorbereiten, werden an vielen Volkshoch-
schulen angeboten; für die Prüfung selbst gibt es etliche Durchführungsorte in
Deutschland. Die Michigan-Prüfung wird an manchen Amerikahäusern durchgeführt. – Man kann die betreffenden Universitätsinstitute bzw. die ARELS-
Organisation (= *Association of Recognized English Language Schools)* anschreiben
und sich die Aufgaben vergangener Prüfungen schicken lassen. (Durch gezieltes
Ansprechen und Verleihen solchen Materials habe ich im Laufe der Jahre etliche
Schüler veranlaßt, sich einer der genannten Prüfungen zu stellen.)
[5] Ich habe in der Vergangenheit für verschiedene deutsche und englische Organisationen als Transportbegleiter, Feriensprachlehrer oder Gruppenbetreuer gearbeitet und dabei nicht nur gute Erfahrungen gesammelt.

[6] Nähere Angaben (nicht nur zu den TEST-Artikeln) finden sich am Ende des Aufsatzes von Elke Hoppe, *"I would like to meet you crazy Americans"* (FUE 1/1991), der ein anschauliches Bild eines Sprachkurses in Kalifornien zeichnet.

[7] Nützliche Informationen kann man einer 250 Seiten starken Broschüre „Alles über Sprachreisen" der „Aktion Bildungsinformation" entnehmen. Sie ist (gegen eine erschwingliche Gebühr) zu beziehen von: Aktion Bildungsinformation e.V., Postfach 10 01 64, 7000 Stuttgart 10.

[8] Manchmal wohnen die Schüler in wesentlich geräumigeren Wohnungen als der Lehrer; und wenn der erste „Englische Abend" Spaß gemacht hat, kann es gut sein, daß der zweite im Hause eines Schülers stattfindet!

Studienreisen: Aktivitäten für Schüler

Eine gemeinsame Fahrt des Lehrers mit seinen Schülern nach England oder Frankreich kann die sorgfältig vorbereitete, mit fiebriger Aufregung erwartete Krönung des Unterrichts sein. Sie kann sich als überaus gewinnbringend erweisen, sowohl für die langfristige Motivierung als auch für die unmittelbare sprachliche Leistungssteigerung.

Ob diese erfreulichen Folgen sich tatsächlich einstellen, hängt hauptsächlich von zwei Faktoren ab:
- **Wie werden die Jugendlichen untergebracht?**
- **Womit werden sie am Zielort beschäftigt?**

Zum Problem der **Unterbringung** braucht hier nicht viel gesagt zu werden. Es liegt auf der Hand, daß die Übernachtung in Jugendherbergen, Jugendhotels, Studentenwohnheimen u. ä. nicht so ergiebig ist wie eine Unterbringung in Familien. Wenn es sich um einen Austausch zwischen Partnerschulen handelt, ist meistens dafür gesorgt, daß die Schüler bei sorgfältig ausgesuchten Familien wohnen, die selbst Kinder im entsprechenden Alter haben und bereit sind, ihre Gäste nicht nur zu verpflegen, sondern sich auch mit ihnen zu unterhalten und ihnen sprachlich zu helfen. Wenn man keine Partnerschule hat, sondern sich bei der Vorbereitung einer Studienreise auf die Hilfe einer kommerziellen Organisation stützen muß – auch solche Organisationen bieten u. U. Familienunterbringung an –, kann es sein, daß es Enttäuschungen gibt, weil manche Familien einen Gast nur um des Geldes willen aufnehmen und ihm zwar ein Bett und Verpflegung zur Verfügung stellen, sich aber sonst kaum um ihn kümmern. Es ist nahezu unmöglich, sich dagegen abzusichern. Man kann allenfalls versuchen, im Vertrag festzulegen, daß pro Familie nur *ein* deutscher Gast aufgenommen wird.

Auf das Thema **„Beschäftigung"** soll in etwas größerer Ausführlichkeit eingegangen werden, denn hier hat der Lehrer mehr Einflußmöglichkeiten und mehr Gelegenheit zu detaillierter Planung.

Der folgende Tagesablauf[1] – für manche unserer Schüler sicher recht reizvoll – kann aus der Sicht des Fremdsprachenlehrers nicht unbedingt als optimal angesehen werden:

Verkatertes Aufstehen gegen 11.30. Einsames Frühstück (die Gastfamilie ist schon aus dem Hause gegangen); Musikberieselung durch
Radio oder Plattenspieler; später Mittagessen bei McDonald's mit
Gleichgesinnten; nachmittags mit den anderen Deutschen am Strand
(die Familie wird schon nichts dagegen haben, daß man ihren Radiore-
corder mitgenommen hat!); abends gezwungenermaßen Abendessen
mit der Gastfamilie, wobei man die Unterhaltung auf das Notwendig-
ste beschränkt, da man im Hinblick auf den anschließenden Discobe-
such seine Kondition nicht unnötig schwächen möchte. Dann: Disco –
und hier zeigt man nun endlich seine Kontaktfähigkeit, wenn auch
vorwiegend auf non-verbale Weise. Wie gut, daß man von der Familie
einen Hausschlüssel bekommen hat . . .
So also sollte es *nicht* sein. Aber was kann man dagegen tun?

Ein erster, sehr wichtiger Teil der Vorbereitung[2] beginnt bereits zu Haus
in Deutschland, im Unterricht. Der Lehrer muß dafür sorgen, daß seine
Schüler für die Sprachsituationen, die ihnen bevorstehen, gut gerüstet
sind, und zwar vor allem für die Kommunikation mit der aufnehmenden
Familie. Bei dieser Unterweisung geht es um drei Dinge:[3]
– um einige übergreifende Prinzipien des Umgangs mit den Menschen
  des anderen Landes ("Welche Grundregeln höflicher Anpassung müssen unbedingt beachtet werden?");
– um bestimmte Empfehlungen, die man bei einer Unterhaltung mit den
  Gastgebern oder anderen Einheimischen grundsätzlich beherzigen
  sollte;
– um das Bereitstellen einer Reihe von Redewendungen, die sich bei
  einigen mit großer Wahrscheinlichkeit zu erwartenden Gesprächs-
  themen als nützlich erweisen werden.
Ein einmaliger Lehrervortrag reicht nicht, und das bloße Austeilen einer
Liste mit Redewendungen bewirkt noch nicht, daß diese dann auch
benutzt werden. Die Liste sollte auswendig gelernt werden, und typische
Situationen lassen sich in der Klasse üben (z. B. in Gruppen), vorspielen
und auswerten.

Am Zielort angekommen, geht es darum, die Schüler zur möglichst häufigen *aktiven* Benutzung der Fremdsprache zu bewegen. Natürlich ist
auch schon das bloße "Eintauchen" in die Fremdsprache nützlich, das
sich nahezu von selbst ergibt (das abendliche Fernsehen mit der Gastfamilie spielt dabei eine nicht zu unterschätzende Rolle!), aber im Hinblick
auf ein vernünftiges Aufwand-Wirkung-Verhältnis (finanziell und auch
zeitlich) ist es wichtig, dafür zu sorgen, daß möglichst viel Englisch oder
Französisch *gesprochen* (und in geringerem Maße auch *geschrieben*)
wird.[4]

Deshalb wird der Lehrer versuchen, den Schülern Aufträge zu geben oder sie in Aktivitäten zu verwickeln, die es mit sich bringen, daß sie sich zeitweilig von der Großgruppe der deutschen Klassenkameraden trennen und ihre eigenen Wege gehen müssen.

Einige Möglichkeiten dazu sollen hier genannt werden – aber mit der Vorbemerkung, daß das, was vom Lehrer vorgeschlagen oder gar erzwungen wird, nur halb soviel Spaß macht wie das, wofür sich die Schüler selbst entscheiden . . .

– Schüler führen Interviews durch.

Am elegantesten läßt sich dies arrangieren, wenn der Lehrer (vielleicht mit Hilfe seines englischen oder französischen Kollegen) schon vorher eine Reihe von Personen angesprochen hat, die sich für Gespräche zur Verfügung stellen: nach Möglichkeit Menschen ganz unterschiedlicher Alters-, Bildungs- und Berufsgruppen.[5] Zeit und Ort können vorher vereinbart werden.

Verschiedene Schwierigkeitsstufen sind denkbar. Auf der einfachsten Ebene geht es vielleicht nur um das Ausfüllen eines Fragebogens, wobei die Formulierung der Fragen vorher in gemeinsamer Arbeit abgesprochen wurde und die Antworten vorstrukturiert sein können *(multiple-choice questions).*[6] Am anderen Ende der Skala steht das „freie" Interview, bei dem weder die Zahl noch die Formulierung der Fragen vorher feststeht und die Antworten frei gegeben werden. Es ist empfehlenswert, den Schülern hierzu vorher einige sprachliche Hilfen zu geben: Formulierungen, mit denen sie höflich und geschickt das Gespräch in Gang halten können.[7]

Es ist zwar wünschenswert, aber unter Umständen umständlich und mühsam, die Antworten der Gesprächspartner festzuhalten, so daß man später besser darüber berichten kann. Zwei Möglichkeiten zur Lösung dieses technischen Problems bieten sich an:

– Die Schüler arbeiten paarweise: einer fragt, der andere schreibt mit. Von Zeit zu Zeit werden die Rollen getauscht.

– Die Schüler können mit einem Diktiergerät oder einem kleinen Kassettenrecorder arbeiten. Das hat den zusätzlichen Vorteil, daß sie später beim Abhören noch einmal mit ihren eigenen sprachlichen Schwächen konfrontiert werden und hören, wie der Gesprächspartner ihren Fehler indirekt berichtigt. (In einem Interview zum Thema „Weihnachten" fragte der deutsche Schüler z. B. *"What do you do this Christmas?"* und bekam die Antwort *"Well, my parents are coming to stay . . .".)*

– Die Schüler bekommen (individuell oder in Kleingruppen) bestimmte „Forschungsaufträge".

Sie versuchen, zu einem Thema, das sie interessiert, Informationen zu sammeln. Wie sie das machen, ist ihnen freigestellt; aber der Lehrer kann natürlich ein paar Anregungen geben. Die Gastfamilie wird sicher ebenfalls helfen, einen zweckmäßigen Plan zu entwickeln. (Auch hier sind verschiedene Schwierigkeitsstufen denkbar. Auf einer sehr schlichten Ebene kann es z. B. einfach darum gehen, herauszufinden, was bestimmte Dinge in verschiedenen Geschäften kosten. Der Lehrer kann die Schüler auch bitten, ihm zu helfen, indem sie Anschauungsmaterial für ihn besorgen, das er dann zu Haus für den Unterricht in anderen Klassen benutzen kann: Preisschildchen, Formulare, kostenlose Broschüren, Käseschachteln, Kataloge, Plastiktüten mit interessantem Aufdruck . . .)

– Eine „Schatzsuche" kann viel Spaß machen. Die Teilnehmer müssen (nicht alle miteinander, sondern unabhängig voneinander) verschiedene Orte aufsuchen und dort jeweils etwas Bestimmtes finden oder herausfinden. Wer alle Aufgaben gelöst hat, bekommt einen Preis. – Die Organisation einer Schatzsuche ist arbeitsaufwendig; am besten läßt sie sich mit der Hilfe eines ortskundigen englischen bzw. französischen Kollegen vorbereiten. Gute Ideen[8] lassen sich immer wieder verwenden, wenn z. B. eine Schulpartnerschaft besteht und jedes Jahr neue Gruppen hinfahren.

– Schüler werden aufgefordert, Beobachtungen zu machen und – in der Fremdsprache – aufzuschreiben. (Das *Sprechen* kommt dann erst später, beim Berichten und bei der Auswertung.) Beispiele:
  – „Setze dich in einen Park und beobachte eine Stunde lang alles, was geschieht."
  – „Stell dich mit einem Notizblock an eine Straßenkreuzung und schreibe auf, was dir auffällt."
  – „Fahre mit einem Bus bis zur Endstation. Beobachte die Mitfahrer: ihre Kleidung, ihr Verhalten. Womit beschäftigen sie sich? Welcher Stimmung scheinen sie zu sein?"
  – „Geh in ein Selbstbedienungsrestaurant und schreibe die Speisekarte ab, mit Preisen. Mach ein Foto."[9]
Bei der gemeinsamen Auswertung dieser Beobachtungen geht es nicht nur um Sprachtraining, sondern auch um Landeskunde. Den Schülern ist vermutlich etliches aufgefallen, was anders ist als zu Hause; und darüber läßt sich dann sprechen. Schüler sehen zunächst nur die Unterschiede; dem Lehrer fällt es zu, die Ursachen für solche Unterschiede zu erklären und ungerechtfertigte Verallgemeinerungen abzuschwächen.

Es ist grundsätzlich wünschenswert, daß die Ergebnisse der genannten Aktivitäten in geeigneter Form allen Teilnehmern zugänglich gemacht werden, damit die Schüler nicht das Gefühl haben, ihr Einsatz sei nur eine Art von Beschäftigungstherapie gewesen. Abgesehen von der Möglichkeit, beim regelmäßigen gemeinsamen Zusammentreffen der gesamten Klasse oder Gruppe während der Studienfahrt nach und nach die Berichte der einzelnen Schüler anzuhören, kann der Lehrer auch darauf hinwirken, daß nach der Rückkehr nach Deutschland eine Mappe oder ein Ordner mit Berichten, Illustrationen, Fotos und anderem Material zusammengestellt wird, an der die Teilnehmer noch Monate oder Jahre später Freude haben werden.

---

[1] Natürlich handelt es sich hier um eine satirische Übertreibung – aber all dies und noch Schlimmeres habe ich mehrfach erlebt, als ich in den großen Ferien als Gruppenbetreuer und Feriensprachlehrer für verschiedene englische und deutsche Organisationen zu arbeiten pflegte. Wenn man mit den eigenen Schülern fährt, ist es im allgemeinen weniger schwierig; aber wenn man Gruppen unbekannter junger Leute begleitet, kann man sein blaues Wunder erleben – allerdings auch in puncto Gastfamilien.

[2] Zur allgemeinen, organisatorischen, nicht sprachspezifischen Vorbereitung auf eine Klassenfahrt oder Studienreise vgl. das Kapitel „Klassenfahrten" in K. Schaefer, *So schaffen Sie den Schulalltag*.

[3] Diese Aufteilung habe ich dem Aufsatz *"Did you have a good crossing?"* – *"No."* von Stephen Speight, PRAXIS 1/1986, entnommen, in dem auch detaillierte Beispiele gegeben werden. Der Aufsatz ist so nützlich, daß er zur Pflichtlektüre für alle Lehrer, die ihre Schüler auf einen Englandaufenthalt vorbereiten, erklärt werden sollte! – Dort wird auch auf das Buch *Britain / Get ready for the trip* von Klaus Hinz und Stephen Speight verwiesen (Hannover 1982).

[4] Dazu gehört auch, daß man sich – von Ausnahmefällen abgesehen – strikt weigert, mit den Schülern deutsch zu sprechen. Es ist absurd, wenn man zwar zu Haus in der eher künstlichen Klassenraumsituation versucht, den Unterricht einsprachig zu führen, im Ausland dann aber dem Wunsch der vom *culture shock* befallenen Teenager nachgibt, ihnen zum Trost den muttersprachlichen Schürzenzipfel zu reichen.

[5] Ein Tip: Bewohner eines Altersheims sind oft dankbar, wenn sie Gelegenheit bekommen, einem interessierten Zuhörer aus ihrem Leben zu erzählen!

[6] Auf diese Weise lassen sich z. B. „Meinungsumfragen" auf der Straße durchführen. Dadurch, daß die Formulierung der Fragen vorgegeben ist, ist sichergestellt, daß auch schwache Schüler immer wieder bestimmte sprachliche korrekte Wendungen benutzen und dadurch intensiv üben. – Ein zusätzlicher Gewinn dabei ist, daß die Schüler interessante Einblicke in soziologische Fragestellungen und in bestimmte typische Denk- und Verhaltensweisen bekommen können.

[7] Eine Liste solcher Wendungen bietet B. Baddock in dem Aufsatz *"The Question-naire Interview: An Authentic Language Exercise"*, PRAXIS 3/1985, S. 229f.

[8] Einige Anregungen finden sich in dem kurzen Beitrag *"Hunting for treasure in English"* von Joan Klyhn, in H. Moorwood (ed.), *Selections from MODERN ENG-LISH TEACHER*, S. 101.

[9] Diese vier Beispiele sind (leicht verändert) dem Buch *Classroom Techniques* von Allen/Valette entnommen (S. 348).

Möglichkeiten der eigenen Fortbildung

Fortbildung ist nötig – das braucht kaum eingehend begründet zu werden. „Wer rastet, der rostet": er bleibt – in seinen Kenntnissen und Leistungen – nicht einmal auf dem gleichen Stand, sondern fällt zurück. Hinzu kommt, daß während der Ausbildung bestimmte Fähigkeiten, die man in der beruflichen Praxis dringend benötigt, möglicherweise gar nicht oder nur unzureichend berücksichtigt wurden, so daß ein Nachholbedarf entsteht.

Nicht selten besteht allerdings eine deutliche Diskrepanz zwischen dem subjektiven Bedürfnis nach Fortbildung und der tatsächlichen, objektiv feststellbaren Notwendigkeit. Viele Lehrer, die um jegliche Art von Fortbildung einen großen Bogen machen, hätten sie besonders nötig!

Auf welche Aspekte kann sich Fortbildung beziehen?

Es gibt viele Bereiche, in denen Fortbildung m ö g l i c h ist.

Wie oft und wie intensiv Fortbildung n ö t i g ist, hängt von unterschiedlichen Faktoren ab. Sie sind teils persönlicher Natur (Art, Dauer und Qualität der ursprünglichen Ausbildung; bisherige Berufserfahrung; Neigungs- und Begabungsschwerpunkte), teils institutions- und situationsbedingt (Schulform, Lehrplan, Richtlinien; Alter, Klassenstufe, Kenntnisse und Motivation der Schüler; Wechsel des Arbeitsplatzes oder Veränderung der Aufgabenbereiche). –

Eine systematische Zusammenstellung der Fortbildungsgebiete des Fremdsprachenlehrers könnte etwa so aussehen:

Sachkompetenz

- Praktische Beherrschung der Fremdsprache:
  - Hörverstehen;
  - Leseverstehen;
  - mündliche Kommunikationsfähigkeit;
  - angemessene Aussprache und Intonation;
  - Fähigkeit zu angemessener schriftlicher Formulierung.
- Linguistisches Wissen; theoretische Sprachkenntnisse:

- Grammatik;
- Lexik;
- Phonetik;
- Stilistik.
- Sozio-kulturelles Wissen:
  - Geographie des Landes bzw. der Länder, deren Sprache der Lehrer unterrichtet;
  - Geschichte;
  - Institutionen;
  - politische Probleme;
  - charakteristische Sitten und Gebräuche.
- Literarische Bildung:
  - Wichtige Werke vergangener Epochen (aus unterschiedlichen Gattungen)
  - Gegenwartsliteratur: Werke, Autoren, Strömungen.

Unterrichtskompetenz

- Vertrautheit mit den Zielen des Fremdsprachenunterrichts:
  - Klare Übersicht über die grundsätzlich denkbaren Ziele des Fremdsprachenunterrichts;
  - detaillierte Kenntnis der zur Zeit offiziell vorgegebenen Ziele und Prioritäten des Fremdsprachenunterrichts;
  - Fähigkeit, die Abhängigkeit dieser Ziele von ihren geographischen, politischen, soziologischen und kulturellen Rahmenbedingungen zu erkennen.
- Kenntnis der aus den Zielen abgeleiteten methodischen Ansätze.
- Kenntnis und Beherrschung mannigfacher Einzeltechniken und „Rezepte", die sich aus den methodischen Ansätzen ergeben.
- Fähigkeit, vorgegebenes Unterrichtsmaterial angemessen zu benutzen.
  Fähigkeit, bei Bedarf zusätzliches oder alternatives Unterrichtsmaterial zusammenzustellen und sinnvoll einzusetzen.
- Fähigkeit, all jene (zum Teil recht komplizierten) Geräte zu bedienen, die für den unterrichtlichen Einsatz in Frage kommen (Projektoren, Kassetten- und Videorecorder, Sprachlabor, Computer).

Persönliche Einstellungen und Verhaltensweisen

- Einstellung zu der unterrichteten Fremdsprache.
- Einstellung zu den Ländern, in denen die Fremdsprache gesprochen wird; zu ihrer Kultur, ihrer Literatur, ihrer gegenwärtigen ökonomischen und politischen Situation.
- Einstellung zu den Schülern.

<u>Möglichkeiten</u>

Teilnahme an Fortbildungsveranstaltungen

- Kurse
  - im Inland
    Hin und wieder sollte man sich zu einem der Kurse anmelden, die von der Schulbehörde bzw. den Lehrerfortbildungsinstituten offiziell angeboten werden. Zwar wird das Aufwand-Wirkung-Verhältnis von den Teilnehmern nicht immer als befriedigend empfunden, aber man bringt – aufgrund der vielen „nebenbei" geführten Gespräche mit Fachkollegen – doch viele Ideen und Anregungen mit nach Hause, selbst wenn die Vorträge und Gruppensitzungen nicht besonders effektiv waren. Außerdem wirft die Teilnahme keine finanziellen Probleme auf.
  - im Ausland
    An vielen privaten und öffentlichen europäischen Sprachschulen und an manchen Universitäten werden in den Ferien Kurse für ausländische Fremdsprachenlehrer angeboten, zum Teil auf beachtlichem Niveau.[1]
    Auch deutsche Lehrerfortbildungsinstitute bieten gelegentlich Fremdsprachenlehrern Kurse im Ausland an, bei denen die Höhe der finanziellen Eigenbeteiligung in erträglichen Grenzen bleibt; hin und wieder erkennt auch das Finanzamt solche Kurse als steuerlich absetzbar an – aber trotzdem sind Kurse im Ausland teuer. Dennoch: sie bieten die beste Möglichkeit, Sprachkenntnisse zu reaktivieren[2] – ganz unabhängig von der inhaltlichen Komponente, die natürlich ebenfalls wichtig und nützlich sein kann, sei sie nun landeskundlich, literarisch oder methodologisch.
- Kürzere Fortbildungsveranstaltungen
    Ein regional angebotener Vortrag, nachmittags, mit anschließender Diskussion – das ist wahrscheinlich der am häufigsten in Anspruch genommene Typ von Fortbildungsveranstaltung. Nicht besonders effektiv (wegen der Kürze der Zeit nimmt man allenfalls Informationen auf, hat aber keine Gelegenheit zu irgendeiner Form von Übung), aber immerhin besser als gar nichts.

Auslandsreisen und -aufenthalte

Warum nicht das Angenehme mit dem Nützlichen verbinden und den Urlaub dort verbringen, wo man voll in die Fremdsprache eintauchen kann – mit Zeitunglesen, Radiohören und Fernsehen, mit Kino- und

Theaterbesuchen, mit ernsthaften Gesprächen ebenso wie mit inhaltlich unbedeutendem, aber sprachlich nützlichem „small talk"?

Lektüre

- Fachbücher
  - über Sprache und Linguistik;
  - über Literatur (Interpretationen, Autorenbiographien);
  - über Landeskunde; über die Geschichte oder die politischen
    Probleme des Landes;
  - über die Methodologie des Fremdsprachenunterrichts;
  - über Pädagogik und Psychologie.
  (Wenn solche Fachbücher auch noch in der Fremdsprache gelesen
  werden anstatt auf deutsch – um so besser!)
- Fachzeitschriften für Fremdsprachenlehrer
  Nicht jede Nummer bringt praktisch Verwertbares – aber trotzdem:
  Das Abonnement einer dieser Zeitschriften gehört für den Fremdsprachenlehrer eigentlich zum guten Ton. (Abonnieren allein genügt
  natürlich nicht: Man muß sie auch durchprüfen, Wichtiges kennzeichnen, katalogisieren!)
- „Sprachzeitschriften"
  Es lohnt sich, eine jener (an sich für Schüler gedachten) illustrierten
  Sprachzeitschriften zu abonnieren, die von etlichen Verlagen her-
  ausgegeben werden. Sie bieten aktuelles, reizvolles Material, das oft
  in den Unterricht integriert werden kann.
- Fremdsprachige Zeitungen und Zeitschriften allgemeiner Art
  „NEWSWEEK", „TIME", „L'EXPRESS", „PARIS MATCH" und ähnliche bekannte Nachrichtenmagazine bieten Lehrern günstige Vor-
  zugsabonnements an, z. T. mit zusätzlichem Hilfsmaterial für
  Unterrichtszwecke.
- Fremdsprachige Romane und andere Unterhaltungsliteratur
  Nicht nur die vorbereitende Lektüre von Werken, die man vielleicht
  einmal im Unterricht besprechen möchte, ist hier gemeint, sondern
  vor allem das entspannte Lesen von Büchern, an denen man persönlich interessiert ist. Eine der besten, billigsten und angenehmsten
  Methoden zur – großenteils unterbewußten – Aktivierung und Ausweitung des Wortschatzes und oft auch des sozio-kulturellen Hin-
  tergrundwissens!

Fremdsprachige Rundfunk- und Fernsehsendungen

- Direktempfang
  In Deutschland ist an vielen Orten der Empfang französischer, englischer oder amerikanischer Rundfunkprogramme möglich; in man-

chen Gegenden können auch Fernsehprogramme empfangen werden (z. T. mit einer zusätzlichen Antenne oder über einen Kabelanschluß).

– Tonkassetten; Videoaufnahmen
Abgesehen von der Möglichkeit, Sendungen selbst aufzunehmen, gibt es auch eine große Auswahl an käuflichen Ton- und Videoaufnahmen (z. B. Lesungen, Dramatisierungen oder Verfilmungen bekannter Werke der Literatur).

Sonstiges

– Teilnahme an Gesprächskreisen, Diskussionsgruppen o. ä.
In den meisten größeren Städten gibt es solche Zirkel (angeboten von Kulturinstituten oder öffentlichen Bildungseinrichtungen), in denen man wöchentlich zwanglos zusammenkommt und – i. a. unter der Leitung eines *native speaker* – in der Fremdsprache über alle möglichen Themen diskutieren kann. Die Sprachkenntnisse der Anwesenden sind oft sehr unterschiedlich; aber trotzdem kann sich die Teilnahme auch für Lehrer lohnen: zum einen, weil hin und wieder auch „echte" Engländer, Franzosen oder Italiener kommen, von denen man manches lernen kann; zum anderen, weil man über Themen spricht, die in der Schule zu kurz kommen – und weil man dann merkt, wie ergänzungsbedürftig der eigene Wortschatz noch ist!

– „Selbstgespräche" in der Fremdsprache
Man versucht (halblaut oder unhörbar) – in einem ständig fließenden Strom der Versprachlichung und Kommentierung – in der Fremdsprache alles auszudrücken, was man gerade tut, sieht, hört, fühlt oder denkt. Eine recht effektive Form des Sprachtrainings – die man allerdings auf Situationen beschränken sollte, in denen man unbeobachtet ist!

---

[1] Persönlich habe ich z. B. gute Erfahrungen mit den *EUROCENTRES* gemacht sowie mit den *"Pilgrims Language Courses"* in Canterbury. (Prospekte anfordern: Pilgrims Language Courses, 8 Vernon Place, Canterbury, Kent CT1 3HG, England.)

[2] Wenn man sich schon einen teuren Auslandskurs leistet, bei dem der persönliche Fortbildungs-Hauptakzent eigentlich auf dem Sprachtraining liegen sollte – denn „auf Inhalte bezogene" Fortbildung kann man auch zu Hause haben –, dann sollte man auch konsequent sein und möglichst jede Gelegenheit nutzen, um Englisch oder Französisch zu sprechen. Viele Lehrer tun sich damit aber sehr schwer. Sie halten sich aneinander fest und sprechen deutsch – beim Esssen, beim Einkaufen, beim Biertrinken. Verpaßte Chancen!

Literaturverzeichnis

Für Fachzeitschriften wurden folgende Abkürzungen verwendet:

PRAXIS = Praxis des neusprachlichen Unterrichts
FU = Der fremdsprachliche Unterricht
FUE = Der fremdsprachliche Unterricht / Englisch
NM = Neusprachliche Mitteilungen aus Wissenschaft und Praxis
DNS = Die Neueren Sprachen
EAS = Englisch – Amerikanische Studien
ZE = Zielsprache Englisch
ELT = English Language Teaching Journal
PET = Practical English Teaching
MET = Modern English Teaching

Achtenhagen, Frank: *Didaktik des fremdsprachlichen Unterrichts*, Beltz, Weinheim 1969

Ahmad, K. et al.: *Computers, Language Learning and Language Teaching*, Cambridge University Press, Cambridge 1985 (in Deutschland über den Verlag Ernst Klett erhältlich)

Ahrens, Rüdiger: *Das moderne englische Drama. Möglichkeiten der Behandlung im Unterricht der gymnasialen Oberstufe.* FU 1/1970 (Heft 13)

Alexander, L. G.: *Disillusion.* ZE 1/1975, S. 13

Alexander, L. G.: *The Conversation Lesson.* ZE 3/1977, S. 17

Alexander, L. G.: *Follow Me.* ZE 1/1980, S. 21

Alexander, L. G.: *The Way We Learn.* ZE 3/1980

Alexander, Louis: *Notional/functional syllabuses and courses.* PET, April 1981, S. 6ff.

Allan, Margaret: *Teaching English with Video*, Longman, London 1991

Allen, E. D. / Valette, R. M.: *Classroom Techniques: Foreign Languages and English as a Second Language*, Harcourt Brace Jovanovich, New York 1977

Ankerstein, H. S.: *Fremdsprachenunterricht und Schulfernsehen.* FU Heft 12 (4/1969), S. 4ff.

Antor/Ward: *Getting the Most out of Your Oxford Advanced Learner's Dictionary*, Cornelsen, Berlin 1989

Appel, Joachim: *Leselust im Unterricht und Unterricht in Leselust.* FU Heft 100, April 1990

Arends, Folko: *Authentisches Material / Wenig Aufwand – viele Möglichkeiten.* PRAXIS 1/1990 (mit PRAXIS-Arbeitsblatt!)

Arendt, M.: *Plädoyer gegen das laute Lesen: Flogging a dead horse?* ENGLISCH 1982, S. 41–44

Arendt, Manfred: *Hörverstehen – gezielt geschult.* PRAXIS 2/1989

Arendt, Manfred: *Die vier Arten der Einsprachigkeit.* PRAXIS 2/1991, S. 115ff.

Arndt, Horst: *Fragen zur Effizienzanalyse des traditionellen Fremdsprachenunterrichts – dargestellt am Englischunterricht;* in: Bausch et al. (Hsg.), *Handbuch Fremdsprachenunterricht,* S. 207ff.

Arndt, Horst: *Linguistische und lerntheoretische Grundaspekte des Grammatikunterrichts im Englischen.* FU Heft 6, Mai 1968, S. 3ff.

Arnold, G. F. / Gimson, A. C.: *ENGLISH PRONUNCIATION PRACTICE (Lower Intermediate – Advanced)* (Textbuch und Kassette), Hodder & Stoughton, London 1973

Aschersleben, Karl: *Einführung in die Unterrichtsmethodik,* Kohlhammer, Stuttgart 1976

Aschersleben, Karl: *Moderner Frontalunterricht,* Lang, Frankfurt 1985

Aßbeck, J.: *Guess, read and talk about it: Kommunikativer Lektüreunterricht.* PRAXIS 1/1991

Aßbeck, J.: *Kommunikativer Fremdsprachenunterricht im Sprachlabor.* PRAXIS 4/1990, S. 352ff.

Aßbeck, Johann: *Schüler können auch das Lernen lernen / Gedächtnispsychologie und Wortschatzarbeit in der Sekundarstufe II.* FU Heft 102, August 1990

Aßbeck, J.: *Wider das Vergessen. Gedächtnistechniken im Fremdsprachenunterricht.* PRAXIS 2/1987

Baddock, Barry: *Cloze and the Microcomputer.* PRAXIS 2/1988, S. 141ff.

Baddock, Barry: *Contrasting Dialogues: Language Study through Film.* PRAXIS 1/1991, S. 50ff.

Baddock, Barry: *Getting in the Scene: Film in the Language Class.* PRAXIS 2/1990, S. 145ff.

Baddock, Barry: *Using Cinema Films in Foreign Language Teaching.* PRAXIS 3/1989, S. 270ff.

Bailey, W. / Schrand, H.: *Zwei Beiträge zum Thema „Cloze Test".* ZE 4/1976

Bald, Wolf-D.: *Kernprobleme der englischen Grammatik,* Langenscheidt-Longman, München 1988

Balik, K. / Dietl, E.: *english training I / Hilfen für den Englisch-Unterricht,* Ehrenwirt, München 1985

Bausch, Karl-Richard u. a. (Hsg.), *Handbuch Fremdsprachenunterricht,* UTB, Francke, Tübingen, 1989

Bebermeier, Hans: *Zielvorstellungen, Anwendungsprobleme und Lösungsmöglichkeiten bei der Arbeit mit Schulfunksendungen.* FU, Heft 12 (Nov. 1969)

Becker, Norbert: *Grammatikunterricht, eine unzeitgemäße Beschäftigung?* PRAXIS 1/1977, S. 58ff.

Becker, Norbert: *Behandlung narrativer literarischer Texte und Sprachproduktion.* PRAXIS 2/1990

Beer, Ulrich: *Methoden der geistigen Arbeit,* Katzmann, Tübingen 1966

Beile, Werner: *Typologie von Übungen im Sprachlabor.* Diesterweg, Frankfurt 1979

294

Berndt, Rolf-Peter (Hsg.): *Neue Technologien und das Fach Englisch (Erprobungsfassung)*, Der Niedersächsische Kultusminister, Hannover 1988

Berold, Klaus: *Words You Can Use / Lernwörterbuch in Sachgruppen*, Cornelsen & Oxford University Press, Berlin 1987

Bertoldi, E. et al.: *Learning how to learn English*. ELT 42 (1988), S. 157ff.

Bessoth, R. u. a. (Hsg.): *Schulleitung – ein Lernsystem*, Loseblattsammlung, Luchterhand-Verlag 1980ff.

Bischoff, G.: *Speak you English? / Programmierte Übung zum Verlernen typisch deutscher Englischfehler*, Rowohlt, Reinbeck 1974

Blenkle, E.: *Kreuzworträtsel im Englischunterricht*. PRAXIS 3/1990

Bleyhl, W.: *Der Computer als Prüfstein für das Verständnis vom Sprachenlernen*. PRAXIS 2/1989, S. 130ff.

Bliemel, Willibald: *Kontextualisierung von grammatischen Patterns / Erfahrungen aus der Realschule*. PRAXIS 3/1971, S. 255ff.

Bliemel, Willibald: *Spiele zur Entwicklung von sprachproduktiven Fertigkeiten*. ZE 2/1980, S. 22f.

Bliemel, Willibald: *Populärwissenschaftliche Tests als kreativer Schreibanlaß im Englischunterricht*. ZE 4/1981, S. 26ff.

Bliesener, Ulrich / Brinkmann, Hans: *Programme zur englischen Grammatik (Die einfache Frage / Die umschriebene Frage / Die Verneinung / ing-Form and Simple Present / Some and any)*, Diesterweg, Frankfurt: 1968, 1968, 1968, 1974, 1975

Bliesener, Ulrich: *Textarbeit Englisch – leicht gemacht / Schülerhandbuch zur Abiturvorbereitung*, Lensing, Dortmund 1984

Bliesener, Ulrich: *Summary writing – leicht gemacht / Schülerhandbuch zur Abiturvorbereitung*, Lensing, Dortmund 1988

Blombach, J.: *Lerntechniken zur Förderung des Hörverstehens / Erfahrungen in einer 9. Realschulklasse*. FUE Heft 2, April 1991, S. 20ff.

Bloom, J. / Blaich, E. / Löffler, R.: *Spielen und Lernen im Englischunterricht*, CVK, Berlin 1986

Bodden, H. / Kaußen, H.: *Modellanalysen Englischer Lyrik*, Klett, Stuttgart 1979

Bogenschneider, K.-G.: *Wie bekommt man landeskundliches Material?* PRAXIS 2/1981

Bohlen, A.: *Methodik des neusprachlichen Unterrichts*, Quelle & Meyer, 4. Auflage, Heidelberg 1963

Bol, E. / Carpay, J.: *Der Semantisierungsprozeß im Fremdsprachenunterricht*. PRAXIS 2/1972

Bol, E. / Carpay, J.: *Diagnostik von „schwierigen" grammatischen Strukturen*. PRAXIS 2/1974, S. 145ff.

Bolitho, A.R.: *Translation – An End but not a Means*. ELT 2/1976

Bongartz, J.: *Summary and Précis Writing*, Klett, Stuttgart 1966

Bongartz, J.: *Dem Précis eine Gasse*. FU 1/1967 (= Heft 4)

Bornemann, R.: *Grammatik und grammatische Regel*. PRAXIS 2/1962, S. 65ff.

Bosewitz, R. / Kleinschroth, R.: *Joke Your Way Through English Grammar*, Rowohlt, Reinbek 1989

Bowley, R. L., *Teaching without Tears*, Centaur Press, London 1973

Brandreth, Gyles: *The Ultimate Joke Encyclopedia,* Guinness Publishing Ltd., 2. Auflage, Enfield, 1989

Bredella, L. / Legutke, M.: *Schüleraktivierende Methoden im Fremdsprachenunterricht Englisch,* Kamp, Bochum 1985

Bredella, L.: *Einführung in die Literaturdidaktik,* Klett, Stuttgart 1976

Breuer, Vera: *Englisch / Tests und objektivierte Leistungsmessung,* Frankonius, Dornburg-Frickhofen 1974

Bright, J. A.: *Grammar in the English Syllabus.* ELT Selections 1, OUP 1967, S. 21ff.

Brings, F. et al.: *Für und wider das Diktat (ZE-Diskussion).* ZE 2/1979

Brings, F.: *Der Leistungstest / Ein Literaturüberblick.* PRAXIS 1/1972

Brings, F.: *Englische Rechtschreibtests in Multiple-Choice-Form?* PRAXIS 4/1972

Brodke, Dieter: *Bibliographie „Schulfernsehen und Fremdsprachenunterricht".* ENGLISCH 2/1976, S. 65ff.

Brusch, Wilfried: *Literaturdidaktik als Lesedidaktik.* NM 4/1981

Brusch, Wilfried: *Projects in Literature – Modelle und Materialien zur Textarbeit im Englischunterricht,* Quelle & Meyer, Heidelberg 1977

Burger, G.: *Zur Analyse von Videospielfilmen im fortgeschrittenen Englischunterricht. Didaktisch-methodische Grundlagen und Materialhinweise.* DNS 1983, S. 169ff.

Burghardt, U. / Hauer, M.: *Ein Autorenprogramm für Microcomputer – Der Lehrer bestimmt den Inhalt.* NM 1/1987, S. 42ff.

Busacker, Klaus: *Wie kann extensives Lesen überprüft werden?* PRAXIS 2/1975

Buttjes, D.: *Schulfernsehen im Englischunterricht: fach- und medienspezifische Leistungen am Beispiel des Westdeutschen Schulfernsehens.* DNS 1980, S. 378ff.

Butzkamm, W.: *Aufgeklärte Einsprachigkeit / Darstellung und Diskussion von C. J. Dodsons "Bilingual Method".* PRAXIS 1/1971

Butzkamm, W.: *Aufgeklärte Einsprachigkeit. Zur Entdogmatisierung der Methode im Fremdsprachenunterricht,* Quelle & Meyer, Heidelberg 1973

Butzkamm, W.: *Das Schriftbild: Lernhilfe* oder *Störfaktor im fremdsprachlichen Anfangsunterricht?* PRAXIS 1974, S. 31ff.

Butzkamm, W.: *Die kompliziertere Lösung ist die richtige / Aufgeklärte Einsprachigkeit.* (Mit Auswahlbibliographie). FU Heft 104 (6/1990).

Butzkamm, W.: *Geben Sie Methodenfreiheit!* NM 3/1982

Butzkamm, W.: *Methoden und Prinzipien / Zum Beitrag von H. Sauer . . . in PRAXIS 1/1982.* PRAXIS 3/1982

Butzkamm, W.: *Methodenstreit und kein Ende / 10 Thesen zur Konzeption und Rezeption der Aufgeklärten Einsprachigkeit.* PRAXIS 3/1976

Butzkamm, W.: *Imitation und Kognition im Fremdsprachenunterricht.* FU Heft 43, August 1977, S. 3ff.

Butzkamm, W.: *Praxis und Theorie der bilingualen Methode,* Quelle & Meyer, Heidelberg 1980

Butzkamm, W.: *Über einsprachige und zweisprachige Strukturübungen.* FU 4/1976 (Heft 40)

Butzkamm, W.: *Über die wechselseitige Erhellung von Fremdsprachenunterricht und natürlichen Erwerbssituationen.* NM 2/1990, S. 83ff.

Butzkamm, W.: *Über Ziel und Entwicklung des Leseverstehens – zum Problem des Englischunterrichts auf der Gymnasialoberstufe.* In: Heuer, H.: Brennpunkte . . .

Butzkamm, W.: *Zum Prinzip der Einsprachigkeit – Dogma oder Forschungsproblem der Fremdsprachendidaktik?.* NM 1/1971

Butzkamm, W.: *Psycholinguistik des Fremdsprachenunterrichts,* UTB, Francke, Tübingen 1989

Buzan, Tony: *Use Your Head,* BBC Publications, London 1974

Buzan, Tony: *Speed Reading and Speed Memory,* David & Charles, London 1977

Byrne, Donn / Hermitte, Rosa Maria: *Die Tafelzeichnung im Fremdsprachenunterricht / Eine Anleitung,* Hueber, München 1984

Carrier, M.: *Take 5 / Games and Activities for the Language Learner,* Harrap, London 1980

Carstensen, Broder: *Die „neue" Grammatik und ihre praktische Anwendung im Englischen,* Diesterweg, Frankfurt 1966

Cartledge, H.: *A Defence of Dictation.* ELT Mai 1968

Cartledge, H.: *Reading Aloud.* ELT Selections 1, Oxford University Press, London 1967

Cartledge, H.: *Reading with Understanding.* ELT Selections 1, Oxford University Press, London 1967

Celce-Murcia, Marianne / Hilles, Sharon: *Techniques and Resources in Teaching Grammar,* Cornelsen & Oxford University Press, Oxford 1988

Chamberlin, A. / Stenberg, K.: *Play and Practise! / Graded games for English Language Teaching,* Klett, Stuttgart 1976

Christ, H. (Hsg.): *Probleme der Korrektur und Bewertung schriftlicher Arbeiten im Fremdsprachenunterricht,* CVK, 3. Auflage, Berlin 1975

Christ, H.: *Schriftliche Arbeiten im Fremdsprachenunterricht der gymnasialen Oberstufe,* CVK, 2. Auflage, Berlin 1973

Clarke, David / Preedy, Ingrid: *Die Fundgrube für den Englischunterricht / Das Nachschlagewerk für jeden Tag,* Cornelsen/Scriptor, Frankfurt 1989

Clarke, D. et al.: *Besser in Englisch* (mehrere Bändchen), Lernhilfen für Schüler (mit Lösungsteil), COUP/Cornelsen-Scriptor, ab 1989

Collie, Joanne / Slater, Stephen: *Literature in the Language Classroom / A resource book of ideas and activities,* Cambridge University Press, 3. Auflage, Cambridge 1990 (in Deutschland über den Verlag Ernst Klett erhältlich)

Cooper, R. / Lavery, M. / Rinvolucri, M.: *Video,* O.U.P., Oxford 1991

Cripwell, K.: *What is a Cloze Test; how do I use it?* MET 1/1976

Dahl, Erhard: *Das Drama im Fremdsprachenunterricht. Formtypische Grundstrukturen als didaktische Leitgedanken.* PRAXIS 2/1990

Dakin, Julian: *Vom Drill zum freien Sprechen. Übungsformen für Sprachlabor und Klassenraum,* hsg. und übersetzt von R. Freudenstein, München 1977

Dam, L.: *Word Processing in the Foreign Language Classroom.* DNS 1/1989, S. 77ff.

Davis, P. / Rinvolucri, M.: *Dictation / New methods, new possibilities,* Cambridge University Press 1988

Dawson, Nick: *Four misconceptions about teaching grammar.* ZE 1/1991

Deller, Sheelagh: *Lessons from the Learner / Student-generated activities for the language classroom*, Pilgrims Longman Resource Books, Longman, London 1990

Denninghaus, F.: *Zur sogenannten induktiven Grammatik.* PRAXIS 4/1959

Denninghaus, F.: *Zur sogenannten induktiven Grammatik / Eine Fortsetzung.* PRAXIS 4/1959, S. 137ff.

Denninghaus, F.: *Kann man eine Sprache ohne Grammatik lernen? / Ein alter Streit im Lichte moderner Linguistik.* PRAXIS 1/1964, S. 55ff.

Denninghaus, F.: *The New Approach to Language Learning / Eine Darstellung der methodischen Grundsätze der modernen amerikanischen Sprachpädagogik.* PRAXIS 3/1965, S. 226ff.

Detro, Günter: *If-clauses in Cartoons.* FUE 1/1991

Dickinson, Leslie: *Self-Instruction in Language Learning*, Cambridge University Press, 1987

Didaktilus: *Wortschatzarbeit = Vokabellernen?* NM 2/1990

Didaktilus: *Mit Schülern über das Lernen nachdenken.* NM 1/1991

Didaktilus: *Über lautes Lesen im Englischunterricht.* NM 4/1991, S. 246f.

Dietrich, Ingrid: *Pädagogische Implikationen der Einsprachigkeit.* PRAXIS 4/1973, S. 356ff.

Digeser, Andreas: *Fremdsprachendidaktik und ihre Bezugswissenschaften / Einführung, Darstellung, Kritik, Unterrichtsmodelle*, Klett, Stuttgart 1983

Digeser, Andreas: *Hemmt explizites Sprachwissen das Fremdsprachenlernen?* PRAXIS 3/1988, S. 227ff.

Direder, Marianne: *Paths to Spoken English*, Hueber, München 1969

Docwra, Alan: *The Use of English-Language Films in English Teaching.* FU Heft 99, Februar 1990

Dodson, C. J.: *Language Teaching and the Bilingual Method*, Pitman, 2. Auflage, London 1972

Doherty, J.C.: *Sprachlaboreinsatz zur Vorbereitung auf Diskussionen.* PRAXIS 3/1977, S. 317ff.

Donath, R.: *Telekommunikation im Englischunterricht.* PRAXIS 2/1991, S. 161ff.

Donen, E.: *Poetry as an Aspect of Foreign-Language Teaching to Children.* ELT 4/1974

Donnerstag, J. / Steinmann, Th.: *Doris Lessing's "The Good Terrorist" in Reader-Oriented Teaching.* PRAXIS 4/1989.

Donnerstag, J.: *Zur Konzeption einer leserorientierten Literaturdidaktik.* NM 1/1983

Dorry, Gertrude Nye: *Games for Second Language Learning*, McGraw-Hill, New York 1966

Doyé, Peter: *Typologie der Testaufgaben für den Englischunterricht*, Langenscheidt-Longman, München 1986

Duff, Alan / Maley, Alan: *Literature*, Cornelsen & Oxford University Press, Oxford 1990

Dunlop, Ian: *Basic types of conversation exercise.* ZE 3/1977, S. 8ff.

Dunlop, Ian: *Practical Techniques in the Teaching of Oral English*, Almqvist & Wiksell, Stockholm 1970

Edener, Wilfried: *Fremdsprachendidaktik und Textadaption.* NM 1/1975

Edge, Julian: *Mistakes and Correction*, Longman, London 1989

Edmundson, J.: *The Pan Book of Party Games*, Pan Books, London 1962

Ehnert, Rolf / Piepho, Hans-Eberhard (Hsg.): *Fremdsprachen lernen mit Medien*, Hueber, München 1986

Eliot, T. S.: *On Teaching the Appreciation of Poetry*. PRAXIS 4/1961

Ely, Philip: *Bring the lab back to life*, Pergamon Press, Oxford 1984

Emons, Rudolf: *Linguistik und Fremdsprachenunterricht / Vorüberlegungen zu einer pädagogischen Grammatik*. PRAXIS 4/1975, S. 341ff.

Erdmenger, Manfred: *Leseübungen auf dem Computer*. PRAXIS 2/1991, S. 145ff.

Erdmenger, M.: *40-Zeilen-Programme für den englischen Grammatikunterricht*. NM 1988, S. 244ff.

Erdmenger, M.: *Neue Medien: Video und Computer als Handlungs-„Partner"?*, in: Bach/Timm: *Englischunterricht*, Franke, Tübingen 1989

Erdmenger, Manfred: *Simulationen im landeskundlichen Fremdsprachenunterricht*. FUE 4/1991, S. 20ff.

Estor, Helga: *Spracherwerb statt Wörterkenntnis. Vocab Sheets: kontextuelles Lernen, Behalten und Anwenden von Wortschatz*. PRAXIS 4/1989

Everling, Esther (Hsg.): *Medien im Fremdsprachenunterricht*. Audiovisuell Nr. 5 (Veröffentlichung der Staatlichen Landesbildstelle Hessen, Frankfurt/Main 1989

Ferguson, N.: *Some Aspects of the Reading Process*. ELT Nov. 73

Fiedler, Eckhard: *Die Umsetzung eines Romanauszugs in ein Filmskript*. PRAXIS 4/1990, S. 384ff.

Finger, Hans (Hsg.), *Lektüre-Kursbuch '80 / Kommentiertes Verzeichnis englischer Schullektüren*, Lensing, Dortmund 1981

Finocchiaro, Mary: *Role-playing in the language classroom*. ZE 3/1977, S. 1ff.

Forrest, Ronald: *Five Uses of the Language Laboratory with Advanced Students*. ELT July 1976, S. 332ff.

Frank, Christine: *Contradiction passages*. PRAXIS 4/1976, S. 423f.

Frank, Christine / Rinvolucri, Mario: *Grammar in Action / Awareness activities for language learning*, Pergamon Press, Oxford 1984

Freese, P. / Groene, H. / Hermes, L. (Hsg.): *Die Short Story im Englischunterricht der Sekundarstufe II / Theorie und Praxis*, Schöningh, Paderborn 1979

Freese, P. / Hermes, L.: *Der Roman im Englischunterricht der Sekundarstufe II*, Schöningh, Paderborn 1977

Freese, Peter: *Die Short Story im Englischunterricht der Sekundarstufe II / Entwurf eines Interpretationsverfahrens*. FU 1/1976 (Heft 37)

Freese, Peter: *Zur Erstellung von Textsequenzen für den Englischunterricht der reformierten Sekundarstufe II*, PRAXIS 1/1980

Freudenstein, R. / Gutschow, H. (Hsg.): *Fremdsprachen / Lehren und Erlernen*, Piper, München 1972

Freudenstein, R.: *Das Sprachlabor in der Praxis / Berichte, Erfahrungen, Empfehlungen*, Lensing, Dortmund 1965

Freudenstein, R.: *Unterrichtsmittel Sprachlabor*, Kamp, 4. Auflage, Bochum 1975

Freudenstein, R.: *Sprachlaborarbeit – wie geht es weiter?*. PRAXIS 2/1973, S. 115ff.

Freudenstein, R.: *Moderne Formen der Sprachlaborarbeit*, in: Groene u. a., *Medienpraxis für den Englischunterricht*

Freudenstein, R.: *Computer statt Lehrbuch? Symposium über Sprachenlernen im Technologiezeitalter.* DNS 1988, S. 106ff.

Freudenstein, R.: *Unser Kind lernt fremde Sprachen,* Lensing, Dortmund 1974

Freudenstein, R.: *Die „aufgeklärte Zweisprachigkeit" – oder: die verkannte Einsprachigkeit.* NM 3/1982

Freudenstein, R.: *Leistungskontrolle,* in: Marchl/Gottschalk (Hsg.): *Lehrerkolleg*

Freudenstein, R.: *Medien im Fremdsprachenunterricht / Wozu sie dienen und warum sie nicht genutzt werden.* PRAXIS 2/1990

Freudenstein, R.: *Das Tonband im fremdsprachlichen Klassenunterricht.* FU, Heft 12 (Nov. 1969)

Freudenstein, R. (et al.): *Rollenspiel* (ZE-Diskussion), ZE 4/1977, S. 1ff.

Friederich, W.: *Zehn Thesen zum Sprachenlernen und Übersetzen.* PRAXIS 1/1967

Friedrich, T. / von Jan, E.: *Lernspielekartei / Spiele und Aktivitäten für einen kommunikativen Sprachunterricht,* Hueber, München 1985

Fülle, Hans: *Induktive Grammatik – Theorie und Praxis.* PRAXIS 4/1958, S. 136ff.

Gairns, Ruth / Redman, Stuart: *Working with Words / A guide to teaching and learning vocabulary,* Cambridge University Press, Cambridge 1986 (in Deutschland über den Verlag Ernst Klett erhältlich)

Geißler, Erich E.: *Analyse des Unterrichts,* Kamp, Bochum 1973

Germer, E.: *Didaktik der englischen Aussprache,* Schroedel und Lensing, Hannover/Dortmund 1980

Gester, F. W.: *Zurück zur grammatischen Regel?* NM 4/1972, S. 224ff.

Gester, F. W.: *Transformationelle, kommunikative und traditionelle Grammatik.* PRAXIS 4/1976, S. 345ff.

Gibbs, *Modern British Popular Poetry in the Classroom.* FU, Heft 1/1973

Giera, F.: *Kursorisches Lesen.* DNS 1/1980, S. 33–42

Giggins, L. W. / Shoebridge, D. J.: *Tense Drills,* Longman, London 1970

Gildhoff, H.: *Fehler-ABC Deutsch–Englisch,* Klett, Stuttgart 1973

Gimson, A.: *A Practical Course of English Pronunciation* (Buch und 2 Kassetten), Edward Arnold, London 1975

Glaap, A.-R.: *Behinderte und Alte als Minoritäten. Zeitgenössische Dramen als Alternativangebote für den Englischunterricht.* PRAXIS 1/1991

Glaap, A.-R.: *Zur Konstruktion von Tests und Testarbeiten im Englischunterricht der Mittelstufe des Gymnasiums.* NM 4/1971

Glänzel, Horst: *Lehren als Beruf / Eine Berufskunde für Lehrer aller Schulformen,* Schroedel, Hannover 1967

Glas, H.: *Unterrichtserfolge durch Sprachlaborarbeit? Ein Erfahrungsbericht aus der Realschule.* PRAXIS 4/1972, S. 383ff.

Goetsch, Paul: *Studien und Materialien zur Short Story,* Diesterweg, 3. Auflage, Frankfurt/Main 1978

Göller, Alfred: *Gedanken zur Herübersetzung.* PRAXIS 3/1967

Göller, Alfred: *Zensuren und Zeugnisse,* 2. Auflage, Klett, Stuttgart 1968

Gower, Roger / Walters, Steve: *Teaching Practice Handbook / A reference book for EFL teachers in training,* Heinemann, London 1985

Graham, Carolyn: *Jazz Chant Fairy Tales*, Cornelsen & Oxford University Press, 1988
Graham, Carolyn: *Jazz Chants for Children*, Cornelsen & Oxford University Press, 1979
Graham, Carolyn: *Jazz Chants*, Cornelsen & Oxford University Press, 1978
Graham, Carolyn: *Small Talk*, Oxford University Press, Oxford 1986
Gramer, Richard: *Die Simultanübersetzung / Sprachlaborarbeit in der Oberstufe.* PRAXIS 1/1973, S. 69ff.
Grant, Neville: *Making the most of your textbook*, Longman Keys to Language Teaching, London 1989/3
Green, J. / Hilton, M.: *PENGUIN Speaking Skills* (= Buch und 4 Kassetten), Penguin, Harmondsworth 1985
Green, P.: *A research into the effectiveness of the language laboratory in school*, in: *Rôle et efficacité du laboratoire de langues*, Commission Interuniversitaire Suisse de Linguistique Appliqué, 1974; zitiert bei Riley, ELT Documents (75/1), English Teaching Information Centre, London 1975, S. 10
Grellet, F.: *Developing Reading Skills - A practical guide to reading comprehension exercises*, Cambridge University Press 1981
Gressmann, Ludwig: *Der Film im Englischunterricht.* PRAXIS 1/1965, S. 25ff.
Grindhammer, Lucille: *William Faulkner's "Barn Burning" / An American Short Story Film in the English Language Classroom.* PRAXIS 3/1982, S. 251ff.
Grittner, U. / Stoerring, R.: *Original-Spielfilme in Literaturkursen des fortgeschrittenen Englischunterrichts.* NM 2/1984, S. 95ff.
Groene, H.: *„Zum Einsatz von Literaturverfilmungen im Englischunterricht der Sekundarstufe II: Grundsatzüberlegungen und Erfahrungsbericht"*, in: Buchloh/ Becker/Schröder, *Literatur und Film / Studien zur englischsprachigen Literatur und Kultur in Buch und Film II*, Kieler Verlag Wissenschaft + Bildung, Kiel 1985 (S. 133ff.)
Groene, H. / Jung, U. / Schilder, H. (Hsg.): *Medienpraxis für den Englischunterricht*, Paderborn 1983
Groene, H. / Kieschke, K.: *Literaturverfilmung im Englischunterricht der Sekundarstufe II / Frank R. Stocktons "The Lady or the Tiger?".* PRAXIS 1/1986, S. 3ff.
Groene, Horst: *Materialien und Hilfsmittel für die Behandlung amerikanischer Short Stories in der Sekundarstufe II.* FU 1/1976 (Heft 37)
Groene, Horst: *The Radio Play in Language Teaching: "Albert's Bridge" by Tom Stoppard.* DNS 6/1981
Gutschow, H. (Hsg.): *ENGLISCH / Didaktik, Methodik, Sprache, Landeskunde*, CVK, Berlin 1974
Gutschow, H.: *Die „aufgeklärte Einsprachigkeit".* PRAXIS 2/1975
Gutschow, H.: *Englisch an der Tafel*, CVK, Berlin 1980
Hadfield, Charles / Hadfield, Jill: *Writing Games*, Nelson, London 1990
Hadfield, Jill: *Advanced Communication Games / A collection of games and activities for intermediate and advanced students of English*, Diesterweg, Frankfurt 1987
Hadfield, Jill: *Elementary Communication Games*, Nelson, London 1987
Hadfield, Jill: *Intermediate Communication Games*, Nelson, London 1990
Hardisty, David / Windeatt, Scott: *CALL*, Oxford University Press, Oxford 1989

Harmer, Jeremy: *Teaching and Learning Grammar*, Longman Keys to Language Teaching, London 1989

Harper, D.: *Orientation and Attitude Formation in the Language Laboratory*. ELT Documents (75/1), English Teaching Information Centre, London 1975, S. 13ff.

Harris, D. P.: *Testing English as a Second Language*, McGraw-Hill, London 1969

Hartmann, Karl: *Das Für und Wider der Übersetzung als Prüfungsaufgabe*. PRAXIS 4/1965

Hartmann, R. / Stork, F. / Hartmann, K.: *Das Für und Wider der Übersetzung als Prüfungsaufgabe*. (Diskussion) PRAXIS 1/1966

Hasselhorn, M. et al. (Hsg.): *Wirkungsvoller lernen und arbeiten*, Quelle & Meyer, Heidelberg 1974

Häuptle-Barceló, Marianne: *Spielesammlungen als Spiegel von Entwicklungen im Fremdsprachenunterricht*. NM 1986, S. 103ff.

Haycraft, Brita: *The Teaching of Pronunciation / a classroom guide*, Longman, London 1975/3

Haycraft, John: *Conversation class activities*. MET 2/1976, S. 7f.

Heaton, J. B.: *Writing English Language Tests* (New Edition), Langenscheidt-Longman, London 1989

Heinrichs, V.: *Französischer Spielfilm und Literatur. Französische Literatur und Spielfilm als Kursangebote des Französischunterrichts der Sekundarstufe II*. DNS 1980, S. 415ff.

Hermes, Liesel: *Fun-reading: Möglichkeiten und Anregungen*. PRAXIS 2/1984

Hermes, Liesel: *Gesellschaftskritische Short Stories und ihre Behandlung im Englischunterricht*. FU 2/1976 (Heft 38)

Hermes, Ursula: *Unterrichtsfreiräume und Kreativität*. PRAXIS 1/1991, S. 37ff.

Herold, D.: *Arbeits- und Lerntechniken im Fremdsprachenunterricht*. In: Busacker u. a., *Arbeitshilfen für den Englischunterricht im Gymnasium*, Schmidt und Klaunig, Kiel 1982

Hessisches Institut für Lehrerfortbildung (Hsg.): *Probleme, Prioritäten, Perspektiven des fremdsprachlichen Unterrichts*, Diesterweg, 2. Auflage, Frankfurt 1975

Heuer, H. / Klippel, F.: *Englischmethodik / Problemfelder, Unterrichtswirklichkeit und Handlungsempfehlungen*, Cornelsen-Velhagen & Klasing, Berlin 1987

Heuer, H. / Steinmann, Th.: *Literaturerarbeitung durch kreativ verfremdende Aufgabenstellungen*. PRAXIS 1/1990

Heuer, Helmut: *Brennpunkte im Englischunterricht*, Henn, Wuppertal 1970

Heyworth, Frank: *The Language of Discussion: Role-play exercises for advanced students*, Hodder & Stoughton, London 1978

Higgins, J. / Johns, T.: *Computers in Language Learning*, Collins, London 1984

Highet, Gilbert: *The Art of Teaching*, Methuen, London 1963

Hill, David A.: *Visual Impact / Creative language learning through pictures*, Pilgrims Longman Resource Books, Longman, London 1990

Hill, Guy: *Making a Noise in English*. ELT January 1977, S. 130ff.

Hill, Jennifer: *Using Literature in Language Teaching*, Macmillan, 2. Auflage, London 1989

Hill, L. A. / Popkin, P.: *Intermediate Stories for Composition*, OUP, London 1970

302

Hill, L. A. / Popkin, P.: *Let's Do Crosswords*, CVK + OUP, London 1978 (in Deutschland bei Cornelsen erhältlich)

Hill, Leslie A.: *Self-correcting tests*. ZE 4/1975

Hinz, Klaus: *Grammatik im Englischunterricht*, Schroedel und Lensing, Hannover und Dortmund 1977

Hoffmann, H.G.: *Englisch im Verbund*. ZE 1/1980, S. 5

Hoffmann, H.G.: *Zum Thema Übersetzung*. ZE 3/1977

Hohmann, H.-O.: *Die kombinierte Idiomatik-Wortschatz-Grammatik-Übung für Fortgeschrittene*. PRAXIS 1/1983, S. 16ff.

Hohmann, H.-O.: *Bedeutungsvermittlung ein- oder zweisprachig? / Zur Kontroverse Freudenstein-Butzkamm in NM 3/1982*. NM 1/1983

Hohmann, H.-O.: *Sprachliche Stagnation in der Phase des erweiterten Spracherwerbs und Möglichkeiten ihrer Überwindung*. NM 3/1985

Holz, Gisela: *„Mitlesen" im Englisch-Anfangsunterricht*. ENGLISCH 1/1975

Hombitzer, E.: *Imperfektion und Perfektion. Lyrik in der Schule heute*. FU, Heft 22 (2/1972)

Hoppe, Elke: *"I would like to meet you crazy Americans" / Sprachreisen und interkulturelles Lernen – ein Erfahrungsbericht*. FUE 1/1991

Hüllen, W.: *Gesichtspunkte zur Lektüreauswahl im Englischen*. DNS 8/1959

Hülshoff, F. / Kaldewey, R.: *Training Rationeller lernen und arbeiten*, Klett, Stuttgart 1976

Hunfeld, H.: *Literatur im Englischunterricht*, Königstein/Taunus 1978

Hunfeld, H.: *Wozu Lyrik im Fremdsprachenunterricht?* FU, Heft 44 (4/1977)

Hunfeld, Hans (Hsg.): *Literaturwissenschaft – Literaturdidaktik – Literaturunterricht: Englisch / II. Eichstädter Kolloquium zum Fremdsprachenunterricht*, Hirschgraben, Frankfurt 1981

Hunfeld, Hans / Schröder, Konrad (Hsg.): *Grundkurs Didaktik Englisch*, Scriptor, Königstein/Ts. 1979

Hutchinson, Tom: *Using Grammar Books in the Classroom*, Cornelsen & Oxford University Press, Oxford 1987

Informationszentrum für Fremdsprachenforschung (Hsg.): *Englisch an Gesamtschulen / Handbuch zum Fremdsprachenunterricht 7. Schuljahr*, CVK, 2. Auflage, Berlin 1971

Ingenkamp, K.: *Die Feststellung der Fremdsprachen-Leistung und -Eignung durch Lehrerurteile und Tests*. PRAXIS 3/1967

Johnson, F. (et al.): *Stick Figure Drawings for Language Teachers*, 2. Auflage, Jamaica Press, Aylesbury 1978

Johnson, Keith: *Progression nach Strukturen und Progression nach Sprechakten – ein Widerspruch?* PRAXIS 1/1979, S. 24ff.

Jones, Christopher / Fortescue, Sue: *Using Computers in the Language Classroom*, London 1987

Jones, K. / Edelhoff, C. / Meinhold, M. / Oakley, C.: *Simulationen im Fremdsprachenunterricht / Handbuch für Schule, Hochschule und Fremdsprachenunterricht*, Hueber, München 1987

Jung, Lothar: *Linguistische Grammatik und Didaktische Grammatik*, Diesterweg, Frankfurt 1975

Jung, Udo O. H. / Haase, Marlis H. (Hsg.): *Fehlinvestition Sprachlabor? Beiträge zu einem konstruktiven Sprachunterricht mit technischen Medien,* Schmidt & Klaunig, Kiel 1975

Jung, Udo O. H. (Hsg.): *Das Sprachlabor. Möglichkeiten und Grenzen technischer Medien im Unterricht,* Königstein 1978

Jung, Udo O. H. (Hsg.): *Computers in Applied Linguistics and Language Teaching,* Lang, Frankfurt 1988

Jung, Udo O. H.: *Computer und Sprachunterricht. Eine teilkommentierte Auswahlbibliographie.* DNS 2/1986, S. 185ff.

Jung, Udo O. H.: *Spiele auf dem Computer. Die Struktur des fremdsprachlichen Softwareangebots als bildungspolitischer Faktor,* in: Thürmann, *Fremdsprachen und Computer* (1986)

Jung, Udo O. H.: *Technologiegestützter Sprachunterricht: Auf dem Weg ins 21. Jahrhundert,* in: Glaap (Hsg.), *Anglistik heute / Perspektiven für die Lehrerfortbildung,* Scriptor, Königstein 1990, S. 199ff.

Jung, Udo O. H.: *Phasengerechter Medieneinsatz im Englischunterricht.* FUE 4/1991, S. 4ff.

Jungblut, Gertrud: *Der Limerick und seine Verwendung im Unterricht.* PRAXIS 3/1968

Jungblut, Gertrud: *„Der dritte Faktor" bei der Grammatikvermittlung im englischen Anfangsunterricht.* PRAXIS 4/1982, S. 364ff.

Kahl, Peter W.: *Möglichkeiten der Leistungsmessung durch informelle Tests im Englischunterricht.* NM 4/1971

Kahl, Peter W.: *Weitere Fragen zur Grammatik im Fremdsprachenunterricht.* PRAXIS 3/1990, S. 234ff.

Kamratowski, J.: *Leistungstests im Sprachunterricht.* ENGLISCH 4/1971

Karl, Wolfgang: *Lernen mit Karteien im fortgeschrittenen Englischunterricht.* FUE Heft 2, April 1991, S. 2ff.

Kenning, M. J. und M.-M.: *Introduction to Computer Assisted Language Teaching,* Cornelsen & Oxford University Press, Oxford 1983

Kerr, J. Y. K.: *Games and Simulations in English Language Teaching,* in: The British Council / English Teaching Information Centre (Hsg.): *Games, simulations and role-playing,* London 1977

King, Harold V.: *Oral Grammar Drills.* ELT Selections 2, OUP 1967, S. 174ff.

Klaas, D.: *Zum Methodenstreit um die Einsprachigkeit im Fremdsprachenunterricht / Bericht über einen Unterrichtsversuch.* PRAXIS 3/1978

Kleinschmidt, E.: *Kann man im Sprachlabor auch kommunikativ lernen?* PRAXIS 2/1991, S. 189ff.

Kleinschroth, R.: *Die Lerngrammatik: Schmunzeln statt Gähnen.* PRAXIS 4/1989, S. 382ff.

Kleppin, Karin: *Sprach- und Sprachlernspiele,* in: Bausch et al. (Hsg.), *Handbuch Fremdsprachenunterricht,* S. 185 f.

Klingen, L.H.: *Textverarbeitung im fremdsprachlichen Unterricht.* DNS 2/1986, S. 176ff.

Klippel, Friederike: *Lernspiele im Englischunterricht / Mit 50 Spielvorschlägen,* Schöningh, Paderborn 1980

304

Klippel, Friederike: *Fünf Fünfminutenspiele*. PRAXIS 3/1986, S. 266

Klippel, Friederike: *IDEAS / Übungsvorschläge und Arbeitsblätter für einen aktiven Englischunterricht*, 3. Auflage, Lensing, Dortmund 1987

Klippel, Friederike: *Spiel mit Ziel / Lernspiele im Englischunterricht*. PRAXIS 2/ 1980, S. 127ff.

Klippel, Friederike: *Which Games? / Ein Überblick über Spielesammlungen für den Englischunterricht*. PRAXIS 4/1983, S. 417ff.

Klobusicky-Mailänder, Elizabeth: *Computers and English Language Teaching*. PRAXIS 3/1987, S. 302ff.

Knight, Michael: *Role-play*. ZE 2/1977, S. 6ff.

Knight, Michael: *In praise of dictation*. ZE 3/1978

Köhring, K. / Beilharz, R.: *Begriffswörterbuch Fremdsprachendidaktik und -methodik*, Hueber, München 1973

Köhring, K. H. / Morris, T. J.: *Instant English / Lehrmodelle für den englischen Sprachunterricht*, Quelle & Meyer, Heidelberg 1971

Köhring, K. H. / Morris, T. J.: *Instant English II / Weitere 42 Lehrmodelle für den englischen Sprachunterricht*, Quelle & Meyer, Heidelberg 1972

Köhring, Klaus H.: *Literaturunterricht auf sozialpsychologischer Grundlage: Rolleninterpretation als Gesellschaftskritik*. FU 2/1976 (Heft 38)

Kotte, Günter: *Literatur- und Sprachunterricht / Ein Beitrag zu methodischen Aspekten im Französischunterricht*. PRAXIS 1/1986

Krashen, S.D.: *Second Language Acquisition and Second Language Learning*, Pergamon, Oxford 1981

Krais, A.: *Fremdsprachen richtig lernen*, Expert Taschenbuch Nr. 34, Ehningen 1990

Kreft, J.: *Grundprobleme der Literaturdidaktik*, Quelle & Meyer, Heidelberg 1977

Kruppa, Ulrich: *Zur Effizienzbestimmung neusprachlicher Unterrichtsmethoden*. ZE 3/1973

Kugemann, W. F.: *Kopfarbeit mit Köpfchen*, Pfeiffer, München 1967

Künne, Wulf: *Zwischen Werkimmanenz und Literatursoziologie / Zeitgenössische englische Lyrik in der Lehrerausbildung*. NM 2/1973

Kuntze, M.: *Wörter „merkwürdig" machen*. ENGLISCH 1988, S. 134–136

Kuntze, Michael / Müller, Bruni / Hölker, Harald: *Lerntips Englisch / Ein Trainingsbuch zum Wiederholen, Üben, Selbstlernen*, Diesterweg, Frankfurt o. J.

Küpper: *Amerikanische Lyrik und Amerikakunde. Die Interpretation von Gedichten mit geschichtlich-gesellschaftlicher Thematik*. FU, Heft 34 (2/1975)

Lado, Robert: *Testen im Sprachunterricht / Handbuch für die Erstellung und den Gebrauch von Leistungstests im Fremdsprachenunterricht*, Hueber, München 1971

Ladousse, Gillian Porter: *Speaking Personally / Quizzes and questionnaires for fluency practice*, Cambridge University Press, Cambridge 1988

Lavery, Mike: *Active Viewing Plus*, Modern English Publications, (ohne Ortsangabe), 1984

Lazar, Gillian: *Using novels in the language-learning classroom*. ELT Vol. 44 No. 3 July 1990

Lechler, H.-J.: *Bild und Grammatik / Einführung und Einübung der grammatischen Grundelemente im Englischunterricht mit Hilfe von Wandbildern.* FU Heft 11, August 1969, S. 35ff.

Lechler, H.-J.: *Lust und Unlust im Englischunterricht / 14 methodische Beispiele aus der Schulpraxis,* Klett, 2. Auflage, Stuttgart 1979

Lechler, H.-J.: *To simplify or not to simplify?* FU 1/1969 (= Heft 9)

Ledebur, Ruth Freifrau von: *Der didaktische Ort von Lehrbuchtexten im Englischunterricht der Klassen 8-10.* FU Heft 50, Mai 1979, S. 45ff.

Lee, William R.: *Language games for adults.* ZE 4/1974, S. 1ff.

Lee, William R.: *Dealing with Errors: What is the Classroom Teacher to Do?* PRAXIS 2/1989

Legenhausen, L. / Wolff, D.: *Der Microcomputer im Fremdsprachenunterricht.* DNS 2/1986, S. 134ff.

Legenhausen, L. / Wolff, D.: GRANVILLE: *Eine Computersimulation für den Französischunterricht.* DNS 1/1989, S. 60ff.

Legenhausen, L. / Wolff, D.: *Lernerstrategien bei der Textrekonstruktion:* STORYBOARD *als Übung im Fremdsprachenunterricht.* DNS 1988, S. 3ff.

Leisinger, Fritz: *Der elementare Fremdsprachenunterricht,* Klett, Stuttgart 1965

Leisinger, Fritz: *Elemente des neusprachlichen Unterrichts,* Klett, Stuttgart 1966

Leitner, Sebastian: *So lernt man lernen,* Herder, Freiburg 1972

Leonhardi, A.: *A hopeless language.* PRAXIS 2/1957, S. 33ff.

Leuschner, B.: *Computer im Fremdsprachenunterricht.* NM 1/1985, S. 30ff.

Lewis, Michael / Hill, Jimmie: *Practical Techniques for Language Teaching,* Language Teaching Publications, Hove 1985

Liebelt, Wolf: *Anregungen für den Umgang mit Video im Fremdsprachenunterricht.* PRAXIS 3/1989, S. 250ff.

Liebelt, Wolf: *Der Unterrichtsfernsehkurs im Medienverbund "Speak For Yourself".* Neue Unterrichtspraxis 8/1975, S. 549ff.

Lindstromberg, Seth (ed.): *The Recipe Book / Practical ideas for the language classroom,* Pilgrims Longman Resource Books, Longman, London 1990

Lippke, W.: *Überlegungen zur Behandlung moderner englischer Dramen im Unterricht der Sekundarstufe II.* PRAXIS 4/1988, S. 349ff.

Loebner, H.-D.: *Zur Effektivität des neusprachlichen Grammatikunterrichts.* FU Heft 30, Mai 1974, S. 48ff.

Loebner, H.-D.: *Die Nacherzählung – nur noch ein Kadaver?* PRAXIS 2/1973

Loebner, H.-D.: *Die Relevanz des Schriftbildes für die Nacherzählung.* DNS 8/1972

Loebner, H.-D.: *Fremdsprachliche Literaturdidaktik in Vergangenheit, Gegenwart und Zukunft.* FU 1/1978 (Heft 45)

Loebner, H.-D.: *Literaturbetrachtung unter ausschließlich gesellschaftskritischem Aspekt?* FU 2/1976 (Heft 38)

Loebner, H.-D.: *Neuralgische Punkte der neusprachlichen Wortschatzarbeit.* FU 1/1974 (Heft 29)

Löffler, Renate: *Spiele im Englischunterricht – auch bei erwachsenen Lernern?* ZE 3/1983, S. 1ff.

Lonergan, Jack: *Fremdsprachenunterricht mit Video*, Cambridge University Press, 4. Auflage, Cambridge 1989 (in Deutschland beim Verlag Hueber, München)

Lorenzen, Käte: *Englischunterricht*, Klinkhardt, Bad Heilbrunn 1972

Löschmann, Martin: *Übungsmöglichkeiten und Übungen zur Entwicklung des stillen Lesens; Teil 1.* Deutsch als Fremdsprache, 1/1975. *Teil 2:* 2/1975

Lübke, D.: *Arbeit mit erzählenden Texten im Sprachlabor.* PRAXIS 1/1974, S. 72ff.

Lübke, D.: *Vokabellernen mit Computer?* PRAXIS 4/1986, S. 387ff.

Mackiewicz, W. / Mindt, D.: *Sprachlabor und multi-medialer Fremdsprachenunterricht.* PRAXIS 1/1974, S. 11ff.

Mainka-Tersteegen, R.: *Zur Arbeit mit Film und Video im Französischunterricht und die Materialien des ,Institut für Film und Bild'.* ZIELSPRACHE FRANZÖSISCH 2/1986, S. 61ff.

Mainusch, Herbert (Hsg.): *Literatur im Unterricht*, Fink, München 1979

Majstrak, M.: *Checkliste: Textbezogene Gegenstandsanalyse.* NM 1/1984

Maley, Alan / Duff, Alan: *Drama Techniques in Language Teaching*, Cambridge University Press, Cambridge 1978 (2., wesentlich erweiterte und z. T. veränderte Auflage: 1982)

Maley, Alan / Duff, Alan: *Szenisches Spiel und freies Sprechen im Fremdsprachenunterricht* (übertragen von Reinhold Freudenstein), 2., erweiterte Auflage, Hueber, München 1985

Maley, Alan / Duff, Alan / Grellet, Francoise: *The Mind's Eye / Using pictures creatively in language learning* (Students' Book + Teacher's Book), Cambridge University Press, Cambridge 1983

Maley, Alan / Duff, Alan: *The Inward Ear / Poetry in the Language Classroom*, Cambridge University Press, Cambridge 1989

Manley, D. / Rée, P.: *Piccolo Book of Games for Journeys*, Pan Books, London 1973

Marchl/Gottschalk (Hsg.): *Lehrerkolleg: Zur Didaktik des Englischunterrichts*, TR-Verlagsunion, München 1972

Marland, Michael: *The Craft of the Classroom / A Survival Guide*, Heinemann, London 1977

McCallum, George P.: *101 Word Games For Students of English as a Second or Foreign Language*, OUP, Oxford 1980

McIver, Nick: *Situational presentation of structures.* PET, Dec. 1980, S. 18ff.

McIver, Nick: *Situational presentation of structures 2.* PET, Feb. 1981, S. 10ff.

McIver, Nick: *Situational presentation of structures 3.* PET, April 1981, S. 17ff.

Melvin, B. S. / Stout, D. F.: *Motivating language learners through authentic materials*, in: Rivers, W. M.: *Interactive Language Teaching*, Cambridge University Press 1987

Menzel, K. / Thode, R. / Plieninger, M.: *Computer – Werkzeug für alle Lehrer*, Metzler und Teubner, Stuttgart 1990

Metzig, W. / Schuster, M.: *Lernen zu lernen*, Springer, Berlin 1982

Meyer, E.: *Übersetzung als Lernziel?* FU 4/1976 (Heft 40)

Meyer, H.: *Die groteske Dimension englischer Limericks als didaktisches Problem.* NM 3/1977

Meys, W. J.: *pattern drills*, Klett, Stuttgart 1967

Mihm, *Akademische und schulische Interpretation.* PRAXIS 11/1964

Mindt, Dieter: *Linguistische Grammatik, didaktische Grammatik und pädagogische Grammatik.* NM 1/1981, S. 28ff.

Mindt, Dieter: *Sprachlaborarbeit und Lernziel „kommunikative Kompetenz".* PRAXIS 2/1978, S. 119ff.

Möhle, Dorothea: *Zur Rolle des Vorlesens im Fremdsprachenunterricht.* NM 1/1988

Moorwood, Helen (ed.), *Selections from MODERN ENGLISH TEACHER,* Longman, London 1978

Morgan, J. / Rinvolucri, M.: *Vocabulary,* Cornelsen & Oxford University Press, Oxford 1986

Morgan, J. / Rinvolucri, M.: *Once upon a time / Using Stories in the Language Classroom,* Cambridge University Press, Cambridge 1984. – Deutsch: *Geschichten im Englischunterricht / Erfinden, Hören und Erzählen,* Hueber, München 1985

Mortimer, C.: *Dramatic Monologues for Listening Comprehension* (Buch und Kassette), Cambridge University Press, Cambridge 1980

Mortimer, C.: *Elements of Pronunciation,* Cambridge University Press, Cambridge 1985

Mosby, *On the teaching of lyric poetry.* PRAXIS 2/1961

Moskowitz, Gertrude: *Caring and Sharing in the Foreign Language Class – A Sourcebook on Humanistic Techniques,* Newbury House Publishers, Massachusetts 1978

Mugglestone, Patricia: *A taste of the real stuff.* ZE 1/1980

Müller, Andreas: *Der Fremdsprachenlehrer als Lernberater.* PRAXIS 2/1986, S. 174ff.

Müller, Andreas: *Die unvermeidliche Einsamkeit des Langstrecken-Lesers.* FU Heft 102, August 1990

Müller, Karl-Heinz: *Reading Competition.* ENGLISCH 2/1976

Müller, Klaus: *Auf der Oder schwimmt kein Graf / Zur Rolle von Mnemotechniken im modernen Fremdsprachenunterricht.* FU Heft 102, August 1990

Multhaup, Uwe: *Einführung in die Fachdidaktik Englisch,* UTB Quelle & Meyer, Heidelberg 1979

Multhaup, Uwe: *Alte und neue CALL Software: Möglichkeiten und Grenzen.* NM 4/1990, S. 239ff.

Multhaup, Uwe: *Wie nützlich sind Autorensysteme? / Einsatzmöglichkeiten des Computers im Fremdsprachenunterricht.* PRAXIS 2/1989, S. 122ff.

Mußtopf, G. (Hsg.): *Trojanische Pferde, Viren und Würmer / Eine ernstzunehmende Gefahr für PC-Anwender?,* perComp-Verlag, Hamburg 1989

Naef, Regula D.: *Rationeller Lernen lernen,* Beltz, Weinheim 1972

Nickel, G., *Problems of Error Analysis in Foreign Language Instruction,* in: FOCUS '80 / Fremdsprachenunterricht in den siebziger Jahren, hsg. von R. Freudenstein, Cornelsen & Oxford University Press, Berlin 1972

Nickolaus, G.: *Fehler-ABC Deutsch–Französisch,* Klett, Stuttgart 1974

Nissen, R. / Brusch, W. (Hsg.): *Romane im Englischunterricht. Literature in English Language Teaching.* ELT-Verlag, Hamburg 1989

Nissen, Rudolf: *Kritische Methodik des Englischunterrichts / 1: Grundlegung,* Quelle & Meyer, Heidelberg 1974

308

Nissen, Rudolf: *Romane im Englischunterricht – auf englisch, natürlich! Zur Methodik der Romanlektüre im fortgeschrittenen Englischunterricht.* EAS 1/1986

Norman, D. / Levihn, U. / Hedenquist, J.: *Communicative Ideas / An approach with classroom activities,* LTP, London 1986

Nuhn, H.-E.: *Partner- und Gruppenarbeit im Fremdsprachenunterricht.* DNS 2/1975

Nuhn, H.-E.: *Sprachaktivitäten für die Partnergruppe.* PRAXIS 3/1988

Nünning, A.: *London-Gedichte / Eine Lyrikreihe für den Englischunterricht auf der Oberstufe.* PRAXIS 4/1990

Nuttall, C.: *Teaching Reading Skills in a Foreign Language.* Heinemann, London 1982

O'Connor, J. D. / Fletcher, C.: *Sounds English* (= Textbuch und 3 Cassetten), Longman, London 1989

O'Connor, J. D.: *A Course of English Intonation* (= Textbuch und 2 Cassetten), Langenscheidt, München 1990

O'Connor, J. D.: *A Course of English Pronunciation* (= Textbuch und 3 Cassetten), Langenscheidt, München 1990

O'Connor, J. D.: *Stress, Rhythm and Intonation* (= Textbuch und 2 Cassetten), Langenscheidt, München 1990

O'Neill, Robert: *English in Situations,* OUP, London 1970

O'Neill, Robert: *On the Subtle and Dangerous Art of Language Drilling.* ZE 1/1974, S. 1ff.

Oller, J. W. / Streiff, V.: *Dictation: A Test of Grammar-Based Expectancies.* ELT Oct. 1975

Ott, E. et al.: *Thema Lernen. Methodik des geistigen Arbeitens (Schülerband),* Klett, Stuttgart 1979

Paine, M. J.: *The Variation of Classroom Reading Techniques.* ELT Nov. 73

Palmer, Frank: *Grammatik und Grammatiktheorie / Eine Einführung in die moderne Linguistik,* Beck, München 1974

Pap, Emilia: *Differenzierte mündliche Hausaufgaben. Eine Möglichkeit zur Entwicklung der Sprechfertigkeit.* PRAXIS 3/1989

Pape, Horst: *Die Lektüre umfangreicher Romane im Leistungskurs Französisch,* PRAXIS 4/1990

Parlett, David: *The Penguin Book of Word Games,* Penguin, Harmondsworth 1982

Pfetsch, Helga: *"From the Wires of the A.P. and U.P.I." / Comprehension-Schulung auf der Oberstufe anhand von amerikanischen Nachrichtensendungen.* FU, Heft 24 (4/1972)

Piepho, H.-E.: *Geklärte Zweisprachigkeit?.* PRAXIS 2/1972 (mit einer Erwiderung von W. Butzkamm im gleichen Heft)

Piepho, H.-E.: *Über die Rolle der Muttersprache im Englischunterricht.* PRAXIS 1/1964

Piepho, H.-E.: *Das Sprachlabor als Medium in einer neuen sprachdidaktischen Konzeption.* Neue Unterrichtspraxis, 8/1975, S. 540ff.

Piepho, H.-E.: *Die Wandtafel als Medium im Englischunterricht.* FU Heft 19 (4/1985), S. 255ff.

Platz-Waury, E.: *"American Short Stories on Film – Ein Projekt zur Neuorientierung des Literaturunterrichts an Schule und Hochschule"*, in: Paech, J.: *Methodenprobleme der Analyse verfilmter Literatur*, Nodus, Münster 1988 (S. 225ff.)

Pollmann-Laverentz, C. / Pollmann, F.: *How to use your words / Lernwörterbuch in Sachgruppen*, Lensing, Dortmund 1990

Potter, *The Teaching of Poetry*. PRAXIS 2/1956

Pugh, A. K.: *Silent Reading – An Introduction to its Study and Teaching*, Heinemann, London 1978

Quetz, Jürgen: *Ist Grammatikunterricht noch zeitgemäß?* PRAXIS 3/1989, S. 303ff.

Raasch, Albert: (Stellungnahme zu einem Leserbrief zum lauten Vorlesenlassen während des Unterrichts). PRAXIS 4/1984, S. 439

Raasch, A.: *Fremdsprachen lernen – aber wie?* Hueber, München 1982

Radice, F.: *The Cloze procedure as a teaching technique*. MET 1/1976

Raith, Josef: *Der Englischunterricht (1.: Grundfragen)*, Manz, München 1967

Rampillon, Ute: *Fremdsprachen lernen – gewußt wie / Überlegungen zum Verständnis und zur Vermittlung von Lernstrategien und Lerntechniken*. FUE Heft 2, April 1991, S. 2ff.

Rampillon, Ute: *Lerntechniken im Fremdsprachenunterricht / Handbuch*, Hueber, München 1985

Rampillon, Ute: *Englisch lernen - Mit Tips und Tricks zu besseren Noten*, Hueber, München 1985

Ramsey, Gaynor: *Images*, Longman, London 1987

Rattunde, E.: *Aha, eine Birne! / Zum Problem einsprachiger Worterklärungen*. DNS 11/1971

Redman, Stuart / Ellis, Robert: *A Way with Words / Vocabulary development activities for learners of English*, Cambridge University Press, Cambridge o. J. (in Deutschland über den Verlag Ernst Klett erhältlich)

Reimers, *Lyrik – linguistisch – anschaulich / Anregungen für den Englischunterricht in der Sekundarstufe II*. PRAXIS 1/1977

Reisener, Helmut: *Motivierungstechniken im Fremdsprachenunterricht / Übungsformen und Lehrbucharbeit mit englischen und französischen Beispielen*, Hueber, München 1989

Reitemeier, Rüdiger: *Zur Behandlung von Dramen im Englischunterricht*. DNS 2/1963

Reuter, Wolfgang: *Sollen wir den Computer reinlassen?* NM 3/1988, S. 180ff.

Richterich/Oppel/Willeke: *Techniken und Übungen zur Kontrolle im Fremdsprachenunterricht*, Cornelsen, Berlin 1969

Riley, Philip: *The Language Laboratory: Implications of the Functional Approach*. ELT Documents (75/1), English Teaching Information Centre, London 1975, S. 8ff.

Rinvolucri, Mario: *Grammar Games / Cognitive, affective and drama activities for EFL students*, Cambridge University Press, Cambridge 1985

Rivers, W. M. / Dell, Orto, K. M.: *Reading for information*. ZE 2/1977

Rivers, Wilga M. / Temperley, Mary S.: *A Practical Guide to the Teaching of English as a Second or Foreign Language*, New York 1978

Roeske, Elfriede (Hsg.), *Probleme und Möglichkeiten des Sprachlabors*, Lensing, Dortmund 1972

310

Rogerson, P. / Gilbert, J. B.: *Speaking Clearly*, Cambridge University Press, Cambridge 1989

Römelsberger, Heidelinde: *Wortschatzrätsel für den Englischunterricht*, Diesterweg, Frankfurt 1990

Roos, E.: *Grammatik und kommunikative Situation*. ZE 1/1977, S. 39ff.

Roth, Rolf W.: *A Case for Teaching and Testing Grammar in Context*. PRAXIS 3/ 1976, S. 254ff.

Rotter, W. / Bendl, H.: *Your Companion to English Texts*, Manz, München 1981

Rotter, W. / Bendl, H.: *Your Companion to English Literary Texts*, Manz, München 1982

Rück, Heribert: *Literarisches Curriculum*, in: Bausch et al., *Handbuch Fremdsprachenunterricht*

Rumpf, Wilfried: *Kritische Gedanken zum modernen Fremdsprachenunterricht, insbesondere zum Anfangsunterricht*. Die Höhere Schule, 6/1977

Rüschoff, Bernd: *Fremdsprachenunterricht mit computergestützten Materialien / Didaktische Überlegungen und Beispiele*, 2. Auflage, Hueber, München 1988

Sauer, H.: *Eine neue Methode oder modifizierte Prinzipien für den Fremdsprachenunterricht? / Review article zu W. Butzkamms „Praxis und Theorie der bilingualen Methode"*. PRAXIS 1/1982

Schaefer, Klaus: *Die Behandlung von Romanen im Englischunterricht der Oberstufe*. FU 1/1969 (= Heft 9), S. 24ff.

Schaefer, Klaus: *Hörverständnistests im Englischunterricht*. PRAXIS 3/1975

Schaefer, Klaus: *„Aspects of Education" / Bericht über einen von Schülern gestalteten Leistungskurs der Sekundarstufe II*. PRAXIS 1/1978, S. 27ff.

Schaefer, Klaus: *So schaffen Sie den Schulalltag / Ein Überlebenshandbuch für Lehrer (Zeitgestaltung, Arbeitstechnik, Seelische Gesundheit)*, 6. Auflage, Aschendorff, Münster 1992

Scherfer, Peter: *Vokabellernen*. FU Heft 98 (1/1989)

Scherfer, Peter: *Zwei Anregungen für kreatives Wortschatzlehren und -lernen*. FU Heft 100, April 1990

Schier, Jürgen: *Lesen und Verstehen im Fremdsprachenunterricht*. NM 3/1990

Schiffer, R. / Weiand, H. J.: *INSIGHT III / Analyses of English and American Poetry*, Hirschgraben, Frankfurt 1969

Schiffler, Ludger: *Diskussionsthema: Einsprachigkeit / Die Untersuchungen Dodsons*. PRAXIS 3/1974

Schiffler, Ludger: *Einführung in den audio-visuellen Fremdsprachenunterricht*, Quelle & Meyer, Heidelberg 1973

Schiffler, Ludger: *Klassenarbeiten – leichter für Lehrer, effektiver für Schüler*. PRAXIS 1/1991

Schik, Berthold: *Das Kurzdrama im Fremdsprachenunterricht*. FU 1/1979 (Heft 49)

Schmid-Schönbein, Gisela: *Computer ante portas / Einsatzmöglichkeiten des PC im Fremdsprachenunterricht der Sekundarstufe I*. FUE 4/1991, S. 12ff.

Schmitz, Albert: *Übungen mit Realien (1)*. ZE 3/1981

Schneider, R.: *Biologie und Fremdsprachenunterricht / Das Prinzip der Einsprachigkeit im Lichte biologischer Erkenntnisse über Denken und Lernen*. PRAXIS 3/1979

Schräder-Naef, R.: *Schüler lernen Lernen. Vermittlung von Lern- und Arbeitstechniken in der Schule.* Beltz, Weinheim 1977

Schrand, H.: *Von mechanischen Drills zu kommunikativen Übungen / Neue Wege in der Sprachlaborarbeit.* FU Heft 8, Nov. 1968, S. 38ff.

Schrand, H. (Hsg.): *Testen / Probleme der objektiven Leistungsmessung im neusprachlichen Unterricht,* CVK, Berlin 1973

Schrand, H. (et al.): *Möglichkeiten zur Aktivierung und Auflockerung im kommunikativen Englischunterricht.* ZE 3/1979, S. 16ff. („Round Table")

Schrand, H.: *Übungen zur Entwicklung des Leseverstehens.* ZE 1/1981

Schrand, H.: *Writing Multiple-Choice-Tests: Observations and Suggestions.* ZE 4/1973

Schratz, Michael: *Fremdsprachenunterricht 1978 – Wunsch und Wirklichkeit.* PRAXIS 4/1978

Schrey, Helmut: *Schulfunk und Schulfernsehen.* FU Heft 12 (4/1969), S. 12ff.

Schrey, Helmut: *Das zeitgenössische englische Drama in Schule und Fernsehen.* FU 1/1970 (Heft 13)

Schrey, Helmut: *Grundzüge einer Literaturdidaktik des Englischen,* Ratingen 1973

Schröder, K.: *Literaturdidaktik (Themenheft).* DNS 6/1976

Schröder, Konrad / Weller, Franz-Rudolf (Hsg.): *Literatur im Fremdsprachenunterricht / Beiträge zur Theorie des Literaturunterrichts und zur Praxis der Literaturvermittlung im Fremdsprachenunterricht,* Diesterweg, Frankfurt/Main 1977

Schubel, Friedrich: *Methodik des Englischunterrichts an weiterführenden Schulen,* Diesterweg, 5. Auflage, Frankfurt/Main 1971

Schulz, R. et al.: *Klassenarbeiten im Englischunterricht der Klassen 7–10,* Lensing, Dortmund 1984

Schulz, R.: *Lesen/Verstehen (Reading Comprehension) – ein wichtiger Teil rezeptiver Kompetenz.* DNS 1974, S. 429ff.

Schulz, R.: *Kurze Videofilme im Englischunterricht der Klassen 9 und 10.* PRAXIS 1/1985, S. 25ff.

Schulz, Reinhard: *Computergestützter Fremdsprachenunterricht – ein Handbuch für die Praxis,* Diesterweg, Frankfurt 1991

Schulz, Reinhard: *Punktuelle und komplexe Computerlernprogramme.* FUE 4/1991, S. 16ff.

Schulz, U.: *In puncto Bedeutungsvermittlung ... (Aus gegebenen Anlässen).* PRAXIS 3/1978

Schwerdtfeger, Inge Christine: *Gruppenarbeit im Fremdsprachenunterricht / Ein adaptives Konzept,* Quelle & Meyer, Heidelberg 1977

Sedlmeir, Hannelore: *Computergestützte Lernprogramme im Fremdsprachenunterricht – Hilfsmittel oder Modeerscheinung?* NM 1/1991, S. 45ff.

Sieker, Egon: *Zur Behandlung literarischer Texte im Englischunterricht der Sekundarstufe II.* PRAXIS 1/1984

Simon, Rolf-Jürgen: *Computerhandling und Textverarbeitung im Englischunterricht.* PRAXIS 4/1990

Solmecke, Gert: *Psychologische Grundlagen des neusprachlichen Unterrichts,* Henn, Ratingen 1973

312

Solmecke, Gert (Hsg.): *Motivation und Motivieren im Fremdsprachenunterricht*, Schöningh, Paderborn 1983

Sontheim, Kurt: *Anstiftung zum Lesen / Ein Plädoyer für die englische Klassenbibliothek*. FU HEFT 104, Dezember 1990

Soussan, J.: *Pouve-vous Français? / Programmierte Übung zum Verlernen typisch deutscher Französischfehler*, Rowohlt, Reinbek 1975

Speight, Stephen: *"Did you have a good crossing?" – "No."* PRAXIS 1/1986

Spörl, Friedrich: *Eine landeskundliche Fundgrube / Zur Behandlung von "The Secret Diary of Adrian Mole" als Englischlektüre*. PRAXIS 1/1990

Spörl, Friedrich: *Wörterlernen, aber wie?* PRAXIS 4/1990

Stack, E. M.: *Das Sprachlabor im Unterricht*, Cornelsen, Berlin 1966

Standop, E.: *Grammatik und Fremdsprachenunterricht*. PRAXIS 1/1991, S. 87ff.)

Starkbaum, Thomas: *E. Hemingways "Soldier's Home" / Vergleich von Text und Film im Englischunterricht der Sekundarstufe II*. PRAXIS 3/1989, S. 240ff.

Starkebaum, Karl und Monika: *Ideas, Tips & Tasks*, Kamp, Bochum 1989

Stein, Oswald: *Der zusammengefaßte Gänserich / Einige Überlegungen zur "summary".* PRAXIS 2/1980

Steinbrecht, W.: *Was können Tests wirklich leisten?* PRAXIS 2/1981

Steinmann, Theo: *Re-creating Literary Texts / Arbeitsbuch Literatur*, Hueber, München 1985

Steinmeyer, Georg: *Freude am Lesen als literaturdidaktische Kategorie*. PRAXIS 4/1983

Steltmann, K.: *Englisch-Tests in der Prima? / Ein Erfahrungsbericht*. PRAXIS 1/1974

Stempleski, S. / Tomalin, B.: *Video in Action / Recipes for Using Video in Language Teaching*, Prentice Hall, Hemel Hempstead 1990

Stentenbach, B.: *Das Sprachlabor im Fremdsprachenfachraum*. PRAXIS 4/1978, S. 348ff.

Stenzel, B.: *Computergestützter Fremdsprachenunterricht. Ein Handbuch*, Langenscheidt, München 1985

Stenzel, Klaus: *Cloze-Tests und C-Tests in der Schule*. PRAXIS 3/1991, S. 311ff.

Stiefenhöfer, H.: *Schüler gestalten einen Lehrbuchtext / Möglichkeiten und Perspektiven der Dramatisierung von narrativen Lehrbuchtexten im Englischunterricht der Sekundarstufe I*. PRAXIS 1/1978

Stiefenhöfer, H.: *Übungen zum Leseverstehen*, in: Bausch et al., *Handbuch Fremdsprachenunterricht*

Stiller, Hugo: *Texte und ihre Verfilmungen*. FU Heft 99, Februar 1990

Stock, Gregory: *The Book of Questions*, Workman Publishing Company, New York 1987

Stockebrand, Matthias: *Interpretationsschema für Kurzgeschichten und Novellen*. PRAXIS 2/1979

Sülzer, Bernd: *Methodologische Gesichtspunkte bei der Literaturbetrachtung im Englischunterricht der Oberstufe*. DNS 10/1971

Sundermann, K.-H.: *Zur Methodik und Didaktik des Englischunterrichts*, Lensing, Dortmund 1966

Symma, Dieter: *Sind situative Sprachlaborübungen nur eine unterhaltsame Spielerei?* PRAXIS 4/1969, S. 413ff.

Taborn, Stretton: *The Discussion Lesson*, in: The Centre for British Teachers in Europe Ltd. (Hsg.): Teaching Handbook (Gymnasium) 1975

Taborn, Stretton: *Britain and America Apart / Some Suggestions Concerning the Presentation of the Forgotten Half of the English-Speaking World.* PRAXIS 2/1980

Tatham, M. A. A.: *English Structure Manipulation Drills*, Longman, 3. Auflage, London 1971

Taylor, C. V.: *Why Throw Out Translation?* ZE 3/1973

Thomas, Klaus: *Konzentration für geistige Arbeit und Lebensgestaltung*, Herder, Freiburg 1976

Thomson, A. J. / Martinet, A. V.: *A Practical English Grammar: Structure Drills II*, OUP, Oxford 1981

Thume, K.-H.: *Anregungen zum Computereinsatz beim Spracherwerb.* NM 1988, S. 105ff.

Thume, K.-H.: *Die Technik am falschen Platz? Grundtypen der Computerprogramme im sprachlichen Bereich und ihre Verwendbarkeit.* DNS 2/1986, S. 152ff.

Thürmann, Eike et al.: *Fremdsprachen und Computer*, Landesinstitut für Schule und Weiterbildung, Soest 1986

Toth, Erwin: *Die Erstellung von objektiven Sprachtests.* PRAXIS 2/1972, S. 144ff.

Trim, John L. M.: *English Pronunciation Illustrated*, CUP, Cambridge 1970

Ur, Penny: *Discussions that Work / Task-centred fluency practice*, Cambridge University Press, 4. Auflage, Cambridge 1984

Ur, Penny: *Grammar Practice Activities / A practical guide for teachers*, Cambridge University Press, Cambridge 1989 (in Deutschland über den Verlag Ernst Klett erhältlich)

Valette, R. M. / Disick, R. S.: *Modern Language Performance Objectives and Individualization / A Handbook*, Harcourt Brace Jovanovich, New York 1972

Valette, Rebecca M.: *Modern Language Testing*, Harcourt Brace Jovanovich, New York 1977

Valette, Rebecca M.: *Tests im Fremdsprachenunterricht*, CVK, 2. Auflage, Berlin 1972

Vielau, A.: *Kommunikativer Englischunterricht: Typologie alternativer Lehrbuchkonzeptionen.* EAS 1980, S. 351ff.

Vielau, A.: *Methoden zur Ausbildung des Leseverstehens im Englischunterricht der Sekundarstufe I.* EAS 1981, S. 526ff.

Viereck, W.: *Die Revolution in der Grammatik und das amerikanische Schulbuch.* PRAXIS 1/1969, S. 55ff.

Vonbrunn, Bernhard: *Deutsch-englische Mischtexte – yes, bitte! / Die Jugendbücher von O'Sullivan/Rösler als häusliche Begleitlektüre im Englischunterricht der Sekundarstufe I.* FU HEFT 104, Dezember 1990

von Ziegesar, Detlef und Margaret: *Kommunikative Grammatikübungen für den Englischunterricht / Sekundarstufe I*, Klett, Stuttgart 1981

Voss, Bernd: *CALL: Programme – Probleme – Perspektiven.* NM 4/1991, S. 248ff.

Walter, Heribert: *Das sinndarstellende Lesen im Fremdsprachenunterricht der Unter- und Mittelstufe.* PRAXIS 1/1981

Watcyn-Jones, P.: *Test Your Vocabulary* (5 Einzelbändchen, nach Schwierigkeits-stufen geordnet), Penguin, London 1985

Weiand, H.-J.: *Video/Film/Fernsehen im Englischunterricht der Sekundarstufe I.* DNS 1980, S. 395ff.

Weiand, Hermann J.: *Film und Fernsehen im Englischunterricht / Theorie, Praxis und kritische Dokumentation*, Kronberg 1978

Werlich, Egon: *Comics & Cartoons / Translating visual elements into language*, Lensing, Dortmund 1980

Werlich, Egon: *Das moderne englische Gedicht als Gegenstand der Interpretation.* NM 1/1971

Werlich, Egon: *Poetry Analysis: Great English Poems Interpreted*, Lensing, Dortmund 1967

Werlich, Egon: *Lyrik im Englischunterricht I.* PRAXIS 3/1967

Werlich, Egon: *Lyrik im Englischunterricht II.* PRAXIS 4/1967

Wessels, Charlyn: *Drama*, OUP, Oxford 1987

Wessels, Charlyn / Lawrence, Kate: *Pronunciation*, Cornelsen & Oxford University Press, Oxford 1989

West, Michael: *The Technique of Reading Aloud to a Class.* ELT Selections 1, Oxford University Press, London 1967

West, Michael: *How much English Grammar?* ELT Selections 1, OUP 1967, S. 26ff.

Wiegand, Volker: „Wo ist Carmen Sandiego?" *Computer-Simulationen im Fremdspra-chenunterricht.* FUE 4/1991, S. 42ff.

Winitz, H.: *"Nonlinear learning and language teaching"*, in: Winitz, H. (Hsg.): *The Comprehension Approach to Foreign Language Instruction*, Newbury House, Rowley (Massachusetts) 1981

Witzig, Hans: *Punkt, Punkt, Komma, Strich*, 28. Auflage, Heimeran, München 1979

Wölcken, F.: *Kann man eine Sprache ohne Grammatik lernen?* PRAXIS 3/1964, S. 261ff.

Wolff, Dieter: *Lerntechniken und die Förderung der zweitsprachigen Schreibfähigkeit.* FUE Heft 2, April 1991, S. 34ff.

Wright, Andrew: *Pictures for Language Learning*, Cambridge University Press, 2. Auflage, Cambridge 1990

Wright, A. / Betteridge, D. / Buckby, M.: *Games for Language Learning*, Cambridge University Press, Cambridge 1979

Wunsch, Chr.: *Vokabellernen als Lerntechnik. Möglichkeiten zur Anbahnung im Eng-lischunterricht der Hauptschule.* Pädagogische Welt 41 (1987), S. 77ff.

Yorkey, R.: *Study Skills For Students of English as a Second Language*, McGraw-Hill, London 1970

Zielke, W.: *Konzentrieren – keine Kunst*, Herder, Freiburg 1976

Zimmermann, Günther: *Grammatik im Fremdsprachenunterricht*, Diesterweg, Frankfurt 1977

Zimmermann, Günther / Wißner-Kurzawa, Elke: *Grammatik: lehren – lernen – selbstlernen / Zur Optimierung grammatikalischer Texte im Fremdsprachenunter-richt*, Hueber, München 1985

Zimmermann, Günther: *Erkundungen zur Praxis des Grammatikunterrichts*, Diester-weg, Frankfurt 1984

So schaffen Sie den Schulalltag

Ein weiteres, sehr erfolgreiches Buch
von Klaus Schaefer
ist schon in 6. Auflage erschienen

Ein Überlebenshandbuch für Lehrer – Hunderte von Büchern befassen sich damit, was Lehrer alles tun sollen, damit ihre Schüler optimal gefördert werden. Aber wer zeigt den Lehrern, wie sie diese Aufgaben bewältigen können, ohne sich ständig überfordert zu fühlen? Wie sie, anstatt im schulischen Alltagsstreß aufgerieben zu werden, Zeit für das Wesentliche behalten?

So schaffen Sie den Schulalltag möchte Lehrern helfen, durch rationelle Arbeitsbewältigung ihre Schaffensfreude und seelische Gesundheit zu bewahren. Alle Bereiche ihrer Tätigkeit – häusliche Vorbereitung, Unterricht, Korrekturen, Konferenzen, Verwaltungsaufgaben, Klassenfahrten, Fortbildung, Zusammenarbeit mit den Eltern usw. – werden daraufhin untersucht, wie sie am effektivsten in den Griff zu bekommen sind.

„Mir gefällt an diesem Buch vor allem sein undogmatischer Pragmatismus . . . die Art und Weise, wie die Probleme behandelt werden, (zeigt), daß hier jemand am Werk ist, der sein Leiden an den Schwierigkeiten des Lehrerberufs in die Lust zur Lösung dieser Probleme transformiert hat und dieser Arbeit mit Sorgfalt nachgeht." *(abstracts, hrsg. vom Pädagogischen Institut des Bundes in Wien)*.

„Mit Fleiß, Akribie und gründlicher Kenntnis der Schulpraxis wurde viel Material zusammengetragen . . . Aspekte der Lehrerexistenz werden von Schaefer klar beschrieben und mit realistischen, nachmachbaren Lösungshilfen ausgestattet" *(Neusprachliche Mitteilungen aus Wissenschaft und Praxis)*. „Schaefers Überlebenshandbuch gehört nicht in die Lehrerbücherei jeder Schule, es gehört in das Bücherregal eines jeden Lehrers, besser noch: neben die Nachttischlampe" *(Realschulblätter)*. „Die Zeit, dieses Buch zu lesen, sollte man sich nehmen – man wird sie später um ein Vielfaches wieder einsparen" *(Gymnasium in Niedersachsen)*.

Klaus Schaefer: So schaffen Sie den Schulalltag. Schon in 6. Auflage. 313 Seiten, Efalin-Einband 24,80 DM.

Verlag Aschendorff Münster
Bezug durch jede Buchhandlung